BIBLIOTHÈQUE
DE PHILOSOPHIE CONTEMPORAINE

ÉTUDES
D'HISTOIRE ET DE PSYCHOLOGIE
DU
MYSTICISME
LES GRANDS MYSTIQUES CHRÉTIENS

PAR

HENRI DELACROIX

Professeur de Philosophie à la Faculté des Lettres de Caen.

SAINTE THÉRÈSE — MADAME GUYON — SUSO
LE DÉVELOPPEMENT DES ÉTATS MYSTIQUES
L'EXPÉRIENCE MYSTIQUE

PARIS
FÉLIX ALCAN, ÉDITEUR
LIBRAIRIES FÉLIX ALCAN ET GUILLAUMIN RÉUNIES
108, BOULEVARD SAINT-GERMAIN, 108

1908

ÉTUDES
D'HISTOIRE ET DE PSYCHOLOGIE
DU
MYSTICISME

LIBRAIRIE FÉLIX ALCAN

DU MÊME AUTEUR

Essai sur le Mysticisme spéculatif en Allemagne au XIVe siècle, 1 vol. in-8. . . . . 5 fr.

ÉTUDES

D'HISTOIRE ET DE PSYCHOLOGIE

DU

MYSTICISME

LES GRANDS MYSTIQUES CHRÉTIENS

PAR

HENRI DELACROIX

Professeur de Philosophie à la Faculté des Lettres de Caen.

SAINTE THÉRÈSE — MADAME GUYON — SUSO
LE DÉVELOPPEMENT DES ÉTATS MYSTIQUES
L'EXPÉRIENCE MYSTIQUE

PARIS
FÉLIX ALCAN, ÉDITEUR
LIBRAIRIES FÉLIX ALCAN ET GUILLAUMIN RÉUNIES
108, BOULEVARD SAINT-GERMAIN, 108

—

1908

Tous droits de traduction et de reproduction réservés.

PRÉFACE

Ce travail n'est pas une étude d'ensemble sur le mysticisme; pour une œuvre aussi vaste et aussi diverse nous manquons de compétence. Le mysticisme apparaît, à l'état fruste ou achevé, dans un grand nombre de sociétés religieuses; c'est la tâche des spécialistes de montrer la forme précise qu'il revêt dans chacune d'elles; et les spécialités sont ici très distinctes, puisqu'en dehors du christianisme on trouve un mysticisme très développé dans le monde indou, dans le monde arabe, dans le monde hellénique, sans compter les ébauches multiples que décrit l'ethnographie des peuples sauvages ou à demi civilisés; il n'y a peut-être pas de religion où il ne se rencontre quelque mysticisme; si l'on peut conclure de cette quasi-universalité que le mysticisme n'est point lié à une religion, à un peuple, à une période historique, qu'il est un fait humain et qu'il repose au moins pour une part, sur certaines dispositions de la nature humaine, il en faut aussi tirer cet enseignement que des travaux précis et spéciaux seuls peuvent fixer ses modalités et permettre d'en construire la formule à la fois exacte et complète.

Or nous sommes loin de posséder, pour chaque forme du mysticisme, même pour celles qui sont le plus directement accessibles et le plus aisément connaissables, les travaux préliminaires à une étude d'ensemble. L'objet du présent ouvrage est justement de fournir cette contribution pour une partie du mysticisme chrétien. Il nous a semblé qu'après les travaux d'orientation et les essais de généralisation de l'école psychologique sur la vie religieuse, parus ces dernières années[1], il fallait confronter de plus près la psychologie et l'histoire et prendre pour base des monographies sévèrement conduites, dans un même système religieux. Il ne s'agit plus de rapprocher sans une critique préalable des phénomènes peut-être assez divers, dans leur forme, leur signification et leur fonction, et relevés à des périodes historiques très différentes ou dans des systèmes religieux très différents : il faut avant tout étudier les faits dans l'ensemble de leurs conditions, et ne comparer que progressivement, à mesure que les ressemblances s'imposent d'elles-mêmes. On obtiendra de la sorte, au lieu de la diversité presque infinie que donneraient des études de détail et purement historiques, et de l'unité un peu factice que donne une généralisation trop ample et trop rapide, une diversité ordonnée et bien spécifiée, qui se prêtera par la suite à une généralisation plus concrète, à la fois simple et respectueuse de la complexité.

Il faut étudier « chaque généralité dans un ou plusieurs spécimens bien choisis et aussi significatifs que possible[2] ». Pour toutes les manifestations de la vie, il faut chercher des cas qui soient vraiment typiques ; à les analyser, on prend conscience de leurs caractères et surtout de la hiérarchie de ces caractères, beaucoup mieux que dans des exemples plus frustes ; et un cas n'est vraiment significatif que si on peut l'étudier dans la totalité de ses conditions.

Pour comprendre le mysticisme chrétien, il faut aller d'emblée aux grands mystiques ; sinon on risque de ne voir que ses caractères inférieurs, les traits par lesquels il ressemble à l'excitation grossière des cultes orgiastiques, à l'exaltation et à l'obnubilation de tous les mysticismes, ou aux délires religieux, les

---

[1]. Voir notre étude : Une école de psychologie religieuse. *Revue Germanique*, 1905.
[2]. Taine. *Correspondance*, IV, 333.

accidents nerveux qui le compliquent, l'hystérie ou la folie religieuses. Or s'il est exact que les grands mystiques n'ont pas échappé aux tares névropathiques, qui stigmatisent presque toutes les organisations exceptionnelles, il y a en eux une puissance créatrice de vie, une logique constructive, une expansion réalisatrice, un génie, en un mot, qui est à vrai dire, l'essentiel. Les bas mystiques, dégénérés sans génie, névropathes sans puissance intellectuelle et volontaire, aliénés méconnus par un pieux entourage, pullulent et sont légion ; les mystiques d'imitation et de second ordre sont nombreux aussi. Les grands mystiques créateurs et inventeurs, qui ont trouvé une nouvelle forme de vie et qui l'ont justifiée sont plus rares : ceux-là, malgré leurs faiblesses, rejoignent sur les hauts sommets de l'humanité les grands « simplificateurs du monde ». C'est à eux qu'il faut demander la signification du mysticisme.

Pour la même raison, il y a avantage à prendre le mysticisme achevé plutôt que dans ses ébauches historiques. Le mysticisme chrétien est parvenu lentement à son plein épanouissement. L'histoire de l'Oraison, qui n'est pas encore faite, montrerait que la méditation et la contemplation se sont constituées peu à peu ; et les degrés d'Oraison, les étapes mystiques, les formes irréductibles de la vie intérieure n'ont été dégagées qu'assez tard. On prouverait, croyons-nous, que les tendances dominantes du mysticisme catholique sont les mêmes aux origines, au moyen âge, aux temps modernes : la direction d'ensemble n'a guère varié. Mais ce n'est guère que dans l'école allemande et flamande du XIII° et du XIV° siècle, au XVI° siècle espagnol, en France chez les Victorins et dans le quiétisme, qu'elles arrivent à s'analyser complètement ; en même temps, chez certains individus d'élite, elles atteignent une ampleur de développement et une complication de détail, qui les rendent particulièrement intéressantes.

Pour dégager l'essence du mysticisme chrétien, c'est un mysticisme vécu et pratique, qu'il convient d'étudier. Certes — et nous le montrerons au cours de ce livre — la doctrine intervient dans l'expérience, et il n'y a pour ainsi dire pas de grand mystique, qui n'ait fondé son expérience sur une doctrine, et qui n'ait fait intervenir, jusqu'à un certain point, des préoccupations doctrinales dans la constitution de son expérience. Mais il y a des mystiques qui, à côté d'écrits théoriques, ont laissé des autobiographies et des lettres, des documents strictement historiques, qui ont toute la valeur d'observations psychologiques. C'est de ceux-là que nous nous occupons. Il y a déjà plusieurs années, nous avons étudié le mysticisme spéculatif en Allemagne au moyen âge. Nous avions alors dans l'esprit l'idée du présent travail; mais nous pensions qu'il fallait avant tout déterminer les doctrines et leur transmission, et les conditions historiques avant de chercher à comprendre l'expérience individuelle; aussi avions-nous pris pour objet une des périodes et un des systèmes où il est le plus profitable de les rechercher. Nous avions montré qu'il y a, dans toute la suite du christianisme, une doctrine mystique presque continue et qui vient du néoplatonisme; elle apparaît fragmentaire, incoordonnée, corrompue, dans de nombreuses sectes, systématique et originale chez quelques penseurs religieux. Nous la retrouverons, comme une infrastructure et comme une théorie implicite dans le mysticisme de l'expérience. Mais c'est l'expérience même que le présent travail veut analyser: il n'est pas la suite de l'ouvrage que nous citons.

Nous présentons tout au long trois grandes observations prises dans des époques différentes du christianisme et dans des milieux différents: sainte Thérèse et le mysticisme espagnol du XVIe siècle, Mme Guyon et le quiétisme français du XVIIe, Suso et l'école allemande du XIVe siècle. Nous avons choisi ces observations entre plusieurs, parce qu'elles sont particulièrement favorables. Il faut remarquer d'abord qu'il y a peu de mystiques qui satisfassent aux conditions que nous estimons nécessaires : la plupart ne sont connus que par des légendes hagiographiques ou par des biographies tout au moins fort suspectes ou tout à fait inutilisables, parce qu'elles ont pour fin l'édification et non pas l'histoire et la psychologie ; si l'on peut tirer parfois de ces travaux un document partiel, il serait tout à fait téméraire de ne se servir que d'eux. Seules les autobiographies, les lettres, les documents personnels peuvent fournir une matière ; à condition bien entendu qu'on les soumette à la critique historique [1]. Or les trois personnages que nous étudions ont laissé des documents de cette nature ; et il est assez aisé de les contrôler parce qu'ils sont connus d'ailleurs, qu'ils ont joué un rôle dans le monde, et qu'ils ont, à des titres divers, une personnalité historique. Nous avons groupé du reste, autour de ces observations principales, des faits confirmatifs rigoureusement comparables.

Nous présentons successivement chacune de ces études, avec le seul souci de dégager la formule individuelle de vie, la direction et les divisions qu'impliquent chacune de ces expériences, et de poser à propos de chacune d'elle les questions précises et spéciales que l'histoire exige. Mais il se trouve que le rapprochement de ces études montre une certaine identité de ces formules, de cette direction, de cette division. Il se trouve que ces mystiques, séparés par le temps, l'espace, le milieu historique, forment un groupe et que leur expérience se rattache à un même type psychologique. Nous nous attachons à démontrer que cette identité ne s'explique pas par l'imitation, et que nous n'avons pas affaire à la répétition d'une même expérience. Nous avons alors des cas différents et pourtant comparables, d'où l'on peut extraire les éléments communs ; de ces différentes individualités,

---

[1]. Et comme le mysticisme, on le verra, est plutôt un enchaînement d'états qu'un état particulier, comme il enferme une suite de périodes et une progression, il faut que ces documents s'étendent à peu près sur la vie entière du mystique, avec même valeur historique.

nous dégageons un type mystique; les différences irréductibles ne sont pas moins importantes que les ressemblances; elles nous permettent d'en serrer de plus près le caractère, et elles sont très importantes pour l'explication définitive.

Notre méthode consiste donc à exposer, aussi historiquement que possible, ces successives observations individuelles, rattachées à leur milieu historique et à leurs conditions particulières; à les analyser pour en dégager les moments principaux, la formule et la loi d'évolution; à rapprocher ces formules, à comparer le résultat de ces analyses, et à tirer de cette comparaison les éléments communs à tous les cas étudiés; enfin à analyser cette formule typique, à dégager ses éléments, à les expliquer en les rattachant d'une part à certaines dispositions de la nature humaine, d'autre part à certaines exigences doctrinales et à certaines règles d'action empruntées au christianisme.

Nous n'avons nullement la prétention d'étendre à tout le mysticisme les conclusions que nous tirons de cette suite d'études précises; au contraire nous nous attachons à montrer ce que cette forme a de spécifique et qu'elle caractérise exclusivement le mysticisme chrétien; d'autre part, nous ne songeons pas à soutenir que tous les mystiques chrétiens sans exception suivent pas à pas tous les degrés de ce développement et reproduisent trait pour trait tous les détails de cette expérience principale. Au contraire nous nous attachons à montrer que si, chez tous, la direction est identique, beaucoup d'entre eux s'arrêtent et se fixent, pour des raisons particulières, aux étapes intermédiaires; nous nous attachons à montrer que cette forme achevée contient éminemment des formes élémentaires qui sont historiquement réalisées. Mais comme nous l'avons extraite de cas soigneusement étudiés et choisis dans des milieux très différents, l'Allemagne du XIVe siècle, l'Espagne du XVIe et la France du XVIIe, nous avons le droit d'y voir, en dépit de ces exceptions apparentes, une généralité psychologique, et après la preuve que fournit l'analyse de ses éléments et de sa loi d'évolution, la forme la plus complète et la plus riche du mysticisme catholique.

Le mystique est celui qui croit appréhender immédiatement le divin, éprouver intérieurement la présence divine. Le mysticisme, ainsi entendu, est à l'origine de toute religion. « Les phénomènes d'extase, les exercices ascétiques sont d'autant plus fondamentaux qu'on se rapproche plus des formes élémentaires de la religion[1]. » Par l'orgie ou la macération l'instinct religieux cherche à créer un état d'exaltation où la personnalité ordinaire disparaît[2]. Les cultes d'excitation des primitifs sont la forme primitive de l'aspiration mystique à l'union avec le divin, à la disparition de l'individu dans la divinité ; en même temps que les états confus où le croyant éprouve qu'il est transformé en quelque sorte en la substance divine, ils créent aussi des visions, des attaques d'agitation ou de stupeur, des phénomènes nerveux de toute espèce. De ce mysticisme pratique et vécu se dégage peu à peu un mysticisme plus ou moins spéculatif qui a pour théorie principale l'unité fondamentale et la nécessité religieuse de l'union de l'esprit divin et de l'esprit humain.

Toute religion met l'homme en communication avec une réalité supérieure, que l'on peut appeler divine, en prenant ce mot au sens le plus large ; mais elle l'en sépare, autant qu'elle l'y unit ; les cultes et les dogmes sont des intermédiaires pratiques et intellectuels entre l'homme et le divin ; les sentiments religieux sont des états d'âme rapportés au divin comme à leur cause et à leur objet. Le mysticisme, au delà de la religion, aspire à l'union intime avec le divin, à la pénétration du divin dans l'âme, à la disparition de l'individualité, avec tous ses modes d'agir, de penser et de sentir, dans la substance divine :

---

1. Mauss. *Année sociologique*, V, 1902.
2. Rohde, *Psyche*, II, p. 3 et suiv. Achelis, *Die Ekstase*, passim.

le mystique sort de toutes les apparences, de toutes les formes inférieures de réalité, pour devenir l'être même. On comprend qu'il y ait dans toute religion le germe ou la survivance de cette déification totale.

Dans les sociétés religieuses où l'individu est séparé du divin, où l'époque et les moyens de communiquer avec le divin sont strictement réglés, où la manipulation de ces moyens est attribuée à un groupe privilégié, où ces moyens extérieurs sont considérés comme conférant à l'individu une portion de la force divine et non point, avec la disparition de son individualité, la réalité divine elle-même, où l'énergie divine le pénètre sans le détruire, le mysticisme est comme une revanche de l'individu dans son aspiration au divin, et un essai de prise de possession de la divinité par la conscience individuelle. Par delà le divin extériorisé dans une église, dans des rapports de culte, des actes sanctifiants et des états d'âme limités, il tend à réaliser en lui-même le divin et la première condition ou le premier effet de cette réalisation est une transformation de la personnalité. Cette aspiration mystique est, jusqu'à un certain point, reconnue et approuvée par la société religieuse ; et le contemplatif joue un rôle dans l'économie du salut universel.

En même temps le mysticisme est une revanche de l'intuition contre la connaissance discursive. La tendance à penser d'un coup la totalité des choses, à en condenser l'essence dans une connaissance totale et instantanée, à atteindre ainsi l'être même dans son fond et dans sa spontanéité par une appréhension directe exclusive des différences et de la distinction, par conséquent étrangère à la raison, est aussi ancienne que la connaissance rationnelle. Les cosmogonies et les théologies sont des essais d'explication de l'univers, des systèmes plus ou moins rationnels, qui représentent dans une religion donnée, la multiplicité, la hiérarchie et le développement des formes de l'être ; elles explicitent en relations des principes. Or cet intellectualisme, presque toujours et partout, a eu pour antagoniste un intuitionnisme dédaigneux des relations et épris d'absolu. C'est de cette tendance que se forme le mysticisme philosophique, adversaire ou complément de la métaphysique rationnelle, le mysticisme qui a pour objet l'intuition intellectuelle et qui affirme l'existence au-dessus de la raison d'une faculté privilégiée capable d'atteindre l'absolu qui est au-dessus des choses.

Le mysticisme chrétien, comme l'histoire le prouve, a réuni ce double courant. S'il sort de l'aspiration spontanée et quasi sauvage à la déification, que toute religion contient, il a bénéficié aussi de la limitation de l'intelligence et de la connaissance discursive d'une part, et de l'extension intuitive de l'autre, que le monde judéo-grec avait élaborée. Nous y retrouverons cette métaphysique latente.

L'analyse comparée de nos grands mystiques montre, croyons-nous, une succession d'états qui réalisent des exigences communes à tous les mystiques et des exigences particulières au mysticisme chrétien. Chez eux le mysticisme a généralement pour base l'ascétisme ; il est fondé sur le renoncement, sur la mortification, sur la simplification et la concentration de la pensée ; mais il dépasse les moyens qui le préparent, et les états mystiques n'apparaissent pas comme leurs effets. Le sujet cherche et travaille, mais il ne sait que vaguement ce qu'il cherche et il n'a pas le sentiment de produire ce qu'il trouve ; à un moment donné, l'effort personnel cessant, dans une période de détente, apparaissent les états extatiques : la conscience du monde extérieur et du moi comme individu s'obnubilent ou cessent et autour d'une intuition confuse, qui apparaît spontanément, et qui est éprouvée divine par sa spontanéité, par sa confusion et par son empire, s'organisent des sentiments d'exaltation et de joie.

C'est ainsi que le mystique atteint d'abord Dieu dans son fond, au delà des limites qui, pour le christianisme ordinaire, séparent même dans les élans les plus sublimes de la prière, la créature du créateur, et la nature pécheresse de la grâce qui justifie, au delà des formes de la tradition et des déterminations de l'intelligence. Il se libère de lui-même, et dans un état d'âme qu'il ne peut produire à son gré, et auquel il ne peut résister, il éprouve une plénitude ineffable « sans forme et sans manière d'être, et riche pourtant de toutes les formes et de toutes les manières d'être[1] ». Ce ne sont plus des états rapportés à un Dieu extérieur comme à leur cause et à leur objet, c'est la présence divine elle-même, intérieurement éprouvée, et qui tend à se substituer au moi. Passivité, présence divine, obnubilation du sentiment du moi et des fonctions mentales sur lesquelles il repose, sont les marques de cet état mystique. L'effacement du moi et l'envahissement de la conscience par un état d'exaltation qui s'impose font justement que cessent toutes les déterminations et toutes les relations qui constituaient la conscience de l'âme comme distincte de Dieu, même dans les sentiments qu'elle éprouve à l'égard de Dieu et qu'elle rapporte à Dieu comme à leur cause. Il n'y a plus de moi pour s'attribuer des états, pour les provoquer et les contenir ; il n'y a plus que des états envahissants, l'invasion de la présence divine.

Mais l'extase n'épuise pas l'aspiration mystique ; elle n'est pas continue. Lorsqu'il en sort, le sujet se retrouve lui-même, dans le moi dont il voulait s'affranchir, dont il s'est affranchi un moment. La vie naturelle reparaît. Ceux qui ne franchissent point ce degré oscillent entre un état où ils ne sont plus eux-mêmes, et un autre où ils se retrouvent avec toutes leurs limitations. La vie ordinaire bénéficie sans doute de l'exaltation de l'extase, et la plupart du temps le sujet en sort tonifié. Mais ceux qui aspirent à se perdre complètement, à quitter la forme du moi, et à vivre à tout jamais dans la passivité divine,

---

1. Suso. *Éd. Denifle*, I, 18.

sont entraînés par une contrainte intérieure au delà de ce premier état.

L'extase, en se prolongeant, deviendrait une mortelle léthargie. Elle suspend ou abolit des fonctions sans lesquelles il n'est point de vie active ; à durer, elle enchaînerait l'individu à une sorte de torpeur sacrée, toujours plus ténébreuse. Les mystiques indous, entraînés par une doctrine qui affirme le néant de toutes choses, par la négation sociale de l'individualité, et par une négation intérieure qui s'exprime en amour de l'inaction et de l'inconscience, poussent l'extase jusqu'à une sorte de suicide psychologique. La suppression de la vie est le terme auquel ils semblent tendre; les phases intermédiaires entre les périodes d'inconscience ne sont qu'une restauration passagère de l'apparence.

Le mystique chrétien, celui dont la passivité mystique envahit toute la vie, qui ne se satisfait pas d'une communion brève avec la divinité, même si elle illumine et féconde les retours à la vie naturelle¹ — et qui pourtant ne veut point subir comme Dieu intérieur un néant inactif, substitue à l'extase un état plus large, où la conscience permanente du divin ne suspend pas l'activité pratique, où l'action et la pensée précises se détachent sur ce fond confus, où la disparition du sentiment du moi et le caractère spontané et impersonnel des pensées et des tendances motrices inspirent au sujet l'idée que ces actes ne sont point de lui mais d'une source divine et que c'est Dieu qui vit et agit en lui. L'abolition du sentiment du moi, la conscience d'une vie divine continue, dans l'exaltation et la béatitude, l'inhibition de la réflexion et de la volonté par la spontanéité subconsciente orientée vers la vie et qui livre tout achevées ses inspirations et ses impulsions, caractérisent cet état théopathique. Ce qui ne se prête pas à la déification, les états irréduc-

---

1. Il y a aussi les mystiques hétérodoxes qui considèrent ces périodes comme indifférentes et les abandonnent sans contrôle à ce qui peut arriver.

tibles, est rejeté à une nature inférieure, à une conscience comme séparée de la conscience principale.

Cette impersonnalité continue et progressive, qui d'un fond de béatitude et de puissance obscure, laisse surgir comme des décrets absolus et des créations que rien ne prépare, les pensées et les mouvements directeurs d'actions, est un état plus complexe que l'extase et qui satisfait en même temps aux exigences de l'action et de la contemplation. Il répond à une nature qui ne nie de la vie que la forme individuelle et qui est dirigée vers l'action. Il y a chez les grands mystiques une richesse naturelle, un esprit de conquête, un besoin d'expansion, qui contraste, au premier abord, avec leur intuitionnisme foncier. Le monde leur est prétexte à des états si profonds et si confus que toute conscience du monde s'évanouit, et il leur est prétexte aussi à une action si précise et si énergique qu'elle ébauche un monde nouveau. Prophètes, réformateurs et conducteurs d'hommes, ils épanchent au dehors une exubérance d'action, qu'ils subissent et qui les entraîne : c'est un Dieu intérieur, qui, dans son repos même, opère et qui construit des choses sur un fond d'infinité.

Cette aptitude à la fois à l'intuition et à l'action, cette nature intuitive active est soutenue par une doctrine qui affirme la réalité des choses et la nécessité de l'action. Pour le christianisme le monde est l'œuvre de Dieu ; la puissance infinie s'est exprimée dans les êtres. Sans doute il y a dans chaque être une force qui en s'opposant à Dieu, se fait étrangère à lui ; mais la pénétration de la grâce divine dans l'âme l'enchaîne. Le Dieu créateur et sanctificateur est le principe de la vie naturelle et de la vie surnaturelle ; l'Homme Dieu, le Verbe incarné est la raison du monde et la réalisation parfaite de la grâce divine, le type de l'âme régénérée, la régénération même. L'action véritable est celle qui imite l'action divine et qui travaille au dedans à la régénération de l'homme, au dehors à celle de l'humanité. De même le Dieu ineffable de la métaphysique néoplatonicienne, le

Dieu de l'extase est en même temps le Dieu de la vie, le Dieu de la pensée claire et de l'action discursive : il supporte la hiérarchie des formes de l'être, et à chaque degré fait la vie et la solidité.

Le mysticisme chrétien est orienté à la fois vers le Dieu inaccessible, où disparaît toute détermination et vers le Dieu Logos, le Verbe Dieu, raison et sainteté du monde. Malgré les apparences parfois contraires de l'absorption dans le Père, il est au fond le mysticisme du Fils. Il aspire à faire de l'âme un instrument divin, un lieu où la force divine se pose et s'incarne, l'équivalent du Christ, et l'âme désappropriée et déifiée est entraînée par la motion divine aux œuvres du salut.

Les mystiques chrétiens soutenus par l'exigence de leur nature et par la doctrine qui les enveloppe, ne suppriment donc point l'action, mais seulement l'action individuelle, c'est-à-dire non seulement tous les actes qui relèvent de la concupiscence, mais aussi tous ceux qui ont leur origine dans le sujet lui-même et qu'il s'attribue. Le Quiétisme même, qu'on a si souvent accusé d'inaction et d'oisiveté, ne veut pas renoncer à agir, mais il veut n'agir seulement que par dépendance du mouvement de la grâce, c'est-à-dire selon un certain type psychologique d'activité.

L'état théopathique, cette sorte de somnambulisme divin, d'automatisme général, dont nous verrons de bien curieuses descriptions, satisfait à toutes les conditions que nous avons dégagées ; dans l'effacement de la conscience du moi, il permet l'action au dehors, et il la fait naître de la conscience même du divin. Les inspirations et les mouvements, qui le traversent et qui semblent venir de Dieu même, sont soutenus par l'influence continue de la doctrine et de la morale chrétienne, qui retiennent la subconscience de l'agitation et de la divagation.

Nous avons dit que tous les mystiques chrétiens ne réalisent pas cet état définitif ; il y a, d'après leur propre déclaration, des degrés d'oraison et tous n'atteignent pas aussi haut : il est propre surtout aux grands actifs, et il apparaît chez eux assez tard, comme une solution longtemps désirée et que les exigences de la vie rendent toujours plus nécessaire.

Mais, en général aussi, cette solution n'est atteinte qu'après une grande crise. A la période extatique succède souvent une période de sens contraire, des états de tristesse, de misère, de dépression, autour d'une intuition négative d'absence divine. Toute la plénitude de tout à l'heure se transforme en vide et en néant ; on dirait que les valeurs précédentes ont changé de signe. Cette crise, chez certains sujets, va jusqu'à la mélancolie. Les mystiques la considèrent comme une sorte de mort spirituelle ; le moi qui doit disparaître s'exalte dans son néant et sa misère pour mieux s'anéantir. Peut-être est-ce là une interprétation morale du fait, plus qu'une explication psychologique ; peut-être est-il plus sage de dire que ces grands affectifs sont des instables et qu'ils n'atteignent un équilibre définitif qu'après de grandes oscillations ; qu'après avoir refoulé de la conscience, dans la période extatique, tous les éléments de trouble et de peine, ils les éprouvent plus vigoureusement, lorsque les conditions favorables à l'extase heureuse ont cessé ; qu'il y a dans les grands thèmes intuitifs, qui se développent sans contrepoids, le péril de l'état contraire et de l'émotion contrastante. Nous examinerons ces raisons et d'autres encore, quand il en sera temps. Mais les mystiques n'ont pas absolument tort, car l'interprétation qu'ils donnent de ce fait, répond au sens pratique qu'ils en tirent et à l'usage qu'ils en font. Quelles que soient les causes qui produisent cet état, ils en font une crise morale, où ils se purifient de leur attachement à eux-mêmes, où ils achèvent de perdre le sentiment de la valeur de la personnalité ; ils s'y abandonnent définitivement, par dégoût et par impuissance du moi et de l'action personnelle, c'est-à-dire réfléchie et volontaire, aux mouvements de la subconscience.

Le mystique conquiert ainsi tous les états d'âme, toute l'échelle des sentiments humains, de l'extrême joie à l'extrême détresse ; il y a en lui une puissance considérable d'organisation qui se fait une route de tout ce qui s'oppose à sa route. Il s'installe dans la maladie, comme dans la santé ; il exploite la dépression lypémaniaque, la désagrégation de la conscience, les troubles psychiques ou névropathiques pour son système définitif.

Tel est dans ses grandes périodes et dans sa direction le grand mysticisme catholique. Il est progressif et systématique. Des observations précises permettent, croyons-nous, d'en retracer le cycle évolutif. C'est cette idée d'un devenir et d'une progression qu'il importe de mettre au premier plan parce que c'est elle qu'on a le moins vue. La plupart des psychologues ont cru que l'extase était l'état caractéristique des mystiques chrétiens, et que, hors de l'extase, ils se retrouvaient dans la condition commune des chrétiens ; c'est de cette manière aussi que certains théologiens ont vu les choses. Mais c'est là méconnaître justement l'originalité des grands mystiques chrétiens ; au mysticisme intermittent et alternant de l'extase, ils substituent un mysticisme continu et homogène. La transformation de la personnalité à laquelle ils parviennent ne s'opère que peu à peu et par une série d'états dont l'extase est le plus humble. Ils passent de la conscience du moi individuel à la conscience du moi absolu par une série de vicissitudes « qui forment l'intérieur, comme les saisons forment l'année[1] ». Il n'y a qu'à les lire pour dégager le processus que nous décrivons ici. Si l'on peut contester leur interprétation, qui consiste à croire que ce développement est la réalisation intérieure de Dieu qui se donne à eux par un rythme de contraires et si l'on peut lui substituer une interprétation psychologique qui explique et les faits et l'apparence de trans-

---

1. Mme Guyon. *Lettres*, I, p. 423.

cendance qu'ils ont pour le sujet qui les subit, une analyse sévère permet de reconnaître comme réels, vécus, éprouvés, ces faits eux-mêmes et leur succession. La psychologie générale nous fournit, du reste, leurs équivalents et, confirmant l'histoire, nous permet de les admettre et de les comprendre.

Il va sans dire que la réalité complique singulièrement ce schéma. La substitution de la passivité et de la subconscience à la conscience personnelle ne donne pas toujours des états de même qualité et de même sens ; il y a un automatisme démoniaque comme un automatisme divin. Le mystique, peu à peu envahi par Dieu, subit parfois les assauts du démon ; il s'organise en lui comme l'ébauche d'une possession démoniaque ; il y a lutte entre ces deux formes d'automatisme. Mais les états démoniaques ne parviennent pas à s'achever, à se systématiser. Néanmoins, ils jouent un rôle, par leur antagonisme même, dans le progrès de la systématisation divine.

De même, l'état de rêve, où sont données les intuitions extatiques, laisse souvent passer des images, visions ou paroles, qui enrichissent et compliquent les états d'oraison. Un Dieu explicite, que l'on voit et qui parle, se projette du Dieu ineffable ; les mouvements secrets de la subconscience ainsi précisés et objectivés s'imposent comme une réalité étrangère et dirigent la conduite.

C'est ainsi que nous voyons s'édifier sous nos yeux une grande forme de vie humaine. Jamais peut-être la recherche de l'Absolu n'a été poussée si loin, ni par de si ardents chercheurs. Nous savons leurs faiblesses, les tares nerveuses qui les stigmatisent, les accidents nerveux qui compliquent les états d'oraison. Mais il serait faux de ne voir qu'eux et d'assimiler les grands mystiques à de simples convulsionnaires. Ils ont condensé la vie en quelques thèmes simples et riches qu'ils développent avec une rigueur dialectique ; et dans leur apparent oubli du monde et de l'individualité s'organise une énergie créatrice qui se développe avec une nécessité indomptable.

Ce sont uniquement, nous le répétons une fois encore, les grandes lignes de ce mysticisme que nous avons voulu décrire et expliquer ; notre travail n'est pas une étude complète de psychologie du mysticisme, pas plus qu'il n'est un travail historique sur l'ensemble du mysticisme. Aussi laissons-nous intactes un grand nombre des questions qu'une psychologie complète devrait traiter.

Si l'on objecte à notre livre le petit nombre des observations, nous répondrons par les remarques de méthode que nous exposions au début de cette préface. Il aurait été du reste fastidieux, après ces études historiques serrées et peut-être assez difficiles à suivre, d'aligner de nouveaux chapitres du même genre ; nous avons pris des expériences typiques, cité à propos d'elles des faits confirmatifs ; nous sommes loin du reste d'avoir épuisé en cet ouvrage, qui en appelle d'autres, tous nos documents. Il n'était point nécessaire, puisque, après tout, nous n'avions nullement la prétention d'affirmer que le processus que nous décrivons est commun à tous les mystiques, puisque nous l'avons sagement restreint à une catégorie d'individus, particulièrement représentatifs, il est vrai, et puisque nous avons expliqué pourquoi et comment il se produit, lorsqu'il se produit et pourquoi et comment il ne se produit pas, lorsqu'il ne se produit pas. A vrai dire pourtant, nous croyons qu'il représente l'esprit du mysticisme catholique et les observations d'élite, dont nous l'avons dégagé, justifient cette hypothèse.

Si l'on objecte aussi que nous n'avons pas confirmé par des observations contemporaines ces études historiques, nous serons les premiers à regretter de ne l'avoir pu faire. Nous savons que des documents historiques ne valent jamais des observations recueillies par des psychologues sérieux, maîtres de leur sujet, et qui ont dans l'esprit le plan de toutes les questions théoriques et pratiques qu'une observation de ce genre doit poser ; une bonne observation, personnellement recueillie, est presque de l'expérimentation psychologique. Mais il y a des phénomènes courants et des phénomènes rares ; où trouver autour de nous l'équivalent ou la réplique même imparfaite des individus que nous avons étudiés ? Les grands mystiques, s'il en est qui vivent parmi nous, ne s'exposent pas à la curiosité des psychologues ; leur premier soin serait de s'y soustraire, si un hasard les en rapprochait. Ce sont les directeurs de conscience, seuls, qui les peuvent rencontrer : or, de leur propre témoignage, ils ne les rencontrent guère ; et, ce qu'ils voient surtout ce sont des formes assez banales et assez humbles[1]. Il y a là pour le psychologue une vraie impossibilité, dont il n'est point responsable. Le jour où une chance nous mettra en présence d'une forte individualité religieuse, de type mystique, nous n'aurons garde de la manquer.

Quant à mettre de plain-pied avec nos observations historiques des observations purement pathologiques recueillies dans des asiles, nous nous sommes expliqués et nous nous expliquerons encore à ce sujet. Il y a beaucoup de maladie dans le mysticisme que nous avons étudié ; mais il contient aussi une puissance organisatrice, une finalité intérieure qui dépasse la maladie. Une confrontation de ce genre est utile pour préciser et expliquer un grand nombre de symptômes, et nous n'y avons pas manqué ; on n'y saurait manquer sans renoncer à l'une des méthodes les plus précieuses de la psychologie. Nous avons tâché de verser dans notre sujet tout ce que nous avons pu tirer de la pathologie ; comme nous y avons versé aussi tout ce que nous pouvions lui appliquer de la psychologie religieuse et des documents contemporains qu'elle a recueillis ; mais nous n'avons trouvé, ni dans la littérature scientifique, ni par l'observation personnelle, un ensemble rigoureusement comparable.

Nous n'avons pas à nous excuser de notre méthode historique et psychologique. Nous voudrions avoir exposé les faits, comme

---

1. Poulain. *Grâces d'Oraison*, passim.

ferait un théologien informé et critique ; parce qu'il n'y a, au fond, qu'une méthode historique. Quant à l'interprétation, les théologiens ne s'étonneront pas de nous trouver en désaccord avec eux. Ils voient les choses du point de vue du surnaturel ; nous les voyons du point de vue de la nature. Nous croyons que les états les plus sublimes du mysticisme n'excèdent point la puissance de la nature ; le génie religieux suffit à expliquer ses grandeurs comme la maladie ses faiblesses. En tout cas, toute affirmation à priori doit céder au fait ; si la méthode psychologique réussit, toute discussion dogmatique est vaine ; et rien ne doit la retenir d'essayer. Or, il nous paraît que l'ensemble des travaux de l'école psychologique prouve qu'elle est en chemin de réussir.

Tout ce qu'on est en droit d'exiger du psychologue, c'est qu'il respecte l'intégralité du fait. Nous avons fait tous nos efforts pour n'en rien altérer, pour poser les questions dans toute leur difficulté et présenter l'interprétation mystique avec la justice qui lui est due. Nous avons, avant l'interprétation, raconté les faits, comme le font nos sujets, autant que possible dans leur langage et dans leur esprit ; nous avons visé surtout l'exactitude et la fidélité. Nous avons donné aux sujets de notre étude toute la sympathie que nous leur devions. Il est d'un esprit étroit et arbitraire de n'admettre point la diversité de la nature humaine et de se refuser à examiner et à comprendre, fussent-elles entachées de chimères et voisines parfois du délire, les grandes variations de l'homme sur la vie.

ÉTUDES D'HISTOIRE & DE PSYCHOLOGIE
DU MYSTICISME

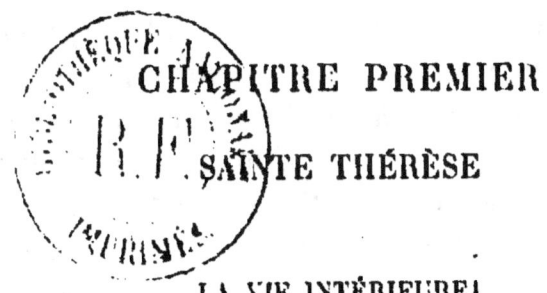

CHAPITRE PREMIER

SAINTE THÉRÈSE

LA VIE INTÉRIEURE[1]

L'entrée en religion, à l'âge de dix-huit ans (1533)[2], marque le début de la vie spirituelle de sainte Thérèse ; son enfance et sa jeunesse sont religieuses pour une grande part, mais cette religion devient singulièrement plus pure, plus riche et plus subtile à la maturité, et les premières années, au moins telles que les présente la biographie, ne laissent pas pressentir cet

---

1. Ce chapitre expose la suite des états mystiques de sainte Thérèse, d'après ses écrits, et le plus souvent, dans les termes mêmes, dont elle se sert. Il fournit la matière historique de l'analyse psychologique, qui suivra.

2. Vie de sainte Thérèse écrite par elle-même (traduction Bouix, revue par Peyré). Paris, Lecoffre, 1904, p. 25, note 1. Pour toutes les citations de la vie nous renvoyons à cette édition ; pour les autres ouvrages, sauf avis contraire, à l'édition Bouix, Lecoffre, 1867 (10e édition, 3 volumes) ; et *Lettres*, ibid., 3 vol., 1861. Pour les éditions espagnoles, voir Peyré, *Vie*, XII, n. 1. On se servira commodément de celle de don Vincente de la Fuente : *Escritos de Santa Teresa*, 1861-62 (2 vol. gr. in-8, Madrid, Rivadeneyra). Nous n'avons pas cru devoir citer en espagnol. On consultera utilement Ribera, dont l'édition espagnole a paru en 1590, Yepès (1606), Jean de Jésus Maria (1609), et les Bollandistes. La bibliographie de sainte Thérèse est considérable. Nous nous sommes astreints à ne citer que l'essentiel.

épanouissement. Elles semblent s'écouler naturellement et d'un mouvement continu, sans faveurs mystiques, partagées entre deux tendances qui se succèdent ou se rencontrent pour s'unir parfois et plus souvent se combattre : la tendance religieuse et la tendance romanesque. La seconde n'est que la forme particulière que revêt dans l'âme pratique et inventive de sainte Thérèse l'amour du monde, le désir profane; la première, encore impure et intermittente, aspire à faire son âme sacrée. Leur opposition est vive dans la première jeunesse, l'entrée en religion ne la supprime pas ; sous des formes plus raffinées la seconde se développe de longues années encore ; et elle contraint la première à prendre plus de force et de souplesse à la fois, jusqu'au moment où lasse d'unir ainsi deux contraires, de vivre déchirée, sainte Thérèse, vers la quarantième année, dans un suprême effort qui semble un total abandon, renonce en Dieu tout vouloir du monde et marche vers les voies intérieures : c'est une seconde vie qui commence alors, la vie de Dieu en elle. Mais la première, dans les années qui suivent la profession (1534), prépare et présente, sous forme fruste et parfois à de longs intervalles, les états mystiques qui se succèdent sans interruption et se forment les uns des autres dans la seconde ; aussi pour l'historien et le psychologue cette division est-elle moins tranchée que pour la sainte et conviendra-t-il de distinguer dans la première vie comme aussi dans la seconde, différents degrés de spiritualité.

Sous la pieuse influence de son père et de sa mère, de premières étincelles de piété apparaissent de six à sept ans : elle lit avec ses frères les vies des Saints : les supplices des martyrs l'enflamment ; à sept ans elle s'enfuit avec son frère Rodrigue chez les Maures pour y chercher le martyre ; ramenée à ses parents, elle bâtit des ermitages au fond du jardin, récite le rosaire ; dans ses jeux avec ses compagnes elle construit de petits monastères et joue à la religieuse. Les jeux de son enfance esquissent son adolescence et retracent les successives étapes de l'héroïsme chrétien : martyres, anachorètes, ordres religieux.

A la mort de sa mère (elle avait douze ans) elle se donna pour mère la Vierge : mais c'est l'âge où cesse l'enfance et la piété naïve de l'enfance. Ses yeux s'ouvrirent sur les grâces de la nature ; elle en abusa. Les romans de chevalerie, lus en cachette jour et nuit, succèdent aux vies des Saintes ; les parures, les parentes dissipées, les jeunes gens font oublier les monastères : une petite intrigue se forme peut-être ; toutefois la frivolité est retenue par la crainte de Dieu, par le sentiment de l'honneur, et par une naturelle horreur des choses déshonnêtes.

Un séjour d'un an et demi au couvent de Notre-Dame de Grâce, de l'ordre de Saint-Augustin, la soustrait à ces dangers et la soumet à l'influence d'une religieuse qui fait renaître en elle « la pensée et le désir des choses éternelles » et diminue sa répulsion pour la vie religieuse. Elle fait beaucoup de prières vocales et penche vers l'état religieux. Ramenée dans sa famille par une grave maladie, elle hésite encore, quoique les entretiens et les exemples d'un oncle très pieux et les lectures qu'il lui fait faire laissent dans son âme une ineffaçable empreinte[1]. La crainte servile, plus encore peut-être que l'amour, la détermine ; elle s'enfuit de chez son père qui la veut retenir ; son âme est brisée de douleur ; mais le jour où elle prend l'habit elle éprouve un sentiment de bonheur très pur qui depuis l'a toujours accompagnée ; toutes les pratiques de la vie religieuse lui deviennent une source de délices ; elle se sent délivrée de mille vanités. L'expérience de cette aide de Dieu, à cet instant décisif, la soutient par la suite pour toutes les entreprises difficiles. La piété utilitaire, désir du ciel et de ses féli-

---

[1] « De bons livres écrits en castillan » Vie, 22 : c'est cet oncle qui lui donna un peu plus tard le Troisième Abécédaire de François de Osuna.

cités éternelles dans l'enfance, crainte de l'enfer dans l'imprudente adolescence, l'amour mercenaire et la crainte servile font place pour toujours à des sentiments plus purs.

Mais ses hésitations avaient ébranlé sa faible santé, l'avaient jetée dans de grandes défaillances qui se renouvelèrent ; au couvent, elle était toujours sur le point de s'évanouir ; souvent même elle perdait entièrement connaissance ; son père la mena suivre un traitement rigoureux qui réussit mal ; entre temps, retirée chez sa sœur, elle lut le Troisième Abécédaire de François de Osuna ; cette lecture marque le début de sa mysticité : elle avait une piété sensible, le don des larmes, mais jusque-là elle ignorait comment faire oraison et se recueillir[1]. Elle n'avait pas rencontré, elle ne devait pas rencontrer de longtemps un directeur qui la comprît et la fît avancer ; elle résolut de suivre ce livre, qui traitait de l'Oraison de recueillement ; il fut son maître unique jusqu'au moment où elle rencontra les Pères de la Compagnie de Jésus et s'éleva à une vie nouvelle (1534-1555) ; stimulée par lui, au bout de neuf mois de solitude et d'efforts dans le recueillement elle s'éleva à l'oraison de quiétude et quelquefois à celle d'union ; cette union durait très peu ; moins peut-être qu'un *Ave Maria* ; mais ses effets étaient déjà étonnants. « Je n'avais pas vingt ans encore et je foulais, ce me semble, sous les pieds le monde vaincu[2]. » Toutefois, dans son ingénuité et son isolement spirituels, la nature et le prix de ces faveurs lui étaient inconnus : elle s'était élevée à des états dont rien ne lui avait offert le modèle ; elle n'avait pas de mesure à qui elle pût les rapporter.

Le cœur, plus que l'esprit, l'introduisait à cette manière d'oraison ; car elle était incapable de méditation, ne pouvant ni discourir avec l'entendement, ni se servir de l'imagination.

---

1. Voir pourtant éd. Peyré, p. 84.
2. *Vie*, 30.

La Sainte à qui l'image de Jésus-Christ devait tant de fois spontanément s'offrir, était incapable de l'évoquer volontairement. « L'imagination est chez moi tellement inerte que lorsque je voulais me peindre et me représenter en moi-même l'humanité de Notre-Seigneur, jamais malgré tous mes efforts, je ne pouvais en venir à bout[1]. » Aussi s'aidait-elle d'un livre pour rappeler à l'oraison ses pensées égarées, et son principal effort, qui venait du cœur, était de considérer, d'une vue attentive, Jésus-Christ comme présent au fond de l'âme. L'attention affective suppléait l'intellectuelle.

Le mal, dont elle était allée chercher la guérison, à force de remèdes était devenu plus cruel; après de violentes douleurs nerveuses, une longue période de contracture générale, il survint une crise où elle resta quatre jours privée de sentiment; et il lui resta des tourments intolérables qui ne cessèrent qu'après huit mois, au couvent où elle était revenue, et une paralysie qui s'améliorait chaque jour, mais ne disparut qu'après trois ans par ses prières à saint Joseph. L'oraison l'avait soutenue dans ses souffrances; elle progressait lentement; la crainte du Seigneur s'absorbait dans l'amour; mais mal soutenue par des confesseurs qui ne sollicitaient pas assez son âme et ne lui disaient pas le danger des petites choses et la nécessité d'attaquer les fautes à la racine, elle n'était pas confirmée dans les voies intérieures. La guérison, en la rendant à la vie commune, allait la faire retomber.

Le monastère de l'Incarnation d'Avila n'était pas cloîtré et l'on y communiquait librement avec le dehors; elle se laissa aller à la dissipation, s'engageant dans des entretiens avec les personnes qui venaient visiter les religieuses. A revenir au monde elle perdit peu à peu les délices intérieures et par honte d'user, dans son imperfection, d'un commerce si intime avec

---

1. *Ibid.*

Dieu, elle abandonna l'Oraison (1541). Mais comme elle s'entretenait un jour avec une personne dont elle venait de faire la connaissance, Jésus lui fit comprendre que de telles amitiés ne convenaient pas; il lui apparut avec un visage très sévère, et son effroi fut tel qu'elle ne voulut plus voir cette personne. Elle vit Jésus des yeux de l'âme, beaucoup plus clairement qu'elle n'eût pu le voir des yeux du corps. Cette image se grava si profondément dans son esprit qu'en écrivant sa vie, après plus de vingt-six ans, elle la voyait encore peinte devant ses yeux. Mais elle ignorait que l'âme pût voir sans l'intermédiaire des yeux du corps; elle était aussi peu savante en matière de visions qu'en matière d'oraison. Aussi craignit-elle d'avoir été déçue et retomba-t-elle à ses attachements. Un autre avertissement du même genre lui fut donné, qui ne suffit pas à la relever.

Mais dans le temps même qu'elle abandonnait l'oraison, elle l'enseignait à d'autres personnes, leur disant la manière de méditer, leur prêtant des livres, travaillant à leur avancement; son père avait été son premier élève; sa mort qui survint vers 1541 mit sainte Thérèse en présence du Père Vincent Baron de l'Ordre des Frères Prêcheurs, qui avait été le confesseur du père et devint celui de la fille. Sur ses conseils elle reprit l'oraison que depuis elle ne quitta jamais plus; mais elle ne s'éloigna pas pour cela des occasions.

Ce furent alors de longues années de vie pénible, de guerre cruelle : la lutte d'une âme partagée entre Dieu et le monde. « D'un côté Dieu m'appelait, et de l'autre je suivais le monde. Je trouvais dans les choses de Dieu de grandes délices, mais les chaînes du monde me tenaient encore captive : je voulais, ce semble, allier ces deux contraires, si ennemis l'un de l'autre : la vie spirituelle avec ses douceurs, et la vie des sens avec ses plaisirs[1]. » Deux tendances irréconciliables se disputaient son

---

1. *Vie*, 68.

âme; et il n'était pas en son pouvoir de s'abandonner à l'une ou à l'autre. Chacune travaillait en vain à dompter l'autre. La lumière de l'oraison lui montrait mieux ses fautes; mais les pensées vaines gâtaient l'oraison. Les délices, dont elle était favorisée soudainement, lui faisaient mieux sentir son néant et l'horreur de ses fautes, mais elle retombait dans ses fautes. Quand elle était au milieu des plaisirs du monde, le souvenir de Dieu répandait l'amertume dans son cœur; mais quand elle était avec Dieu, les affections du monde portaient le trouble dans son cœur; ainsi elle ne jouissait point de Dieu et ne trouvait pas de bonheur dans le monde. Souvent il lui fallait conquérir de vive force l'oraison[1] qui la maintenait en contact avec Dieu, et la relevait de ses chutes; si l'attrait l'y conduisait parfois, souvent il lui fallait vaincre une extrême répugnance. Dix-huit années s'écoulèrent dans ce combat; quelques mois, une fois même une année entière de fidélité généreuse l'interrompirent sans le terminer. Elle n'avait personne auprès d'elle qui l'aidât, point de personne d'oraison, à qui elle pût s'ouvrir à fond; ses confesseurs étaient d'une discrétion excessive et troublaient sa conscience en lui représentant comme légères des choses où elle voyait tant de mal. Une langueur mortelle l'obsédait comme un fantôme; son âme fatiguée aspirait au repos. Mais elle cherchait activement un remède à ses maux et cet effort même l'empêchait de le trouver et maintenait la division à laquelle elle souhaitait d'échapper; il fallait qu'elle renonçât complètement à elle-même, puisqu'en elle était la source de ce mal et qu'une vie plus profonde lui fût donnée d'ailleurs. Ce changement interne s'opéra soudain; elle vit dans un oratoire une image de Jésus couvert de plaies et fut bouleversée; en un instant de douleur extrême, où elle sentit Dieu présent en elle,

---

1. Il s'agit de l'oraison affective qu'elle décrit p. 30 et non point des oraisons surnaturelles.

elle se remit complètement à lui. Vers le même temps, lisant les confessions de saint Augustin, à la page de la conversion, il lui sembla que le Seigneur lui adressait à elle-même les paroles qu'il entendit dans le jardin, et son âme reçut une grande force.

Cette année 1555 marque par les violentes impressions que nous venons de rapporter le début de ce qu'elle appelle sa seconde vie ; alors commence le progrès dans les voies intérieures ; son âme s'est unifiée par la suppression de l'une des tendances qui la divisaient ; les mouvements de la nature la troubleront encore ; mais la pensée d'être à Dieu et la vue du néant du monde, en l'empêchant de s'y complaire, la sauvent de la guerre d'autrefois. Alors surviennent les faveurs extraordinaires dont elle avait goûté seulement les prémices.

Jusque-là elle n'avait connu qu'à certains intervalles et pour un temps très court les plus humbles des états mystiques, qui surpassent l'effort humain, et qui, ne portant pas la marque de son industrie, semblent venir à l'âme d'une région divine. Comme elle ne pouvait discourir avec l'entendement, ni se représenter sous des images les objets célestes, sa manière d'oraison, soutenue parfois par un livre ou par la vue des beautés de la nature était de se recueillir et de considérer Notre-Seigneur présent au dedans d'elle ; elle se représentait ainsi au fond de son âme tous les mystères de sa vie ; elle faisait naître ainsi des mouvements d'amour associés aux mouvements divins ; son cœur scandait, si l'on peut dire, les actes de la vie divine. Ce mode d'oraison, surtout affectif, selon la disposition du cœur, aboutit à un recueillement profond ou à une affligeante distraction. Or il arrivait parfois à la Sainte que son recueillement volontaire faisait place à un état dont elle n'était pas maîtresse. Le sentiment de la présence de Dieu la saisissait tout à coup ; vivante présence qui mettait l'âme hors d'elle-même, enchaînant la volonté d'amour, suspendant les actes de la mémoire et de l'entendement, sans que l'entendement cessât de contempler cette révélation incompréhensible et immense. A l'oraison naturelle de recueillement succédaient ainsi l'oraison surnaturelle de quiétude et celle d'union. Ces faveurs gratuites étaient comme enchâssées dans une tendresse de dévotion très habituelle, où elle s'aidait beaucoup elle-même. Mais elles étaient brèves, peu fréquentes et avant le complet abandon de 1555 n'avaient pas donné tous leurs fruits.

La première période de la vie de sainte Thérèse occupe quarante années; elle prépare longuement la seconde où nous verrons se succéder les grâces extraordinaires; il y a entre elles comme un abîme, l'abandon de 1555, et pourtant elles sont étroitement liées. Toute vie religieuse profonde contient, à un moment quelconque, un acte par lequel la nature revient sur soi pour s'anéantir et s'absorber dans une force supérieure; une purification qui abstrait tout ce qu'il y a de naturel dans les tendances et les met dans un état nouveau; mais cette crise inévitable se produit diversement; elle peut survenir sans relation, au moins en apparence, avec la vie antérieure; ou bien n'être que le résultat d'une préparation plus ou moins longue. Elle est plus ou moins profonde, plus ou moins brusque, elle implique plus ou moins d'action personnelle, d'états affectifs ou intellectuels, elle s'accompagne ou non de phénomènes extraordinaires d'ordre sensitif, sensoriel, ou moteur; elle varie en un mot dans ses modalités. Mais elle a ceci de constant qu'elle fait retentir dans le fond de l'individu une négation et une affirmation que répète tout son être, qu'elle marque un changement d'orientation, un disposition nouvelle de son activité. La conversion, ainsi entendue, est le seuil de la haute vie religieuse.

C'est bien une conversion que l'acte de 1555, mais une conversion préparée par toute la vie antérieure. Sainte Thérèse par l'esprit et par le cœur a été chrétienne dès sa plus tendre enfance et l'a été profondément. Il ne s'agit pas pour elle de passer d'une religion superficielle à une religion profonde, de l'apparence à la réalité; il ne s'agit pas de religion mais de perfection religieuse; dans la vie du cloître elle a gardé quelque attachement au monde; et en même temps sa piété s'est agrandie jusqu'à ne plus pouvoir souffrir cet attachement; l'amour mercenaire et la crainte servile de l'enfance et de l'adolescence tendent vers l'amour pur et entier; de là un état de division et de guerre intérieure, un conflit qui domine toute la vie et qui, après différentes phases, aboutit à la crise de 1555. Il s'agit surtout pour elle de résigner le principe qui dirigeait sa vie. A l'activité volontaire se substitue dès lors une activité qui n'a plus sa source dans l'intelligence réfléchie et dans la volonté consciente; le moi est déchu de son rôle directeur; il s'abandonne; il abdique en faveur d'une direction plus puissante que ses efforts contrariaient alors même qu'ils tendaient à la favoriser. Une force que la Sainte appelle l'action divine, la grâce divine, et que la psychologie ramène à l'activité subconsciente, règle désormais l'afflux imprévu et involontaire d'états riches et féconds qui lui apparaissent comme la réalisation progressive de la vie divine en elle; devant ce développement tout puissant d'une vie nouvelle les tendances antagonistes faiblissent plus vite et plus encore que devant une lutte directe. L'état antérieur de division et de guerre les tenait en échec, mais aussi les maintenait par l'effort même qu'il dressait contre elles, effort qui suppose au centre du sujet qui l'exerce une résistance et une dualité. L'état nouveau les remplace et par conséquent les supprime; la passivité nouvelle, l'unité nouvelle marquent l'envahissement de la conscience entière par des motifs plus puissants que ceux qui s'exprimaient dans la vie antérieure[1].

1. Nous ne voulons point dire que dorénavant l'activité volontaire disparaisse totalement de sa vie, ni que les tendances inférieures soient à jamais supprimées. Nous verrons au contraire qu'elle s'affligera maintes fois de leur

La tendance religieuse, qui s'oppose à la tendance mondaine, a revêtu principalement la forme de l'oraison ; sainte Thérèse, dans sa première vie, est plus contemplative qu'active ; ce n'est pas qu'elle ne sache fort bien la valeur de l'action et qu'il faut avoir le courage des grandes choses, mais elle se complaît à cette contemplation qui s'impose à elle et elle espère puiser ce courage dans l'assurance de la faveur divine. Nous verrons que toute sa seconde vie est un effort continu pour atteindre dans la contemplation les sources de l'action et pour enrichir la contemplation des résultats de l'action ; nous verrons aussi comment à la fin de ses jours elle a su les unir dans un état suprême.

Cette oraison est de forme affective; sainte Thérèse ne sait pas méditer « discourir avec l'entendement » ; d'autre part son imagination était si inerte « qu'elle ne pouvait en aucune façon lui peindre ce qu'elle ne voyait pas des yeux du corps ». Il lui était impossible, quoiqu'elle vît chaque jour des images de Jésus-Christ, de se représenter intérieurement ses traits ; c'est le cœur qui lui rendait Dieu présent ; ou bien elle entrait immédiatement dans le recueillement par le seul effort de se recueillir ; ou bien pour donner un point d'appui au sentiment, que des pensées importunes menaçaient de dissiper, elle s'aidait d'un livre ; il n'est pas sûr du reste que les considérations qu'elle y trouvait lui fussent utiles ; la seule vue du livre suffisait parfois ; c'était un moyen de défense contre la distraction, plus encore qu'un équivalent de la méditation [1].

La vision du Christ irrité est la seule que l'on trouve à cette période de sa vie : vision éclose spontanément et qui ne s'expli-

---

persistance et de leur retour et qu'elle fera bien des efforts, mais ce qu'il y a dès lors d'essentiel dans sa vie, c'est l'irruption dans la conscience, l'afflux de vastes états dont elle n'est point maîtresse et qui la dominent.

1. Sur les oraisons affectives et de simplicité, v. Poulain, *Des grâces d'Oraison*, 1906, p. 7 et suiv.

que par aucune suggestion doctrinale, puisqu'elle ne savait pas qu'il y en eût de cette espèce : vision imaginaire, c'est-à-dire image mentale intense et précise, qui n'est pas localisée à l'extérieur, mais qui se présente pourtant comme incoercible et contraignante pour la pensée à qui elle s'offre. Cette vision objective en une simple et claire image la tendance à la pureté religieuse au moment où elle est refoulée, c'est-à-dire subconsciente, au moment où la Sainte s'abandonne aux inclinations du monde ; elle marque dès ce temps l'existence d'une riche imagination subliminale qui échappe au contrôle du vouloir, puisqu'elle est incapable d'imaginer volontairement, mais qui n'agit point en désordre et au hasard ; l'image qu'elle produit surgit à point nommé, comme un avertissement utile ; l'imagination subconsciente est au service de la tendance maîtresse et traduit dans la conscience en un jeu d'images ses obscurs mouvements. Ce caractère paraîtra mieux encore dans la suite.

Il est utile encore de signaler en passant la pauvreté de cette période en phénomènes extraordinaires ; d'autant qu'elle est singulièrement riche en états nerveux puisqu'elle comprend cette grande maladie de plusieurs années avec des accidents nombreux; dans la seconde période au contraire sa santé s'est affermie et les phénomènes extraordinaires abondent. La relation de ces deux groupes de faits reste à préciser.

Il ne nous reste plus qu'à mettre en relief l'isolement spirituel de sainte Thérèse ; à maintes reprises, dans tous ses ouvrages, elle se plaint de n'avoir pas trouvé, à ses commencements, de personne d'oraison ; quoiqu'elle fût singulièrement jalouse de sa liberté spirituelle, et qu'elle sût tout le prix de la solitude, elle eût souhaité trouver, pour s'exciter et s'éclairer, quelque personne à qui elle pût s'ouvrir ; d'autre part elle ne trouva pas, avant sa seconde période, de confesseur qui la guidât. On a pris souvent pour du scrupule, au sens pathologique du mot, ce qui semble bien n'avoir été que tact exquis et délicatesse d'une âme qui sent merveilleusement ce qui lui est nécessaire ; ce qu'elle reproche à ses premiers confesseurs c'est qu'ils ne savent pas la guider ; ils ne lui signalent pas les dangers qu'elle court ; ils ne lui demandent pas assez ; ils ne comprennent pas qu'elle appartient à cette catégorie d'âmes qui ont besoin de tout sacrifier. Son évolution religieuse prouve que c'est elle qui avait raison dans ce reproche qu'elle leur adresse ; et qu'elle ne se plaint pas seulement pour se plaindre. Plus tard elle aura d'autres griefs contre d'autres confesseurs ; nous les étudierons à leur lieu.

La nouvelle vie de sainte Thérèse est un riche assemblage d'états mystiques : les différentes manières d'oraison depuis la simple quiétude jusqu'aux grands ravissements et à une certaine forme d'extase plus complexe et plus puissante encore, les paroles intérieures, les visions de toute espèce s'y succèdent sans interruption et leur multitude contraste avec la pauvreté de la première période ; sainte Thérèse a raison : à peine eut-elle commencé à fuir les dangers et à consacrer plus de temps à l'oraison, que Jésus lui ouvrit le trésor de ses grâces : le changement radical qui s'est fait dans son être en 1555 semble avoir atteint non seulement l'être moral, mais encore le fonctionnement de l'être intellectuel et sentant ; sa structure mentale en a été modifiée. Mais il ne s'agit pas de décrire pêle-mêle des états qui ne se sont pas produits sans ordre ; ces différentes grâces ont suivi une progression régulière ; de plus elles se présentent en étroite relation avec la vie de sainte Thérèse, avec sa vie morale et sa vie extérieure ; tel ordre de visions, telle vision, lorsqu'elle apparaît, est rigoureusement conditionnée par l'état d'ensemble de la personnalité ; en ce sens l'idée des mystiques est profondément vraie, que de tels phénomènes, quoique gratuits, ne sont pas une superfétation et qu'ils sont étroitement liés à leur être intime. C'est ce double déterminisme, enchaînement des grâces, liaison des grâces avec la vie que nous voulons maintenant exposer. Mais avant d'en présenter la succession, il convient de décrire d'ensemble les différents états d'oraison que la Sainte a traversés ; c'est sa méthode, dans sa vie écrite par elle-même, et c'est la seule ; car tous ces états se tiennent psychologiquement et on ne saurait guère les décrire isolément ; il nous suffira, pour éviter toute obscurité, de marquer fortement leur caractère successif dans la suite du récit.

Tous les ouvrages de sainte Thérèse traitent plus ou moins longuement des États d'Oraison ; mais il est important lorsqu'on les utilise de se souvenir de leur date et de leur objet ; car certaines formes supérieures d'oraison sont apparues plus ou moins tard et de plus certains traités — même de date assez tardive — qui sont dirigés vers un but pratique ou qui ont un caractère particulièrement historique n'y font que de brèves allusions. L'Autobiographie, dont la première relation a été terminée en 1562 et la seconde en 1566, avec la lettre de 1560 à Pierre d'Alcantara et les deux relations aux confesseurs de 1560-1562 nous donne un premier tableau très complet de cette vie spirituelle. Le Chemin de la Perfection (1566) et le livre des Fondations (1576) y ajoutent peu de chose : car le premier est un ouvrage d'instruction pour les religieuses du monastère de Saint-Joseph d'Avila, et sainte Thérèse, en directrice avisée, donne fort peu de place aux formes extrêmes de l'Oraison ; c'est à peine si elle conduit ses religieuses à l'oraison d'union. Autant elle est abondante dans la description de ces faveurs lorsqu'il s'agit d'elle-même, autant elle est sobre et prudente dans la conduite des autres ; le second raconte les fondations de ses monastères et ne traite qu'accidentellement de certains aspects de l'oraison. En revanche les deux relations de 1575 au père Rodrigue Alvarez et le traité du Château de l'Ame de 1577 abondent en documents qui confirment et complètent ceux de la période antérieure ; ces deux groupes d'écrits séparés par une vaste période permettent d'étudier l'âme de sainte Thérèse à deux moments de son évolution religieuse.

Les lettres fournissent aussi des documents très utiles et permettent souvent de dater certains phénomènes. Il y a lieu aussi d'étudier de près des écrits moins importants comme le Fragment du livre sur le Cantique des Cantiques composé sans doute vers 1569 et les Élévations à Dieu, que certains rapportent à 1569 et d'autres à 1579. Nous verrons plus tard que la date de ce dernier écrit est fort importante pour l'histoire intérieure de la sainte.

Tous ces écrits reposent sur une longue habitude de l'oraison[1]. Elle la pratiquait depuis plusieurs années lorsque, par ordre, elle en écrivit. Ce n'est que peu après, que sainte Thérèse comprit et sut exprimer ce qui se passait en elle ; et cela arriva par la comparaison de son expérience avec certains livres, par des entretiens avec des personnes doctes[2] et surtout par une illumination de sa conscience. Peu à peu l'état intérieur s'est doublé

---

1. « Tout ce dont je puis vous répondre, c'est que je ne dirai rien que je n'aie expérimenté un certain nombre de fois ou même souvent. » *Relation au P. Alvarez*, p. 692. « J'espère avec l'aide de Dieu en écrire d'une manière assez juste. Sans parler de ma propre expérience, qui m'a beaucoup appris... » *Vie*, 150.

2. D'une manière générale elle s'est peu préoccupée des théories traditionnelles. « Je suis si ignorante et d'un esprit si peu ouvert, que, malgré toutes les explications que l'on a voulu m'en donner, je n'ai pu encore parvenir à le comprendre... Mon confesseur était quelquefois surpris de mon ignorance et jamais il ne s'est mis en peine de me faire comprendre comment Dieu agit en ce point et comment cela se peut faire. De mon côté, je ne désirais point le savoir, et jamais je ne l'ai demandé. » *Vie*, 302. Pourtant elle a eu des entretiens nombreux sur les faits mystiques. « Je mettrai à profit les enseignements d'hommes vraiment éminents en sainteté comme en science, que j'ai consultés. » *Vie*, 150. « Depuis plusieurs années j'ai eu, comme je l'ai dit, l'avantage de traiter avec des gens doctes. » *Ibid.*, 302, cf. 114. Quant aux livres, elle dit avoir lu, pour s'expliquer sur son oraison, le Chemin de la Montagne : *Vie*, 241. Mais les livres ont peu fait pour l'intelligence de son état. « On ne saurait croire combien les lumières qu'on y puise sont différentes de celles de l'expérience. » *Vie*, 124. « Si le Seigneur ne m'eût instruite, je n'eusse pu apprendre que fort peu de choses par mes lectures. » *Ibid.*, 220. « Ayant reçu de N. S. sur l'oraison toutes les lumières que me donnaient les livres qui en traitent, j'abandonnai une lecture que je croyais sans profit pour moi. » *Ibid.*, 336. Cf. *Vie*, 282.

chez elle d'un aperception précise, à forme passive[1], sorte d'inspiration, où la description et l'analyse lui étaient données toutes faites dans un état d'âme analogue à celui qu'il s'agissait justement de décrire « de sorte qu'elle voyait clairement, alors que ni l'expression, ni la pensée ne venaient d'elle ; et quand c'était écrit, elle ne pouvait plus comprendre comment elle avait pu le faire[2] ». Tantôt elle était éclairée par des paroles, c'est-à-dire que l'intelligence de son état lui était fournie explicitement[3], tantôt il lui était mis dans l'esprit la manière dont elle devait s'exprimer, c'est-à-dire une intelligence d'ensemble, reçue comme une suggestion, qu'il est aisé de suivre et qui s'impose avec le caractère total, impératif, supérieur et soudain d'une donnée étrangère[4].

1. « Je passai fort longtemps sans trouver une seule parole pour faire connaître aux autres les lumières et les grâces dont Dieu me favorisait… mais quand il plaît à sa divine Majesté, elle donne en un instant l'intelligence de tout, d'une manière qui me saisit… La lumière m'est venue quand je ne la cherchais ni ne la demandais… Ce Dieu de bonté m'a donné en un instant une pleine intelligence de ces faveurs, et la grâce de savoir les exprimer… cette grâce est toute récente. » *Vie*, 114 ; cf. 162, 135, 326.
2. *Ibid.*, 136.
3. « Dieu éclaira mon entendement tantôt par des paroles, tantôt en me mettant dans l'esprit la manière dont je devais m'exprimer. » *Vie*, 171. — « Sortant de cette oraison, et me préparant après avoir communié, à écrire sur ce sujet, je cherchais dans ma pensée ce que l'âme pouvait faire pendant ce temps. Notre Seigneur me dit ces paroles : « Elle se perd tout entière, ma fille, pour entrer plus intimement en moi : ce n'est plus elle qui vit, c'est moi qui vis en elle. Comme elle ne peut comprendre ce qu'elle entend, c'est ne pas entendre, tout en entendant. » *Vie*, 174.
4. « Dès que le Seigneur donne lumière, on s'exprime avec facilité, et l'on rend mieux ses pensées. C'est comme si l'on avait devant soi un modèle ; on n'a qu'à le suivre. Mais cette inspiration d'en haut vient-elle à manquer, il n'est pas plus possible, même après de longues années d'oraison, d'écrire en ce style mystique qu'en arabe. C'est pourquoi je regarde comme un très grand avantage, lorsque j'écris, de me trouver actuellement dans l'oraison dont je traite, car je vois clairement alors que ni l'expression ni la pensée ne viennent de moi. » *Vie*, 136. — « S'il faut dire ma pensée, ce n'est plus moi qui parle, depuis que j'ai communié ce matin. » *Ibid.*, 150. « Le Seigneur m'a fait entrer aujourd'hui même dans cette oraison, au moment où je venais de communier. Il m'y a comme enchaînée, et il a daigné lui-même me suggérer ces comparaisons ; il m'a enseigné la manière de

L'oraison mentale est le premier degré d'oraison; elle dépend en partie de notre travail et repose sur l'activité de l'entendement, sur la méditation; prendre un sujet de méditation proportionné à ses forces et à sa nature, mais souvent tiré de la vie et de la passion de Jésus-Christ, le considérer de différents points de vue, l'approfondir, le creuser et remonter aux causes : travail facile à un esprit actif ou exercé. Toutefois il ne faut pas demander trop à l'entendement; l'essentiel de cette oraison c'est de « se mettre en présence du Seigneur... de se tenir en paix, sans discourir, auprès de lui¹ ». L'entendement n'a pas sa fin en lui-même; sa fin est de produire cette accoutumance de la présence de Dieu, ce recueillement. Il y a un recueillement surnaturel, nous le verrons, que nous ne sommes pas maîtres de produire; mais il y a aussi un recueillement naturel qui suit la méditation; c'est le sentiment que Dieu est en nous et qu'il n'est pas nécessaire d'aller le chercher dans les cieux. On peut, du reste, arriver à ce recueillement sans user de l'entendement; pour certaines âmes, il est plutôt un obstacle qu'une aide; sainte Thérèse, nous l'avons vu, était du nombre, et il ne lui servait de rien de méditer; tout son effort consistait à prendre patience jusqu'à ce qu'il plût au Seigneur d'occuper son esprit et de lui donner sa lumière. Qu'elle vienne de l'esprit ou du cœur, qu'elle soit accompagnée ou non de dévotion sensible, cette pratique d'avoir toujours Jésus-Christ présent à la pensée fait l'excellence de la première oraison, conduit à la seconde et dans les dernières est une sauvegarde contre les illusions.

Dans cet état l'homme ne doit pas avoir la présomption de suspendre lui-même l'action de l'entendement; il doit, autant qu'il peut, l'occuper à discourir. C'est le Seigneur seul qui doit suspendre cette action; il donne alors à l'entendement un

parler de cet état, et ce que l'âme doit faire quand elle y est élevée. J'en ai été saisie d'étonnement, car j'ai tout compris en un instant. » *Vie*, 152.

1. Peyré, 123 et 130.

objet de contemplation ; sans raisonnement ni discours il l'illumine en un moment. Si l'entendement de lui-même cesse d'agir, au contraire l'homme se trouve dans la sécheresse. La méditation mentale échappe et l'on ne s'élève pas à la contemplation.

Mais il ne faut pas non plus croire, comme font quelques-uns, que l'action de l'entendement est indispensable et que tout est perdu si elle cesse ; la pensée n'est pas l'âme et quand la pensée s'interrompt, il peut arriver que l'âme reçoive une vigueur nouvelle[1]. Il est même indispensable que l'action de l'entendement cesse, pour que l'on soit élevé aux formes supérieures d'oraison ; car l'entendement introduit dans l'oraison quelque chose de l'impureté des pensées humaines[2] ; seulement on n'est pas maître de choisir l'heure où la pensée doit se taire.

L'oraison de recueillement ou de quiétude[3] est la première des oraisons surnaturelles : elle est au-dessus des forces humaines ; aucun effort ne nous permet d'y atteindre ; nous pouvons seulement nous y disposer. Elle consiste en un repos délicieux en Dieu, avec qui l'on sent que la volonté est unie, sans être abîmée en lui : un sentiment intense de bonheur et de paix,

---

1. Peyré, p. 107. *Livre des fondations* (éd. Bouix, p. 74).
2. *Chemin de la perfection*, ch. xix. La méditation en pensant les choses du monde s'embarrasse du monde ; la bonté de l'oraison intérieure est — oubliant les choses — de se plonger en Dieu.
3. Dans la *Vie* cette oraison est ainsi nommée, et recueillement et quiétude sont pris pour synonymes et traités l'un et l'autre comme des états surnaturels. Dans le *Chemin de la Perfection*, ch. xxix, l'oraison de recueillement est séparée de l'oraison de quiétude et rapprochée de l'oraison mentale. Elle n'est pas un état surnaturel, puisqu'elle dépend de notre volonté « ce n'est pas un silence des puissances de notre âme, mais un recueillement de ces puissances dans elle-même. » Dans le *Château intérieur* (IV⁰ Demeure, ch. III), sainte Thérèse considère le recueillement surnaturel comme le préambule de l'oraison de quiétude ; il y a donc, dans sa terminologie, deux formes, l'une naturelle, l'autre surnaturelle de recueillement. A la première forme répond l'oraison qu'elle pratiquait à ses débuts : la forme dont il s'agit ici est toute surnaturelle. Le *Château intérieur* nomme l'oraison de quiétude oraison des goûts divins. Cf. Poulain, *Les Grâces d'Oraison*, 1906, p. 527.

qui ne laisse plus de place au désir. « L'âme goûte cette joie céleste au plus intime d'elle-même, mais sans savoir d'où ni comment elle lui est venue. Dans cet état elle ignore souvent ce qu'elle doit faire ou désirer ou demander. Il lui semble avoir trouvé tout ce qu'elle pouvait désirer, mais elle ignore ce qu'elle a trouvé. » L'entendement et la mémoire sont parfois appliqués à cette paix intérieure, mais leurs considérations n'y servent guère; en faisant à l'âme la peinture de son bonheur, elles risquent de l'altérer; aussi convient-il de ne pas s'occuper de ces considérations et de ne pas s'inquiéter de l'entendement qui n'est qu'un importun; parfois aussi l'imagination s'égare, mais ses écarts ne troublent pas cette paisible union; leurs distractions involontaires demeurent à la surface et n'atteignent pas le fond de l'âme. L'entendement comprend que l'âme est près de Dieu, que si elle approchait seulement un peu « elle deviendrait par le moyen de l'union une même chose avec lui »; c'est une connaissance expérimentale de cette présence[1]. Quelquefois l'entendement est comme illuminé. « Voici ce qui m'est arrivé dans cette oraison de quiétude. Quoique d'ordinaire je n'entende presque rien dans les prières latines et surtout dans les psaumes, souvent néanmoins je comprenais le verset latin, comme s'il eût été en castillan; j'allais même plus loin, j'en découvrais avec bonheur le sens caché[2]. »

1. « Dans cet état on ne perd l'exercice d'aucun de ses sens ni d'aucune des puissances de l'âme; leur activité demeure tout entière, mais uniquement pour s'occuper de Dieu. » Lettre au père Rodrigue Alvares. Peyré, 593. L'âme « semble avoir au-dedans d'elle-même de nouveaux sens, à peu près semblables aux extérieurs; elle cherche, ce semble, à se débarrasser du trouble que ceux-ci lui causent par leur agitation, et ainsi elle les entraîne quelquefois après elle. Elle se plaît à fermer les yeux et les oreilles du corps pour ne voir et n'entendre que ce dont elle est alors occupée, c'est-à-dire pour traiter avec Dieu seul à seul. » Ibid.

2. Cf. Jean de la Croix, Montée du Carmel, II, xxvi. « Car lorsqu'elle n'y pense nullement, elle reçoit une intelligence très vive de ce qu'elle lit ou de ce qu'elle entend dire, et cette intelligence est souvent plus claire que les

Cet état n'est pas l'union avec Dieu; on n'y perd l'exercice d'aucun des sens ni d'aucune des facultés[1]; quoiqu'il soit souvent de courte durée, il se prolonge parfois plusieurs jours sans nuire à la vie active; il se distingue nettement de sa contrefaçon naturelle; la quiétude qui vient de nous ne produit aucun bon effet, disparaît très vite et laisse dans la sécheresse. L'oraison de quiétude est presque toujours précédée du recueillement surnaturel : « les yeux se ferment d'eux-mêmes, sans que la volonté y ait part, et l'on se trouve dans une profonde solitude, sans l'avoir recherchée. Alors se construit, sans aucune industrie de notre part, le vestibule de l'oraison des goûts divins. » Ce recueillement ne s'opère ni par l'entendement, ni par l'imagination, car il saisit souvent l'âme en dehors de toute pensée.

Le troisième degré, l'Oraison d'Union, est marqué par la disparition de l'exercice des facultés[2]. Dans l'oraison de quiétude l'âme paraît sommeiller, n'étant ni bien endormie, ni bien éveillée. « Dans l'oraison d'union elle est très éveillée à l'égard de Dieu et pleinement endormie à toutes les choses de la terre et à elle-même. » « C'est un sommeil des puissances où, sans être entièrement perdues en Dieu, elles n'entendent pourtant pas comment elles opèrent[3]. » « Les puissances de l'âme s'occupent entièrement de Dieu, sans être capables d'autre chose. Aucune d'elles n'ose remuer, et l'on ne peut les mettre en mouvement. Pour la distraire il faudrait un grand effort, et encore n'y parviendrait-on pas complètement[4]. « Les sens ont perdu leur activité naturelle et même on dirait qu'on les a perdus; la

paroles ne signifient; et quoiqu'elle ne comprenne pas ces paroles, et qu'elle ne sache pas même si elles sont latines ou non, elle connaît distinctement ce qui lui est représenté. »

1. *Château*, 427.
2. *Vie*, 151.
3. *Vie*, 152.
4. *Château*, 428.

mémoire et l'imagination sont comme si elles n'existaient pas. L'entendement est comme stupéfait de ce qu'il contemple; la volonté aime plus que l'entendement ne conçoit, mais sans que l'âme comprenne ou puisse dire, ni si elle aime, ni ce qu'elle fait. L'âme tout entière est comme morte au monde. « Je ne sais si en cet état il lui reste assez de vie pour pouvoir respirer... Si elle respire, elle ne le sait point[1]. » C'est donc le glorieux délire, la céleste folie d'une âme morte au monde. Le centre de cet état est une joie excessive, pleine d'inexprimables délices, où l'âme se sent presque entièrement mourir à toutes les choses du monde et se repose dans la puissance de son Dieu; et cette joie enferme un abandon sans réserve, un don total et absolu de soi[2].

Cet état qui est bref — puisqu'il ne dépasse guère une demi-heure — et discontinu, exerce sur l'âme une profonde action, et sans savoir comment elle fait de grandes choses.

A côté de cette forme essentielle et complète, il y a deux formes incomplètes d'union. Dans l'une, la volonté seule est liée à Dieu et goûte dans une paix profonde les délices de cette étroite union, tandis que l'entendement et la mémoire gardent assez de liberté pour s'occuper d'affaires et s'appliquer à des œuvres

---

1. *Vie*, 152.
2. Jusqu'à quel point cet état est-il conscient? D'après le *Château intérieur*, l'âme en cet état ne voit, n'entend rien, ne comprend rien durant le temps que cela dure. Mais elle voit avec certitude quand elle revient à elle, qu'elle a reçu cette faveur de l'union divine; c'est une certitude indubitable qui lui reste et que Dieu seul peut donner, p. 432; mais cf. *Vie*, p. 161. « Cette manière d'oraison est, à mon avis, une union manifeste de l'âme tout entière avec Dieu; seulement Dieu permet aux puissances de l'âme de connaître ce qu'il opère de grand en elles et d'en jouir. » Cf. *Château*. « Il suffit de dire que l'âme dans l'oraison d'union se trouve comme saint Paul lors de sa conversion tellement privée de sentiment qu'elle ne voit, ni n'entend, ni ne comprend rien à la faveur qu'elle reçoit, parce que l'extrême plaisir dont elle jouit en se trouvant si proche de Dieu suspend toutes ses puissances. » Union dans ce texte signifie aussi bien Extase. D'une manière générale il est possible que la conscience des états extatiques, faible à l'origine, se soit progressivement fortifiée. Nous reprendrons plus loin cette question.

de charité. L'âme est partagée « comme une personne qui s'entretenant avec une autre et s'entendant appeler par une troisième ne prête des deux côtés qu'une attention imparfaite. La différence d'avec l'oraison de quiétude est que, dans la quiétude, l'âme n'ose faire le moindre mouvement, de peur de troubler la sainte oisiveté de Marie dont elle jouit ; tandis que dans cette espèce d'union, elle peut mener de front la vie active et la vie contemplative[1]. » Dans l'autre, l'entendement et la volonté sont enchaînés à Dieu, alors que la mémoire et l'imagination restent dans une mobilité continuelle. Elles ne s'arrêtent à rien et passent incessamment d'un objet à l'autre.

La quatrième espèce d'oraison comprend l'extase et le ravissement. Dans la précédente manière l'âme a quelque conscience d'elle-même, de son état et du monde ; « elle est assez à elle-même pour se voir dans l'exil et pour sentir sa solitude ; elle peut s'aider de l'extérieur pour donner à entendre, au moins par des signes, ce qu'elle éprouve[2]. » Il y demeure un peu de travail, de conscience personnelle. Dans le nouvel état que nous abordons cette conscience personnelle disparaît, « tout sentiment cesse. »

Cet état nouveau, dans les commencements, vient presque toujours à la suite d'une longue oraison mentale. Il apparaît

---

1. *Vie*, 161, cf. *Relation au Père Rodriguez*, p. 593. Toutefois il semble qu'il y ait une forme analogue de quiétude : « Quand l'oraison de quiétude est grande, elle se prolonge quelquefois l'espace d'un jour ou même de deux... Se livre-t-on alors à quelque occupation extérieure, on voit clairement que l'âme n'y est pas tout entière, que le principal y manque, c'est-à-dire la volonté, laquelle, selon moi, est alors unie à Dieu. Quant aux autres facultés de l'âme, la mémoire et l'entendement, elles sont plus libres et plus actives, plus puissantes que jamais, mais seulement pour ce qui est du service de Dieu ; car pour ce qui regarde les choses du monde, elles sont comme frappées d'impuissance et de nullité... La volonté s'occupe à son ouvrage, c'est-à-dire à la contemplation ; l'entendement et la mémoire font l'office de Marthe... Enfin dans cet heureux état, Marthe et Marie vont ensemble. » *Chemin*, ch. xxxi.

2. *Vie*, 166.

comme un degré supérieur, après les précédents ; plus tard il survient souvent, sans être précédé d'une autre forme d'oraison, au moment même qu'on l'attend le moins.

L'activité sensorielle et motrice disparaît presque entièrement : « L'âme se sent, avec un très vif et très suave plaisir, défaillir presque tout entière ; elle tombe dans une espèce d'évanouissement qui, peu à peu, enlève au corps la respiration et toutes les forces. Elle ne peut sans un très pénible effort, faire même le moindre mouvement des mains. Les yeux se ferment, sans qu'elle veuille les fermer ; et si elle les tient ouverts, elle ne voit presque rien. Elle est incapable de lire, en eût-elle le désir ; elle aperçoit bien des lettres, mais comme l'esprit n'agit pas, elle ne peut ni les distinguer, ni les assembler. Quand on lui parle, elle entend le son de la voix, mais elle ne comprend pas ce qu'elle entend. Ainsi elle ne reçoit aucun service de ses sens, elle trouve plutôt en eux un obstacle qui l'empêche de jouir pleinement de son bonheur. Elle tâcherait en vain de parler, parce qu'elle ne saurait ni former ni prononcer une seule parole. Toutes les forces extérieures l'abandonnent[1]. » Ainsi la motricité est presque entièrement abolie[2] ; et les sens sont fortement obnubilés, moins peut-être par diminution de leur activité propre, que par la suppression de l'activité mentale qui coordonne leurs données ; encore qu'aux états profonds de l'extase ils semblent bien s'anéantir totalement[3].

Ce qui survit à la disparition de l'activité sensorielle, motrice et mentale, c'est une jouissance par qui l'âme est absorbée sans comprendre ce dont elle jouit, encore qu'elle comprenne que

---

1. *Vie*, 172.
2. « Quand l'extase est profonde, car dans toutes les manières d'oraison il y a du plus et du moins, les mains deviennent glacées et quelquefois roides comme des bâtons ; le corps reste debout ou à genoux selon la posture où il était quand l'extase l'a saisi. » *Relation au P. Alvarez*, 596. *Château de l'Ame*, 504.
3. *Château*, 504.

ce bien dont elle jouit est le suprême bien. C'est l'excès de ce sentiment qui obnubile les puissances.

« Tous les sens sont tellement occupés par cette jouissance que nul d'entre eux ne peut, ni à l'intérieur, ni à l'extérieur, s'appliquer à autre chose¹. » Quand les puissances sont ainsi unies à Dieu, aucune occupation étrangère n'est possible. Mais la conscience, du moins la conscience de cette jouissance qui contient un infini ne disparaît pas; l'âme n'est pas sans sentiment intérieur « car ceci n'est pas comme un évanouissement dans lequel on est privé de toute connaissance, tant intérieure qu'extérieure². » Cette jouissance contient du reste une connaissance. Dans cet état l'âme a une connaissance plus parfaite de ce dont elle jouit, que dans l'oraison précédente³. Encore qu'il semble inexplicable qu'elle entende et comprenne quelque chose, puisque toutes les puissances et tous les sens sont totalement suspendus, elle comprend avec une certitude très ferme qu'elle se perd tout entière pour entrer plus intimement en Dieu; que ce n'est plus elle qui vit mais lui qui vit en elle; elle aperçoit quelques-unes des grandeurs divines. Elle reçoit du reste en cet état des révélations, visions imaginaires et intellectuelles; elle n'a jamais plus de lumière qu'alors pour comprendre les choses de Dieu. Ces visions imaginaires demeurent tellement gravées dans sa mémoire qu'elle ne saurait les oublier; les visions intellectuelles laissent dans l'âme une vive connaissance de la grandeur de Dieu. Si l'âme dans ces ravissements n'entend pas de ces secrets, ce ne sont pas des ravissements véritables. L'illumination de l'âme est un élément essentiel de l'extase.

1. *Vie*, 167.
2. *Chateau*, 498 (VIᵉ Dem., ch. iv).
3. Mais tout autre connaissance est anéantie. « Si l'on méditait auparavant sur quelque mystère, il s'efface de la mémoire, comme si jamais on y avait pensé. Si on lisait, on perd tout souvenir de sa lecture et on ne peut plus y fixer l'esprit. Il en est de même pour les prières vocales. » *Vie*, 174.

Les premières extases, nous l'avons dit, apparaissent en général à la suite de l'oraison mentale ; par la suite elles n'ont plus besoin de préparation. Du reste il n'y a pas de règle absolue. Les faveurs divines n'ont pas de lois ; et il se peut qu'une personne soit élevée aux formes supérieures de l'oraison sans avoir passé par les degrés inférieurs. Cette oraison est dans les commencements de très courte durée et ne se révèle pas d'une manière aussi manifeste par les marques extérieures et par la suspension des sens. Du reste cette suspension complète ne dure jamais longtemps ; c'est beaucoup quand elle va jusqu'à une demi-heure. Il ne se passe guère de temps sans qu'une des trois puissances revienne à elle ; mais la volonté, qui se maintient le mieux dans l'union divine ramène celle qui s'égare : de sorte que, par ces alternatives, l'extase peut se prolonger plusieurs heures. Il arrive aussi que les puissances ne revenant à elles qu'imparfaitement elles restent dans une sorte de délire l'espace de quelques heures, pendant lesquelles Dieu, de temps en temps, les ravit de nouveau en lui[1]. Ce degré d'oraison peut aller jusqu'au seuil de l'inconscient : « Dans ce degré d'oraison, il m'est arrivé quelquefois de me trouver tellement hors de moi, que j'ignorais si la gloire dont j'avais été remplie était une réalité ou un songe. Je me voyais tout inondée de larmes... Je reconnaissais que ce n'avait pas été un songe. Ceci avait lieu dans les commencements, alors que cette oraison était de courte durée[2]. »

Cette oraison qui atteint si directement le corps ne nuit pas à la santé ; au contraire on en éprouve, même au plus fort des maladies, un mieux très sensible ; et elle modifie profondément l'âme par l'abondance des grâces qu'elle y apporte. « C'est

---

1. Il arrive aussi que pendant le reste du jour et quelquefois pendant plusieurs jours la volonté reste comme enivrée et l'entendement tout occupé de ce qu'il a vu. *Vie*, 172 et suiv.
2. *Vie*, 176.

l'heure des promesses et des résolutions héroïques, des désirs véhéments, de l'horreur du monde et de la claire vue de son néant[1]. » Des délices intérieures naît une grande force morale.

Le ravissement diffère de l'extase par l'intensité et la brusquerie. Il produit dans l'organisme des effets plus considérables encore. « On s'aperçoit d'une manière très sensible que la chaleur naturelle va s'affaiblissant et que le corps se refroidit peu à peu, mais avec une suavité et un plaisir inexprimables[2]. » Il semble que l'âme cesse d'animer le corps. Brusquement, en dehors de toute pensée et de toute préparation l'on se sent enlevé corps et âme, sans pouvoir résister[3] ; et ce mouvement, si délicieux d'ailleurs, cause de l'effroi dans les commencements. Souvent le corps en devient si léger qu'il n'y a plus de pesanteur ; « quelquefois c'était à un tel point que je ne sentais presque plus mes pieds toucher la terre. » « Tant que le corps est dans le ravissement, il reste comme mort et souvent dans une impuissance absolue d'agir. Il conserve l'attitude où il a été surpris : ainsi il reste sur pied ou assis, les mains ouvertes ou fermées, en un mot dans l'état où le ravissement l'a trouvé[4]. » Quoique les mouvements soient paralysés, les sensations ne sont pas toujours abolies. « On ne laisse pas d'entendre ; mais c'est comme un son confus qui vient de loin[5]. » Dans le plus haut degré du ravissement, les sens cessent d'agir ; on ne voit, on n'entend, on ne sent rien. Il peut ainsi arriver que l'on perde entièrement le sentiment quoique cela soit rare et dure fort peu de temps. Dans le plus haut degré du ravissement, lorsque les puissances, entièrement unies à Dieu, demeurent perdues en

---

1. *Vie*, 177.
2. *Vie*, 190.
3. *Ibid.*, 200.
4. *Ibid.*
5. *Ibid.* « Le sentiment ne se perd pas ; pour moi, du moins, je le conservais de telle sorte, que je pouvais voir que j'étais élevée de terre. »

lui, tant que dure cette transformation totale, aucune puissance n'a le sentiment d'elle-même et ne sait ce que Dieu opère.

Dans l'effroi que cause ce rapt l'on sent le souverain pouvoir de Dieu. Ne pouvant plus retenir le corps ni l'âme on sent qu'il y a un être supérieur et que de soi-même on n'y peut rien. On se sent aussi détacher corps et âme des choses de la terre.

Le ravissement est bref, mais subit les mêmes oscillations que l'extase ; ce qui fait qu'il peut se prolonger plusieurs heures. A diverses reprises l'âme s'abîme en Dieu. Mais les puissances et surtout l'entendement et la mémoire se remettent en mouvement. Mais comme le corps est insensible, l'âme est libre des attaques des sens; de sorte que l'entendement et la mémoire rencontrent moins de difficulté à retomber dans le ravissement. Il peut donc arriver que l'on se trouve pendant plusieurs heures le corps comme lié, et parfois la mémoire et l'entendement distraits. « Le plus souvent, à la vérité, la distraction de ces deux puissances ne consiste qu'à se répandre en louanges de Dieu dont elles sont comme enivrées, ou à tâcher de comprendre ce qui s'est passé en elles. Encore ne peuvent-elles le faire à leur gré, vu que leur état ressemble à celui d'un homme qui après un long sommeil rempli de rêves, n'est encore qu'à demi éveillé[1]. »

Après le ravissement le corps demeure longtemps sans force: c'est en vain qu'on fait des efforts pour remuer les membres. Il peut arriver que l'âme se trouve pendant deux ou trois jours comme interdite[2]. Il arrive aussi qu'infirme auparavant et travaillé de grandes douleurs, le corps sorte de là plein de santé et admirablement disposé pour l'action. De même le ravissement produit dans l'âme un vif sentiment de liberté et de puis-

1. *Vie*, 202.
2. Cf. Peyré, 523.

sance sur toutes les créatures ; il lui communique une force merveilleuse qui va jusqu'à l'héroïsme. Ces effets sont tantôt grands et tantôt moindres ; mais ils font avancer grandement dans la perfection. Il peut arriver que, par un seul de ces ravissements, Dieu opère dans l'âme de telle sorte qu'il lui reste peu de travail pour atteindre la perfection.

Quoique le ravissement survienne avec une force irrésistible, l'âme essaye quelquefois de se retenir et de lutter contre lui ; parfois elle obtient quelque chose, mais elle demeure brisée et accablée de lassitude ; d'autres fois les efforts sont vains. Sainte Thérèse, lorsqu'elle voulait résister, sentait sous ses pieds des forces étonnantes qui l'enlevaient. Comme ces ravissements arrivaient souvent en public et la gênaient et qu'elle ne pouvait lutter directement contre eux, elle s'avisa d'un subterfuge qui réussit ; elle demanda à Dieu de ne plus lui donner de ces grâces qui se trahissent par des signes extérieurs.

Tous ces états contiennent des révélations et des visions imaginaires ou intellectuelles.

Si chacun de ces degrés a ses caractères distinctifs, les limites sont parfois difficiles à reconnaître, et il semble bien que l'on doive admettre des états intermédiaires. Par exemple, sainte Thérèse place après l'oraison de quiétude « un sommeil que l'on appelle le sommeil des puissances, dans lequel elles ne sont pourtant pas absorbées, ni si suspendues que l'on puisse qualifier cet état de ravissement. Ce n'est pas non plus entièrement l'union [1]. » D'autre part, certains états fondamentaux se rencontrant dans plusieurs formes d'oraison, notamment dans les deux dernières, il en résulte parfois un peu d'incertitude dans la description : c'est ainsi que le nom d'Union est donné (*Vie*, p. 167)[2] au quatrième genre d'oraison, qui est le plus souvent appelé Extase ou ravissement ; c'est ainsi qu'il est parfois diffi-

---

1. 2º *Relation à Rodrigue Alvarez*, 593.
2. Cf. Poulain, *les Grâces d'Oraison*, 1906, p. 528.

cile de reconnaître s'il est parlé proprement de l'extase ou du ravissement ; mais ces difficultés passagères ne modifient guère les grands traits de la description sommaire que nous venons de faire.

La conversion de 1555 avait apporté à son âme des faveurs nouvelles et un accroissement d'énergie ; dans ces faveurs elle puisait des forces et les effets de ces forces la disposaient aux faveurs. A peine s'était-elle mise à fuir les dangers et à consacrer plus de temps à l'oraison, qu'elle reçut très ordinairement l'oraison de quiétude et souvent celle d'union qui durait beaucoup. Mais comme vers le même temps l'Inquisition avait condamné des femmes victimes d'oraisons illusoires, sainte Thérèse prit peur sur le plaisir qu'elle goûtait. Lorsqu'elle était dans l'oraison, elle ne doutait point que ces délices ne lui fussent données par Dieu ; mais hors de l'oraison elle craignait que la suspension de l'entendement ne fût une ruse du démon pour l'éloigner de l'oraison mentale ; puisqu'elle ne pouvait résister à ces faveurs, ni se les procurer à son gré, elle était sûre d'éprouver des états surnaturels ; mais elle ne savait s'il y avait là un très grand mal ou un très grand bien, et elle ne se sentait pas assez forte[1] pour éviter toute faute et pour échapper par la pureté de sa vie au danger qu'elle redoutait. Elle s'ouvrit à plusieurs personnes qui l'effrayèrent ; à un ecclésiastique qui se trompa sur son degré de perfection et lui donna des conseils qui ne convenaient qu'à une âme plus avancée ; enfin sur leur avis à Jean de Pradanos de la Compagnie de Jésus par une confession générale. Il lui dit que ce qui se passait en elle venait de Dieu ; mais que son oraison devait être reprise en sous-œuvre parce qu'elle ne l'avait pas établie sur un fondement assez solide, et qu'elle n'avait pas encore commencé à comprendre la mortification. Il la conduisit par des voies telles qu'il s'opérait, ce lui semblait, en elle un

---

1. Elle lit à cette époque *Le Chemin de la Montagne de Sion*, où elle trouve décrite son oraison. *Vie*, 241.

changement absolu. Il lui dit de prendre chaque jour pour sujet de son oraison un mystère de la Passion et d'en tirer son profit, de ne penser qu'à l'humanité de Jésus-Christ, de résister de toutes ses forces aux douceurs spirituelles jusqu'à ce qu'il lui ordonnât autre chose.

Après cette confession elle sentit son âme singulièrement assouplie[1]. Elle s'affectionna à la pénitence, faisant beaucoup de choses qui auparavant lui semblaient extrêmes ; elle sentit renaître en elle l'amour de l'humanité de Jésus-Christ, qu'elle avait un peu négligée dans son oraison. « Elle fut l'espace de deux mois se comportant ainsi[2]. » Sa résistance aux grâces les multiplia ; plus elle tâchait de faire diversion, plus elle était inondée de délices. Au bout de ce temps elle eut un entretien avec François Borgia qui l'approuva et crut qu'elle devait cesser cette résistance ; désormais elle devait toujours commencer l'oraison par un mystère de la Passion ; si ensuite elle était élevée à un état surnaturel, elle devait s'y abandonner.

Sous la conduite spirituelle du père Balthazar Alvarez, de la Compagnie de Jésus, elle eut, en 1558, son premier ravissement, qui fut subit et la tira presque hors d'elle-même. Elle y entendit des paroles qui lui furent dites dans le plus intime de son âme ; c'était un ordre divin qui confirmait un conseil du confesseur qu'elle hésitait à suivre. En un instant ces paroles la changèrent, la firent renoncer à des amitiés auxquelles elle tenait, brisèrent un lien contre lequel sa nature ne pouvait rien.

C'est donc sous la savante direction de la Compagnie de Jésus qu'elle arriva au degré supérieur d'oraison ; et cette oraison nouvelle lui apporta en abondance des états nouveaux, les paroles et les visions ; ce furent les paroles qui commencèrent ; les visions n'apparurent qu'en 1559, près de deux ans après les paroles ;

---

1. « Ce père, à ce qu'on m'a dit, lui communiqua les exercices de la Compagnie. » Ribera. *Vie de sainte Thérèse*, l. I, ch. ix.
2. *Ibid.*

dans la crainte d'être trompée, elle résista deux ans à ces paroles, mais ce fut en vain, et elles continuèrent jusqu'à ses derniers jours [1].

« Il y a diverses manières par lesquelles Dieu fait entendre des paroles à l'âme : les unes paraissent extérieures, les autres très intérieures : les unes venir de la partie supérieure de l'âme, et les autres être tellement extérieures qu'on les entend de ses oreilles comme l'on entend une voix articulée[2]. » Mais ce sont surtout les paroles intérieures que sainte Thérèse a connues ; « car elle n'a jamais rien vu ni entendu par les yeux et les oreilles du corps, hors deux fois qu'elle crut entendre parler, mais elle ne comprit rien à ce qui lui était dit[3]. » Les premières paroles qu'elle entendit répondaient à un doute sur son état ; c'était le temps où elle s'inquiétait des grâces qu'elle recevait, à cause de son indignité ; il lui fut dit alors « qu'elle devait se contenter de servir Dieu et ne pas s'occuper de cela ». Cette façon nouvelle d'entendre lui donna un grand effroi. Depuis ses voix intérieures se multiplièrent et devinrent si fréquentes qu'elle ne pouvait les compter ; c'étaient des paroles de consolation, d'avertissement, des promesses et des réprimandes, des avis prophétiques aussi. Elles lui étaient données surtout dans l'extase, non pas au plus haut degré de l'extase alors que toutes les puissances de l'âme sont perdues en Dieu, mais à ce moment où l'âme, tout en persévérant encore dans le ravissement, revient un peu à elle et demeure comme absorbée et incapable de raisonner. Elles survenaient aussi à d'autres moments, surtout à des périodes de trouble, en réponse à des afflictions, à des doutes [4].

1. Lettre de mai 1581 à don Alphonso Velasquez, évêque de Osma.
2. *Château* (VI, III, 484).
3. Peyré, 503.
4. Les premières paroles qu'elle ait entendues sont survenues dans une crise d'extrême affliction : « Étant donc seule dans cet oratoire, loin de toute personne qui pût me consoler, incapable soit de prier, soit de lire, brisée par la tribulation, tremblant d'être dans l'illusion, accablée de tristesse et de

Sainte Thérèse se préoccupe à maintes reprises d'assurer et de définir le caractère divin de ses paroles ; comme l'entendement peut en former d'analogues et que le démon peut les contrefaire, il s'agit d'établir non seulement leur caractère surnaturel, mais encore leur origine divine ; aussi toute sa finesse psychologique s'est-elle exercée à cette tâche et nous lui devons un document très précieux pour l'étude des automatismes sensoriels et psychiques chez les mystiques.

Ces paroles intérieures — c'est la marque la plus ferme de leur origine — sont paroles et œuvres tout ensemble ; c'est-à-dire qu'elles produisent dans l'âme ce qu'elles signifient, parce qu'elles portent avec elles un pouvoir et une autorité à qui rien ne résiste. Commandent-elles de ne pas s'affliger? La peine cesse spontanément. L'âme se trouve ensuite dans la tranquillité et dans le recueillement, toute prête à louer Dieu ; elle cède sans reflexion ni résistance à la majesté de ces paroles.

Quoiqu'on ne les entende pas des oreilles du corps, ces paroles sont parfaitement distinctes ; elles sont même plus claires parce qu'elles s'imposent invinciblement à l'attention. En fermant les oreilles, en concentrant l'attention sur d'autres objets, nous pouvons ne pas entendre la parole humaine, ou n'entendre qu'un son confus ; tandis que ces paroles intérieures forcent à écouter et obtiennent de l'entendement une attention parfaite.

Elles se distinguent des paroles que nous pouvons former intérieurement. « Quand c'est l'entendement qui forme ces paroles, quelque subtilité qu'il y mette, il voit que c'est lui qui les arrange et qui les profère. En un mot, lorsque l'enten-

---

trouble, je ne savais plus que devenir. Cette douleur, que j'avais tant de fois ressentie, n'était jamais, ce me semble, arrivée à cette extrémité. Je restai ainsi quatre ou cinq heures, ne recevant aucune consolation ni du ciel ni de la terre. » *Vie*, 272.

dement est l'auteur de ces paroles, il agit comme une personne qui ordonne un discours ; et quand elles émanent de Dieu, il écoute ce qu'un autre dit. Dans le premier cas, il verra clairement qu'il n'écoute point, mais qu'il agit : et les paroles qu'il forme ont je ne sais quoi de sourd, de fantastique, et manquent de cette clarté qui est le caractère inséparable de celles de Dieu. Aussi pouvons-nous alors porter notre attention sur un autre objet, de même qu'une personne qui parle peut se taire ; mais lorsque c'est Dieu qui nous parle, cela n'est plus en notre pouvoir[1]. » Les paroles que nous formons comme dans un demi-sommeil sont beaucoup moins claires.

L'âme entend souvent ces paroles dans un état de trouble et de distraction, où l'entendement ne pourrait former aucune pensée raisonnable ; il le peut beaucoup moins encore dans l'extase où toutes les puissances sont comme liées, et pourtant l'extase est un état privilégié pour l'audition de ces paroles.

L'âme trouve en ces paroles des vérités telles qu'elle n'aurait jamais été capable de les découvrir, des vérités auxquelles elle n'a jamais pensé ; ces paroles se présentent instantanément, sans rapport avec les pensées actuelles, indépendantes de notre désir ; car nous pouvons les désirer sans les avoir, et les avoir sans les désirer. « Ces paroles s'entendent souvent lorsque nous ne pensons point du tout au sujet dont elles parlent, et quelquefois même quand nous sommes en conversation ; elles répondent à des pensées qui ne font que passer en un moment dans notre esprit sans y faire réflexion, ou à des pensées que nous n'avons plus, et à des choses auxquelles nous n'avions jamais songé, ce qui montre que notre imagination n'a pu se les figurer pour nous flatter dans nos désirs[2]. » Le souvenir en est durable au point que nous ne saurions en oublier la moindre syllabe.

Il y a encore une autre catégorie de paroles qui s'entendent

---

1. *Vie*, 263.
2. *Château*, VI, III, 492.

très intérieurement dans le fond de l'âme et dont le sens n'est point marqué par un son : on les appelle paroles intellectuelles.

Au contraire lorsque ces paroles produisent mauvais effet, et laissent l'âme dans l'inquiétude, il faut les attribuer au démon.

Toutes ces marques, et leur conformité constante avec la doctrine de l'Église — condition nécessaire — prouvaient à sainte Thérèse l'origine divine de ses paroles ; mais quelque conviction qu'elle en eût, elle ne se laissa jamais conduire par elles sans en avoir référé à son confesseur. Elle s'attachait à ces paroles avec une telle passion que rien ne la pouvait détourner d'espérer fermement leur accomplissement ; et pourtant elle obéissait aux ordres contraires de son confesseur ; mais une action invisible, une subtile influence réciproque peut-être ne tardait pas à remettre les choses en état. « Voici ce qui arrivait toujours, lorsque le divin Maître m'ayant commandé une chose dans l'oraison, mon confesseur m'en ordonnait une autre : Notre-Seigneur me disait d'obéir ; mais il changeait bientôt la disposition de son âme, et lui inspirait de me commander la même chose[1]. »

Ce furent ces paroles que lui annoncèrent ses visions : lorsqu'on défendit de lire plusieurs livres traduits en castillan, elle eut beaucoup de peine ; elle en lisait quelques-uns avec plaisir, et désormais, ne comprenant pas le latin, elle s'en voyait privée. Le Seigneur lui dit : « N'en aie point de peine, je te donnerai un livre vivant. » Quelques jours après elle comprit le sens de ces paroles. De même que les paroles étaient apparues à un moment de trouble extrême, les visions survinrent après ces deux années d'affliction et d'incertitude (1559) et

---

1. *Vie*, 281. Il y a aussi quelquefois entre elle et ses confesseurs une sorte d'harmonie préétablie. « J'ai vu mainte et mainte fois que lorsque le divin maître veut qu'une chose ait lieu, il sait la leur mettre au cœur. » *Fondations*, 231. Quelquefois aussi l'action du confesseur modifie la parole intérieure ; v. Yépès, *Vie*, II, ch. xxvii.

répondant à un besoin intérieur[1], elles vinrent l'assurer dans la voie qu'elle suivait.

Le jour de la fête de saint Pierre, étant en oraison, elle vit, ou pour mieux dire, car elle ne vit rien ni des yeux du corps ni de ceux de l'âme, elle sentit près d'elle Jésus-Christ et vit que c'était lui qui lui parlait ; elle n'avait jamais entendu parler de telles visions ni pensé qu'il y en eût : c'est ce que les théologiens appellent vision intellectuelle, par distinction d'avec la vision corporelle qui frappe les sens, et l'imaginaire qui présente des images à l'esprit ; l'intellectuelle est sans espèces sensibles d'aucune sorte. Elle conçut une grande crainte de cette vision qu'elle ne pouvait comprendre : à la vérité cette crainte cédait à la moindre parole du Seigneur. Il lui semblait qu'il marchait toujours à côté d'elle sans qu'elle vît sous quelle forme ; elle savait seulement d'une manière fort claire qu'il était toujours à son côté droit, qu'il la regardait toujours, qu'il voyait tout ce qu'elle faisait et pour peu qu'elle lui voulût parler soit dans l'oraison, soit hors de l'oraison, elle le trouvait si proche d'elle qu'il ne pouvait ne pas l'entendre, quoiqu'il ne lui parlât pas toutes les fois qu'elle l'aurait souhaité, mais seulement quand c'était nécessaire et quand elle y pensait le moins. La certitude qu'elle avait de sa présence n'avait rien des sens et était supérieure à celle que donnent les sens ; c'était comme une illumination de l'entendement qui lui faisait voir clairement que « Jésus-Christ fils de la Vierge était là ». Cette sensation de présence n'était point liée aux paroles divines[2]. Avant que Jésus-

---

1. « Ces effets surnaturels n'étaient pas continuels, mais lui arrivaient le plus souvent dans le cas de quelque tribulation ; comme cette fois, par exemple, où elle venait de passer plusieurs jours dans des tourments intérieurs inexprimables, et dans un trouble affreux qu'excitait en son âme la crainte d'être trompée par le démon. » *Relations au P. Rodrigue Alvarez*, Peyré, 588.

2. Cf. *Relation au P. Alvarez*, p. 591. « Sans le secours d'aucune parole, ni intérieure, ni extérieure, l'âme conçoit très clairement quel est l'objet qui se présente à elle, de quel côté il est, et quelquefois ce qu'il veut lui dire. »

Christ lui eût dit qu'il était là, cela était déjà imprimé dans son entendement : et dans les grâces antérieures il disait que c'était lui, mais elle ne le voyait pas : c'était comme une certitude intérieure sans espèce particulière ; elle n'était pas non plus comparable à cette présence divine qui se fait sentir dans l'oraison et qui se révèle par les sentiments qu'elle provoque ; « ici, outre ces influences, notre âme voit que la très sainte humanité de Notre-Seigneur nous accompagne[1]. » Cette grâce nouvelle apportait des états nouveaux ; « le recueillement de mon âme dans l'oraison était plus profond et plus continuel ; les effets produits étaient bien différents de ceux que j'éprouvais d'ordinaire[2]. »

C'est par un mode analogue que l'âme reçoit parfois des connaissances sans images, ni forme de paroles ; sorte de vérité infuse donnée sans le moindre concours de sa part, parfois dans une sorte de ravissement, à une âme qui se voit en un instant savante : intuition qui révèle des vérités et des mystères ; qui fait comprendre ce qui n'est qu'image : car souvent, « lorsque Notre-Seigneur m'accorde une vision et me l'explique, c'est de cette sorte qu'il m'en donne l'intelligence. »

Cette vision fut presque continuelle durant quelques jours, elle devait se répéter fréquemment par la suite, sous des formes variées, se prolongeant jusqu'à durer quelquefois plus d'un an. Elle amena à sa suite les visions imaginaires qui vinrent progressivement.

Un jour qu'elle était en oraison, le Seigneur lui montra ses mains : « la beauté en était si ravissante que je n'ai point de termes pour la peindre[3]. » Quelques jours après elle vit sa divine figure et demeura ravie. Le jour de la fête de saint Paul, pendant la messe, il lui apparut « dans toute sa très sainte

---

1. *Vie*, 280.
2. *Ibid.*, 285.
3. *Ibid.*, 298.

humanité, tel qu'on le peint ressuscité, avec une beauté et une majesté ineffables[1]. » Elle le vit seulement des yeux de l'âme : et comme elle craignait d'être dupe d'une illusion, au moins dans les commencements et quand la vision était passée, elle souhaitait vivement le voir des yeux du corps. Mais elle se rassura : « quand bien même je me serais efforcée durant des années entières de me figurer une telle beauté, jamais je n'aurais pu en venir à bout, tant sa seule blancheur et son éclat surpassent tout ce que l'on peut imaginer ici-bas[2]. » Cette lumière se montre si soudainement que si, pour la voir, il fallait seulement ouvrir les yeux, on n'en aurait pas le loisir. Mais il n'importe que les yeux soient ouverts ou fermés. Elle passe avec la rapidité de l'éclair, mais laisse une vive empreinte dans l'imagination. Elle s'impose à l'âme : il n'y a ni distraction, ni résistance, ni soin qui l'empêche d'y arriver.

En certaines circonstances ce qu'elle voyait lui semblait n'être qu'une image ; en beaucoup d'autres il lui semblait que c'était Jésus-Christ lui-même ; cela dépendait du degré de clarté de la vision ; mais même lorsqu'il lui semblait ne voir qu'une image, c'était une image vivante et qui n'avait rien d'un tableau, d'un portrait. La vision était parfois si majestueuse que l'âme ne la pouvait soutenir et entrait dans le ravissement. Ce genre de vision est très utile pour conserver peinte et gravée dans l'imagination la présence divine, et en occuper continuellement la pensée. Au reste elle est presque toujours accompagnée de la vision intellectuelle qui donne un sens à l'image et dans l'humanité du Sauveur montre le Dieu tout puissant.

Plusieurs fois, de fausses images tentèrent de se glisser parmi ces visions ; il y en eut qu'elle estima venir du démon par le dégoût et l'inquiétude qu'elles apportaient et parce qu'il lui parut que l'amour qu'on lui témoignait n'était ni chaste ni pur.

1. *Vie*, 299.
2. *Ibid.*, 300.

Dans sa Vie elle se préoccupe d'établir que ces visions ne sauraient être l'œuvre de l'entendement; c'est encore un chapitre de fine psychologie : leur beauté dépasse la puissance de l'imagination ; elles représentent des choses qui n'ont jamais été dans l'imagination et qui sont beaucoup plus élevées que les choses d'ici-bas; nous n'en sommes pas les maîtres; elles viennent à leur gré, brusquement, bouleversant l'âme; il suffit que nous considérions quelque détail de la vision pour qu'elle disparaisse tout entière. Les images que forment notre esprit ne produisent aucun de ces grands effets : tandis que la vraie vision apporte à la fois d'inexprimables richesses spirituelles et un admirable renouvellement des forces du corps. Enfin elle demeure tellement empreinte dans l'âme qu'elle n'en peut perdre le souvenir[1], sauf dans le cas, où elle se trouve en proie à une sécheresse telle que tout semble s'effacer de la mémoire jusqu'au souvenir même de Dieu.

Elle fut, l'espace de deux ans et demi, favorisée très ordinairement de cette vision; la scène en était changeante. « Le Sauveur se présentait presque toujours à moi, tel qu'il était après sa résurrection. Dans la sainte hostie c'était de la même manière. Quelquefois, pour m'encourager quand j'étais dans la tribulation, il me montrait ses plaies ; il m'est aussi apparu en croix; je l'ai vu au jardin; rarement couronné d'épines; enfin je l'ai vu portant sa croix. S'il m'apparaissait ainsi, c'était, je le répète, à cause des besoins de mon âme, ou pour la consolation de quelques autres personnes : mais toujours son corps était glorifié[2]. » Ces visions n'étaient pas silencieuses, elles

---

1. Ribera a vu deux petites images que sainte Thérèse portait toujours avec soi, l'une du Christ ressuscité et l'autre de Notre-Dame, qu'elle avait fait peindre selon les figures imprimées en sa mémoire d'une vision qu'elle avait eue ; elle était présente quand le peintre les faisait, et lui disait ce qu'il devait faire. « Je ne crois pas qu'il ait jamais fait chose qui en approche et spécialement de celle de Notre Dame, qui est très gracieuse. » Ribera, l. I, ch. xi.

2. *Vie*, 314.

parlaient. Il s'était fait une combinaison des paroles intérieures et des visions imaginaires. Les phénomènes surnaturels étaient allés en se compliquant.

Ces visions étant devenues beaucoup plus fréquentes, on lui dit qu'elles venaient du démon, et même on lui défendit l'oraison ; mais à peine, pour obéir, avait-elle commencé à leur résister que les grâces se multiplièrent. « Son oraison était si continuelle que le sommeil même ne semblait même pas en interrompre le cours, et son amour allait toujours croissant[1]. » Son âme fut saisie d'impétueux transports ; c'est une blessure que l'âme ressent de l'absence de son Dieu ; « elle lui est faite par une flèche que de temps en temps on lui enfonce au plus vif des entrailles et qui lui traverse le cœur, en sorte qu'elle ne sait plus ni ce qu'elle a ni ce qu'elle veut[2] » ; un excès de douleur mêlé à un bonheur ravissant ; une peine qui ne peut apparaître que bien des années après les faveurs parce qu'elle suppose une exaltation d'amour qui fait sentir à l'âme toute la profondeur de la séparation. Ainsi que les oraisons qui reposent sur la joie, cette peine a ses degrés. Au plus bas, c'est le désir de voir Dieu, accompagné d'une grande tendresse d'amour et de douces larmes qui appellent la fin de cet exil. Puis vient cette blessure qui frappe l'âme et lui cause « une douleur si vive qu'elle en gémit ; mais si délicieuse qu'elle voudrait en être perpétuellement atteinte. Ce sont des désirs de Dieu si vifs et si délicats qu'ils sont au-dessus de toute expression ; et comme l'âme voit dans le corps la chair qui le retient, elle conçoit pour lui une extrême horreur[3]. » « Elle sent bien qu'elle est blessée sans savoir par qui ni comment et cette blessure lui est si agréable

---

1. *Vie*, 317.
2. *Ibid.*, 320.
3. Cette peine apparaît spontanément, sans considération antérieure. « Il arrive souvent que sans que l'on y pense, ni que l'on ait l'esprit attentif à Dieu Il se sert de ce moyen pour réveiller comme par un éclair ou par un coup de tonnerre. »

qu'elle ne voudrait jamais en guérir. Comme elle connaît que son divin Époux est présent, quoiqu'il ne paraisse pas, elle se plaint à lui avec des paroles toutes d'amour, même extérieures ; et quelque grande que soit sa peine, cette peine est si délicieuse que quand elle pourrait s'en délivrer elle ne le voudrait pas, parce que le plaisir qu'elle en ressent surpasse de beaucoup celui qui se rencontre dans cet état de l'oraison de quiétude que l'on appelle absorbement, quoique cet absorbement qui est comme une ivresse spirituelle ne soit accompagné d'aucune peine[1]. » Ainsi l'âme se consume sans pouvoir se consumer entièrement. Lorsque l'impétuosité de ces transports est moins grande, l'âme qui ne sait que faire à son mal y cherche un allègement par la pénitence. « Mais elle ne la sent pas et faire couler le sang de ses membres lui est aussi indifférent que si son corps était privé de la vie. En vain elle se fatigue à inventer de nouveaux moyens de souffrir pour son Dieu : la première douleur est si grande, qu'il n'y a point, selon moi, de tourment corporel qui puisse lui en enlever le sentiment ; car le remède n'est point là, et il serait trop bas pour un mal si relevé[2]. » D'autres fois la douleur se fait sentir à un tel excès que le corps perd tout mouvement ; « on ne peut remuer ni les pieds, ni les mains. Si l'on est debout, les genoux fléchissent, on tombe sur soi-même et l'on peut à peine respirer. On laisse seulement échapper quelques soupirs, très faibles, parce que toute force extérieure manque, mais très vifs par l'intensité de la douleur[3].

Les éléments et les nuances diverses de cet état d'âme s'exprimèrent en la célèbre vision plusieurs fois répétées de la Transverbération[4].

1. *Relation au P. Rodrigue Alvarez*, Peyré, 600.
2. *Château*, VI, 11 (Trad. Arnaud d'Andilly).
3. *Vie*, 321.
4. *Ibid.*, 321.

C'est à la suite de ces blessures qu'apparurent les grands ravissements contre lesquels, même en présence d'autres personnes, toute résistance était vaine. La combinaison de ces ravissements et de ces blessures produisit ou prépara une sorte de peine extatique, de ravissement douloureux qui unissait en quelque sorte, en les élevant par leur contact, à une puissance supérieure, les joies de l'Oraison aux peines de ces transports. Cette peine fond d'une manière imprévue et soudaine. « Un désir naît en l'âme, on ne sait comment, et ce désir, en un instant, la pénètre tout entière, lui causant une telle douleur qu'elle s'élève bien au-dessus d'elle-même et de tout le créé[1]. » Elle se sent absente de Dieu et réduite à la douleur de cette absence ; cette pensée pénètre l'âme jusque dans son centre. « Ainsi elle ne se souvient plus de rien de tout ce qui est mortel et périssable, et sa mémoire, son entendement et sa volonté sont tellement liés à l'égard de toutes les choses du monde qu'ils n'ont la liberté d'agir que pour augmenter sa peine en augmentant encore son admiration et son amour pour cet objet éternel dont elle ne peut souffrir d'être plus longtemps séparée[2]. » « C'est un ravissement de tous les sens et de toutes les puissances qui les rend incapables de toute autre chose que de ce qui leur fait sentir cette peine. Car quant à cela l'entendement est très ouvert et très éclairé pour comprendre le sujet de la douleur que ce doit être à l'âme d'être séparée de Dieu par cette vie mortelle qui l'attache toujours à la terre. Et il augmente encore sa peine par une claire et vive connaissance qu'il lui donne de sa grandeur et de ses perfections infinies[3]. »

1. *Vie*, 194.
2. *Château*, IV, xi.
3. *Ibid.* « Je dis qu'elle ne le sait pas, parce que l'imagination ne lui représente rien ; d'ailleurs durant une grande partie du temps qu'elle passe de la sorte, ses puissances à mon avis demeurent sans action. Elles sont ici suspendues par la peine, comme elles le sont par le plaisir dans l'union et dans le ravissement. » *Vie*, 197.

L'âme ne sent que son désir de Dieu et la rigueur de sa solitude[1] ; c'est une détresse et un délaissement que ni le ciel ni la terre ne consolent. Elle est comme crucifiée entre le ciel et la terre, en proie à la souffrance sans recevoir de soulagement ni d'un côté ni de l'autre. L'admirable connaissance de Dieu qu'elle reçoit, accroît ses tourments en augmentant ses désirs. C'est un martyre de douleur et de délices.

Cette peine est d'une rigueur si excessive que la nature en est profondément atteinte. « J'ai été quelquefois réduite à une telle extrémité, que j'avais presque entièrement perdu le pouls... De plus j'ai les bras très ouverts et les mains si raides que parfois je ne puis les joindre[2]. » Tant que dure cet état l'âme ne sent aucune douleur corporelle parce qu'elle est absorbée par le martyre intérieur qu'il lui cause. Mais il en reste jusqu'au jour suivant et quelquefois durant deux ou trois jours « dans les artères et dans tous les membres, une douleur aussi violente que si tout le corps eût été disloqué[3] ». Et l'on est si brisé que l'on n'a seulement pas la force de tenir une plume pour écrire. L'âme dans cet état garde l'usage de ses sens ; elle peut parler, elle peut regarder, mais non pas marcher « car ce grand corps d'amour la renverse[4] ».

Cet état ne saurait durer au delà de deux ou trois heures ; il est parfois beaucoup plus bref. La douleur est parfois si vive « que quoiqu'elle fût accoutumée à souffrir de très grands maux, elle ne pouvait s'empêcher de jeter des cris, parce que cette douleur n'était pas dans le corps, mais dans le plus inté-

---

1. « Dieu la met dans un si profond désert, qu'elle ne pourrait, en faisant les plus grands efforts, trouver sur la terre une seule créature qui lui tînt compagnie... C'est en vain qu'on lui parlerait et qu'elle se ferait la dernière violence pour répondre ; rien ne peut enlever son esprit à cette solitude. » Peyré, 195. Cf. *Château intérieur*, VI, xi.
2. *Vie*, 197.
3. *Ibid.*
4. *Relation*, 599.

rieur de son âme ». Il peut aller jusqu'à la perte de sentiment[1].
Il se termine presque toujours par un ravissement très vif, de
sorte que le contraste est très violent.

Tel est l'état qui lui fut imposé après la période des visions
et des grands ravissements ; c'était, au moment où elle écrivait
sa vie, c'est-à-dire entre 1561 et 1566, son état le plus habituel[2]. Il semble que par la suite il ait encore persisté et qu'il
s'y soit ajouté quelques nuances. Le célèbre « je meurs de ne
point mourir » est en effet mieux marqué encore dans les Relations postérieures à la Vie[3]. Certes il est déjà indiqué dans la
Vie. « Tout mon désir alors est de mourir... Tout s'efface de
ma mémoire et s'absorbe dans ce brûlant désir de voir Dieu[4]. »
Et dans la relation à Pierre d'Alcantara : « Cette peine naît du
désir ardent que j'ai de sortir de cette vie, et de la pensée que
mon mal est sans remède, parce qu'il n'y en a point d'autre
que la mort, et qu'il ne m'est point permis de me la donner[5]. »
Mais dans une lettre de 1571 à l'un de ses confesseurs, sainte
Thérèse décrit, comme de la veille, un accès particulièrement
intense de cette peine, au sortir duquel elle composa sa célèbre
glose[6]. Et la relation au P. Alvarez contient l'expression très
nette de ce sentiment. « Elle n'aspire qu'à son Créateur,
mais elle voit en même temps qu'il lui est impossible de le
posséder si elle ne meurt ; et comme il ne lui est pas permis
de se donner la mort, elle meurt du désir de mourir, à tel
point qu'elle est réellement en danger de mort[7]. » Et le Château de l'Âme : « Il arrive quelquefois que dans une telle
extrémité on meurt de douleur de ne pas mourir. Il semble

1. *Château* (VIe Demeure, ch. xi) et *Vie*, 198.
2. *Vie*, 194, 199. *Château* (VI, xi, 569).
3. *Saint Jean de la Croix*, 13e cantique.
4. *Vie*, 197.
5. Peyré, 652.
6. Ed. Bouix, *Lettres*, I, 160.
7. *Ibid.*, 898.

que l'âme est presque sur le point de se séparer du corps¹. »

Ces faveurs, dont nous venons de suivre la progression et qui aboutissent à une peine spirituelle excessive, unie à un bonheur ravissant, état que la Sainte estime du plus haut prix, étaient compensées par de vives peines de l'esprit mêlées à d'accablantes douleurs corporelles, et que ne tempérait aucun plaisir. Sainte Thérèse en décrit quatre espèces bien distinctes.

C'est d'abord un état, où toutes les grâces reçues sont oubliées ; il n'en reste, comme d'un songe, qu'un vague souvenir, qui ne sert qu'à tourmenter ; l'on craint d'avoir été victime d'une illusion, d'avoir trompé les autres ; ce scrupule fait qu'on va trouver les confesseurs, pour les avertir de se tenir en garde² ; tout donne de la crainte. Elle se croyait si mauvaise qu'elle s'imaginait être cause par ses péchés de tous les maux et de toutes les hérésies qui désolaient le monde : fausse humilité, de source démoniaque, qui commence par l'inquiétude et le trouble, et n'est que bouleversement intérieur, obscurcissement et affliction de l'esprit, au lieu que la vraie humilité est une peine qui réconforte, et est comme dilatée par le sentiment de la miséri-

---

1. Quelquefois, par un mouvement de la nature, l'âme voudrait trouver du soulagement dans sa peine afin de ne pas mourir, tout en gardant son désir de mourir. *Château*, 6ᵉ Demeure, ch. xi. Cf. *Vie*. L'âme voudrait sortir de sa solitude, trouver une âme à qui se plaindre ; c'est pour faire diversion, pour conserver la vie, tandis que par un désir contraire, l'esprit ou la partie supérieure de l'âme, voudrait bien ne pas sortir de cette peine. P. 198.

Il nous a semblé, à la lecture attentive et répétée des textes que la division que nous avons faite de ces transports en trois classes s'impose et n'a rien d'arbitraire. La Vie distingue très nettement cette peine excessive (le 3ᵉ degré) qu'elle étudie avec les ravissements, des autres transports étudiés au chapitre 29 (2ᵉ degré). La Relation à saint Pierre d'Alcantara qui est du même temps signale une espèce de transports qu'on peut identifier avec le 3ᵉ degré. La Relation au Père Alvarez distingue trois espèces de transports (nos 3 classes). Enfin le Château Intérieur distingue 2 grandes classes : notre 2ᵉ et notre 3ᵉ degré. C'est en somme la Classification de la Relation que nous avons suivie. Il nous a semblé que les descriptions diverses coïncidaient exactement.

2. *Vie*, 328 (voir pour ce qui suit le ch. xxx) et Peyré, 560.

corde divine. Son âme se sentait comme étouffée et son corps comme lié, de sorte qu'ils étaient incapables d'agir.

L'esprit est comme amorti. « Voici ce qui m'est arrivé : un jour, prenant la vie d'un Saint, dans l'espoir que le récit de ses peines adoucirait les miennes et me consolerait, j'en lus quatre à cinq fois de suite quatre à cinq lignes, et voyant que je les comprenais moins à la fin qu'au commencement, quoiqu'elles fussent écrites en castillan, je laissai là le livre[1]. » Si elle priait, elle ne comprenait rien à ses prières. Ou bien au contraire l'esprit était rempli de choses vaines, insensées, inutiles à tout, qui ne servaient qu'à l'embarrasser et comme à l'étouffer, de sorte qu'il n'était plus à lui-même.

A un tel état il n'y a point de remède ; on est si colère et de si mauvaise humeur, qu'il n'y a personne qui ne devienne insupportable, « et l'on ne croit pas peu faire en n'éclatant pas ».

Dans cet état on est préservé des fautes graves par l'habitude et par une assistance particulière. On ne perd ni la foi, ni les autres vertus ; « mais la foi est comme amortie et comme endormie, et les actes qu'on en produit semblent ne partir que du bout des lèvres. » On croit à la croyance de l'Église et l'on n'a aucun souvenir de ce que l'on a éprouvé intérieurement.

Cet état dure souvent plusieurs jours, et parfois près d'un mois ; le plus souvent il se dissipe brusquement, à la suite d'une communion ou d'une parole du Seigneur ; presque toujours il est suivi d'une grande abondance de grâces.

D'autres fois c'est une impuissance absolue de former la pensée ou le désir d'une bonne œuvre ; une sorte de dégoût qui fait que l'âme n'est contente de rien ; c'est un état moins douloureux ; « cette vue de ma bassesse ne laisse pas d'avoir un certain charme pour moi. »

Il y a encore un état où l'on ne peut avoir aucune pensée

---

[1]. *Vie*, 332 ; cf. *Château*, 6ᵉ dem., ch. 1.

fixe et arrêtée de Dieu, ni d'aucun bien, ni faire oraison ; ce sont des divagations de l'esprit que rien ne peut enchaîner ; mais la volonté demeure droite, et il n'est point de bonne œuvre qu'elle ne soit disposée à faire.

Il y a enfin un état de stupeur. « Je ne fais ni bien ni mal ; je marche, comme on dit, à la suite des autres, n'éprouvant ni peine, ni consolation, insensible à la vie comme à la mort, au plaisir comme à la douleur ; en un mot rien ne me touche[1]. »

Outre ces tentations et ces troubles intérieurs et secrets, elle subissait des assauts où le démon lui paraissait plus visible. Un jour, dans un oratoire, il lui apparut au côté gauche, sous une forme affreuse ; elle remarqua sa bouche horrible ; une grande flamme lui sortait du corps ; d'une voix effrayante il proféra des menaces. Sa crainte fut grande ; elle le chassa comme elle put, par le signe de la croix et l'eau bénite. D'autres fois elle était plus éprouvée ; le démon, au lieu de rester au dehors d'elle, la tourmentait par des douleurs terribles et par un trouble affreux d'esprit et de corps ; elle se donnait de grands coups, heurtant de la tête, des bras et de tout le corps tout ce qui l'entourait ; dans un de ces cas elle fut avertie que cet état venait du démon ; car elle aperçut près d'elle un petit nègre d'une figure horrible, qui grinçait des dents. Ces attaques se renouvelaient presque toujours lorsqu'elle était utile à quelque âme par ses avis ; elles furent particulièrement fortes une fois qu'elle prit sur elle les tentations et les tourments d'un ecclésiastique pécheur, et qu'elle supplia Dieu de permettre que les démons vinssent l'attaquer elle-même pourvu que cela n'entraînât aucune offense de sa part ; elle eut alors un mois de cruelles souffrances et deux attaques particulièrement fortes dont l'une dura cinq heures. Une autre fois elle se sentit étouffée la nuit par les mauvais esprits ; on leur jeta de l'eau bénite et

---

1. *Vie*, 337.

elle en vit soudain fuir une multitude comme s'ils se précipitaient d'un lieu élevé. Une autre fois, le démon se mit sur son livre pour l'empêcher d'achever son oraison. D'autres fois elle vit des combats d'anges et de démons, elle se vit entourée d'une multitude de démons, mais protégée par une lumière ; visions qui symbolisaient des événements extérieurs ou l'état de son âme. Elle voyait rarement le démon sous quelque figure, mais il lui apparaissait souvent sans en avoir aucune, comme il arrive dans les visions intellectuelles.

Au milieu de ces tentations et de ses troubles, elle sentait parfois se réveiller en elle toutes les vanités et les faiblesses de sa vie passée ; le seul retour de pareilles pensées lui semblait une preuve que le démon était l'auteur de tout ce qui s'était passé en elle ; car elle croyait qu'après avoir reçu tant de grâces de Dieu, elle ne devait pas même ressentir ces premiers mouvements en des choses contraires à sa loi ; le sentiment de son imperfection la rendait aussi confuse des grandes faveurs qu'elle recevait et auxquelles elle succombait parfois publiquement[1]. Elle voulut sortir du monastère de l'Incarnation et s'en aller dans un autre du même ordre où elle savait que la clôture était mieux gardée, et où l'on pratiquait de grandes austérités ; son confesseur ne le lui permit pas. Pourtant ce projet devait se réaliser au delà de sa forme primitive, à l'occasion d'une vision qui était peut-être elle-même soutenue par ces craintes et par ces désirs. Un jour, étant en oraison, elle se trouva en un instant, sans savoir de quelle manière, transportée dans l'enfer ; elle en vit l'horreur et en sentit l'angoisse, la tristesse amère et désespérée. Elle en éprouva véritablement les tourments et la peine dans son esprit, comme si son corps les eût soufferts. A dater de ce jour, tout lui parut facile à supporter, en comparaison

---

1. Elle n'était pas assez mortifiée pour n'être pas plus touchée du bien que du mal qu'on disait d'elle, et pour comprendre que de son propre fonds elle n'avait rien.

d'un seul instant de ce supplice. Cette vision fit naître en elle une indicible douleur à la pensée de tant d'âmes qui se perdent, et en particulier de ces luthériens que le baptême avait rendus membres de l'Église, et le plus ardent désir de travailler à leur salut ; en même temps, comprenant que cette vision lui avait été donnée pour qu'elle pût mesurer l'abîme où elle avait failli tomber, elle souhaitait se consacrer tout entière à son salut, faire pleine pénitence de ses péchés, et se séparer entièrement du monde. Elle trouvait trop commode la règle mitigée de son monastère ; aussi accueillit-elle avec joie le projet que forma l'une de ses amies de fonder un monastère où elles pussent vivre comme les religieuses déchaussées. Une vision, qui se répéta, lui ordonna de s'en occuper et en régla le détail. L'opposition presque unanime que rencontra ce projet, les hésitations et les décisions contradictoires du provincial de son ordre, ne troublèrent point sa paix ; elle demeurait fermement convaincue, que le projet s'exécuterait, sans qu'elle sût du reste comment [1]. Quand on lui défendit de penser à cette affaire, elle garda sa conviction ; mais un reproche de son confesseur l'émut profondément. Il lui écrivit qu'elle devait enfin reconnaître, par ce qui venait d'arriver, que son projet n'était qu'une rêverie ; il lui vint alors à l'esprit que si ses visions étaient fausses, son oraison n'était qu'une chimère ; mais elle fut consolée de cette persécution et de ces alarmes par des grâces extraordinaires.

« C'est alors que s'accrurent ces transports d'amour de Dieu et ces ravissements dont j'ai parlé » et ses visions ne tardèrent pas à la presser de reprendre la fondation, à la conseiller et à lui annoncer le succès. Durant un séjour qu'elle fit chez Louise de la Cerda, elle connut une béate de son ordre qui avait reçu vers le même temps, une inspiration analogue, et qui venait d'obtenir à Rome l'autorisation nécessaire. Cette béate la rendit

---

1. Cf. Peyré, 510.

attentive à cet article de la règle primitive, qui défendait de rien posséder ; malgré l'avis contraire de savants théologiens, sainte Thérèse fut dès lors convaincue de la perfection supérieure de la pauvreté[1] et des paroles qui lui furent dites dans de grands ravissements l'encouragèrent.

Elle conduisit avec une grande habileté les négociations nécessaires, en secret et en prenant soin que ses supérieurs n'en eussent point connaissance ; pour éviter le plus petit manquement à l'obéissance, elle ne faisait rien du reste que sur l'avis de savants théologiens. Son dessein aboutit en 1562, et ainsi se trouva légitimement autorisé, avec toutes les approbations requises, le monastère de Saint-Joseph.

Elle sentit une joie très vive d'avoir été l'instrument d'une œuvre si grande ; mais cette joie fit place trois ou quatre heures après la cérémonie, à une crise de scrupule. N'avait-elle point manqué à l'obéissance en fondant ce monastère sans l'ordre du provincial ? Cette fondation n'était-elle pas une folie ? « Les ordres que j'avais reçus de Notre Seigneur au sujet de ce nouveau monastère, les avis des personnes sages que j'avais consultées, les prières que depuis plus de deux ans on n'avait pour ainsi dire pas cessé de faire à cette intention, s'effacèrent tellement de ma mémoire qu'il ne m'en restait plus la moindre idée. Je me souvenais seulement des pensées que j'avais eues par moi-même. Toutes les vertus et même la foi, étaient alors suspendues en mon âme, et je n'avais la force ni d'en produire aucun acte ni de me défendre contre tant d'attaques de l'ennemi[2]. » C'étaient une affliction, une obscurité et des ténèbres, qu'elle sentit venir du démon et qui cédèrent à la promesse qu'elle fit de venir dans ce nouveau monastère et d'y faire vœu de clôture. Malgré l'opposition de la ville et d'un grand nombre

---

1. Pour le progrès qui se fait en son âme vers la pauvreté comparez *Vie*, p. 555 et 570.
2. *Vie*, 440.

de personnes religieuses, elle assura définitivement son monastère et réalisa son projet de s'y retirer.

Cette longue période de vie mystique a donc abouti à des actes ; sainte Thérèse ne s'est point contentée de savourer des délices ; elle a voulu servir le Seigneur dans la justice avec force d'âme et humilité ; elle a employé l'oraison et les visions à la purification de son âme, au progrès pratique ; et lorsqu'il lui a paru nécessaire pour mieux vivre, de changer son genre de vie et d'appeler autour d'elle des femmes de bonne volonté, son activité réformatrice s'est objectivée de la manière la plus précise, la plus fine et la plus forte en même temps. Sa sortie du monastère de l'Incarnation et la fondation de Saint-Joseph d'Avila marquent une étape plus importante de sa vie religieuse que son entrée à l'Incarnation. Il semble qu'elle ait atteint alors l'idéal auquel elle aspirait et que la vie claustrale lui doive donner pleinement le moyen de s'absorber dans les états supérieurs d'oraison. Mais c'est à cette époque précisément que son activité va redoubler, et sous l'effort de cette activité, de nouveaux états vont apparaître, tant l'action et la contemplation étaient, dans son âme, enchaînées l'une à l'autre par des liens de réciprocité.

Il importe de marquer, avant de poursuivre ce développement, l'état où elle était parvenue à cette date de la fondation. L'extase, le ravissement, et cette peine extatique, que nous avons décrite, étaient son oraison habituelle ; elle y entrait immédiatement. « Il est très rare que je puisse discourir avec l'entendement, parce que mon âme entre aussitôt dans le recueillement, dans la quiétude, ou dans un ravissement qui m'ôte entièrement l'usage de mes puissances et de mes sens. Je suis incapable de quoi que ce soit, sauf d'entendre ; encore ne puis-je comprendre ce qu'on me dit[1]. » — « Voici ce qui m'arrive très souvent..., je me sens tout à coup saisie par ce re-

---

1. *Relation I* (1560). Peyré, 551.

cueillement et par cette élévation d'esprit, sans pouvoir y résister, et je me trouve ensuite, en un instant, enrichie des trésors spirituels qui sont les effets de ces sortes de faveurs. Et cela m'arrive sans que j'aie eu auparavant aucune vision, ni entendu aucune parole, et sans même que je sache où je suis : il me semble seulement que mon âme se perd en Dieu[1]. »

« D'autres fois sans qu'il me soit possible d'y résister, il me vient tout à coup de si grands transports d'amour de Dieu, que je meurs du désir de lui être unie... L'impétuosité de ces transports est très violente... Cette peine s'empare de moi sans que j'y aie contribué en rien et elle est si délicieuse que je ne voudrais jamais la voir cesser[2]. » Ce n'est pas la considération qui excite ces désirs « comme autrefois, quand je sentais, ce me semble, une grande dévotion et que je répandais beaucoup de larmes ; ils naissent d'une direction et d'une ferveur si excessives, qu'en très peu de temps j'en perdrais la vie, si Dieu ne me venait en aide par un de ces ravissements dont j'ai parlé ». Tous ces ravissements étaient brusques et irrésistibles et survenaient parfois publiquement[3]. Alors même qu'elle n'était pas occupée à l'oraison, une force inconnue la tournait continuellement vers Dieu. « Ce que je viens de rapporter, et une attention presque continuelle à Dieu, voilà selon que j'en puis juger, l'état ordinaire de mon âme. Lors même que je m'occupe d'autres choses, je me sens réveiller sans savoir par qui, pour renouveler mon attention[4]. » De ces états est née une ferme résolution de faire la volonté divine, et c'est cette résolution qui lui donne la hardiesse de faire oraison.

Les visions et les révélations n'avaient pas cessé, mais

1. *Relation*, 552.
2. Peyré, 552.
3. Les ravissements publics ne tardèrent pas à cesser. *Château* (VII° D., ch. III, p. 604). V. pourtant la lettre du 17 janvier 1577 à Laurent de Cepeda. Bouix, p. 193.
4. Peyré, 560.

s'étaient beaucoup élevées. Intellectuelles ou imaginaires, elles lui apportaient des avertissements, conseils ou réprimandes, des prédictions, des explications sur sa vie intérieure, des illuminations sur elle-même ou sur les autres, et des secrets admirables sur les mystères divins. Elles agissaient profondément sur sa conduite. « Je n'ai presque point eu de visions qui ne m'aient laissé avec plus de vertu que je n'en avais auparavant. » Ces grâces extraordinaires avaient formé en elle le dédain de ce qui est du monde et la liberté intérieure[1] ; elle n'était point confuse de ces grâces ; car elle avait le sentiment très vif qu'elles ne font pas la perfection et qu'elle n'avait pas lieu de s'en estimer meilleure ; elle se trouvait au contraire plus mauvaise, parce qu'elle en profitait trop peu.

Pourtant il lui arrivait quelquefois encore de se trouver dans des états de sécheresse, de perdre jusqu'au souvenir de ses faveurs, de sa ferveur et de ses visions ; mais ces états ne duraient que peu de jours et elle en sortait brusquement pour retrouver la pleine possession d'elle-même.

Il s'organisait ainsi en elle une sorte de contrôle supérieur, une sorte de possession divine. « Il est des jours où mille fois je me rappelle ce que dit saint Paul, quoique certainement je sois bien éloignée de l'éprouver au même degré que lui. Il me

---

1. « Je suis de mon naturel très ardente dans mes désirs ; maintenant ils sont accompagnés de tant de paix, que lorsque je les vois accomplis, je n'aperçois même pas si j'en ressens de la joie. En dehors de ce qui regarde l'oraison, peine, plaisir, tout me laisse si calme qu'on me prendrait pour une personne insensible, et quelquefois je reste dans cet état pendant plusieurs jours. » Peyré, 573. « Cette disposition est pour l'âme une espèce de souveraineté si haute que je ne sais si on peut la comprendre, à moins de la posséder. C'est le vrai et pur détachement ; Dieu seul l'opère en nous, sans aucun travail de notre part ». P. 484. « Ma vie ne me semble en quelque sorte qu'un songe. Je ne vois en moi ni plaisir ni peine de quelque importance. Que si j'en éprouve de temps en temps, cela passe si vite, que j'en suis tout étonné et mon âme n'en est pas plus émue que d'un rêve. » P. 531. Dans la relation à Pierre d'Alcantara (1560), sainte Thérèse écrit qu'il n'y a pas encore un an qu'elle a reçu cette liberté intérieure.

semble que ce n'est plus moi qui vis, qui parle, qui ai une volonté, mais qu'il y a en moi quelqu'un qui me gouverne et qui me fortifie ; dans cet état, je suis presque hors de moi-même ; la vie me devient un cruel martyre[1]. » Une division irréconciliable s'était faite en son âme par cette séparation du divin d'avec l'humain ; le travail des années postérieures devait aboutir à une synthèse définitive.

La fondation du monastère de Saint-Joseph d'Avila ayant été achevée, elle passa cinq années dans cette maison. « Je pense pouvoir dire qu'elles ont été les plus tranquilles de ma vie, n'ayant point goûté auparavant ni depuis tant de douceur et tant de repos[2]. » En voyant les vertus des sœurs réunies autour d'elle, il lui venait souvent à l'esprit que c'était pour quelque grand dessein que Dieu les favorisait de tant de grâces. Sans savoir encore ce qui allait venir, elle sentait que plus elle avançait, plus son désir croissait de contribuer en quelque chose au bien des âmes. « Il me semblait que j'étais comme une personne qui ayant en garde un grand trésor désirait en faire part à tout le monde, mais à qui on liait les mains pour l'empêcher de le distribuer et d'en faire des largesses : car mon âme était comme liée de la sorte et les faveurs que Dieu me faisait alors et qui étaient fort grandes demeurant renfermées en moi me paraissaient mal employées[3]. » Or environ quatre ans après elle reçut la visite d'un missionnaire des Indes, le Père Maldonado, qui lui raconta combien d'âmes se perdaient manque d'être éclairées de la lumière de l'évangile ; elle fut saisie de douleur et souhaita vivement acquérir des âmes à Dieu ; elle aspirait aux travaux apostoliques et la peine de son inaction ne la quittait pas. Une nuit en oraison, le Seigneur lui apparut en la manière accoutumée, et lui annonça de grandes choses ; ces pa-

1. *Relation II* (1562), 575.
2. *Livre des Fondations*, ch. 1, p. 80.
3. *Ibid.*

roles la consolèrent sans qu'elle prévît le moyen qui se présenterait.

Six mois après le général de son Ordre venu de Rome en Espagne l'autorisa, sans qu'elle l'eût demandé, l'ayant comprise par son état d'oraison, à fonder de nouveaux monastères. Alors commencèrent les années que raconte le Livre des Fondations ; à Medina del Campo, à Malagon, à Valladolid, en seize lieux différents, sainte Thérèse à travers mille difficultés propagea sa réforme. Elle porta Jean de la Croix à fonder pour les religieux un monastère de la réforme. Elle continua jusqu'à sa mort cette vie active qui allait de la direction des religieuses aux moindres détails de la vie ménagère. Elle soutint les rudes combats que lui livra la partie de son ordre hostile à la réforme, déployant une inlassable patience, un inébranlable courage, une souplesse qui se pliait à tout, un merveilleux talent d'organisation ; prieure à l'Incarnation d'Avila, elle sut gouverner ses anciennes compagnes, qui la regardaient comme une transfuge et une ennemie : l'esprit d'affaires qui négocie des marchés et discute des locations, la ténacité physique de la voyageuse qui traverse l'Espagne dans des chariots couverts et transporte le cloître dans les hôtelleries, triomphèrent des tribulations, de l'opposition, et de la route. Rien ne la fatiguait jusqu'à ce qu'elle eût réussi ; le scrupule, le doute ne lui venaient qu'après l'acte. « Lorsque Notre Seigneur daigne m'employer à la fondation d'un monastère, aucune opposition n'est capable de m'arrêter ; je surmonte tout, jusqu'à ce que le monastère soit fondé ; l'œuvre est-elle terminée, il n'en est plus de même ; car alors les difficultés se présentent en foule à ma pensée[1]. » Son activité pratique était soutenue par la fréquente intervention des paroles divines, qui lui donnaient l'impulsion directrice et la guidaient parfois jusque dans les moindres détails.

---

1. *Livre des Fondations*, p. 276.

C'était une collaboration continue de sa vie subconsciente et de sa vie consciente, de sa passivité et de son activité.

A travers ces agitations, au moment où elle était le plus mêlée à la vie, elle s'acheminait vers la septième demeure. Le sommet de son mysticisme est l'union de la vie contemplative et de la vie active ; il lui restait un degré à franchir pour vivre en Dieu dans le même temps qu'elle agissait dans le monde. L'union absolue, l'union intime, l'union transformante, l'identification avec Dieu, le mariage divin, qui est le propre de la septième demeure est précisément l'état où la vie est pleinement acceptée, parce que la continuité de la présence divine la consacre pleinement, et que le Dieu intérieur est le principe des œuvres et de la vie. L'activité de ces dernières années l'a peut être contrainte à une synthèse de ce genre. La vision intellectuelle de la trinité commença le mariage divin. Elle demeura continue quoique l'âme put s'occuper des choses extérieures, mais elle n'était pas aussi vive dans la continuité qu'au moment où elle était donnée et renouvelée. C'était l'accompagnement continu de toute sa vie par la trinité divine et la perpétuelle conscience de cette présence. Dans cet état son âme, à la différence de ce qui se passe dans l'extase où toutes les puissances sont suspendues, est plus appliquée que jamais à ce qui regarde le service de Dieu, en même temps qu'elle jouit dans la tranquillité et le repos de cette heureuse compagnie. Aussi se sent-elle comme divisée. Encore que l'âme soit indivisible et que l'âme et l'esprit soient une même chose il semble par cet état que l'un agit d'une sorte et l'autre d'une autre. Elle avait une certitude extraordinaire de leur présence ; et quand cette présence venait à manquer, son âme s'en apercevait aussitôt.

Cette faveur la prépara au mariage divin qui s'ouvrit par une vision imaginaire ; afin qu'elle ne pût douter le Seigneur se montra à elle tout resplendissant de lumière et lui dit : qu'il était temps qu'elle ne pensât plus qu'à ce qui le regardait ; qu'il prendrait soin d'elle. Cette vision, par sa vivacité et son caractère intérieur, la laissa hors d'elle et saisie d'effroi.

Pour cette union suprême, qui constitue le mariage divin, Dieu lui apparut dans le centre de son âme, par une vision intellectuelle encore plus subtile que toutes les précédentes. « Ce que j'appelle l'esprit de l'âme devient une même chose avec Dieu[1]. » C'est une union continue permanente et pleinement consciente et qui par là se distingue des faveurs antérieures.

A dater de ce moment, l'âme vit en Dieu pendant que ses puissances et ses sens opèrent encore pour les travaux de la vie ; en même temps qu'elle les souffre, elle demeure en paix.

Cet état est une jouissance intime et secrète dont l'entendement a pleinement conscience : car ici les puissances ne sont pas suspendues comme dans l'extase mais elles sont seulement privées d'action et comme saisies d'étonnement lorsqu'elles font retour vers le centre de l'âme. Dans la joie qu'elles ont de connaître que c'est Dieu qui vit maintenant en elles, elles ne recherchent plus de faveurs, de consolations, de goûts[2] : il leur suffit d'être avec leur seigneur. Les ravissements n'arrivent plus en public et même ont presque cessé ; du moins quant aux effets extérieurs « qui sont de perdre le sentiment et la chaleur » ; car ils ne perdent ainsi que des accidents et en un autre sens il serait vrai de dire qu'au lieu de cesser ils augmentent intérieurement. Ou s'il arrive que la pensée de la continuelle présence du Seigneur soit comme endormie, il la réveille de telle sorte que l'âme connaît clairement que c'est un mouvement très agréable, qui ne procède ni de la mémoire ni de l'esprit, ni

---

1. *Château*, VII, ch. II, 590.

2. Les visions imaginaires ont cessé. « Mais j'ai toujours cette vision intellectuelle des trois divines personnes et de l'humanité de Jésus-Christ, vision, à mon avis beaucoup plus élevée. » Les paroles intérieures continuent toujours et lui donnent des avertissements importants. Lettre à don Alphonse Velazquez, évêque d'Osma. Mai, 1581.

d'aucune autre chose qu'elle comprenne et à quoi elle contribue, mais qui vient de ce qu'elle a de plus intérieur.

Le repos dont jouit l'âme dans la septième demeure n'est qu'intérieur, et elle en a au contraire beaucoup moins qu'auparavant à l'extérieur ; car cette union suprême n'est destinée qu'à produire incessamment des œuvres pour la gloire de Dieu ; elle est un état apostolique[1] ; la vie spirituelle a pour fondement et pour fin l'humilité ; elle consiste à se faire esclave de Dieu et à s'exercer par la vertu dans les travaux de la vie. L'œuvre à l'extérieur reçoit l'afflux d'énergie qui vient de cette union à l'intérieur ; le corps même en a sa part et prend un surcroît de vigueur. C'est un oubli absolu de soi, qui fait que l'âme n'a aucun soin de ce qui peut arriver, et qu'il lui semble déjà qu'elle n'est plus et qu'elle ne voudrait pas être, si ce n'est pour accroître la gloire de Dieu ; un grand désir de souffrir, mais un désir qui ne cause pas d'inquiétude ; l'acceptation volontaire de la prolongation de la vie, avec toutes ses nécessités physiques, pour être utile à Dieu ; si parfois reparaît ce désir de mourir, qui travaillait si fort l'âme dans la sixième demeure, elle revient aussitôt à elle et le refoule, se contentant d'être assurée qu'elle est en la compagnie de Dieu.

De même disparaissent les sécheresses et les peines intérieures ; s'il arrive parfois que Dieu laisse à leur état naturel les âmes qui lui sont ainsi unies, cela ne dure guère plus d'un jour et ce grand trouble lui ramène l'âme plus victorieusement. Rien n'altère donc le sentiment de sécurité de l'âme, sinon la pensée qu'en cet état elle n'est pas encore définitivement assurée du salut, et la crainte d'offenser Dieu ; mais c'est une croix qui ne trouble pas sa paix.

C'est donc une vie qui se poursuit à la fois dans l'activité et

---

1. *Château*, VII, c. 11 ; cf. *Fragment sur le Cantique des Cantiques* (éd. Bouix, 96).

la contemplation ; l'union tranquille en une même personne de Marthe et de Madeleine. Le moi s'est anéanti ; la nature tout entière s'est comme identifiée au vouloir divin. « Jamais, non pas même par un premier mouvement, ma volonté ne se porte à rien qui soit contraire à l'accomplissement de la volonté de Dieu en moi[1]. » En même temps que les tourments et les agitations de la vie ont cessé les exaltations, et comme les dérèglements de l'amour ; c'est une possession continue et tranquille qui s'est substituée aux faveurs momentanées et impétueuses ; un gouvernement interne de l'âme par Dieu, qui lui donne Dieu en repos au dedans et Dieu actif au dehors. Toutes les aspirations antérieures, tous les motifs épars de la vie se sont composés pour cette unité définitive ; et de cette cime, d'où elle voyait se dérouler toute sa vie intérieure, sainte Thérèse en comprenait le sens divin[2].

A quelle époque sainte Thérèse s'est-elle élevée à ce dernier état ? Point de doute d'abord malgré quelques réserves du Château intérieur, qu'elle y soit arrivée et qu'elle le décrive par expérience[3]. D'après ce traité qui date de 1577, elle serait depuis quelques années dans cet heureux état[4]. Le 8 novembre 1581, un an avant sa mort, elle fait dire au Père Rodrigue Alvarez qu'elle y est arrivée ; elle le décrit en mai 1581, comme son état présent à don Alphonse Velasquez, et sa description coïncide avec celle du Château. Les Bollandistes placent en 1572 la vision imaginaire qui marque, d'après le Château intérieur,

---

1. Lettre de mai 1581 à l'évêque d'Osma. Bouix, *Lettres*, III, 332. Cf. *Château*, VII, ch. IV, p. 605.
2. « Je connais aussi très clairement à l'heure qu'il est que les autres visions que j'ai eues étaient de Dieu ; elles disposent l'âme à l'état où je suis maintenant. » *Lettres*, III, 329.
3. *Château*, VII, ch. 1. « Je craignais qu'on ne s'imaginât que j'en parlais par expérience, et j'en avais une honte extrême. »
4. *Château*, Bouix, p. 585, 586.
5. *Château*, 595.

l'entrée dans la septième demeure[1]. D'autre part les relations de
1575 n'en parlent point ; mais elles ont pour objet d'expliquer
sa vie passée plus que son état présent. Il est donc probable
que c'est dans les dix dernières années de sa vie qu'elle s'est élevée à cet état. Mais une solution rigoureuse de ce problème
historique est malaisée : car dans les exclamations de l'âme à
son Dieu[2], écrites semble-t-il en 1579, on trouve des effusions
qui rappellent l'époque des transports : « Mon cœur brûle de
jouir de vous, et il ne le peut, se trouvant captif dans la triste
prison de cette vie mortelle. Ainsi tout est obstacle à mon
amour... Mais hélas, ô Dieu de mon âme, comment pourrai-je
savoir avec certitude que je ne suis point séparée de vous ? O
vie, qui jusqu'à la dernière heure dois m'offrir si peu de sécurité sur la chose du monde la plus importante, que je te trouve
amère » (Exclamat. I). — « Mais quand les transports de
l'amour deviennent plus violents et que le supplice de votre
absence se fait plus cruellement sentir, à quoi sert une pareille
pensée..., il n'est pas de baume pour la blessure faite par votre
absence » (XVI)[3].

Il est donc certain que l'état décrit comme la septième demeure a été réalisé par sainte Thérèse : la date de cette réalisation est moins sûre ; faut-il admettre la date adoptée par les

1. Cf. Poulain, Des Grâces d'Oraison, 298.
2. « Exclamationes animae ad Deum suum quae melius ita inscribuntur
quam meditationes post sanctam communionem... fuerunt conscriptae anno
1579 non vero 1569, ut Emery, Nicolaus Antonius alii qui habent. » Bollandistes, LXXVII, p. 455.
3. Élévation à Dieu (éd. Bouix).
En effet ces exclamations ont un caractère tout autre que ces « aspirations » qui, suivant la Sainte, persistent et qu'elle décrit, Château, 592 ; ou
celui des « élans » qu'elle décrit, p. 602 ; mais la solution de cette difficulté
est peut-être donnée par la lettre de 1581 à l'évêque d'Osma. « Cette soumission (à la volonté de Dieu) a tant de force que je ne souhaite ni la mort
ni la vie, sauf dans les circonstances très courtes où je suis enflammée du
désir de voir Sa Majesté. Comme aussitôt je me représente d'une manière
très vive, que les trois divines personnes sont en moi, je dissipe la peine que

Bollandistes et interpréter les exclamations que nous avons citées comme un retour momentané d'un état antérieur, de la période des transports ? Faut-il admettre que la septième demeure n'aurait été atteinte que dans les toutes dernières années ? Contre la première hypothèse il y a ce fait que la description de l'état définitif ne mentionne pas d'interruptions de cette nature[1] ? Contre la seconde il y a ce fait que la description de 1577 semble s'appliquer à un état présent.

---

me causait leur absence, et alors je désire rester sur la terre, si telle est la volonté de Dieu. » III, 145. Cf. *Relation XIV* (1576 et 1577) et *Lettres*, éd. Grégoire de Saint-Joseph, Paris, 1900, vol. III, p. 443. « Un jour je considérais en mon âme cette présence des trois personnes divines. La lumière était tellement vive qu'il n'y avait nul doute que ce ne fût le Dieu vivant, le vrai Dieu... je songeais combien la vie est amère puisqu'elle nous empêche de nous tenir dans une si admirable compagnie, et je disais intérieurement : Seigneur, donnez-moi le moyen de supporter cette vie. Le Seigneur me dit... quoique tu manges ou que tu dormes, quoi que tu fasses, fais-le par amour de moi, comme si tu ne vivais plus toi-même, mais moi en toi. »

1. D'autant qu'une lettre du 22 février 1577 à Laurent de Cepeda contient une autre interruption encore d'autre nature. Dans une période de malaise la sainte est comme hors de la vie mystique : « Je n'ai aucun recueillement surnaturel ; c'est comme si je n'en avais jamais eu. J'en suis étonnée. » *Lettres* (Ed. Grégoire de Saint-Joseph, Paris, 1900), I, p. 63.

CHAPITRE II

LE DÉVELOPPEMENT DES ÉTATS MYSTIQUES CHEZ SAINTE THÉRÈSE[1]

Dans cette vie de sainte Thérèse, qui aspire à conquérir l'éternité, qui veut installer dans le temps l'image de l'éternité, ce n'est pas l'immobilité qui règne, mais bien le devenir ; un mouvement continu la porte à travers une suite d'états qui sont la réalisation progressive de la présence divine. Nous l'avons vu : la distinction qu'elle fait entre ces états, ces demeures, n'a rien de verbal ; on ne tarde pas à apercevoir sous les noms des différences irréductibles. Ce mysticisme ne consiste pas dans un état unique, éternel, statique ; au contraire il est essentiellement une suite, un enchaînement d'états, une succession de formes qui s'appellent, se commandent, se transforment ; un développement véritable, dont le sens peut être dégagé : l'extase, c'est-à-dire l'anéantissement de la conscience personnelle par la suspension de l'activité sensorielle et motrice, en même temps qu'apparaît un état positif, difficile à définir, la conscience de la présence divine, n'est pas la fin dernière, le sommet de cette vie mystique ; sainte Thérèse travaille à reconstruire ce que l'extase détruit, à réaliser une synthèse plus ample, qui contient dans une unité plus puissante un plus grand nombre d'éléments.

---

1. Une partie de ce chapitre a paru dans le *Bulletin de la Société française de Philosophie* (6ᵉ année, nº 1, janvier 1906).

La vie mystique proprement dite ne commence qu'à la conversion de 1555 ; le moi se renonce ; tout le travail antérieur disparaît sous un afflux de passivité ; l'effort cesse. Devant ces états qui surviennent sans qu'il les ait voulus, sans qu'il puisse résister, sans qu'il ait conscience de les construire, sans qu'il voie leur relation avec sa conscience ordinaire, le sujet admet immédiatement que c'est Dieu qui les produit à son gré, qu'ils sont la manifestation d'une puissance étrangère et supérieure, la réalisation progressive en lui d'un Dieu intérieur, qui s'empare de lui, le pénètre et le transforme. Et c'est bien ainsi — à la théologie près — que le psychologue entend les choses : il accorde pleinement au mystique que cette force interne qui le dirige n'est point sa volonté consciente ; que cette intelligence qui ordonne sa vie n'est point son intelligence réfléchie ; ses états dès lors sont bien la manifestation d'une puissance étrangère à sa conscience et supérieure, la réalisation progressive en lui d'un Dieu intérieur qui s'empare de lui, le pénètre et le transforme : mais ce Dieu n'est qu'un Dieu intérieur, ce divin c'est le Θεὸς ἐν ἡμῖν, le divin en lui ; il est encore de la nature et de l'activité psychologique : ce qui dépasse la conscience ordinaire, ce sont les forces subconscientes, qui peuvent prendre figure divine, au sens religieux du mot, lorsqu'elles unissent et la fécondité créatrice et la richesse morale et la conformité à une tradition religieuse extérieure. Que cette subconscience serve de véhicule à une action vraiment extérieure, à la grâce d'un Dieu transcendant — hypothèse que formulait déjà Maine de Biran et qu'ont reprise bien des apologistes au courant des travaux de la psychologie — c'est une autre affaire ; c'est un problème de critique de la connaissance et de métaphysique ; la psychologie n'y incline point ; elle ne connaît point de subconscient ontologique ; en recourant au subconscient, elle met à profit un moyen d'explication qui a déjà fait ses preuves ; elle opère comme toute bonne science doit opérer, par réduction de l'inconnu au semblable déjà connu.

Sur la teneur psychologique des faits mystiques, qui seule nous importe maintenant, le psychologue est d'accord avec le mystique qui décrit, avec le théologien qui prend cette description pour point de départ ; l'interprétation et le langage seuls diffèrent. Nous reviendrons ailleurs sur ces questions : qu'il nous suffise de dire dès maintenant que l'objectivité apparente des états mystiques n'est point contradictoire avec leur subjectivité foncière et réciproquement, c'est-à-dire qu'elle n'est point contradictoire avec l'hypothèse d'une activité subjective qui les organise et les produit, pourvu que l'on entende bien que cette activité subjective n'est pas la volonté consciente et l'intelligence ordinaire. L'inconscient au contraire, l'activité qui s'ignore s'apparaît à soi-même sous la forme de l'extériorité. Lorsque nous emploierons des termes qui laissent supposer que sous la passivité des faits mystiques il y a de l'activité, c'est une activité de ce genre que nous entendrons.

Dans une première période de cette seconde vie, sainte Thérèse cherche l'union avec Dieu à travers différents degrés d'oraison dont le sommet est l'extase et le ravissement : quiétude, union, extase, ravissement, apparaissent l'un après l'autre, étroitement enchaînés. Nous n'insisterons pas longuement sur ces divers états, puisque notre objet n'est pas d'étudier les états mystiques en eux-mêmes, mais seulement leur développement ; nous indiquerons seulement à grands traits leurs éléments principaux et leurs caractères différentiels. Dans la quiétude il y a conservation « de l'exercice des sens et des puissances », c'est-à-dire de l'activité sensorielle et motrice ; tout au plus une légère torpeur ; un état affectif de recueillement involontaire ; un état intellectuel assez complexe : la pensée s'empare de cet état affectif, le contemple et travaille alentour ; l'idée dominante, c'est que cet état est lié à Dieu ; il y a parfois comme une illumination de l'intelligence. Mais encore qu'elle soit principalement concentrée sur l'état affectif et l'idée de la présence divine, elle n'y est pas absorbée tout entière; il y a parfois des distractions de la mémoire et de l'imagination : c'est-à-dire que des idées ou des images étrangères à cette idée centrale défilent dans l'esprit.

Dans l'union, les sens et les puissances sont engourdis davantage; l'activité sensorielle et motrice se relâchent plus encore qu'au degré précédent. L'état affectif est plus intense : sa qualité propre c'est la joie, l'abandon. L'intelligence se concentre encore : les images superficielles et vaines disparaissent par « stupéfaction de l'entendement ». Il y a du reste diverses formes d'union : l'une d'entre elles laisse subsister, sous cette grande absorption au dedans, l'activité extérieure.

Dans l'extase il y a des modifications importantes des fonctions organiques, suppression ou diminution considérable de la motricité, de l'activité sensorielle et mentale. L'état affectif est constitué par une jouissance profonde : la conscience de la présence divine, de l'unité avec Dieu occupe l'intelligence. Il y a, surtout à la période terminale de l'extase, des visions intellectuelles et imaginaires. Ainsi dans l'extase la conscience personnelle, la conscience du moi et du monde extérieur disparaît presque totalement; l'état positif que nous venons de décrire envahit toute la conscience. Il peut aller jusqu'au seuil de l'inconscience à force d'être impersonnel, à force de dépasser les limites dans lesquelles s'enferment d'ordinaire, pour se retrouver, la conscience et la mémoire.

Le ravissement diffère de l'extase surtout par sa brusquerie et son intensité; à la première période c'est un raptus violent et subit, quasi irrésistible qui s'accompagne de profondes modifications organiques et qui s'exprime dans la conscience par un état d'effroi, par le sentiment d'être le jouet d'une force toute puissante, d'être détaché brusquement de soi-même et de son corps. A la seconde période, catalepsie. Après le ravissement une période de résolution et de torpeur. A tous ces degrés, l'activité sensorielle est très diminuée et presque abolie : l'inconscience totale semble extrêmement rare.

Ces états d'oraison, qui sont au fond des variétés d'une même espèce et comme les degrés d'une hypnose sacrée, diffèrent par leurs modalités, par les phénomènes psychiques et physiologiques qu'ils suppriment ou qu'ils produisent, mais ils ont tous un double élément commun, qui est la fin même de ce développement; ils abolissent progressivement la conscience personnelle, le sentiment du moi et de l'univers et ils réalisent intérieurement pour un temps très court la conscience à la fois affective et intellectuelle de la présence divine. Ce développement est du reste favorisé par diverses influences que l'histoire démêle ; il est à son terme avant 1566. C'est une possession discontinue de Dieu qui laisse subsister la séparation habituelle de la contemplation et de l'action et la distinction ordinaire du divin et de l'humain.

Dans une deuxième période, après celle où l'extase est arrivée à son plein épanouissement, survient un état que sainte Thérèse décrit avec précision, et dont elle souligne l'importance, que ses biographes sont loin d'avoir remarquée[1]; c'est une peine extatique, une extase douloureuse (et ceci même est à noter, car beaucoup de psychologues insuffisamment informés supposent que la joie est l'état affectif par excellence de l'extase mystique), une extase négative où elle sent que Dieu, si on peut

---

1. Voir une description très analogue. *Vie de la mère Françoise Fournier* (Paris, 1685), cité par Poulain, p. 147. Comparer Antoinette Bourignon, Œuvres, XIV, p. 239 : « Je suis aussi en peine de savoir si Dieu peut bien demander d'une âme deux choses contraires. Il m'a souvent enseigné à aimer la solitude et le silence, et m'a dit cent et cent fois au fond de l'âme, que je n'aurais jamais sa conversation aussi longtemps que je désire celle des hommes. Cependant la chose qu'il demande de moi, m'oblige à traiter avec les hommes. C'est ce qui me fait aucune fois désirer la mort. Car d'une part si je demeure en solitude, je crains de m'opposer à ce que Dieu prétend sur moi ; et d'autre part je vois du danger pour la perfection de mon âme d'entreprendre des choses si grandes. »

dire, lui est donné absent. Elle est, comme le ravissement, imprévue et soudaine ; c'est un complexus affectif de désir, de douleur et de délices. La pensée est concentrée sur Dieu absent et transcendant à l'expérience la plus intime qu'il donne de soi, sur la vie dont l'essence est d'être séparation d'avec Dieu, détresse et solitude infinie ; cette contradiction est appréhendée dans l'unité d'une intuition ; et cette intuition douloureuse et délicieuse, négative et affirmative, est enveloppée du cortège de phénomènes qui accompagnent le ravissement : attitude cataleptique, anesthésie sensorielle plus ou moins profonde, etc. Au lieu que dans l'extase précédente la conscience personnelle s'anéantissait à tel point que l'âme s'oubliait en Dieu et se perdait à force de se sentir intimement unie à lui, dans cette extase de séparation et d'absence, l'âme a conscience à la fois de la présence de Dieu et d'elle-même, de l'union et de l'obstacle à l'union ; elle sent entre Dieu et elle la vie qui se refuse au divin et elle aspire à la mort qui seule doit rendre possible l'union qui s'offre et se dérobe. Cet état nouveau montre combien le précédent était superficiel encore et impuissant à résoudre le problème de l'union du divin et de l'humain et celui de la contemplation et de l'action. Le moi, dont l'extase précédente abolissait un moment la conscience, reparaît et s'y montre inconciliable — autrement que par une transformation continuelle et totale — avec le divin ; la vie, que l'extase modifiait profondément et qu'elle pénétrait pour un temps de son énergie salutaire, revient du fond de l'extase comme l'obstacle à l'extase, comme une réalité étrangère que le divin ne saurait pénétrer jusque dans ses profondeurs et qu'il faut dépouiller pour arriver au divin. Cet état est nettement postérieur aux formes d'oraison précédemment signalées ; il est postérieur également aux visions dont nous étudierons plus tard le rôle. Il importe de remarquer qu'il ne succède pas à l'état précédent seulement dans l'ordre logique ; il y a vraiment succession chronologique — encore que les états de la période extatique reparaissent souvent à la période de la peine extatique. C'était au moment où sainte Thérèse écrivait sa vie, son état le plus ordinaire[1].

Nous arrivons enfin à la troisième période, à l'état que, dans le Château, sainte Thérèse a désigné sous le nom de mariage spirituel. Il s'agit ici d'une transformation radicale et totale de l'âme et de la vie par la possession divine continue, permanente et consciente. L'âme ne possède plus le divin dans une intuition brève pour se retrouver elle-même hors de cette intuition; mais elle l'étend, pour ainsi dire, sur toute sa vie; du même coup cette intuition prend la forme de la vie. Au lieu que l'extase supprimait momentanément la vie en suspendant les puissances, c'est-à-dire l'ensemble des fonctions psychologiques, et qu'elle absorbait tout l'esprit dans la contemplation du divin, enchaînant le corps par la catalepsie, la paralysie et la contracture, ici les puissances ne sont plus suspendues, mais seulement étonnées quand elles font retour sur le divin qu'elles appréhendent. Le divin ne détruit plus la conscience de soi et du monde, mais au contraire il se donne à travers elle. Il y a pleine identification de l'âme avec Dieu; l'âme, identifiée à Dieu, se sent divine jusqu'à ses actes; elle sent profondément que toutes ses actions naissent, émanent de ce divin; que toute sa vie, toutes ses pensées jaillissent de cette source. Tout en elle lui apparaît sur un fond de plénitude et d'indifférence divine. Elle n'a plus d'être,

---

1. *Vie*, 194. « Auparavant je dois faire observer ceci : cet état est postérieur de beaucoup à toutes les visions et révélations dont je ferais le récit, postérieur aussi à cette époque où Notre-Seigneur me donnait d'ordinaire dans l'oraison des faveurs et des délices si grandes. Il est vrai, il daigne encore de temps en temps me les prodiguer ; mais l'état le plus ordinaire de mon âme, c'est d'éprouver cette peine dont je vais traiter. » Cf. 199. « Il ne faut pas oublier que les transports de cette peine me sont venus après toutes les grâces rapportées avant celle-ci, et après toutes celles dont ce livre contiendra le récit ; j'ajoute que c'est l'état où je me trouve maintenant. » Cf. *Château*, VI, ch. xi, p. 569.

elle ne se connaît plus[1] ; le moi n'est plus que l'action divine. En même temps qu'elle se sent pleinement libre à l'égard de tout le créé, pleinement détachée de tous les objets, elle sent, dans son action même, son plein abandon à la volonté de Dieu et son absolue dépendance ; de là, la conscience d'un contrôle supérieur qui s'exerce sur toute la vie, un sentiment d'automatisme à la fois et de liberté, créé par la réduction de la conscience personnelle à l'opération divine. C'est ici une sorte de possession continue de l'âme par le divin, une sorte de « théopathie » au sens même où l'on parle de démonopathie : le Dieu senti à l'intérieur, fait chair de la chair et conscience de la conscience, devenu le principe irrésistible de la volonté, auquel on s'abandonne sans résistance. Les forces hostiles, les états démoniaques, la nature même ont disparu ; les premiers mouvements ont cessé. La sainte se sent toute gouvernée par Dieu qui la possède ; c'est une possession continue et tranquille, qui s'est substituée aux faveurs momentanées, impétueuses et incomplètes[2]. C'est une opération qui s'exprime continuellement en actes. « Ce mariage spirituel n'est destiné qu'à produire incessamment des œuvres pour sa gloire. » La véritable vie spirituelle est l'utilisation de la force divine qui pénètre jusqu'au corps, la conquête du monde et la conquête des âmes. La vie est alors pleinement acceptée parce que cette présence active et universelle la consacre pleinement ; elle cesse d'être l'obstacle à la possession divine, puisqu'elle en devient le moyen ; elle est affirmée et aimée comme divine. En même temps les grâces, la présence divine cessent d'être l'obstacle à la vie[3].

Par suite, cet état est propre à lever les contradictions que les

1. *Lettre à l'évêque d'Osma*, III, 328.
2. « Cet adorable maître vivant maintenant en elles, il leur suffit d'être avec lui, et elles ne recherchent plus des faveurs, des consolations, des goûts. » *Lettres*, III, 601.
3. « Depuis huit jours, je suis comblée de tant de grâces que, si cela du-

autres suscitaient nécessairement. La contemplation et l'action coexistent dans l'âme déifiée, à la fois divine et humaine. Il est intéressant de constater que cet état n'est pas seulement un degré supérieur atteint par un mouvement de logique interne, par la tendance à dépasser sans cesse ce qui a été déjà obtenu, par le besoin de se dépasser continuellement soi-même dans les états extraordinaires ; nous le voyons s'organiser chez sainte Thérèse à partir du moment où les nécessités de la vie pratique se font plus impérieuses. Sa conscience pratique organise la vie intérieure et se crée dans l'action l'objet de la contemplation. En effet, ce mysticisme tend à des actes. Sainte Thérèse ne se contente pas de savourer des délices ; elle a voulu servir le Seigneur dans la justice avec force d'âme et humilité ; les révoltes mêmes de sa nature l'ont aidée à la perfection ; en même temps que s'accomplissait en elle cette systématisation vers le divin dont nous avons décrit les étapes, il s'esquissait en elle un processus inverse, qui reste toujours à l'état d'ébauche, une série d'obsessions et d'attaques démoniaques, qui ne parvinrent pas à constituer une possession diabolique ; mais, au milieu de ces troubles, elle sentait parfois se réveiller en elle toutes les vanités et les faiblesses de sa vie passée ; le seul retour de pareilles pensées lui semblait une preuve que le démon était l'auteur de tout ce qui s'était passé en elle. Cette crise morale la conduisit à fonder en 1562 le monastère de Saint-Joseph d'Avila, où elle voulait faire plus étroite pénitence et s'offrir avec ses compagnes pour réparer les fautes du monde ; mais son autorité réformatrice et conquérante ne s'arrêta pas là : quelques années après elle commençait sa vie apostolique, portant son ardeur dans toute l'Espagne, créant partout des monastères de la Réforme, luttant de toute son opiniâtreté et de toute sa finesse contre les

---

rait, il me serait difficile de m'occuper de toutes les affaires de la réforme. » *Lettres*, 1577 (éd. Grégoire de Saint-Joseph, I, 28).

carmes mitigés, engagée dans les négociations les plus difficiles, déployant un véritable génie pratique et organisateur[1]. C'est alors que se développe cet état nouveau qui rend possible en même temps l'action et la contemplation, cet état définitif où Dieu même est principe d'activité et d'humanité. Dès 1562, elle éprouve en elle quelqu'un qui la gouverne et en qui elle vit; elle a la sensation interne de cette personne intérieure. Elle a l'impression que la vie est un songe, tant elle est détachée de ce qu'elle vit, tant elle se sent libre à l'égard des choses; mais si hors de soi qu'elle se sente, la vie lui est parfois encore un cruel martyre; la conscience personnelle ne s'est pas encore fondue dans le divin; cette synthèse définitive est l'œuvre de longues années.

En même temps que s'installe cet état nouveau, les autres régressent visiblement : plus d'extase, ni de ravissement, ou, du moins, ces phénomènes deviennent fort rares. Ces violents ravissements qui la saisissaient même en public, et auxquels sa pudeur délicate ne s'était jamais tout à fait accoutumée, se dépouillent de leurs manifestations extérieures. Il n'en reste que les phénomènes internes, qui étaient, il est vrai, l'essentiel. Le cortège des anesthésies, des amnésies, des attaques, de la catalepsie, des paralysies et des contractures, tout ce qu'il y avait de visiblement nerveux, s'évanouit ; soit que l'âge, comme il arrive souvent, ait atténué ces accidents ; soit que le progrès même de la vie mystique les ait éliminés peu à peu comme inutiles et même embarrassants. Ce qui persiste c'est, nous l'avons dit, la partie positive des états extatiques, la conscience calme de la divinité toujours présente, mêlée à tous les actes, intérieure à toute la personne ; cette stabilité a pris la place de toutes les instabilités antérieures, de ces grandes oscillations qui allaient des ravissements, des attaques divines aux attaques

---

1. Voir tout le livre des *Fondations*.

démoniaques, de l'extase, de l'union et de la quiétude aux sécheresses et à la stupeur ; cette situation, définitivement établie, échappe aux variations, inséparables de ces grands mouvements. Ainsi l'état théopathique s'est affranchi de ce double inconvénient des états antérieurs, l'incompatibilité avec la vie ordinaire, à cause de l'inhibition de toutes les fonctions d'extériorisation et de relation et de l'arrêt de la conscience sur le divin, et l'instabilité, qui livrait la vie intérieure à de grands mouvements de direction contraire. Seul il peut opérer le rapprochement, la synthèse de l'action et de la contemplation ; c'est en vain que les états antérieurs s'y étaient essayés. Dans la quiétude agissante, dans l'union active, l'âme est en réalité partagée entre la contemplation intérieure et l'occupation extérieure[1]. Elle ne dispose pas pour l'action de toutes ses facultés ; la meilleure partie d'elle-même est ailleurs. C'est seulement dans cet état théopathique « que les deux opérations cessent de se gêner l'une l'autre[2] » que toute la vie apparaît comme opération divine, que l'activité pratique réalise vraiment le divin et l'épuise par son infinité constructive, de sorte qu'il ne reste plus en dehors de la vie divine rien de divin à appréhender. Nous suivons cette évolution à travers les textes dont les dates la jalonnent : nous voyons sainte Thérèse arriver à la septième demeure, à cet état dernier et définitif, synthèse des précédents, qui est au-dessus de l'extase et qui répand sur toute l'âme et sur toute la vie ce que l'extase enfermait en un moment éternel vécu pour ainsi dire au-dessus de la vie. La septième demeure est la déification de la vie.

Telle est, avec l'approximation qu'impose tout schéma, la première loi de l'évolution mystique de sainte Thérèse. Le Dieu ineffable et confus, auquel aspirent tous les mystiques,

---

1. *Chemin*, ch. xxxii ; *Vie*, ch. xvii.
2. Poulain, *Grâces d'oraison*, p. 189.

le Dieu sans forme, vécu en sa vie même, dans son éternité vivante et dans son présent infini, s'est réalisé progressivement à travers ces trois moments. Sa présence, de rare est devenue continue ; sa transcendance que l'extase faisait parfois immanente et que la peine extatique montrait transcendante dans l'immanence même, est devenue immanence ; il a pris possession de tous les états de l'âme, et toute la précision de la vie extérieure semble jaillir de l'imprécision du Dieu intérieur. L'intuition intellectuelle, pourrait-on dire, si ces termes n'étaient pas tout à fait étrangers à sainte Thérèse, est devenue Raison pratique.

Mais à côté de ce développement, il en est un autre, assez différent, mais tout aussi important. Les états d'oraison se compliquent d'autres phénomènes qui leur sont liés ; en même temps que son oraison devenait plus fréquente et plus profonde, jusqu'à envahir toute sa vie, apparaissaient des états d'une autre espèce, des états distincts, paroles intérieures, visions intellectuelles et imaginaires. La conversion de 1555 avait apporté à son âme des faveurs nouvelles et un accroissement d'énergie ; elle recevait très ordinairement l'oraison de quiétude et souvent celle d'union qui durait beaucoup. Mais comme, vers ce temps, l'Inquisition avait condamné des femmes, victimes d'oraisons illusoires, sainte Thérèse prit peur sur son état, ses amis l'effrayèrent ; c'est alors qu'elle se mit sous la conduite des Pères de la Compagnie de Jésus et qu'elle fit les exercices de saint Ignace. Ainsi, au moment où elle doutait de son oraison et d'elle-même, où elle hésitait sur la valeur des états où le Dieu mystique semblait se communiquer, il s'opéra en elle comme un dédoublement : certaines images s'exaltèrent et s'extériorisèrent : la parole intérieure s'objectiva, lui sembla venir d'un être étranger. L'émotivité, provoquée par ses propres doutes et ceux des autres sur son oraison, l'état d'indécision et de division où elle se trouvait, en même temps que le progrès de son activité subconsciente, favorisèrent la division de conscience qui organisa à côté d'elle un personnage étranger à qui elle les rapportait, exprima par ce processus à la fois le trouble profond qui bouleversait tout son être et l'énergie réparatrice qui tendait à la rassurer et à la remettre en état ; ses visions se rattachent à son oraison comme leur justification, comme leur garantie. En même temps elles marquent une nouvelle étape dans la conquête de la vie par l'activité subconsciente ; une force intérieure ordonnatrice, une intelligence impérative gouverne sa conduite ; « ses propres desseins, avec leurs objets précis s'extériorisaient à ses yeux et lui revenaient sous forme de commandements divins[1]. » Il est juste d'ajouter que cette excitation des images mentales et cette dissociation psychologique étaient préparées par cet « état de nervosisme grave » que même les plus prévenus de ses biographes sont contraints de reconnaître[2]. Cette tendance au dédoublement, cet état d'absence et d'automatisme favorable à l'irruption des phénomènes subconscients dans la personnalité ordinaire, se rattachent au même fond que les troubles de toute nature qui accompagnent l'extase ; l'état hallucinatoire, l'état de rêve où sont données les paroles et les visions est comparable à l'hémisomnambulisme. Mais il faut bien voir aussi quelle finalité profonde gouverne cet automatisme, et avec quel art l'activité pratique de nos mystiques utilise, pour unifier supérieurement, les dissociations pathologiques ; l'automatisme ici n'est pas — sauf de très rares

1. Boutroux, in *Bulletin de la Société française de philosophie*, p. 16.
2. P. Grégoire de Saint-Joseph : *La prétendue hystérie de sainte Thérèse*, Lyon 1895, p. 54. Dr Goix : *Les Extases de sainte Thérèse*, *Annales de philosophie chrétienne*, 1896. Il serait sans intérêt de discuter longuement ici les objections faites du côté catholique, au Père Hahn, pour avoir admis l'hystérie de sainte Thérèse. Aussi bien, cette discussion perd-elle son principal intérêt du fait, que les catholiques sont contraints d'admettre, comme nous le disons dans le texte, « un état de nervosisme grave » chez sainte Thérèse. Que cet état soit ou non d'origine infectieuse (et cela paraît bien peu probable) il n'importe pas ici.

exceptions — une activité de déchet et de répétition ; c'est un processus actif, qui sous les traits d'une personnalité étrangère, construit sous le contrôle de ce qu'il y a de plus vivant et de plus raisonnable dans la personne même.

Ainsi, pendant que se déroulait l'évolution interne qui réalisait en elle le Dieu confus, le divin au delà de toute forme, il s'organisait au dehors le Dieu objectivé, le Dieu qui parle et qu'on voit, le Dieu qui est le Dieu de l'Écriture, et qui, par l'autorité immense de la tradition et de l'Église, garantit de sa précision l'indistincte intimité divine.

Les paroles vinrent d'abord ; puis cette vision intellectuelle qui est la sensation de la présence actuelle, au dehors, du Dieu vivant ; à peine cette sensation extérieure d'un Dieu objet était-elle installée en regard de toutes les sensations, de tous les états internes qui l'ont préparée, qu'il se dégage d'elle comme si elle les avait contenues, comme si elle en avait été le germe, les visions imaginaires qui traduisent en images visuelles les préoccupations intellectuelles et les mouvements du sentiment. Toutes ces visions d'ailleurs ont le même caractère ; elles développent au dehors le Dieu personne, le Dieu précis.

Le premier processus que nous avons signalé aboutissait à résoudre, par une conciliation harmonieuse, une double antithèse, celle de l'action et de la contemplation, celle de la vie divine et de la conscience personnelle ; le second aboutit à la formation que nous venons de décrire. Il y a entre ces deux résultats une contradiction apparente : l'antithèse du Dieu personnel, représentable, doué d'attributs, vivant, qui a une histoire, et du Dieu interne, confus, infini, que n'exprime aucune image et aucune forme, qui est, au delà de l'être même, un néant divin.

Mais cette opposition, c'est, dans sa complexité et dans son unité à la fois, la vie même, le sens de la vie chez sainte Thérèse. C'est une mystique singulièrement orthodoxe, dont le christianisme extraordinaire arrive à rejoindre, à retrouver le christianisme ordinaire ; orthodoxe même dans les plus secrets tressaillements de sa subconscience ; et c'est pourquoi elle a édifié au dehors le Dieu précis de l'Écriture, en même temps qu'elle édifiait au dedans le Dieu confus du Pseudo-Aréopagite, l'unité du néoplatonisme. Le premier lui est le garant orthodoxe de l'autre et l'empêche de se perdre dans une indistinction qui n'est plus chrétienne. Le Dieu interne et confus est fort dangereux ; et souvent (l'histoire du mysticisme en fournirait de nombreux exemples) il a entraîné les mystiques hors du christianisme, parfois même de toute religion ; qu'on se rappelle les remarques si intéressantes de Bossuet dans son Instruction sur les États d'Oraison ou encore celles de Nicole dans ses Visionnaires ou dans sa Réfutation du Quiétisme. Sainte Thérèse a su éviter ce péril ; et servie par sa riche vie subconsciente, par l'exaltation de ses images mentales, et par sa faculté de dédoublement d'une part, de l'autre par une rare puissance d'unification, elle a réalisé simultanément un état double où les deux Dieux se garantissent, se consolident et s'enrichissent mutuellement ; telle est la vision intellectuelle de la Trinité dans la septième demeure.

Nous verrons chez d'autres mystiques des tendances semblables et une systématisation analogue. Si original que soit le développement que nous venons d'exposer, il n'est pas unique. Il est vrai que parmi les mystiques chrétiens, beaucoup n'ont pas atteint les degrés supérieurs du mysticisme, qui déterminent une complication supérieure ; beaucoup n'ont pu, comme sainte Thérèse, concilier des éléments contradictoires ; beaucoup se sont arrêtés dans les premières demeures. Néanmoins — et toute la suite de notre travail essaiera de l'établir — il est vrai de dire que nous avons, dans la vie mystique de sainte Thérèse, un cas particulier d'une expérience plus générale. A côté du petit mysticisme fruste et intermittent, il y a un grand mysticisme systématisé, chronique et progressif.

Nous avons exposé ce processus comme s'il avait été gouverné par une loi interne, comme s'il avait échappé presque entièrement aux influences étrangères. Si l'on examine les ouvrages que la sainte a connus, le milieu où elle a vécu, les personnages avec qui elle a été en relation, on est amené à une conclusion analogue ; l'extérieur n'a guère été qu'une occasion, une sollicitation ; la construction interne est prépondérante. Les lettres de saint Jérôme, les confessions de saint Augustin, Cassien et saint Grégoire le Grand ne lui ont certainement pas tracé le plan qu'elle a suivi[1]. Les traités de l'Oraison, familiers

1. Garnier de Cisneros dans ses *Exercices spirituels* (1500) qui ont eu tant de succès, étudie la contemplation après l'oraison. Il la définit : Union d'amour sans qu'il soit besoin d'aucune considération de l'Entendement. Il cite l'*Aréopagite*. Dans cet état, l'âme agit moins qu'elle ne reçoit. La contemplation entre dans l'âme par la volonté et l'amour et peut aller jusqu'aux ravissements et aux extases ; c'est un état spirituel indépendant de toute image corporelle et sensible, inexprimable par des paroles. Cet état ne dépend pas de l'industrie humaine ; il est bref, il est accompagné d'illumination intérieure et de ravissement ; il peut être accompagné ou non de visions imaginaires ou corporelles. Dans la contemplation, l'âme perd le souvenir de toutes choses ; toutes les actions et les pensées cessent « comme il arrive lorsque l'on est comblé d'une joie extrême ou que l'on dort. » Si ces actions ne cessent pas tout à fait, l'âme néanmoins est si fortement attachée à son objet, que ces considérations et affections n'en sont nullement interrompues ou empêchées, l'art. IV, ch. v. Ce sublime degré de contemplation demande une entière application de l'entendement et de la volonté. L'expérience montre que cette attentive application n'est pas impossible (la réflexion, les artistes, Archimède). L'âme peut donc éloigner de soi les pensées inutiles « et par ce moyen tendre à l'unité et à la simplicité, à laquelle elle parviendra si elle ne pense à autre chose qu'aux moyens de s'unir à son Créateur, qui est son centre, sa fin et son amour. » Part. IV, ch. XLVI. Je crois que sainte Thérèse fait allusion à ce passage au début du chapitre XXII de sa *Vie*.

Le traité de Jean d'Avila, *Audi filia et Vide*, est consacré presque entièrement à la méditation. Saint Pierre d'Alcantara, *Traité de l'Oraison et Méditation* (1534), étudie après la méditation la contemplation : vue pure et simple de la vérité, abandon du discours. Se renfermer en soi-même, demeurer attentif et se laisser saisir par le sommeil spirituel. L'âme reçoit alors une paix qui surpasse tout sentiment. « Il s'en trouve qui sont tellement engloutis et absorbés en Dieu, non seulement en l'exercice de l'oraison, mais aussi en étant hors qu'ils perdent la mémoire de toutes choses pour l'amour de lui jusqu'à s'oublier eux-mêmes », p. 208 de la trad. française, Paris, 1606. Sainte Thérèse avait coutume de dire que ce livre était le fruit d'une expé-

à son époque, les bons livres traduits en castillan, ne lui ont guère fourni que la distinction depuis longtemps classique entre la méditation, oraison discursive où l'âme travaille, et la contemplation, oraison intuitive qui ne dépend pas du vouloir ; çà et là l'esquisse de distinctions plus subtiles, mais rarement. Ne doit-on pas faire exception pour un ouvrage dont elle se réclame elle-même, l'Abécédaire spirituel de François de Osuna[1]. C'est à la troisième partie de cet ouvrage qu'elle attribue son entrée dans l'oraison de quiétude ; et en effet cette partie qui traite de l'oraison de recueillement est

---

rience consommée. V. P. Courtot, *Vie de Saint Pierre d'Alcantara*, 1675. Louis de Grenade, dans son *Traité de l'Oraison*, définit aussi la contemplation.

1. François de Osuna. « In familia fratrum minorum doctrina et pietate paucis comparandus superiore vixit saeculo... Quo tamen proficere magis in publicum visus est, studium fuit lucubrationes doctissimas et piissimas in vulgus proferendi, et posterorum memoriae fructuique consecrandi.

Abecedario Espiritual de las circumstancias de la Pasion de Christo Nuestro Senor y o tros mysterios [5 vol. : le 1ᵉʳ en 1528, le 5ᵉ en 1541].

Abecedario hoc, sive ejus tertiam partem, commendat ut credimus pietatis amatoribus sapientissima virgo Theresia de Jesu. » Antonio, *Bibliotheca hispana nova*, I, 454. Chaque volume de l'abécédaire est divisé en traités qui ont pour texte un court verset et la succession en est alphabétique. Les trois abécédaires, dit Osuna dans son prologue, traitent des trois points principaux de la perfection humaine : 1º la considération de la souffrance du Seigneur ; 2º la prière ; 3º le fruit des deux premiers, la marche sur le chemin de l'amour.

Le 3º abécédaire traite de l'oraison de recueillement (recojer : congregar lo disperso). Osuna étudie longuement comment et pourquoi cet état s'appelle recueillement : dans cet état les yeux se ferment, les membres perdent leur force ; quelquefois on se trouve paralysé pour un temps ; c'est une « sublimada operazion » qui au milieu du repos de l'imagination et des sens fait éprouver les œuvres spirituelles de la divinité, les puissances se taisent, l'âme « endiosada e unida a su molde » se transforme en Dieu et savoure son amour. Dans cet état l'âme est plus passive qu'active. Du reste le recueillement est accompagné de phénomènes physiques involontaires (mouvements, cris, automatismes sensoriels) ; et beaucoup sont mis dans cet état qui n'en savaient rien et n'y aspiraient pas. Osuna emploie parfois les expressions « Robo » (ravissement) et « salir de si ». Il distingue différents degrés de recueillement. L'humanité de Jésus-Christ ne trouble pas le repos du recueillement. Le livre d'Osuna est riche en documents psychologiques sur l'oraison et les phénomènes associés à l'oraison.

riche en remarques et en descriptions d'états mystiques ; il n'est guère douteux qu'elle y ait trouvé des expériences qui pouvaient éclairer et susciter la sienne. Mais les renseignements que donne sa Vie nous la montrent singulièrement disposée à ces états avant même qu'elle ait lu Osuna ; d'elle-même elle avait trouvé le type affectif d'oraison qui, étant donné sa nature, la devait conduire tôt ou tard à la quiétude. D'autre part, la plus grande partie de son mysticisme est pleinement indépendante des descriptions et des conseils d'Osuna : la peine extatique, l'union transformante, la progression des états mystiques, et aussi le rapport que nous avons signalé entre les deux séries, interne et externe.

En second lieu on pourrait être tenté de croire qu'elle a dû beaucoup à ses directeurs. Mais d'abord elle attendit longtemps un maître qui la guidât. On a même vu, à tort, je crois, dans son mécontentement de ses directeurs, une incapacité pathologique d'être satisfaite ; or son reproche est bien fondé ; ses premiers confesseurs ne lui demandaient pas assez, et laissaient inappliquée son énergie religieuse[1] ; d'autres plus tard lui proposèrent des remèdes « qui ne convenaient qu'à une âme plus parfaite que la sienne[2] ». D'autres enfin lui ont fait beaucoup de mal par leur excès de défiance, en rapportant au démon ses oraisons extraordinaires et ses visions[3]. Ce sont les Pères de la Compagnie de Jésus qui ont vraiment compris et fait avancer son âme. Elle s'est mise à partir de 1555 sous la direction de Padranos, de François Borgia, de Balthasar Alvarez et elle a fait les Exercices spirituels. Mais sur ce dernier point il ne faut pas oublier que ce traité et cette méthode n'ont rien de mystique ; l'œuvre de saint Ignace est un traité de méditation

---

1. *Vie*, 239.
2. *Château*, VI, ch. 1. Sur les conditions que sainte Thérèse exige d'un directeur, v. *Chemin de la perfection*, V ; *Château*, V, ch. 1 ; VI, ch. vIII et IX ; *Vie*, xxxvi, 417.

caractérisé par l'ordre, la méthode, la suite claire et progressive qu'il propose à l'entendement ; le mot de contemplation, qui y est rarement prononcé, n'est même pas pris au sens mystique ; il n'y signifie pas autre chose que méditation. C'est, comme on l'a montré fort bien, une méthode avant tout pratique, qui dirige les âmes dans le choix de la vocation, les assouplit, les rend propres à collaborer aux fins à la fois mondaines et religieuses que se propose la Compagnie de Jésus[1]. D'autre part les démêlés qui ont eu lieu dans la Compagnie de Jésus en 1576, les violentes attaques qu'eut à subir ce même Balthazar Alvarez, accusé d'introduire dans l'Ordre un mode d'oraison opposé à celui de saint Ignace soulignent encore ce fait[2]. Enfin ce mode d'oraison, Balthazar Alvarez ne l'avait pas enseigné à sainte Thérèse ; il l'avait plutôt appris d'elle, puisqu'il n'y a été élevé qu'en 1567 après son départ d'Avila[3]. Est-ce à dire que sainte Thérèse ne doit rien à l'esprit de la Compagnie de Jésus ; cette affirmation serait également erronée[4]. Nous croyons que sur trois points importants elle a subi son influence : 1° Les Jésuites l'ont ramenée à la méditation de l'humanité de Jésus-Christ, dont elle s'était un peu écartée, portée qu'elle était à une oraison éminente et confuse[5] ; 2° l'application des sens et les colloques que saint Ignace réclame de ceux qui font ses Exercices ont pu favoriser chez elle l'éclosion des paroles

---

1. P. Watrigant. *La Genèse des Exercices Spirituels de saint Ignace*. Études religieuses des Pères de la Compagnie de Jésus, 1897.
2. Louis du Pont. *Vie du P. Balthazar Alvarez* (trad. Bouix), ch. XL et suiv. « Ils le soupçonnaient de mépriser le mode de prier par discours et par méditations, qui se pratique dans la compagnie et qui est approuvé par les Saints, et de vouloir conduire les nôtres par d'autres modes d'oraison singuliers et dangereux », 465.
3. Louis du Pont, o. c., p. 129 et suiv.
4. « Comme ces Pères avaient formé mon âme, le Seigneur m'a accordé la grâce qu'ils aient implanté leur esprit dans nos monastères. » Sainte Thérèse, *Lettres*, 1568 (éd. G. de Saint-Joseph), 1, 27. Il est vrai que cette lettre paraît suspecte à l'éditeur. Mais cf. *Vie*, 37, 235, 244, 490.
5. *Vie*, ch. XXII.

et des visions qui ont paru peu après ; 3° ils ont appelé son attention sur la valeur de la mortification.

En tous cas, cette direction des Jésuites s'est exercée à l'époque de germination et d'efflorescence des grâces mystiques, et l'influence personnelle d'un grand nombre de ces religieux a été grande sur elle. Elle disait du Père Alvarez « qu'il était la personne à qui son âme devait le plus en cette vie et qui l'avait le plus aidée à avancer dans le chemin de la perfection[1]. »

Quant au franciscain Pierre d'Alcantara, il semble qu'il ait surtout contribué à l'éclairer sur sa vie intérieure et à l'aider dans l'œuvre de la réforme du Carmel.

Dans les dernières années de sa vie, à partir de 1575, c'est le Père Jérôme Gratien qui prit la direction souveraine de son âme. Elle s'engagea à le considérer en tout, tant pour l'intérieur que pour l'extérieur, comme tenant la place de Dieu même.

Les influences que nous rencontrons n'ont jamais été capitales ni décisives ; dirigée, sainte Thérèse est en même temps directrice ; elle est plus directrice que dirigée. Nous avons déjà montré la collaboration de sa conscience réfléchie, de sa subconscience et des hommes d'expérience et de science à qui elle se confie. On a l'impression bien nette que tout en s'éclairant de conseils, elle s'aide avant tout elle-même : et surtout qu'elle obéit au courant intérieur qui la porte. L'échelle mystique dont elle gravit les degrés, le château intérieur dont elle habite successivement les demeures de plus en plus secrètes et somptueuses, c'est elle-même qui les a édifiés ; non par des opérations réfléchies, conscientes et volontaires, dans son moi humain, mais par l'inspiration et la poussée d'une énergie très sage et très puissante, d'une âme ignorée, envahissante, conquérante et contraignante et qui lui apparaît sous la forme de Dieu.

---

1. Louis du Pont, o. c., ch. xi. « Ce Père-ci fut celui qui lui aida le plus. » Ribera. Vie, ch. xi.

CHAPITRE III

SAINTE THÉRÈSE

LES PAROLES ET LES VISIONS

La première vision de sainte Thérèse eut lieu en 1541 alors qu'elle avait vingt-six ans; elle eut lieu au temps où elle avait abandonné l'oraison. Cet abandon ne la laissait pas sans remords. « Je me laissai entraîner à de si grands dangers, et à une telle dissipation que j'avais honte d'user avec Dieu de la familière amitié de l'oraison[1]. » Elle avait le sentiment de tromper tout le monde par la bonté apparente de sa conduite. Il y avait au fond d'elle de l'inquiétude et du mécontentement. A ce moment, suivant l'usage des religieuses de son couvent, elle commença à s'engager dans des conversations avec les personnes qui venaient les visiter. Un jour elle s'entretenait avec une personne dont elle venait de faire connaissance et pour laquelle elle semble avoir éprouvé dès l'abord quelque attachement. Alors Jésus lui apparut avec un visage sévère, par une vision imaginaire, beaucoup plus claire que n'eût été une vision corporelle.

Ainsi, fond permanent de trouble et d'inquiétude, que réveille probablement la menace d'une affection naissante; hallucination visuelle psychique, qui traduit en une image le jugement de la conscience morale et religieuse sur le péril actuel et donne un avertissement; la vision en effet est immédiatement interprétée

---

1. *Vie*, p. 54.

comme un avis ; elle est un rayon intérieur de lumière qui fait comprendre que de telles amitiés ne conviennent pas ; elle exprime le déplaisir divin. Elle est très intense, elle laisse après elle une image qu'après plus de vingt-six ans la Sainte voit encore peinte devant ses yeux. Elle provoque immédiatement de l'effroi et du trouble : sainte Thérèse ne veut plus voir cette personne.

Mais ignorante du caractère de cette vision (elle ignorait qu'il y eût des visions imaginaires), elle doute si ce n'est pas une tromperie ou un artifice de l'esprit de ténèbres ; comme elle ne flattait pas son goût, elle travaille elle-même à se tromper ; toutefois il lui reste un secret sentiment que sa vision vient de Dieu et n'est pas une illusion.

Dans cette période d'hésitation, elle recommence à voir cette dangereuse personne ; elle reçoit un autre avertissement. Il semble qu'il n'y ait eu là qu'une illusion des sens, à moins qu'il ne s'agisse d'une hallucination collective. En tout cas ce qui est important, c'est que ce fait sensoriel est interprété dans le même sens que plus haut.

Jusqu'à 1555 pas d'autre phénomène du même genre : mais alors surviennent la conversion dont nous avons parlé, l'apparition fréquente de l'oraison de quiétude et d'union, la période tourmentée de doute sur ces faveurs, la confession à Padranos, les exercices de saint Ignace, la direction de François Borgia et de Balthazar Alvarez, le premier ravissement. Les paroles apparaissent alors (vers 1558) ; elles dureront jusqu'à la fin de la vie et règneront seules — c'est-à-dire à l'exclusion de tout autre automatisme sensoriel — pendant 2 ans environ.

Ce ne sont pas, comme dit sainte Thérèse, des paroles extérieures, ou, en langage psychologique, des hallucinations auditives. Sainte Thérèse n'a entendu parler que deux fois par les oreilles du corps[1] et encore elle ne comprit rien à ce qui lui était

---

[1]. Elle ne savait pas qu'il y eut une autre manière d'entendre jusqu'à ce qu'elle l'eût éprouvé. *Vie*, 267.

dit ; les hallucinations auditives verbales, dont elle ne précise du reste ni le contenu ni la date, ont donc été chez elle extrêmement rares ; peut-être y a-t-il eu aussi des hallucinations auditives communes ou élémentaires : « j'entendis une voix très douce, qui ressemblait à un sifflement. » A moins qu'il ne s'agisse là précisément d'un des deux cas cités plus haut, comme le donne à penser la suite du texte [1].

Les premières paroles qu'elle entendit répondaient à une tentation intérieure sur les faveurs qu'elle recevait. Comment Dieu ne donne-t-il pas à ses fidèles des grâces qu'il accorde à une indigne ? C'était à une époque de tribulation, où accablée de grâces elle était admirée des uns et déchirée des autres. Il lui fut répondu : « Contente-toi de me servir et ne t'occupe pas de cela [2]. »

Ainsi les premières paroles ont répondu à une sorte de question spéculative, expression sans doute d'un trouble affectif, mais qui avait revêtu une formule intellectuelle. Durant toute cette période les paroles furent très fréquentes [3]. Elles survenaient aussi bien en dehors de l'oraison, dans un recueillement qui la prenait au milieu même des conversations ; elle essaya d'y résister, par crainte qu'elles ne fussent du démon, mais ce fut en vain. Les paroles devinrent rapidement si nombreuses, qu'elle n'aurait su les compter.

Au début surtout elles apparurent dans les périodes de tribulation, sur un fond d'émotivité exagérée : « J'étais craintive à l'excès ; les souffrances de cœur auxquelles j'étais sujette contri-

---

1. « J'aurais voulu saisir d'une manière distincte ce que cette voix me disait, ce me fut impossible, elle cessa trop tôt de se faire entendre… Je ne pouvais assez admirer comment le son d'une voix (car je l'entendis des oreilles du corps) et d'une voix dont je ne distinguais pas les paroles, pouvait produire un si étonnant effet dans mon âme. » *Vie*, 503. Cf. *Fragment du livre sur le Cantique des Cantiques*, ch. vii, p. 89.
2. *Vie*, 182. Cf. *Fragment sur le Cantique*, p. 20.
3. *Vie*, 272.

buaient encore à augmenter cette disposition, de sorte que souvent, même en plein jour, je n'osais rester seule[1] ». Elles apportaient un calme instantané, une paix divine. « Elle venait de passer plusieurs jours dans des tourments intérieurs inexprimables, et dans un trouble affreux qu'excitait en son âme la crainte d'être trompée par le démon.... Étant donc dans cette affliction, si extrême qu'on ne saurait la dépeindre, elle entendit dans son intérieur ces seules paroles : « C'est moi, ne crains rien » ; et tout aussitôt son âme demeura tellement tranquille... qu'elle ne pouvait comprendre elle-même d'où lui venait un si grand bien[2]. »

Ces paroles ont duré jusqu'à la fin de sa vie, avec les caractères que nous allons étudier[3]. Apparues d'abord seules, elles se sont liées ensuite, sans perdre leur caractère, à la vision intellectuelle de Jésus-Christ, puis aux visions imaginaires, puis à la vision intellectuelle de la Trinité.

Sainte Thérèse les distingue radicalement des paroles extérieures : elles ne frappent pas les oreilles du corps ; c'est-à-dire qu'elles n'ont pas le caractère de sensations. Elle est toujours affirmative sur ce point. Néanmoins ces paroles sont entendues d'une manière plus claire que si elles frappaient les sens, et elles forcent l'attention ; deux caractères qui tiennent sans doute à la netteté et à la précision de l'image auditive qu'elle signale à maintes reprises, et à la limitation du champ de la conscience qui accompagne le recueillement, à l' « état de rêve », pourrait-on dire, dans lequel sont données ces paroles[4].

---

1. *Vie*, 271 ; cf. *Relation*, 580.
2. *Relation*, 588 ; *Vie*, 271.
3. Peut-être ont-elles été moins nettes au début. « Deux ou trois ans avant cette fondation il commença à lui sembler qu'on lui parlait quelquefois intérieurement. » *Relation*, p. 580.
4. L'étude très détaillée et très précise des paroles intérieures occupe, dans la *Vie*, les chapitres xxv et xxvi ; dans le *Château*, le chapitre iii de la VIᵉ demeure et de nombreux passages d'autres écrits.

Elle les distingue aussi des paroles que forme l'Entendement. Par ces paroles que l'Entendement « forme intérieurement ou qu'il se dit à lui même¹» elle n'entend pas, croyons-nous, toutes les formes du langage intérieur, mais seulement certaines d'entre elles que l'analyse de sa description va nous permettre de préciser².

« Il peut arriver qu'une personne qui recommande à Dieu de tout son cœur une affaire dont elle est vivement préoccupée, se figure entendre une réponse : par exemple que sa prière sera ou ne sera pas exaucée³. » « Chaque fois que nous sommes en oraison nous pouvons nous figurer qu'on nous parle⁴. »

« Voici ce que j'ai vu arriver à quelques personnes faibles de tempérament ou d'imagination. Étant dans l'oraison de quiétude....., tous leurs sens étaient tellement endormis (et peut-être sommeillaient-elles en effet) qu'il leur semblait comme dans un songe, qu'on leur parlait ; elles se persuadaient voir ainsi des choses qu'elles croyaient procéder de l'Esprit de Dieu. Mais tout cela n'étant que songé ou qu'imaginé ne produit pas plus d'effet qu'un songe. Il arrive aussi quelquefois que ces âmes demandent des choses avec ardeur à Notre-Seigneur, elles se persuadent qu'il leur dit qu'il les leur accordera, mais je ne saurais croire que ceux qui ont véritablement entendu plusieurs fois ces paroles de Dieu puissent s'y tromper⁵. » « Elles ressemblent en quelque sorte à des paroles entendues au milieu d'un songe⁶. » Elles ont je ne sais quoi de sourd, de fantastique ; elles sont comme

---

1. *Vie*, 262.
2. Sainte Thérèse n'avait pas l'habitude de ces paroles que forme l'Entendement ; elle en doutait, mais le jour même de la rédaction de son chapitre elle en a fait l'expérience. Ainsi les paroles que forme l'Entendement, elle ne les a connues qu'après les paroles divines et en essayant. *Vie*, 262.
3. *Vie*, 263.
4. *Ibid.*, 267.
5. *Château*, VIᵉ D., ch. III, 490.
6. *Ibid.*, 492.

des rêveries ; elles ont quelque chose d'indécis « comme il arrive lorsqu'une personne se trouve dans un demi-sommeil[1] ».

Ainsi les paroles formées par l'Entendement ou l'imagination ont ou bien le caractère du rêve, ou bien le caractère de réponse en quelque sorte suggérée, déclanchée par la question et née d'une préoccupation, d'une concentration intense et d'un désir ; dans les deux cas, sur un fond d'obnubilation, un caractère d'automatisme et de dédoublement qui fait leur apparence étrangère, leur air d'extériorité. Ainsi ce ne sont pas des paroles quelconques du langage intérieur que sainte Thérèse décrit et appelle ainsi, mais seulement celles dont le sujet ne se sent point cause, et qui par leur caractère psychologique suggèrent l'idée d'une action étrangère. Mais si extérieures qu'elles paraissent, elles sont pourtant l'œuvre du sujet lui-même.

Ces mystiques ne sont point dupes de la première apparence d'extériorité ; ils tiennent à marquer fortement — et nous retrouverons le même souci à propos de l'oraison plus importante encore — que certaines choses qui s'accomplissent dans le sujet sans paraître son œuvre sont pourtant opérées par lui. S'ils rapportent certains de leurs états à une action étrangère, ce n'est point sans une critique préalable, et par ignorance de ce fait que la nature peut produire sans savoir qu'elle produit. Ils imposent par conséquent au psychologue le devoir de marquer fortement les raisons qui le font réduire les états mystiques au travail d'une activité qui s'ignore, et d'examiner jusqu'au bout les différences qu'ils signalent entre ces états et les illusions qu'ils dénoncent.

L'analyse de sainte Thérèse est confirmée par celle de saint Jean de la Croix ; il semble que l'on puisse rapprocher ces paroles de l'Entendement de celles qu'il appelle successives :

« L'Esprit forme ordinairement les paroles successives

---

1. *Vie*, 264 ; cf. 263 et 265.

lorsqu'étant rentré en lui-même, il s'applique fortement à la considération de quelque vérité. Il s'y absorbe tout entier ; il fait alors de très justes raisonnements sur son sujet, avec facilité, avec clarté, avec distinction ; il y découvre des choses qu'il ignorait auparavant. Il lui semble que ce n'est pas lui-même qui opère, mais que c'est un autre qui lui parle, qui lui répond, qui l'instruit intérieurement. Il parle lui-même avec soi-même, et il se répond comme si un homme s'entretenait avec un autre homme..... parce qu'encore que ce soit l'esprit lui-même qui fait ces effets, néanmoins le saint Esprit lui donne souvent le secours de sa grâce..... d'où vient qu'il prononce ces paroles et qu'il se les dit à soi-même, comme si c'était une personne distincte[1]. » L'Entendement est comme guidé et éclairé du dehors ; la facilité de ses opérations, l'air d'inspiration lui donnent le sentiment d'une assistance.

« Il se trouve des esprits si vifs et si pénétrants, qu'aussitôt qu'ils se recueillent pour méditer une vérité, ils raisonnent naturellement avec une grande facilité; ils forment incontinent des paroles intérieures et des expressions très vives de leurs pensées, lesquelles cependant ils attribuent à Dieu, se persuadant qu'elles viennent de lui, quoiqu'en effet ce ne soit que l'ouvrage de l'entendement. Car lorsque l'entendement s'est dégagé en quelque façon de l'opération des sens, il peut faire toutes choses par la seule lumière naturelle et sans aucun secours extraordinaire. Ce qui arrive souvent à plusieurs qui s'abusent eux-mêmes en croyant qu'ils sont élevés à une oraison sublime et à de grandes communications avec Dieu et qui écrivent même ou font écrire tout ce qui leur vient en l'esprit[2]. »

« Il y a des personnes qui n'ont qu'une légère teinture de la méditation ; néanmoins lorsqu'elles font un retour en elles-mêmes,

---

[1]. Saint Jean de la Croix. *Montée du Carmel*, l. II, ch. XXIX.
[2]. *Montée du Carmel*, l. II, ch. XXIX.

si elles sentent quelques-unes de ces paroles intérieures, elles s'imaginent que ces paroles sont de Dieu et elles disent sans façon : Dieu m'a dit telle chose... encore que ce soit elles qui se parlent à elles-mêmes. L'Amour qu'elles ont pour ces paroles intérieures, et le désir qui les porte à y parvenir, est cause qu'elles se répondent à elles-mêmes et qu'elles se persuadent que c'est Dieu qui leur fait ces réponses [1]. »

Ainsi ces paroles successives sont l'œuvre de l'entendement, opérant sans s'apercevoir qu'il opère, trouvant pour ainsi dire toutes formées en lui, tant elles s'y forment avec vitesse et facilité les idées et les images verbales qui apparaissent dans son recueillement ; stimulé du reste par le désir plus ou moins conscient d'éprouver en lui-même plus que lui-même. Il y a parfois en cet état, selon saint Jean, une action de la grâce divine, ou un jeu du démon, une réalité extérieure qui s'ajoute à la fonction mentale. Ces paroles successives sont donc très proches des paroles surnaturelles.

Puisqu'il y a des paroles que forme l'Entendement, il faut rechercher par quelles marques sainte Thérèse en distingue celles qu'elle attribue à Dieu et en approfondir le caractère.

Avant tout, une condition nécessaire, toujours présente dans les paroles divines, mais qui n'est pas suffisante : la conformité à l'Écriture sainte. « S'il y avait la plus légère divergence, je croirais que ces visions viennent du démon, avec une fermeté incomparablement plus grande que je ne regarde les miennes comme venant de Dieu, quelque conviction que j'en aie. Avec cette divergence on n'a pas besoin d'autres marques [2]. »

Les paroles divines sont parole et œuvre tout ensemble ; elles produisent ce qu'elles représentent ; c'est-à-dire qu'elles sont accompagnées d'un état affectif et d'une disposition du vouloir

---

1. *Montée du Carmel.*
2. *Vie*, 270 ; cf. 269.

en harmonie avec elles. Elles arrivent à la conscience portées en quelque sorte par l'afflux d'une formation nouvelle ; elles sont accompagnées d'une attitude nouvelle, d'un nouvel état de l'esprit. Cet effet est produit dès le premier mot : « Elle entend ces paroles dont une seule suffit pour la changer[1]. » Ce qui montre au psychologue que la modification générale de l'âme n'est pas en réalité consécutive à ces paroles, mais produite en même temps, et qu'il y a là quelque chose de plus profond qu'un simple automatisme verbal, ou même qu'une autosuggestion verbale ; à savoir un automatisme verbal lié à une modification profonde de l'état de la conscience, à la poussée victorieuse d'une tendance, à un changement d'âme et qui le formule en paroles impératives qui semblent le précéder. Ce sont ces paroles que les auteurs mystiques appellent substantielles ; l'effet affectif consécutif à leur opération, c'est la tranquillité, le recueillement, l'assurance, l'élévation vers Dieu. Au contraire les paroles qui viennent de l'entendement ne produisent aucun effet.

Lorsque c'est l'entendement qui forme ces paroles, quelque subtilité qu'il y mette, il voit que c'est lui qui les arrange et qui les profère. Il n'écoute pas, mais « il agit comme une personne qui ordonne un discours[2] » ; ses paroles ont en ce cas quelque chose de sourd, d'indécis, comme il arrive dans un demi-sommeil ; aussi est-on maître d'y faire attention ou non. Lorsque Dieu parle, on écoute, ce qui ne donne aucune peine ; les paroles sont si claires qu'on ne perd pas une syllabe de ce qui est dit, on n'y surprend nulle opération personnelle ; l'âme les entend souvent dans des états où il lui serait impossible de les former.

Ainsi dans le premier cas, il y a un certain sentiment d'arrangement, d'ordonnance, d'activité, peut-être aussi un élément moteur (l'Entendement profère) ; dans la passivité apparente un

---

1. *Vie*, 263 et 264.
2. *Ibid.*, 263.

certain sentiment de l' « ipsefeci », du moi-même, du moi comme cause ; un sentiment d'intervention et de liberté dans l'arrangement, accompagné d'une légère nuance d'effort, et aussi d'une certaine incapacité de réaliser pleinement la pensée en images verbales ; les images ont quelque chose d'incomplet, d'imparfait. Dans le second cas tous ces éléments disparaissent et notre sujet note à la place passivité, absence d'effort caractéristique de l'activité involontaire, disparition du contrôle de l'attention ; caractère plus nettement auditif, et clarté plus grande des images verbales.

On est maître à quelque degré de produire les paroles de l'Entendement ; on n'est pas maître des paroles divines. On peut désirer les entendre, et ne pas les entendre ; ou bien les entendre au contraire alors que l'on y résiste et qu'on tâche de s'y dérober. Produire ces paroles n'est pas en notre pouvoir : elles ont le caractère d'une puissance différente de celle que nous appelons nôtre.

L'Ame entend quelquefois ces paroles dans un temps où elle est si troublée et si distraite qu'elle ne pourrait former une seule pensée raisonnable : à plus forte raison dans l'extase. C'est-à-dire que ces paroles sont parfois données dans un état où l'intelligence consciente est comme inhibée ; de là on conclut qu'elles ne peuvent être son œuvre ; et que toutes les paroles semblables par conséquent ne sont pas l'œuvre de l'entendement. Ces paroles arrivent donc toutes faites dans une conscience qui se reconnaît impuissante aux opérations intellectuelles, à la liaison d'idées en une formule, et elles la frappent par leur contraste avec cette impuissance. Il faut noter qu'elles ne se présentent pas dans la phase la plus profonde de l'extase, mais dans la période terminale ou dans un intervalle de rémission.

Les paroles divines se présentent soudainement et en dehors de toute relation avec la conscience ordinaire : elles n'ont pas de rapport avec les pensées actuelles ; elles apparaissent quelquefois alors que l'esprit est préoccupé d'autres pensées, au cours d'une conversation par exemple; elles répondent à des pensées que l'on n'a plus, ou expriment des choses auxquelles on n'a jamais songé. Elles présentent à l'esprit des vérités bien éloignées de la mémoire, et expriment si rapidement des pensées si admirables qu'il faudrait beaucoup de temps seulement pour les mettre en ordre; elles ont un caractère instantané. L'Entendement se sent étranger à ces paroles : « il nous est impossible de ne pas voir alors que de telles paroles ne sont pas notre œuvre[1]. »

Les paroles divines sont accompagnées d'un caractère de certitude; c'est-à-dire que l'âme les admet sans discussion : au lieu qu'elle n'admet pas ainsi les paroles de l'entendement. Les paroles divines demeurent gravées dans l'esprit jusqu'à la moindre syllabe : elles constituent des souvenirs privilégiés[2].

Elles sont souvent prophétiques et ce qu'elles annoncent se réalise toujours.

Ainsi sainte Thérèse différencie par un grand nombre de marques les paroles divines d'avec celles qui sont l'œuvre de l'esprit. Les premières relèvent d'une activité que le moi ignore et qui est admise immédiatement comme étrangère; l'analyse confirme après coup et justifie ce sentiment immédiat. L'opération de cette activité est toute autre que les opérations que nous rapportons au moi, qu'il agisse suivant la pente de la nature ou au contraire avec effort. Il suit de là qu'au sein du moi se révèle une puissance qui n'est pas le moi. Nous aurons à chercher si cette puissance, étrangère en apparence, n'est pas en réalité une puissance intérieure et si les lois de la subconscience, aujourd'hui mieux connues, n'expliquent pas entièrement les caractères que nous venons de fixer. Sainte Thérèse elle-même a bien vu que certaines formes de l'activité automatique peuvent simuler

---

1. *Vie*, 265.
2. Parfois quelques réserves sur ce dernier point. V. *Lettres*. Ed. Grégoire de Saint-Joseph, vol. III, p. 443.

une influence extérieure : dans des états passifs comme le sommeil ou le demi-sommeil, dans des états de concentration où l'activité mentale après s'être tendue se détend, il peut survenir en nous des idées et des images verbales que nous ne rapportons pas immédiatement à notre action propre et qu'un peu d'analyse nous permet d'y rapporter. L'extension de cette hypothèse, justifiée par de nombreux faits bien étudiés depuis un certain nombre d'années, permet d'expliquer psychologiquement et ces paroles imaginaires, attribuées à Dieu, et d'autres états du même ordre. La subconscience créatrice, largement entendue, admet précisément les caractères que sainte Thérèse fixe avec tant de finesse et de précision.

Ainsi le caractère automatique de ses paroles est interprété par elle comme la marque d'une influence étrangère et certains traits de cet automatisme[1], — contenu et effet affectif — le qualifient divin; en même temps que l'harmonie de cet automatisme et de son moi conscient, l'action profonde sur la vie, le caractère directeur, réalisateur de ces paroles qui opèrent. La division de conscience et l'unification supérieure s'unissent pour leur imprimer le signe du divin. Au contraire ce même caractère automatique, s'il s'y joint des traits opposés (effroi et dégoût, non accroissement de la dévotion, humilité fausse), s'il va à l'encontre de la déification progressive de la vie, est rapporté à une puissance hostile et jugé diabolique.

Ces paroles — dans la richesse de leurs marques divines — apportent comme une esquisse de la personnalité supérieure qui est censée les former et une certaine attitude à l'égard de cette personne. « Nous écoutons ses paroles comme si elles sortaient

---

1. Nous n'avons pas à définir ici ce mot, qui est devenu d'usage courant en psychologie. Bornons-nous à dire que ce mot n'est pas pris ici au sens péjoratif d'une activité subconsciente restreinte à la répétition et à la contrefaçon de l'activité consciente ; il s'agit ici non pas de produits de déchet de l'activité en général, mais d'un automatisme dynamique et constructeur.

de la bouche d'une personne très sainte, très savante, de grande autorité, que nous savons être incapable de mentir... Ces paroles sont parfois accompagnées de tant de majesté, que sans considérer de qui elles procèdent...[1] ».

Ces paroles sont comme un contrôle supérieur — sous forme verbale — de toute la vie de sainte Thérèse : une communication fréquente avec une personne divine qui plonge jusqu'au fond d'elle et de ses profondeurs les plus secrètes la meut vers la perfection. Aux époques de tribulation, dans l'agitation émotive qui la bouleverse, la soulève contre elle-même et la déchire, aussi bien que dans l'anéantissement profond, dans la suppression de soi-même que réalise l'oraison mystique, elles retentissent comme une consolation ou comme un blâme, rappelant les péchés de la vie ancienne, ou annonçant l'assistance future ; elles se mêlent à la vie et à l'action, donnent des ordres au spirituel et au temporel, prophétisent l'issue des affaires engagées, avertissent des dangers qui menacent la Sainte ou ses collaborateurs fidèles.

Dans la période active des fondations où l'énergie mystique se répand au dehors, à la conquête du monde, les paroles intérieures fréquemment apparaissent, et lui viennent en aide toutes les fois que l'affaire est laborieuse[2] ; elles sont comme un conseiller intérieur, tout à fait au courant des circonstances, qui donne la direction générale et aussi descend à l'extrême détail ; qui après avoir poussé à la fondation, intervient dans la négociation des affaires qu'elle soulève[3]. Il ne s'agit donc pas de l'ir-

---

1. *Vie*, 265.
2. *Livre des Fondations*, XXXI, p. 483.
3. *Livre des Fondations* : voir des exemples p. 445, 452, 484, 493, 502, 523. — P. ex. p. 451 : « Les choses en étaient là, lorsque le lendemain, au commencement de la messe, il me vint un grand doute sur la résolution que nous avions prise, et presque tout le temps du saint sacrifice j'en fus dans l'inquiétude. Je me levai pour aller communier : à peine avais-je reçu N. S. qu'il me dit, en désignant la maison adjacente à l'église de Notre-Dame :

ruption incoordonnée, irrégulière, de messages fragmentaires et énigmatiques dans le cours de la vie consciente et réfléchie ; mais plutôt d'une collaboration continue, qui se révèle par des avis fréquents, qui suppose une intelligence supérieure, plus informée et plus décidée, dont la souplesse suit les circonstances et dont la fermeté détermine avec une infaillible précision le point où il faut agir et la forme de l'action ; une subconscience qui est la conscience obscure de la finalité interne qui dirige la vie et de nombreux faits non aperçus par la conscience claire. Il y a dans les grands automatismes de sainte Thérèse, dans ceux qu'elle rapporte à Dieu, un caractère téléologique bien accentué ; ils trahissent non pas une intelligence momentanée, mais une intelligence à longue portée, capable à la fois de diriger les choses et de s'y accommoder. Saint-Joseph d'Avila, qui fut le premier de ses monastères, lors de sa fondation avait été placé sous la juridiction de l'ordinaire. Jésus-Christ avait dit « que cela convenait ». Dix-sept ans après, sans qu'elle songeât à faire passer ce couvent sous une autre juridiction, Jésus-Christ lui dit « qu'il convenait que les religieuses de Saint-Joseph se missent sous la juridiction de l'ordre et qu'elle devait y travailler, parce qu'autrement le relâchement ne tarderait pas à s'introduire dans cette maison. » Ces paroles étant si différentes de celles qu'elle avait entendues autrefois, elle ne savait à quoi se résoudre. Son confesseur, l'évêque d'Osma lui dit qu'elle ne devait point se mettre en peine, attendu que les choses utiles dans un temps ne le sont plus dans un autre, et qu'il était plus avantageux pour ce monastère d'être, comme les autres, soumis à la juridiction de l'ordre que de

« Celle-ci te convient. » Sur-le-champ je me décidai à l'acheter, sans plus songer à l'autre. J'entrevis combien il serait difficile de rompre une affaire déjà conclue, et approuvée par ceux qui l'avaient négociée avec tant de soin. Mais N. S. me répondit : « Ils ne savent pas combien je suis offensé en ce lieu, et cet établissement y apportera un grand remède. » Voir tout le détail de cette histoire, p. 447, à la fin du chapitre.

rester seul en dehors ; cette importante affaire se fit ; « et depuis, non seulement les religieuses, mais tous les autres, ont clairement vu qu'il y allait de la conservation de cette maison. Oh ! béni soit Notre-Seigneur, de s'occuper ainsi avec une si tendre sollicitude de tout ce qui regarde ses servantes[1] ! »

Tous ces faits, qui se dégagent du texte, sont de première importance pour le psychologue : ils déterminent l'Activité subconsciente, par laquelle il explique ; cette activité doit être, en vertu de ce qui précède, une intelligence, une pensée : une pensée secrète et singulièrement familière, si intime et si secrète qu'elle n'a point de peine à paraître à la conscience superficielle une pensée étrangère : une pensée continue et qui s'étend sur toute la vie : une pensée bien disciplinée par les habitudes de la conscience claire, strictement orthodoxe et naturellement riche en inventions qui s'accordent sans peine avec les exigences d'une croyance et d'une tradition que toute l'âme accepte.

Les paroles dont il s'agit correspondent aux paroles formelles de saint Jean de la Croix : « Elles se forment surnaturellement dans l'esprit sans l'opération des sens corporels, soit que l'esprit se recueille, soit qu'il ne se recueille pas... Elles diffèrent des paroles précédentes[2] : 1° parce que l'esprit s'aperçoit formellement qu'elles sont proférées par un autre sans qu'il y contribue de sa part ; 2° parce qu'il est frappé de ces paroles lorsqu'il n'a aucune récollection et même lorsqu'il n'y pense pas ; au lieu que le contraire arrive dans les paroles successives ; car elles ont toujours pour objet les choses que l'on considère dans la méditation... L'Ame v   évidemment qu'elle ne les profère pas, vu principalement qu'elle ne pensait pas aux choses qu'on lui dit, et quand elle y eût pensé, elle connaît distinctement que

---

1. *Livre des Fondations*, XXXI, 526.
2. Les paroles successives.

ces paroles coulent d'une autre source[1]. » Ces paroles, lorsqu'elles demeurent dans le degré de paroles formelles et qu'elles n'ont rien de distingué ne font dans l'âme qu'un effet médiocre ; elles éclairent l'âme mais ne la transforment pas ; au contraire des paroles substantielles, qui, semblables dans leur forme, produisent un effet vif et réel. Ainsi quoique toute parole substantielle soit formelle, néanmoins toute parole formelle n'est pas substantielle.

A côté des paroles imaginaires, sainte Thérèse décrit une seconde classe de paroles qu'elle compare aux visions intellectuelles, les paroles intellectuelles. C'est un langage sans paroles : « Dieu met au plus intime de l'âme ce qu'il veut lui faire entendre ; et là il le lui représente sans image ni forme de paroles, mais par le même mode que dans la vision dont je viens de parler. Et que l'on remarque bien cette manière par laquelle Dieu fait entendre à l'âme ce qu'il veut, tantôt de grandes vérités, tantôt de profonds mystères ; car souvent lorsque N. S. m'accorde une vision et me l'explique, c'est de cette sorte qu'il m'en donne l'intelligence[2]. »

Ce langage a lieu soit dans la suspension simultanée des puissances et des sens, soit avec conservation de leurs opérations naturelles ; l'âme trouve en elle la vérité infuse ; elle se voit en un instant savante ; les mystères lui deviennent clairs.

Cette dernière forme de langage semble paradoxale puisqu'elle exclut toute espèce de paroles. Nous en étudierons la nature à propos des visions intellectuelles.

Les paroles que décrit sainte Thérèse n'ont rien, semble-t-il, des hallucinations ordinaires, c'est-à-dire des hallucinations psychosensorielles puisqu'elle les distingue radicalement des pa-

1. *Montée du Carmel*, l. II, ch. xxx.
2. *Vie*, 287.

roles extérieures, entendues des oreilles du corps, c'est-à-dire de celles qui ont — objectivement ou subjectivement — le caractère de sensations. Nous verrons qu'elles ressemblent singulièrement à ces représentations mentales, intenses, nettes, précises, stables, spontanées, incoercibles, mais manquant d'extériorité, que les psychologues appellent hallucinations psychiques.

Sainte Thérèse savait que c'était Dieu qui lui parlait et d'une certitude immédiate et par l'analyse que nous avons retracée : la certitude immédiate naissait du reste de la vue intuitive et instantanée dans ces paroles de ces caractères divins qu'elle distinguait après coup ; dans ses paroles mêmes et dans l'opération de sa raison qui les dissèque, elle trouve Dieu : Dieu senti, Dieu connu ; mais cette attribution divine devait se préciser davantage par la suite.

Lorsqu'elle eut, après deux ans que durèrent les paroles, la vision intellectuelle dont nous parlerons, vision qui lui apportait la sensation continue de la présence de Jésus-Christ à côté d'elle sans qu'aucun de ses sens, ni aucune image précise entrât en jeu, elle écrivit : « Elle comprit clairement alors que c'était Notre-Seigneur qui lui parlait souvent en cette sorte ; au lieu qu'avant qu'il lui eût fait cette faveur, quoiqu'elle entendît distinctement les paroles, elle ne savait qui était celui qui lui parlait[1]. » Il semble donc qu'elle ait puisé dans cette vision intellectuelle la certitude immédiate, sensible, que c'était Jésus-Christ qui lui parlait, qu'elle y ait fondu, comme dans une synthèse, ses paroles avec ce sentiment de présence et qu'elle ait fait bénéficier ses paroles de la vivacité et du caractère personnel de ce sentiment. Elle y a transformé des paroles généralement divines, d'une sorte d'anonymat divin, en paroles d'une personne précise de la Trinité chrétienne, en paroles de Jésus-Christ, et de même le sentiment de présence a reçu le contre-

---

1. *Château*, VIᵉ D., ch. VIII.

coup des paroles. « Je conçus une grande crainte au commencement, et je ne faisais que pleurer. A la vérité dès que N.-S. me disait une seule parole pour me rassurer, je demeurais comme de coutume, calme, contente et sans aucune crainte[1]. »

Lorsque plus tard, à la cime de la vie spirituelle, au seuil de la septième demeure, la vision intellectuelle de la Trinité a pris la première place dans l'ordre des visions, cette synthèse s'est maintenue : « Quant à la Personne qui me parle toujours, je puis dire affirmativement qui elle me paraît être ; mais je ne pourrais pas parler des deux autres avec la même certitude[2]. »

Il semble que ses paroles aient été un moyen privilégié de communication entre son Dieu et elle : Dieu presque seul, et surtout sous la forme de Jésus-Christ, lui a parlé, quoiqu'elle ait eu des visions se rapportant à d'autres[3]. Ses paroles ont précédé ses visions et leur ont survécu.

Ce furent ses paroles qui lui annoncèrent ses visions ; soit que sa subconscience eût élaboré déjà les automatismes visuels et qu'elle en eût laissé venir quelque soupçon à la conscience claire, soit encore, comme il est plus vraisemblable, qu'elle ait interprété après coup une parole annonciatrice. Lorsqu'on défendit de lire plusieurs livres traduits en castillan, elle en eut beaucoup de peine ; mais elle entendit : « N'en aie point de peine, je te donnerai un livre vivant ». Il ne lui fut pas donné alors de saisir le sens de ces paroles, parce qu'elle n'avait pas encore eu de vision, mais peu de jours après il lui fut facile de l'entendre[4].

La période des visions s'ouvre en 1559 par une vision intellectuelle, après deux années de tribulation et de déchirement intérieur ; elle était dans la peine à cause des faveurs qu'elle recevait et des craintes qu'éprouvaient pour elle et que lui

---

1. *Vie*, 281.
2. *Relation*, 602.
3. Quelques paroles rapportées au démon. *Vie*, 267-268.
4. *Vie*, 181.

transmettaient ses amis ; elle eût voulu être conduite par un autre chemin, puisque celui par lequel elle marchait, était, disait-on, si suspect ; pourtant « à la vue du progrès si sensible de mon âme, ce désir m'était impossible, quoiqu'il fût constamment l'objet de mes demandes[1] ». De même que les paroles ont apparu à la suite de la période de tribulation causée par l'accroissement des faveurs d'oraison, les visions apparaissent à la suite de cette seconde période qui comprend les mêmes phénomènes, plus les paroles et une inquiétude accrue[2]. Il y a dans la vie de Sainte-Thérèse comme un mouvement interne et ignoré qui la fait se dépasser continuellement soi-même et dans le sens de la perfection et dans celui des grâces extraordinaires : comme un besoin de faire toujours plus et de confirmer et de justifier à la fois le présent et le passé par l'avenir[3].

C'est donc à cette époque qu'elle eut sa première vision, qui fut une vision intellectuelle. Nous en avons trois descriptions d'ensemble ; dans la Vie, dans le Château, dans la Relation à Alvarez, sans compter d'autres passages ici et là[4] ; le fond de ces descriptions est identique : quelques traits accessoires seuls les distinguent.

Étant en oraison, elle sentit près d'elle Jésus-Christ et vit que c'était lui qui parlait ; elle en eut de l'effroi, mais ses paroles la rassuraient. Il lui semblait qu'il marchait à côté d'elle, sans forme corporelle et qu'il était à son côté droit et voyait tout ce qu'elle faisait. Aucun sens n'entrait en jeu, ni l'imagination ; d'autre part ce n'était pas le sentiment de présence intérieure

---

1. *Vie*, 282.
2. « Comme presque chaque nouvelle faveur que je reçois me cause des craintes. » *Vie*, 199. Cette agitation et cette inquiétude qui suivent ces faveurs lui sont encore une preuve qu'elle ne les a pas créées par son désir : « Je ne comprends pas comment le démon eût pu me mettre dans l'esprit de les feindre, pour me tourmenter ainsi moi-même. » *Vie*, 300.
3. *Vie*, 284.
4. *Vie*, ch. xxxvii ; *Château*, VI, ch. viii ; *Relation I à Alvarez*.

de Dieu qu'elle avait eu si souvent dans ses diverses formes d'oraison. Elle voyait clairement que Jésus-Christ, fils de la Vierge, était là, que son humanité l'accompagnait. Elle ne savait comment mais ne pouvait ignorer qu'il était près d'elle. Ainsi la vision d'une personne présente, mais une vision sans aucune forme, antérieure aux paroles qui lui sont liées. « On ne voit rien, ni intérieurement, ni extérieurement... ; mais l'âme, sans rien voir, conçoit l'objet et sent de quel côté il est, plus clairement que si elle le voyait, excepté que rien de particulier ne se présente à elle... sans le secours d'aucune parole, ni intérieure, ni extérieure, l'âme conçoit très clairement quel est l'objet qui se présente à elle, de quel côté il est, et quelquefois ce qu'il veut dire[1]. » Cette présence fut continuelle pendant plusieurs jours, avec quelques moments de crainte. C'était une compagnie qui la faisait tressaillir d'allégresse. « Ayant son Dieu à côté d'elle, il lui était facile de penser habituellement à lui, et voyant qu'il avait constamment les yeux sur elle, elle prenait un soin extrême de ne rien faire qui pût lui déplaire. Lorsqu'elle voulait lui parler, soit dans l'oraison soit hors de l'oraison, elle le trouvait si près d'elle qu'il ne pouvait pas ne point l'entendre ; quant aux paroles du divin Maître, elle ne les entendait pas toutes les fois qu'elle l'aurait souhaité, mais seulement quand c'était nécessaire, et quand elle y pensait le moins[2]. » Elle était rendue sans cesse attentive à sa présence[3], mais sans concours de sa part : ses efforts ne pouvaient rien pour retrouver cette compagnie lorsqu'elle se retirait.

Cette vision se renouvelle, avec des variantes. Elle présente d'autres personnes que Jésus-Christ. « Je voyais souvent à mon côté gauche Saint-Pierre et Saint-Paul d'une manière très distincte, non par une vision imaginaire, mais par une vision intellec-

---

1. *Relation*, 590, 591.
2. *Château*, VIe D., ch. VIII, 542.
3. *Ibid.*, 544.

tuelle¹. » Elle ne présente pas que des personnages divins et protecteurs : elle réalise aussi les objets de crainte, les tendances adverses : le démon apparaît de cette manière. « Je l'ai vu rarement sous quelque figure, mais il m'est souvent apparu sans en avoir aucune, comme il arrive dans les visions intellectuelles, où, ainsi que je l'ai dit, l'âme voit clairement quelqu'un présent, bien qu'elle ne l'aperçoive sous aucune forme¹. »

A la vision intellectuelle de Jésus-Christ succède plus tard celle de la Trinité qui l'introduit dans la septième demeure². Cette vision enferme une certitude extraordinaire de la présence des trois personnes divines ; quand cette présence vient à manquer, l'âme s'en aperçoit aussitôt. En même temps elle voit leur distinction et leur unité. Cette vision semble plus intérieure que les précédentes ; les personnes divines ne sont pas aussi nettement localisées au dehors ; il s'agit plutôt d'une présence à l'intérieur de l'âme ; en même temps cette présence est une connaissance d'un mystère central de la foi³. La vision intellectuelle de ce type se rapproche singulièrement du groupe que nous allons maintenant décrire.

A côté de ces visions intellectuelles qui sont le sentiment d'une présence, le plus souvent extérieure, il y en a d'autres qui apportent surtout une connaissance. « Il arrive quelquefois lorsqu'on est en oraison avec une entière liberté de ses sens que

---

1. *Vie*, 391 ; *Lettres*, I, 448 ; *Château*, VI, ch. VIII. « L'âme se trouve quelquefois aussi en la compagnie de quelques saints et en retire un grand fruit. Que si vous me demandez, mes sœurs, comment puisque l'on ne voit personne, on sait que c'est Jésus-Christ ou sa glorieuse mère, ou quelqu'un des saints : je réponds qu'on ne saurait dire ni comprendre de quelle manière on le sait, quoiqu'on ne laisse pas de le savoir très certainement. Quand c'est Dieu lui-même qui nous parle, cela ne paraît pas si étrange ; mais de voir un saint qui ne parle point, et que Notre-Seigneur n'a, ce me semble, rendu présent à l'âme que pour lui tenir compagnie et l'assister, cela paraît plus merveilleux. » Vision intellectuelle des Anges, *Château*, VI, ch. v ; *Vie*, 321.
2. *Vie*, 346.
3. *Vie* 346.; *Relation*, 601 ; *Château*, VIII, ch. 1.

Notre-Seigneur nous fait entrer tout soudain en une suspension dans laquelle il découvre à l'âme de grands secrets qu'elle croit voir en lui-même quoique ce ne soit pas par une vision de la très sainte Humanité... C'est une vision intellectuelle qui fait connaître à l'âme de quelle sorte toutes choses se voient en Dieu et comment elles sont toutes en lui[1]. » « Il met au plus intime de l'âme ce qu'il veut lui faire entendre... tantôt de grandes vérités, tantôt de profonds mystères[2]. » La vision intellectuelle comprend la connaissance claire, intuitive, soudaine, ineffable d'un mystère ou d'une vérité. Elle est souvent donnée dans l'extase, qui, nous le verrons, admet aussi des visions imaginaires. Lorsque dans l'extase, l'âme reçoit des visions intellectuelles, elle ne peut le faire entendre à cause de leur sublimité ; il arrive souvent qu'elle n'en puisse rapporter qu'une partie, encore qu'elles demeurent « tellement gravées dans le fond de l'âme qu'elles ne s'en effacent jamais[3] ». Cette vision intellectuelle accompagne la vision imaginaire comme son interprétation.

La grande difficulté, sur laquelle sainte Thérèse insiste, est de se représenter ce que peuvent être ces visions purement intellectuelles, entièrement dénuées d'images : « Mais comment peut-on s'en souvenir puisqu'elles n'ont aucune image qui les représente, et que les puissances de l'âme n'en ont point l'intelligence. C'est là encore une chose que je ne comprends pas[4]. » Ce spectacle fut sous mes yeux, sans que je puisse affirmer pourtant avoir vu quelque chose. Cependant je devais voir quelque objet, puisque je vais pouvoir en donner une comparaison. Mais cette vue est si subtile et si déliée, que l'entendement ne saurait

---

1. *Ribera*, l. IV, ch. IV.
2. *Château*, VI, ch. IX.
3. *Vie*, 287.
4. *Château*, VI, ch. IV.

l'atteindre. Ou bien, c'est que je ne sais me comprendre moi-même dans ces visions qui semblent sans images. Pour quelques-unes, il doit y avoir jusqu'à un certain point des images ; mais comme elles se forment dans le ravissement, les puissances ne peuvent plus, hors de cet état, ressaisir la manière dont Dieu leur montre les choses et veut qu'elles en jouissent[1]. » Il y aurait donc parfois dans la vision intellectuelle des images qui l'objectivent encore qu'elles ne l'expriment pas. Parfois aussi il en reste une impression qui est comme une puissance d'images et qui est traduisible de préférence en telle ou telle catégorie d'images[2]. La vision intellectuelle du reste est souvent un élément d'un vaste ensemble qui contient des éléments imaginaires: « j'entrai dans un ravissement... je connus une vérité qui est la plénitude de toutes les vérités, je ne saurais dire comme cela se fit, car je ne vis rien. J'entendis alors ces paroles sans voir qui les proférait, mais comprenant que c'était la Vérité elle-même[3]. »

Les visions imaginaires apparurent peu de temps après la vision intellectuelle de Jésus-Christ. Elles ont été progressives. Un jour, pendant qu'elle était en oraison, Jésus-Christ lui montra ses mains, peu de jours après son visage. Le jour de saint Paul, pendant la messe, il lui apparut tout entier « dans toute sa très sainte humanité, tel qu'on le peint ressuscité avec une beauté et une majesté ineffables[4] ». L'image totale de Jésus-Christ a été lente à se former. Elle a continué d'évoluer puisque Jésus-Christ s'est présenté dans différentes scènes de sa

---

1. *Vie*, 525.
2. Saint Jean de la Croix est conforme à sainte Thérèse. Il rattache à ces connaissances divines certains effets physiques qui accompagnent en général les états extatiques. Les mouvements de ces connaissances « sont quelquefois si sensibles et si puissants, qu'ils passent jusqu'au corps et qu'ils le font trembler presque en toutes ses parties. D'autres fois ils se font sentir dans l'esprit lorsqu'il est tranquille, avec un plaisir tout divin, et sans causer aucun tremblement dans le corps. » *Montée du Carmel*, II, ch. xxvi.
3. *Vie*, 519.
4. *Vie*, 299.

vie. Ce genre de vision a duré pendant plusieurs années ; un autre lui a succédé.

A l'égard de ces visions sainte Thérèse se pose la même question qu'à l'égard des paroles imaginaires. L'entendement et l'imagination ne peuvent-ils pas en former de semblables ? c'est-à-dire ne pourrait-on pas les considérer comme notre propre ouvrage ? Et si l'entendement en peut former d'analogues — d'une lointaine analogie — il est vrai, quelle différence y a-t-il entre ses constructions et l'action divine ; par quels caractères peut-on les distinguer ?

L'imagination et l'entendement peuvent sans doute former des images qui imitent de loin ces images surnaturelles ; ils le peuvent et dans leur jeu normal et par l'effet de la maladie.

1° L'imagination « peut, d'une certaine manière, se représenter cette humanité sainte, contempler pendant quelque temps ses traits, sa blancheur, perfectionner peu à peu cette image, puis la confier à la mémoire, et quand elle s'en efface, la faire revivre. Qui l'en empêche puisqu'elle a pu la produire avec l'entendement [1] ? » Ainsi l'action naturelle de l'imagination, secondée par l'effort, produit des images, mais des images dont l'imagination est maîtresse, alors qu'elle n'est pas maîtresse des images surnaturelles ; et l'effort apparaît dans la fatigue qu'il cause ; il n'arrive qu'à des résultats médiocres et ne produit pas d'effet réparateur. Le pur travail d'imagination n'aboutit qu'à des images médiocres et à un état d'agitation intellectuelle qui épuise : loin de présenter dans un repos qui apaise des images éclatantes [2].

1. Vie, 312.
2. « Admettons que l'imagination puisse, jusqu'à un certain point, se représenter Notre-Seigneur. Outre que cela ne produirait aucun de ces grands effets dont j'ai parlé, l'âme ne saurait qu'y perdre ; car elle serait alors semblable à une personne qui essaie de dormir, mais qui demeure éveillée, parce que le sommeil ne vient pas. Cette personne ayant un véritable désir de se reposer, soit parce qu'elle en a besoin, soit parce qu'elle a

2° Le désir peut former des images qui ont un air d'indépendance : « Lorsque le désir est violent, il entraîne avec lui l'imagination et ainsi l'on se figure de voir et d'entendre ce que l'on ne voit point et n'entend point, de même que l'on songe la nuit à ce que l'on s'est fortement mis dans l'esprit pendant le jour[1]. »

3° La faiblesse d'esprit et l'exaltation de l'imagination produisent un état où l'on est dupe de la transformation immédiate de la pensée en images, au point d'oublier la pensée dans l'image et d'attribuer à l'image une extériorité véritable. « Il y a des personnes, et j'en connais plusieurs, dont l'imagination est si vive et dont l'esprit travaille de telle sorte, qu'elles croient voir clairement tout ce qu'elles pensent[2]. » Elles confondent des images faibles, des chimères avec des visions claires et nettes. Une complexion faible et une imagination forte entretenues par l'épuisement qui vient des pénitences excessives font que certaines religieuses s'absorbent dans les sujets qu'elles méditent. « Il leur arrive parfois de n'être plus maîtresses d'elles-mêmes, surtout lorsqu'elles ont reçu de Dieu quelque faveur extraordinaire, ou qu'elles ont eu quelque vision. Dans ce dernier cas, elles croiront voir sans cesse l'objet qu'elles n'ont pourtant vu qu'une seule fois, tant est vive l'em-

---

mal à la tête, fait bien de son côté tout ce qu'elle peut pour s'endormir, et à certains moments il lui semble en effet qu'elle sommeille un peu ; mais ce n'est pas un vrai sommeil ; il ne la soulage pas ; il ne donne pas de force à sa tête, qui souvent même en demeure plus épuisée. Tel serait en partie le résultat d'un pur travail d'imagination. » *Vie*, 307. Sur le caractère intérieur de ces images, v. *Château*, VI, ch. ix.

1. *Château*, VI, ix.
2. *Ibid.* « Quant à la sœur Saint-Jérôme, il faudra lui commander de manger de la viande durant quelques jours et l'éloigner de l'oraison. Vous lui ordonnerez de ne traiter qu'avec vous ou de m'écrire : elle a l'imagination faible et tout ce qu'elle pense, elle croit le voir ou l'entendre. Parfois cependant il pourra y avoir du vrai comme il y en a eu ; au fond c'est une bonne âme... Pour Béatrix je pense de même ; elle doit jeûner peu. » *Lettre du 23 octobre 1576 au P. Gratien* (Ed. G. de Saint-Joseph, I, 354).

preinte qu'engendre leur imagination¹. » Une personne de ce genre est comme assiégée par une vision obsédante qui est, suivant les cas, son œuvre propre ou d'origine extérieure, mais dont le caractère obsédant se rattache dans tous les cas à la faiblesse mentale. « Elle serait semblable à un fou, qui, absorbé par l'objet de sa folie, ne peut songer à aucun autre, ni comprendre combien il lui importe d'en détourner la pensée, parce qu'il n'est plus maître de sa raison². » La maladie de l'esprit, la mélancolie produit des effets plus frappants encore et une abondance de visions, qui ne sont que des illusions. « J'ai été moi-même témoin des illusions étranges que produit cette humeur. Je ne concevais pas comment certaines personnes se persuadaient si fortement voir ce qu'elles ne voyaient pas³. » Toutes ces visions « ne sont que les rêves d'une imagination en délire⁴ ».

Ainsi le jeu naturel de l'imagination et l'effort intellectuel d'une part; d'autre part l'exaltation de l'imagination qui transforme immédiatement la pensée en image et la faiblesse d'esprit qui empêche de reconnaître le caractère subjectif de ce processus, qui fait que l'on est dupe de ses propres inventions; la concentration excessive, l'appauvrissement mental et l'obsession chez les sujets prédisposés et épuisés; le délire de l'imagination et des sens chez les aliénés, telles sont les causes productives de visions qui n'ont rien de surnaturel, mais que des esprits prévenus et un public trop crédules prennent souvent pour telles. L'imagination y travaille d'autant plus aisément qu'elle est sollicitée par le désir.

Des images dont l'imagination demeure maîtresse; des images médiocres qui n'excèdent pas sa nature, données dans un effort

---

1. *Livre des Fondations*, ch. vi.
2. *Ibid.*
3. *Ibid.*
4. *Ibid.*

qui fatigue et qui est incapable de renouveler la vie ; des images qui ont traîné dans l'esprit avant de se réaliser dans une apparence étrangère ; soutenues par un désir qu'on peut apercevoir, qui, parfois même, ont le caractère de chimères, de divagations et d'obsessions et sont liées à un état morbide ; voilà tout ce que donne le travail subjectif ; et combien ce résultat piteux et pénible diffère des données imaginaires que la Sainte estime objectives et rapporte à l'action divine !

1° Le contenu des visions surnaturelles dépasse la puissance de l'imagination : « La seule beauté et la seule blancheur d'une des mains de Jésus-Christ surpassent infiniment tout ce que nous pourrions nous imaginer[1]. » — « Sa beauté est si merveilleuse et le plaisir de la voir si inconcevable qu'il n'y a point de si grand esprit qui pût en mille années se l'imaginer[2]. » — « Quand bien même je me serais efforcé durant des années entières de me figurer une telle beauté, jamais je n'aurais pu en venir à bout, tant sa seule blancheur et son éclat surpassent tout ce que l'on peut imaginer ici-bas[3]. » Comme suite de ce caractère — et aussi du caractère forcé — le caractère de majesté de ces visions qui ajoute au sentiment de réalité[4].

2° Elles sont soudaines, brèves, forcées, sans rapport avec la pensée habituelle.

a. « Dieu la montre si soudainement, que si, pour la voir, il fallait seulement ouvrir les yeux, on n'en aurait pas le loisir[5]. » — « Et quoique cela passe si vite que l'on peut le comparer à un éclair[6]. » — « Que si l'âme est capable de considérer longtemps Notre-Seigneur, je ne crois pas que ce soit une vision[7]. »

---

1. *Vie*, 306.
2. *Château*, VI, ch. ix.
3. *Vie*, 300.
4. *Ibid.*, 303.
5. *Ibid.*, 301.
6. *Château*, VI, ch. ix.
7. *Ibid.*

b. « Il importe peu que les yeux soient ouverts ou fermés. Quand Notre-Seigneur le veut, malgré nous, cette lumière se voit ; et il n'y a ni distraction, ni résistance, ni industrie, ni soin, qui l'empêchent d'arriver jusqu'à nous[1]. » De même qu'elle arrive malgré nous, nous ne sommes pas maîtres d'elle. « Nous la contemplons lorsqu'il plaît au Seigneur de nous la présenter, dans la manière et durant le temps qu'il veut. Nous n'y pouvons rien retrancher ni rien ajouter ; nous n'avons aucun moyen pour cela. Quoique nous fassions pour la voir ou ne la point voir, tout est inutile[2]. » L'esprit est absolument passif à l'égard de ces visions ; le moindre effort, l'attention, loin de les maintenir ou de les compléter les dissipent. « Il suffit même que nous voulions regarder quelque chose en particulier pour voir disparaître Jésus-Christ[3]. » Les choses que représentent ces visions n'ont jamais été dans notre pensée[4]. »

3° Ces visions instantanées ont un caractère d'activité et pénètrent la vie.

a. Le souvenir en est persistant. « Cette majesté et cette beauté de Notre-Seigneur demeurent tellement empreintes dans l'âme, qu'elle ne peut en perdre le souvenir ; j'excepte néanmoins le temps où elle se trouve en proie à une sécheresse, à une solitude si effrayantes que tout semble s'effacer de sa mémoire, jusqu'au souvenir même de Dieu[5]. »

b. Elles ont un profond effet émotif : effroi, crainte d'abord, anéantissement amoureux et ravissement. La nuance affective est un mélange d'adoration et d'épouvante, une sorte de sentiment de sublime religieux où s'unissent le souverain pouvoir de Dieu et la bassesse de la créature. La

---

1. *Vie*, 301.
2. *Ibid.*, 312 ; cf. 313.
3. *Ibid.*, 313.
4. *Ibid.*, 306.
5. *Ibid.*, 305. Cf. *Château*, VI, ch. IX.

vision intense peut aller à produire l'extase et le ravissement[1].

c. Elles produisent de profonds effets sur la vie. L'âme après la vision est toute changée. « La vraie vision lui apporte à la fois d'inexprimables richesses spirituelles et un admirable renouvellement des forces du corps[2]. » Elle déracine les vices et donne en échange des vertus et du courage[3]. Un simple regard jeté sur ces images libère de toutes les affections du monde[4].

De ce qu'une vision est vraiment surnaturelle, il ne suit pas immédiatement qu'elle soit divine; il y a un surnaturel démoniaque; certaines choses qui s'accomplissent en nous sans nous viennent d'un mauvais principe. Trois ou quatre fois, sainte Thérèse a eu des visions qu'elle estime fausses et qu'elle rapporte au démon. Elles se distinguent des visions divines surtout par leur caractère affectif et leurs effets : « Quelques images qui n'ont ni la vérité, ni la majesté, ni les effets qui se rencontrent dans les visions qui viennent de Dieu[5]. » La fausse image trouble, dégoûte, inquiète, désorganise la vie : « L'amour qu'on lui témoigne n'apparaît ni pur, ni chaste[6]. » — « Elle perd la dévotion et la douceur intérieure et demeure dans l'impuissance de faire oraison[7]. »

Quelle que soit du reste l'origine des visions, elles peuvent devenir également bonnes par l'usage que l'âme en fait. On peut tirer le bien du mal et tourner à profit les images démoniaques[8].

---

1. *Vie*, 298, 303-304 ; *Château*, VI, ch. IX et XX.
2. *Ibid.*, 307.
3. *Ibid.*, 308.
4. *Ibid.*, 473.
5. *Château*, VI, ch. IX.
6. *Ibid.*, 306.
7. *Vie*, 305.
8. *Château*, IX.

Analysons maintenant le contenu de ces visions, leur rapport avec les autres états mystiques et l'ensemble de la vie.

1° Elles ont un caractère lumineux : « éclat qui n'éblouit point », « blancheur suave », « splendeur infuse », « lumière [1] ».

2° Dans une première période, elles se rapportent presque uniquement à Jésus-Christ dont elles présentent l'humanité. Ce sont des visions très détaillées, comme le prouvent le fait qu'elle a fait peindre ses visions [2], la variété des scènes (en croix, au jardin, portant la croix, etc.) et quantité de traits épars dans ses écrits. « Son vêtement est couvert d'une toile très fine de Hollande [3]. » De même, plus tard, à propos d'une vision du démon, elle écrira : « je remarquai particulièrement sa bouche qui était horrible [4]. »

3° Elles sont différentes en clarté, c'est-à-dire sans doute en intensité et en complexité. « Image si claire qu'il nous paraît véritablement être présent... il m'était évident que c'était Jésus-Christ lui-même [5]. » — Quelquefois cette clarté étant très incertaine, il me semblait voir une image, mais une image très différente des portraits d'ici-bas même les plus achevés [6]. » « C'est une image vivante [7]. » « Quoique j'use du nom d'image, ce n'est pas comme un tableau que l'on présenterait à nos yeux, c'est une chose véritablement vivante [8]. » Ainsi la différence d'intensité et peut-être aussi de complexité de la vision fait varier le sentiment de la réalité ; mais même aux degrés inférieurs elle apparaît avec le caractère de la vie.

---

1. *Vie*, 301 ; *Château*, VI, ch. ix.
2. *Ribera*, l. I, ch. xi.
3. *Château*, VI, ch. ix.
4. *Vie*, 340.
5. *Ibid.*, 303.
6. *Ibid.*
7. *Ibid.*
8. *Château*, VI, ch. ix.

4° Les visions imaginaires sont souvent mêlées à des visions intellectuelles; et de deux manières :

La vision intellectuelle explique la vision imaginaire; par la vision imaginaire on voit l'humanité de Jésus-Christ; par la vision intellectuelle, on voit qu'il est Dieu. Certains traits de certaines visions imaginaires sont donnés sans images, en vision intellectuelle[1]. De plus, la vision imaginaire est utile pour conserver peinte et gravée dans l'imagination, la présence divine donnée sans image dans la vision intellectuelle de présence.

5° Les visions imaginaires sont souvent liées aux paroles imaginaires. « Pendant qu'il me parlait, je contemplais cette beauté souveraine; les paroles que proférait cette bouche..., etc.[2] »

6° Quelquefois la vision imaginaire produit l'extase; quelquefois elle vient à la suite de l'extase.

Après ces deux années où la vision de Jésus-Christ a dominé la scène, le décor s'est compliqué et toute espèce de personnes et d'êtres ont apparu. L'analyse de ce second groupe permet de compléter les caractères que nous venons de signaler.

1° Certaines visions sont nettement localisées. L'ange de la transverbération est à son côté gauche, et de même le diable qui lui apparaît sous forme affreuse. Le Saint-Esprit sous forme de colombe vole au-dessus de sa tête. Dans un moment de détresse elle voit Jésus-Christ, non dans le ciel, mais bien haut dans l'air au-dessus d'elle, lui tendant la main et la couvrant de sa protection[3].

Toute représentation, enveloppant un espace, nous apparaît nécessairement localisée : mais elle l'est plus ou moins par rapport à des objets usuels et précis et par rapport à nous-mêmes; et surtout nous prêtons plus ou moins d'attention à la position de l'image dans l'espace. Ici il se pourrait — mais ce n'est pas

1. *Vie.* 315.
2. *Ibid.*, 313.
3. *Ibid.*, 321, 487, 512.

le lieu d'examiner cette question — que, pour les premiers exemples la localisation fut dirigée par des sensations organiques ou tactiles, et que pour les derniers elle relevât du rôle joué par la vision ou de certains caractères traditionnels de l'image.

2° De plus en plus les visions exercent une influence profonde sur la vie. Elles poussent à l'action, à des actions précises et décisives[1].

3° Les visions sont étroitement liées à l'état général de la conscience ; elles en jaillissent et l'expriment. En même temps elles le dépassent et tendent à construire la suite de la vie. Toutes, elles possèdent ce double caractère; mais elles possèdent plus ou moins l'un ou l'autre, et de ce point de vue on peut les distinguer. Dans la vie de sainte Thérèse, il n'y a presque pas de visions qui ne soient que des représentations, nous voulons dire un pur jeu d'images, sans rapport précis à l'action, à la vie, et aux tendances profondes qui organisent l'action et la vie[2]. Mais certaines ne font guère qu'exprimer ses tendances ou les états que ces tendances ont suscités : d'autres au contraire y ajoutent et les dirigent. C'est ainsi qu'un grand nombre de visions ont un caractère d'encouragement, de réprimande, de conseil et de prophétie. Nous pouvons les rapprocher des paroles dont nous avons vu le rôle utile, la fonction directrice : cette utilité est particulière, actuelle. Elles se rattachent au grand courant d'activité qui construit et contrôle la vie jusqu'en ses détails. D'autres traduisent surtout en images certains états intel-

1. *Vie*, 358.
2. Il y a pourtant un certain nombre de visions qu'une psychologie superficielle considérerait comme surérogatoires par opposition avec les visions téléologiques et symboliques qui vont suivre ; par exemple toutes ces visions « touchant les morts » et les lumières que Dieu lui avaient données sur quelques âmes, *Vie*, 496 ; par exemple encore certaines visions à grand tableau, vastes décorations intérieures. Mais il ne faut pas oublier que pour une âme religieuse de telles visions ne sont point vaines parce qu'elles répondent à des préoccupations profondes et exercent, en dépit de l'apparence, une action efficace.

lectuels, moraux ou même organiques ; de ces visions sainte Thérèse saura encore tirer parti : elle y puisera la joie, le réconfort et l'énergie et elle appliquera ces forces nouvelles à la vie ; mais cette application est plus générale et n'est pas gouvernée par la vision même. On pourrait appeler symboliques, ces visions dont la fonction principale est de symboliser ; et sans préjuger de leur mécanisme, on pourrait distinguer deux groupes, les symboliques intellectuelles et les symboliques affectives, les premières illustrant d'images un état surtout intellectuel, les deuxièmes un état surtout affectif et organique. Du premier groupe est par exemple la vision du prêtre tourmenté par les démons et qui dans l'hostie qu'il tient présente Jésus-Christ lui-même ; vision qui fait comprendre à sainte Thérèse « la force des paroles de la consécration, et comment, quelque mauvais que soit le prêtre qui les profère, Notre-Seigneur ne laisse pas d'être présent sur l'autel[1] ». Du second groupe est la vision célèbre de la transverbération, la vision de l'ange qui plonge au travers de son cœur une flèche d'or et et de feu : symbole visuel des transports que nous avons décrits : images qui traduisent un état affectif et organique, maître de l'âme entière[2] ; ou bien encore au cours d'une attaque convulsive, rapportée au démon, la vision « d'un petit nègre d'une figure horrible, qui grinçait des dents[3]. »

Sainte Thérèse a toujours affirmé que ses visions étaient imaginaires, c'est-à-dire qu'elles n'avaient que des images pour matière psychologique ; en d'autres termes, elle nie toute hallucination psychosensorielle : « Elle n'a jamais rien vu des yeux du corps[4]. » « Je n'ai jamais vu des yeux du corps ni

---

1. *Vie*, 495 ; cf. 522-523 ; cf. les visions qui symbolisent certains événements de la vie extérieure ; *Vie*, 512, 346.
2. *Ibid*, 321 ; cf. 486 ; cf. *Fragment sur le cantique*, p. 79 et 92.
3. *Ibid*, 341 ; cf. 345.
4. *Relation à Alvarez*, 580.

cette vision, quoique imaginaire, ni aucune autre, mais seulement des yeux de l'âme[1]. » Ses visions survenaient, qu'elle eût les yeux fermés ou bien ouverts. Pourtant elle désirait voir des yeux du corps, car ne connaissant pas la valeur des visions imaginaires, elle avait peur qu'on ne les prît pour des rêveries[2].

Si nous jetons un coup d'œil d'ensemble sur ces paroles et ces visions que nous venons de décrire selon sainte Thérèse et dont nous étudierons plus tard la nature et l'origine psychologique, il nous semble discerner quelques éléments de particulière importance et qu'il faut dès maintenant dégager.

Ces paroles et ces visions, ces automatismes ne sont pas des faits psychosensoriels, c'est-à-dire des hallucinations ordinaires, complètes; ils sont constitués par des images; ce sont des hallucinations psychiques.

Ils ressemblent à certaines constructions de l'imagination, qui ont un air d'extériorité ; à certains effets que produit le jeu surtout involontaire de l'esprit. Mais notre auteur se préoccupe d'établir que la passivité objective est très différente par ses caractères et ses résultats de cette passivité subjective. L'activité qui produit ces phénomènes mystiques serait une volonté intelligente ignorée de l'esprit et supérieure à l'esprit. Nous verrons que ce caractère, qui est réel, n'exclut pas l'hypothèse d'une activité psychologique interne : les travaux modernes sur la subconscience nous livrent la notion d'une activité qui satisfait à cette condition, sans cesser d'être naturelle et humaine.

Ces automatismes ne sont nullement épars et incoordonnés ; ils sont systématisés, progressifs ; ils sont gouvernés par une finalité interne ; ils ont avant tout un caractère téléologique. Ils marquent l'intervention continuelle dans la vie d'un être plus

---

1. *Vie*, 300 ; cf. VI, ch. IX.
2. Il y a pourtant tout au moins la vision du rosaire (*Vie*, 317) qu'il est difficile d'accepter comme une « hallucination psychique » et qui ressemble bien à une hallucination psychosensorielle à point de repère.

sage et plus puissant que la nature ordinaire et que la réflexion ; ils sont la réalisation en images visuelles et auditives d'une personnalité secrète et continue, d'essence supérieure à la personne consciente ; ils sont sa voix, sa projection extérieure et sa vie sensible ; ils traduisent à la conscience les suggestions de cet inconscient ; et ils permettent la pénétration continue de la personne consciente par cette activité plus profonde ; ils établissent une communication entre ces deux plans d'existence, et ils subordonnent par leur forme impérative l'inférieur au supérieur.

C'est le grand courant divin ; à côté de lui d'autres se sont ébauchés, une systématisation démoniaque, une coalition de tendances adverses, une autre forme de la subconscience, qui n'ont point réussi.

Les paroles — qui répondent le mieux à cette finalité interne — sont prépondérantes. Elles ont précédé les visions et leur ont survécu. Cette subconscience, qui s'exprime par des automatismes, est une intelligence directrice qui contrôle et organise la vie : or les paroles, mieux que les visions, sont l'expression d'une intelligence : la parole est l'instrument privilégié de l'intelligence, son moyen direct et explicite. La raison intérieure et subconsciente, continuellement préoccupée de l'ensemble et du détail de la vie, devient naturellement une voix intérieure ; le moi conscient, toujours dans une attitude d'attente et de réceptivité, est aux écoutes ; de cette attention et de cette intention portées l'une et l'autre sur la forme verbale, naissent après de longues années de préparation, peu après que la vie consciente a abdiqué en faveur des forces inconscientes qui chaque jour font irruption en faveurs nouvelles et la submergent, les phénomènes que nous avons abondamment décrits. La prépondérance des paroles tient au caractère intelligent et actif, systématique et pratique de la subconscience. Nous avons noté en passant que les premières paroles ont répondu à une sorte de question spéculative, qui était elle-même la formule intellectuelle de l'état de doute et de division où se trouvait la sainte.

Mais dans les paroles, nous l'avons vu, étaient donnés certains caractères qui ébauchaient l'esquisse de l'invisible orateur. D'autre part, la vision du Christ irrité, antérieure à la phase mystique, prouve quelque aptitude aux automatismes visuels. Enfin nous avons signalé, et nous signalerons encore ce mouvement, cette « appétition » qui tend à compléter et à compliquer les états mystiques ; il semble bien envelopper plusieurs tendances élémentaires : l'une qui est la pente naturelle d'une nature féconde vers la création exubérante : le subconscient s'épanouit aussi richement que possible en plusieurs ordres d'images ; le Dieu intérieur sans forme, mais capable de toutes formes s'exprime en visions comme il s'était exprimé en paroles, une autre est un processus de justification : le caractère divin des paroles étant mis en doute par l'entourage et la Sainte étant troublée de ce doute, les visions viennent confirmer les paroles. La tendance à la variété des automatismes et le besoin de justification s'unissent du reste sous l'action d'une poussée plus profonde encore : nous n'allons pas tarder à voir qu'en regard du Dieu confus qui envahit la conscience et la vide de toute détermination, sainte Thérèse, chrétienne jusqu'aux profondeurs les plus secrètes de son inconscient, dresse le Dieu précis de l'Église dans la détermination et la distinction des paroles et des visions[1]. Elle confirme et garantit par le Dieu précis de l'Écriture l'obscur Dieu des mystiques. Tous ces faits réunis expliquent assez bien les visions; ils montrent une fois de plus quelle finalité interne — et l'on comprend fort bien que cette

---

[1]. Bien noter que ces visions apparaissent après l'époque où elle s'efforce d'écarter de sa pensée l'humanité de Jésus-Christ, où elle croit trouver un obstacle à l'oraison. « Vous avez voulu y apporter remède… vous avez daigné vous montrer à moi très souvent… c'était pour faire comprendre plus clairement combien grande était cette erreur. » *Vie*, 221.

puissance de développement qui à tout moment dépasse sa vie et sa conscience, ait paru divine à la Sainte — gouverne la succession de ces automatismes. Aux paroles se sont jointes les visions : c'est d'abord un sentiment indistinct de la présence de Jésus-Christ, qui s'est fait jour : les images claires et explicites ont suivi.

Il est possible que des influences étrangères aient agi sur ce développement[1] ; nous avons vu que son entourage doutait et que ce doute la gagnait malgré elle ; en se manifestant en visions, en compliquant et en multipliant ses faveurs Dieu la rassurait et convainquait l'entourage. Son confesseur en lui demandant, à propos du sentiment de présence déjà décrit, comment elle voyait Jésus-Christ, comment était son visage a peut-être contribué à la formation des visions imaginaires. Il faut se rappeler aussi que peu après sa conversion elle se mit sous la direction des jésuites et fit les exercices spirituels de saint Ignace ; l'application des sens et les colloques, la contemplation, dans l'oraison, de l'humanité de Jésus-Christ ont peut-être animé son imagination, suscité ou favorisé les images et les visions.

Il semble, en un sens, que les visions et les paroles surchargent les états d'oraison, qu'elles compliquent l'oraison de phénomènes adventices, qu'elles aillent à l'encontre de la simplification mystique : nous verrons les critiques que les mystiques adressent souvent au « sensible » et au « distinct ». Mais en un autre sens il faut retenir qu'elles font partie du processus de purification de l'âme pour arriver à ce que saint Jean de la Croix appelle la nudité d'esprit. Elles amortissent par leur éclat les choses du monde et rendent l'âme « souverainement libre[2] ».

1. Les visions expriment parfois des suggestions étrangères ; c'est après qu'elle a reçu les conseils de la béato (*Vie*, 425 et suiv.) que le Seigneur lui ordonne de fonder son monastère sans revenus.
2. *Vie*, 473.

CHAPITRE IV

MADAME GUYON

LA VIE INTÉRIEURE

« Jeanne-Marie Bouvier de la Motte naquit le 13 avril 1648[1], un mois avant le terme ordinaire, à la suite d'une frayeur que sa mère avait éprouvée. Pendant longtemps on la crut morte ; et ce n'est guère qu'au bout de cinq semaines que l'on put avoir quelque espérance de la conserver. Son enfance ne fut qu'une suite d'infirmités et de douleurs et toute sa vie se ressen-

---

[1]. A. Montargis. Les sources pour l'histoire de la vie intérieure et du mysticisme de Mme Guyon sont surtout ses écrits et en particulier sa *Vie* écrite par elle-même ; de son vivant ont paru le *Moyen court* (1685) ; l'*Explication du Cantique des Cantiques*, Lyon, 1687 ; les *Opuscules spirituels* (1704). Le Nouveau Testament avec des Explications et Réflexions qui regardent la Vie intérieure, divisé en huit tomes. A Cologne chez Jean de la Pierre 1713. Les livres de l'Ancien Testament avec des explications et réflexions qui regardent la vie intérieure, divisés en douze tomes. Cologne, Jean de la Pierre 1715. Voir la préface générale mise par l'éditeur Poiret en tête de ces deux ouvrages. Peu après sa mort Poiret a publié les *Discours chrétiens et spirituels* et quatre volumes de *Lettres* en 1717 et 1718. Sur l'histoire de ces éditions, v. Jules Chavannes, *Jean-Philippe Dutoit, sa vie, son caractère et ses doctrines*, Lausanne, 1865, p. 43 et 137. Poiret a publié en 1720 (Cologne, Jean de la Pierre), sa *Vie* écrite par elle-même. Dutoit a publié en 1767-1768 une nouvelle édition en 5 volumes des *Lettres*, qui contient la correspondance secrète de l'auteur avec Fénelon ; de 1789 à 1791, il a publié les *Œuvres complètes* de Mme Guyon (en 40 volumes, à Paris chez les Libraires Associés). Nous renverrons toujours à cette édition. Sur Poiret et Dutoit comme éditeurs, v. Chavannes, o. c. et Masson, *Fénelon et Mme Guyon*, Paris, 1907. Les écrits publiés par ces deux éditeurs se présentent avec de très solides garanties d'authenticité, voir la préface de Poiret à l'édition de la *Vie* (1720)

tit de la frêle organisation qu'elle avait apportée en venant au monde[1]. »

Son père et sa mère faisaient profession d'une fort grande piété ; particulièrement son père qui l'avait héritée de ses ancêtres ; « car l'on peut presque compter depuis très longtemps autant de saints dans sa famille, qu'il y a eu de personnes qui l'ont composée[2]. »

Son enfance, délaissée par ses parents, fut confiée successivement à divers soins. « Allant et venant sans cesse de sa famille au couvent, du couvent à sa famille, d'une école à l'autre, elle change de place neuf fois en dix ans. Sa mère ne fait rien pour elle ; son père ne paraît guère que pour la déplacer ; les

---

« outre quelqu.-uns de ses papiers qu'ils (les ennemis de Mme Guyon) communiquèrent à des particuliers, les ouvrages qu'ils publièrent eux-mêmes à l'encontre ayant passé dans les pays étrangers, portèrent la curiosité de plusieurs, même entre des personnes de considération, à vouloir un peu pénétrer le fond d'une affaire qui avait fait depuis peu un si grand bruit. Ce qui les ayant engagé à rechercher ses écrits, et à lire sans préjugé ceux qu'ils purent trouver, ils en furent tellement touchés, qu'ils firent leurs efforts pour en découvrir et ensuite rendre publics pour la gloire de Dieu et le bien éternel de ceux qui veulent faire leur salut, tout autant qu'ils pourraient en recouvrer. Quelques seigneurs d'Allemagne et d'Angleterre et d'ailleurs, non contents d'une simple lecture, ayant ouï-dire que cette dame, depuis la mort de son plus grand adversaire avait été délivrée de sa dure captivité et reléguée quelque part, où pourtant il n'était pas impossible de la visiter, résolurent de tenter s'ils y pourraient réussir. Ils eurent la satisfaction de la trouver et de lui parler à souhait. Elle leur fit confidence de l'histoire de sa vie écrite et revue par elle-même, et que son intention était qu'on en fit part au public lorsque Dieu l'aurait retirée du monde : elle remit même son écrit à un milord d'entre eux qui s'en retournait en Angleterre et qui le possède encore à présent. Cependant comme Dieu en a retiré l'auteur il y a déjà quelque temps (l'an 1717 le 9 de juin à Blois), c'est pour ne pas retarder davantage l'exécution de sa volonté, que voici la publication de cette même *Vie* sur une copie tirée et revue avec soin sur son manuscrit original. » Le Milord dont il s'agit est Mylord Forbes (v. Chavannes, o. c.). Sur la question de la « Règle des Associés à l'enfance de Jésus », v. Bossuet, éd. Lachat, XXVIII, 611.

1. *Guerrier*. Mme Guyon, 1881, p. 9. *Vie de Mme Guyon*, I, 10.
2. *La Vie de Mme Guyon écrite par elle-même*. A Paris, chez les libraires Associés, 1790, I, 8.

Bénédictines s'en amusent ; les Dominicaines l'abandonnent ; on dirait qu'elle s'élève à la grâce de Dieu[1]. »

Sa piété s'éveilla de bonne heure ; à quatre ans, confiée aux Bénédictines, elle aimait « d'entendre parler de Dieu, d'être à l'église, et d'être habillée en religieuse[2] ». Comme elle s'imaginait que la frayeur qu'on lui faisait de l'enfer n'était que pour l'intimider, elle vit « la nuit en dormant une image de l'enfer si affreuse » que quoiqu'elle fût si enfant elle ne l'oublia jamais[3]. Elle trouvait plaisir à s'imposer de petites mortifications, sans toutefois vouloir être mortifiée ; elle désirait le martyre, mais elle avait peur de la mort. C'était une piété d'enfant, vive, légère et superficielle, qui, à travers quelques vicissitudes alla s'approfondissant. Elle fit sa première communion qui fut précédée d'une confession générale « avec bien de la joie et de la dévotion[4] ».

Ce qui acheva de la gagner à Dieu, vers sa douzième année, ce fut qu'un neveu de son père, l'abbé de Toissy, des missions étrangères, passa par sa maison à Montargis, en s'en allant à la Cochinchine. Jeanne était sortie, mais à son retour on lui fit le récit de sa sainteté et des choses qu'il avait dites. Elle fut profondément touchée : « Eh quoi mon père ! dit-elle à son confesseur, sera-t-il dit qu'il n'y a que moi qui me damne dans ma famille ? Hélas, aidez-moi à me sauver. » Cette conversion, sans être encore définitive, fut plus solide. Elle devint si changée qu'elle n'était pas reconnaissable. Elle lut en ce temps-là les œuvres de saint François de Sales et la vie de Mme de Chantal. Ce fut là qu'elle connut qu'on faisait oraison. « Je priai mon confesseur de m'apprendre à la faire ; et comme il ne la faisait pas, je tâchai à la faire seule le mieux qu'il me fut possible. Je

---

1. *Guerrier*, 17.
2. *Vie*, 11.
3. *Ibid.*, I, 12.
4. *Ibid.*, 30.

ne pouvais y réussir, à ce qu'il me paraissait alors ; parce que je ne pouvais me rien imaginer, et que je me persuadais qu'on ne pouvait faire oraison, sans se former des espèces et sans beaucoup raisonner. Cette difficulté m'a fait longtemps bien de la peine [1]. » Tout ce qu'elle voyait écrit dans la vie de Mme de Chantal la charmait ; elle s'efforçait de l'imiter en tout ; ne pensait plus qu'à se faire religieuse et à entrer chez les Visitandines, jusqu'à contrefaire l'écriture de sa mère pour s'y faire admettre. Mais son père n'y voulait point consentir. Elle resta donc au logis, soignant son père avec humilité, faisant les oraisons jaculatoires que sa sœur lui avait apprises.

Mais à un moment où un de ses parents « un gentilhomme accompli » la recherchait en mariage, elle quitta l'oraison, ce qui lui fut une source de maux ; elle tomba dans tous les défauts de son âge. On la mena à Paris, où sa vanité devint plus grande ; elle faisait parade d'une vaine beauté. Elle fut recherchée par bien des gens ; mais ce fut son père qui choisit pour elle et la maria sans la consulter à Jacques Guyon qu'elle vit deux ou trois jours avant le mariage (1664). Dans cette réjouissance il n'y avait qu'elle de triste. Elle avait le cœur serré, elle pleurait amèrement. « A peine fus-je mariée, que le souvenir de l'envie que j'avais d'être religieuse, vint m'accabler. » La maison de son époux lui devint une maison de douleur. M. Guyon, rude et lourd, vivait chichement. Sa mère irritable et dure persécutait de toutes manières la jeune femme. Les maladies et les revers de fortune de M. Guyon rendirent plus violentes et plus maussades encore ces deux personnes. Les contrariétés de son mariage, une maladie presque mortelle qu'elle eut à Paris, l'éclairèrent beaucoup sur l'inutilité des choses du monde, et la détachèrent beaucoup d'elle-même. Elle était ainsi préparée à la vie mystique.

1. *Vie*, I, 33.

« Mme Guyon vient au monde avec un goût prononcé pour les choses surnaturelles. L'éducation des couvents, l'exemple, les traditions de la famille, la lecture des livres mystiques, tout contribue à diriger ses regards vers le ciel ; tout conspirait en même temps à la détacher de la terre : l'indifférence de sa mère, les déceptions d'un premier amour, surtout les déplorables conséquences d'une de ces unions malheureuses que l'on attribue à la raison, mais où la raison a moins de part que la vanité et la cupidité des familles. Quand le cœur est à ce point méconnu, il est rare qu'il ne finisse pas par se venger. Fière et profondément vertueuse, Mme Guyon sera fidèle à ses devoirs. Faite pour beaucoup aimer, et ne trouvant rien à aimer autour d'elle, c'est à Dieu qu'elle donnera son amour[1]. »

C'est à vingt ans qu'elle entra vraiment dans la vie mystique et qu'elle apprit une méthode d'oraison qui lui fut plus efficace pour se défaire de soi-même.

La duchesse de Béthune Charost s'était retirée chez M. de La Motte. Plus avancée en oraison, elle vit bien que Mme Guyon avait les vertus de la vie active et multipliée, mais qu'elle n'était point dans la simplicité de l'oraison où elle était elle-même ; elle entreprit sur ce sujet Mme Guyon qui ne la comprit pas. « Je tâchais, à force de tête et de pensées, de me donner une présence de Dieu continuelle ; mais je me donnais bien de la peine, et je n'avançais guère. Je voulais avoir par effort ce que je ne pouvais acquérir qu'en cessant tout effort[2]. »

Vers le même temps son cousin revint de Cochinchine. Elle admirait son oraison continuelle, qui était celle de Mme de Charost, qui était celle aussi de la prieure des bénédictines, la mère Granger, sans toutefois la pouvoir comprendre. « Je m'efforçais de méditer continuellement, de penser sans cesse à vous, ô

---

1. *Guerrier*, 36.
2. *Vie*, II, 74.

mon Dieu, de dire des prières et oraisons jaculatoires ; mais je ne pouvais me donner par toutes ces multiplicités ce que vous donnez vous-même et qui ne s'éprouve que dans la simplicité. J'étais surprise de ce qu'il me disait qu'il ne pensait à rien dans l'oraison, et j'admirais ce que je ne pouvais comprendre[1]. »

Elle était ainsi préparée par des exemples, mais retenue par une ignorance intérieure. Un religieux franciscain, ami de son père, à qui elle exposa ses difficultés l'éclaira : « C'est Madame, lui dit-il, que vous cherchez au dehors ce que vous avez au dedans. Accoutumez vous à chercher Dieu dans votre cœur et vous l'y trouverez. » Ces paroles furent pour elle une révélation et changèrent subitement son cœur. « Elles furent pour moi un coup de flèche, qui perça mon cœur de part en part. Je sentis dans ce moment une plaie très profonde, autant délicieuse qu'amoureuse ; plaie si douce, que je désirais n'en guérir jamais. Ces paroles mirent dans mon cœur ce que je cherchais depuis tant d'années, ou plutôt, elles me firent découvrir ce qui y était et dont je ne jouissais pas faute de le connaître[2]. »

De ce moment il lui fut donné une expérience de la présence de Dieu dans son fond ; « non par pensée ou par application d'esprit, mais comme une chose que l'on possède réellement d'une manière très suave ». L'Oraison lui était alors facile. « Elle était vide de toutes formes, espèces et images. Rien ne passait de mon oraison dans la tête ; mais c'était une oraison de jouissance et de possession dans la volonté, où le goût de Dieu était si grand, si pur et si simple qu'il attirait et absorbait les deux autres puissances de l'âme dans un profond recueillement, sans acte ni discours. J'avais cependant quelquefois la liberté de dire quelques mots d'amour à mon bien-aimé ; mais ensuite

---

1. *Vie*, I, 75.
2. *Ibid.*, 78. « Cette touche si profonde, cette plaie si délicieuse et amoureuse me fut faite à la Madeleine (l'an 1668). » Cf. *Torrents*, 160.

tout me fut ôté. C'était une oraison de foi, qui excluait toute distinction ; car je n'avais aucune vue ni de Jésus-Christ ni des attributs divins ; tout était absorbé dans une foi savoureuse, où toutes distinctions se perdaient pour donner lieu à l'amour d'aimer avec plus d'étendue, sans motifs ni raisons d'aimer [1]. » Sur ce qu'il lui fut dit en oraison : « Ne crains point de te charger d'elle, c'est mon épouse » le religieux franciscain la prit sous sa conduite.

Cette oraison qui lui fut communiquée d'abord, elle l'estime bien au-dessus des extases, des ravissements, des visions, etc. Afin qu'elle ne se laissât pas aller à ces dons qui détournent de Dieu, plus qu'ils n'en approchent, elle fut mise d'abord dans une union des puissances, et dans une adhérence continuelle à Dieu ; c'était un amour profond et tranquille qui absorbait toute autre chose. « Je fus soudain dégoûtée de toutes les créatures ; tout ce qui n'était point mon amour, m'était insupportable. La croix, que j'avais portée jusqu'alors par résignation, devint mes délices, et l'objet de mes complaisances. »

C'est ainsi qu'elle entra dans le premier degré de la voie passive en foi, où elle semble être restée jusque vers 1674, c'est-à-dire environ huit années. L'objet de notre travail nous impose de dégager ces états mystiques et d'en analyser le développement : nous n'avons à considérer l'histoire extérieure de Mme Guyon qu'autant qu'elle se rapporte à sa vie intime : son effort à cette époque va du reste à supprimer la vie extérieure, ou au moins à l'absorber dans la vie intérieure.

Nous trouvons dans la Vie de nombreux renseignements sur cet état ; nous le trouvons exposé avec plus de méthode dans les Torrents ; il n'y a point de doute que Mme Guyon n'y décrive sa propre expérience ; enfin dans de nombreux fragments de ses nombreux écrits nous trouvons des documents complémentaires.

1. *Vie*, I, 81.

Le centre de cet état, c'est la présence divine infuse, sans formes, espèces et images ; une oraison de repos, de jouissance et de possession, où l'acte et le discours se perdent dans le recueillement ; un amour confus et général où toutes distinctions disparaissent. L'entendement et la mémoire y sont vides d'objet ; la volonté est dans une sainte indifférence, au-dessus de toute multiplicité.

L'âme se sent séparée de tout le créé : « J'étais comme éperdue : car je vivais dans une telle séparation de toutes les choses créées, qu'il me semblait qu'il n'y eût plus de créature sur terre¹ ! » Perdue dans cette présence qui la ravit au monde, elle n'en est pas maîtresse et ne peut s'en distraire : « Mes yeux se fermaient malgré moi et je restais comme immobile, parce que l'amour me tenait enfermée au-dedans comme dans une place forte, sans que je pusse, quelque soin que je prisse, me distraire de sa présence. J'étais votre captive, ô mon divin amour ! et vous étiez mon geôlier. Je ne respirais et vivais que par vous et pour vous. Il me semblait éprouver à la lettre ces paroles de saint Paul : je vis, non plus moi ; mais Jésus-Christ vit en moi. Vous étiez, ô mon Dieu et mon amour, l'âme de mon âme, et la vie de ma vie². » La présence de Dieu lui paraissait si intime qu'il était plus en elle qu'elle-même³.

Cet attrait la possédait ainsi par une force irrésistible et la rendait incapable de toute autre occupation. Elle était « si saisie par le dedans, qu'elle ne pouvait lire, même en se forçant⁴ » ; ses yeux se fermaient d'eux-mêmes ; elle ne pouvait parler ou ne savait ce qu'elle disait : « Je ne pouvais presque rien faire. » L'ouvrage lui tombait des mains. « Je passais les heures de cette sorte sans pouvoir ni ouvrir les yeux, ni connaître ce qui

1. *Vie*, I, III.
2. *Ibid.*
3. *Ibid.*, 170.
4. *Ibid.*, 112.

se passait en moi, qui était si simple, si paisible, si suave, que je me disais quelquefois : le ciel est-il plus paisible que moi[1] ? » « Les sentiments en étaient quelquefois plus forts et si pénétrants que je ne pouvais y résister et que l'amour m'ôtait toute liberté[2]. » « L'âme durant le jour se sent saisie et prise par une force divine qui la ravit et la consume et la tient jour et nuit sans savoir ce qu'elle fait. Ses yeux se ferment d'eux-mêmes. Elle a peine à les ouvrir. Elle voudrait être aveugle, sourde et muette, afin que rien n'empêchât sa jouissance. Elle est comme ces ivrognes qui sont tellement pris et possédés de vin, qu'ils ne savent ce qu'ils font, et ne sont plus maîtres d'eux-mêmes. Si ces personnes veulent lire, le livre leur tombe des mains, et une ligne leur suffit : à peine en tout un jour peuvent-elles lire une page, quelque assiduité qu'elles y donnent. Ce n'est pas qu'elles comprennent ce qu'elles lisent ; elles n'y pensent pas ; mais c'est qu'un mot de Dieu ou l'approche d'un livre, réveille ce secret instinct qui les anime et les brûle ; en sorte que l'amour leur ferme et la bouche et les yeux[3]. »

Cette oraison jalouse, qui exclut toute prière vocale, est une prière continuelle. « Il se faisait en moi sans bruit de paroles une prière continuelle, qui me semblait être celle de Notre-Seigneur Jésus-Christ lui-même[4]. J'étais comme comme ces ivrognes ou ces amoureux qui ne pensent qu'à leur passion[5] », et Mme Guyon fut heureuse de lire dans Saint François de

---

1. *Vie*, 159.
2. *Ibid.*, 170. « L'Oraison ne leur coûte plus rien ; elles s'enfoncent et s'abîment. » *Torrents*, 161. « Le recueillement s'empare tellement de toute elle-même, que tout lui tombe des mains. *Ibid.*, 162.
3. *Torrents*, 164.
4. *Vie*, 121.
5. *Ibid.*, 122. Cf. *Vie*, 116. « Je ne pouvais rien dire de mon oraison à cause de sa simplicité. Tout ce que j'en pouvais dire est, qu'elle était continuelle comme mon amour et que rien ne l'interrompait : au contraire, le feu s'allumait de tout ce que l'on faisait pour l'éteindre ; et l'oraison se nourrissait et augmentait de ce que l'on m'ôtait de temps pour la faire. »

Sales, qu'il faut se laisser aller à cet attrait. La moindre occasion lui donnait une force nouvelle et la plongeait en Dieu. « Je m'aperçus alors d'un effet que me faisaient les sermons, qui est que je ne pouvais presque entendre les paroles et ce que l'on disait : ils me faisaient d'abord impression sur le cœur, et m'absorbaient si fort en Dieu, que je ne pouvais ni ouvrir les yeux, ni entendre ce qui se disait. Entendre nommer votre nom, ô mon Dieu, ou votre amour, était capable de me mettre dans une profonde oraison ; et j'éprouvais que votre parole faisait une impression sur mon cœur directement, et qu'elle faisait tout son effet sans l'entremise de la réflexion et de l'esprit[1]. »

Cette oraison consiste donc en un état d'amour profond, confus et indistinct, incapable de se représenter à soi-même sous une apparence d'objet[2] ; pénétré de joie, de repos et de liberté[3]. L'intelligence discursive, entendement et mémoire, semble absorbée dans cette union de la volonté ; ce qui revient à dire qu'une telle oraison exclut toute représentation et peut être tout état intellectuel[4] autre que la conscience intuitive de la présence divine. Elle est passive, continue ; elle produit l'obnu-

---

1. *Vie*, 9. Il y a des périodes de sécheresse ; *Vie*, 170.
2. « Cet amour... n'était point attiré à contempler son amour ; mais il était comme absorbé et englouti dans ce même amour. » *Vie*, I, 117.
3. « Elles se pâment de joie dans leur liberté nouvelle... plus elles se rencontrent, s'enfoncent et s'abîment en elles-mêmes, plus elles goûtent un certain je ne sais quoi qui les ravit et les enlève ; et elles voudraient toujours aimer et s'enfoncer ainsi. » 161.
4. « Comme tout se passait dans la volonté et que mon imagination, même l'esprit et l'intelligence se trouvaient absorbés dans cette union de jouissance... » *Vie*, 118. Ce caractère entraîne l'exclusion des actes, comme multiplicité qui détruit l'unité divine (et l'on sait quelles discussions sont nées de là) en particulier l'impossibilité de prier vocalement. « Un Pater les tiendrait une heure. Une pauvre âme qui n'est pas accoutumée à cela, ne sait ce que c'est... elle ne sait pourquoi elle ne peut prier. Cependant elle ne peut résister à un plus puissant qui l'enlève... Celui qui la tient ainsi liée, ne lui permet, ni de douter que ce ne soit lui qui la tient ainsi liée, ni de se défendre : car si elle voulait faire effort pour prier, elle sent que celui qui la possède lui ferme la bouche, et la contraint par une douce et aimable violence de se taire. » *Torrents*, 164.

bilation des sens et une sorte de stupeur. Pourtant si elle tend en général à abolir les mouvements, elle en produit parfois aussi. « Dans les commencements j'étais attirée avec tant de force, qu'il semblait que ma tête voulût se séparer pour s'unir à mon cœur ; et dans ces commencements j'éprouvais qu'insensiblement mon corps se courbait sans que je l'en pusse empêcher[1]. » Enfin quoiqu'elle n'eût aucune connaissance théorique des opérations de Dieu dans les âmes[2], Mme Guyon s'y sentait pleinement assurée.

Cette oraison produisait l'amortissement du vouloir. « J'éprouvais que cette disposition en produisait insensiblement une autre en moi, qui était que ma volonté s'amortissait chaque jour et se perdait imperceptiblement dans l'unique vouloir de Dieu ; et je connaissais sensiblement que ma disposition intérieure de simple repos en Dieu... faisait cet effet, de m'ôter peu à peu ma volonté pour la faire passer en Dieu... Elle devenait tous les jours plus indifférente... Cette disposition éteignait tous ses désirs[3]. » Tous les plaisirs du monde paraissaient fades au prix d'un tel état[4].

Le dégoût de toutes les créatures qu'implique cette oraison la conduisit immédiatement à la mortification. « La croix, que j'avais portée jusqu'alors par résignation, devint mes délices et l'objet de mes complaisances[5]. » D'abord elle s'imposa de sévères austérités : disciplines, cilices, ronces, tous les instruments de pénitence étaient trop faibles pour contenter le désir qu'elle avait de souffrir. Mais ces pénitences extérieures, qui durèrent plusieurs années, étaient mêlées de plus subtiles et qui en moins d'un an assujettirent ses sens. Dieu lui-même l'y portait :

1. *Vie*, 117.
2. *Ibid.*, 118.
3. *Ibid.*, 160.
4. *Ibid.*, 118.
5. *Ibid.*, 87.

« Sans que j'y fisse aucune attention, sitôt qu'une mortification ne me faisait plus aucun effet, l'amour me la faisait cesser pour m'en faire faire une autre à laquelle il m'appliquait lui-même[1]. » C'était de refuser aux sens tout ce qu'ils demandent, et de leur donner tout ce qui leur répugne[2]; « et cela sans relâche et aussi longtemps qu'il est nécessaire pour les rendre sans appétit et sans répugnance[3] ». « Mes sens étaient dans une mortification continuelle; et je ne leur donnais aucune liberté. Car il faut savoir que pour les faire entièrement mourir, on doit pendant un temps ne leur donner aucune relâche jusqu'à ce qu'ils soient entièrement morts[4]. » Elle obéissait en cela non pas à son propre choix, mais à une espèce de contrainte intérieure. « Je ne faisais point cela par pratique, ni par étude, ni avec prévoyance. Vous étiez continuellement en moi, ô mon Dieu!... Lorsque je pensais faire quelque chose, vous m'arrêtiez tout court et me faisiez faire sans y penser toutes vos volontés et tout ce qui répugnait à mes sens, jusqu'à ce qu'ils fussent si souples, qu'ils n'eussent pas le moindre penchant, ni la moindre répugnance... Sitôt que le cœur ne me répugnait plus, et qu'il prenait également les plus horribles choses comme les meilleures, la pensée m'en était ôtée entièrement, et je n'y songeais plus depuis : car je ne faisais rien de moi-même; mais je me laissais conduire à mon Roi, qui gouvernait tout en souverain[5]. » Cette mortification, jointe au recueillement profond, qui détourne l'âme des sens, la conduisit enfin à

---

1. *Vie*, 100.
2. Voir de frappants exemples, *Vie*, p. 90.
3. *Ibid.*, 98.
4. *Ibid.*, 98.
5. *Vie*, 90. Cf. *Torrents*, 163. « L'âme est instruite de toutes les mortifications sans en avoir jamais entendu parler. Si elle pense manger quelque chose à son goût, elle est retenue comme par une main invisible ; si elle va dans un jardin, elle n'y peut rien voir, pas même retenir une fleur, ni la regarder. Il semble que Dieu ait mis des sentinelles à tous ses sens. »

la mort des sens[1]. Celui qui est mort en cette sorte n'a plus besoin de mortification. L'extinction des sens n'est qu'un degré qui conduit à un travail plus utile, à la mortification du propre esprit et de la propre volonté ; et elle n'est qu'un apprentissage à supporter les croix véritables que Dieu taille à sa mode pour les rendre pesantes : car « notre propre choix ne peut nous causer que de légères croix[2] ».

Un des effets de cette purification fut, chez cette femme mariée et qui avait eu déjà et devait avoir encore des enfants, un extrême amour de la chasteté : « Vous m'en donniez un amour très grand, et en mettiez les effets dans mon âme, éloignant même dans mon mariage, par des providences, des maladies et d'autres, ce qui pouvait l'affaiblir, même innocemment : de sorte que, dès la seconde année de mon mariage, Dieu éloigna tellement mon cœur de tous les plaisirs sensuels, que le mariage a été pour moi en toute manière un très rude sacrifice. Il y a plusieurs années qu'il me semble que mon cœur et mon esprit est si séparé de mon corps, qu'il fait les choses comme s'il ne les faisait point. S'il mange ou se récrée, cela se fait avec une telle séparation, que j'en suis étonnée, et avec un amortissement entier de la vivacité du sentiment pour toutes les fonctions naturelles. Je crois que j'en dis assez pour me faire entendre[3]. »

Cet état enferme déjà une substitution de l'action divine à

---

1. Cf. *Lettres*, vol. I, p. 88 et suiv.
2. *Vie*, 177.
3. *Ibid.*, 175. Cf. *Ibid.*, 110. « Il est vrai, ô Dieu pur et saint, que vous imprimâtes en moi dès le commencement, un tel amour pour la chasteté, qu'il n'y avait rien au monde que je n'eusse fait pour l'avoir ; je ne lui prêchais autre chose, quoique je tâchasse de ne point me rendre incommode, et de lui complaire en tout ce qu'il pouvait exiger de moi. Vous me donnâtes alors, ô mon Dieu, un don de chasteté, en sorte que je n'avais pas même une mauvaise pensée, et que le mariage m'était fort à charge. Il me disait quelquefois : on voit bien que vous ne perdez point la présence de Dieu. »

l'action humaine. L'âme y sent une puissance et une impuissance qui ne viennent pas d'elle. Appliquée à son unique objet, qui est une généralité et une vastitude entière, sans qu'elle puisse se regarder ni penser à soi, elle est reprise intérieurement de ses fautes. « Cet amour pur trouvait toujours à reprendre et avait un extrême soin de ne rien laisser passer à cette âme. Ce n'est pas que je fisse attention sur moi-même ; car je ne pouvais que très peu me regarder, à cause que mon attention vers lui par voie d'adhérence de la volonté, était continuelle. Je veillais sans cesse à lui ; et il veillait continuellement à moi[1]. » Lorsqu'elle se confessait, il lui était impossible de s'examiner, tant elle était perdue dans son recueillement. « C'était alors, ô mon Dieu, que vous me rendiez présent tout ce que vous vouliez que je dise. L'avais-je dit ? Je ne pouvais plus prononcer une parole, tant l'amour me tenait sous sa dépendance[2]. »

Les peines qu'en cet état son âme souffrait de ses fautes avaient le même caractère de nécessité intérieure[3].

Cet état, qui a duré près de huit années, n'a pas été sans interruption[4] : il a été traversé de périodes de sécheresse, surtout vers 1669, avant un voyage qu'elle fit à Paris : « Je fus quelque temps de cette sorte : après quoi l'oraison me devint fort pénible. Lorsque je n'y étais pas, je brûlais d'y être ; et lorsque j'y étais, je ne pouvais y durer. Je me faisais violence afin de demeurer davantage en oraison dans la peine que dans

---

1. *Vie*, 100.
2. *Ibid.*, 101.
3. *Ibid.*, 102. L'action divine opérait aussi en elle pour des choses étrangères à la vie religieuse : elle lui rapporte une négociation heureuse qu'elle fit pour son mari. « Après la messe, je me sentis fortement pressé d'aller trouver les juges. Je fus extrêmement surprise de voir que je savais tous les détours et finesses de cette affaire sans savoir comme je l'avais pu apprendre. » *Vie*, 199.
4. La nature se réveillait souvent et son âme n'était pas encore unifiée. « J'étais comme déchirée, car la vanité m'attirait au dehors et l'amour de Dieu au dedans. »

la consolation. J'y souffrais quelquefois de tourments fort pénibles. Pour me soulager, et faire diversion, je m'emplissais tout le corps d'orties ; mais quoique cela fît beaucoup de douleur, celle que je souffrais au dedans était telle, que je ne sentais qu'à peine la douleur des orties[1]. » Dans cette peine et cette sécheresse, les passions, qui n'étaient pas mortes, se réveillaient ; elle se relâcha de ses exercices, et fit des infidélités.

Il semble que cet état ait atteint son sommet en 1670, au moment où la petite vérole lui ravit un enfant et la priva de sa beauté ; les descriptions les plus caractéristiques qu'elle en donne sont de cette période. Elle goûta à ce dépouillement de la chose qui lui était alors la plus sensible, un plaisir ineffable. C'est aussi l'époque où elle eut le plus à souffrir de sa belle-mère, de son mari et de son entourage : on la tourmentait de toute manière ; on luttait contre sa dévotion ; on suscitait à son oraison tous les obstacles possibles. Tout cela amortissait sa volonté et la perdait insensiblement dans l'unique vouloir de Dieu. Mais cet état tendait déjà à celui qui devait suivre : et après quelques oscillations[2] il allait disparaître.

La vie extérieure de Mme Guyon, pendant cette première période de vie spirituelle, se résume presque tout entière en ennuis domestiques. M. Guyon, sa mère, ses amis, le confesseur de Mme Guyon, Barnabite indigné qu'elle s'engageât à la suite d'un franciscain dans une voie qu'il ne lui avait pas prescrite

---

1. Cf. *Torrents*, 174. Ces sécheresses sont en quelque sorte une conséquence nécessaire de l'oraison. L'attrait de l'oraison fait que l'âme s'y donne plus qu'il ne faut, épuise peu à peu ses forces et sa vigueur amoureuse, et cet épuisement produit des sécheresses, où l'âme s'abat et croit tout perdu. *Torrents*, 171, 175. A mesure que l'âme approche du second état, ces aridités et ces sécheresses s'accroissent. *Torrents*, 184. Cette alternative de chutes et de relèvements, de sécheresse et d'oraison est le second degré des *Torrents*.

2. Alternative assez fréquente d'oraison et de sécheresse ; tendance des périodes de privation et de sécheresse à dominer et à s'installer uniquement Pendant le voyage de sainte Reine « j'étais dans un fort grand abandon intérieur... Il y avait déjà du temps que vous aviez retiré de moi cette douce

et qu'il ne connaissait pas, conspirent tous à la gêner, à entraver son expansion mystique ; ils la tourmentent de mille manières. Toutes ces contrariétés, les derniers assauts de son amour propre, quelques voyages, des enfants, une maladie, la mort de son père, d'un fils et d'une fille, les événements quels qu'ils soient, n'ont de sens pour Mme Guyon que par le retentissement qu'ils ont à l'intérieur[1] ; il semble que le plus important ait été la maladie qui ruina sa beauté.

C'est quelques mois après cette maladie, qu'elle fit connaissance du Père La Combe. Le P. La Combe, passant par Montargis, lui apporta une lettre de son frère le P. de la Motte. Le Père fut frappé du recueillement de Mme Guyon. « Nous nous entretînmes un peu, et vous permîtes, ô mon Dieu, que je lui dis des choses qui lui ouvrirent la voie de l'intérieur. Dieu lui fit tant de grâces par ce misérable canal, qu'il m'a avoué depuis qu'il s'en alla changé en un autre homme. Je conservai un fond d'estime pour lui ; car il me parut qu'il serait à Dieu ; mais j'étais bien éloignée de prévoir que je dusse jamais aller à un lieu où il serait[2]. »

correspondance intérieure que je n'avais qu'à suivre auparavant, j'étais devenue comme une égarée qui ne trouvait plus ni voie, ni sentier, ni route : mais comme je garde à un autre lieu à décrire les terribles ténèbres par où j'ai passé, je continuerai la suite de l'histoire. » Vie, 192. Peu de temps après, durant une grossesse. « Je dirai seulement que pendant ces neuf mois Dieu prit de moi une nouvelle possession : il ne me laissa pas un instant ; et ces neuf mois se passèrent dans une jouissance continuelle, sans interruption. Comme j'avais déjà éprouvé bien des travaux intérieurs, des faiblesses et des délaissements, cela me paraissait une nouvelle vie... Mais... cette jouissance... ne fut cependant que le préparatif d'une privation totale de bien des années, sans nul soutien, ni espérance de retour. » 193.

1. « Mon cœur ne fut pas pour cela ébranlé, quoique je me visse privée en même temps sans l'avoir su, de mon père et de ma fille, qui m'étaient chers au point que vous savez, ô mon Dieu. Mon état intérieur était tel que je ne pouvais être ni plus affligée pour toutes les pertes imaginables, ni plus contente pour tous les biens possibles. Il faut avoir éprouvé ces douleurs délicieuses pour les comprendre. « Vie, 184.

2. Vie, 169. Le Père La Combe, né à Tonon, avait été élevé à Paris chez les Barnabites, d'où il fut envoyé à Rome ; c'est dans ce voyage qu'il passa

A la Madeleine 1672, à l'instigation de la Mère Granger, elle prit pour époux l'enfant Jésus. « Je lui demandais pour dot de mon mariage spirituel les croix, les mépris, les confusions, opprobres et ignominies ; et je le priais de me faire la grâce d'entrer dans ses dispositions de petitesse et d'anéantissement[1]. »

A cet état d'union et de possession divine succéda avant 1674, deux ans avant la mort de M. Guyon, un état terrible. Les périodes d'attrait et de repos s'espacèrent, faisant place à de longues et ennuyeuses privations ; à la fin elles cessèrent tout à fait et ce que Mme Guyon appelle l'état de dépouillement, l'état de mort s'installa définitivement. Cet état dura environ sept années ; cinq ans dans toute sa force, deux avec quelque adoucissement ; elle en sortit en 1680 sous l'influence du P. La Combe.

Dans les Torrents elle représente ce second état, si pénible comme supérieur au premier et nécessaire pour arriver au troisième qui est définitif, qui est l'union essentielle, la véritable vie en Dieu ; elle expose l'insuffisance et les imperfections du premier état, la nécessité de le dépasser, l'espèce de contradiction interne qu'il enferme et qui l'oblige à se nier, après s'être posé, pour se retrouver dans une affirmation au-dessus de toute négation[2].

Il est à noter que le caractère nécessaire, quasi logique de ce processus, ne lui est pas apparu immédiatement. La souffrance la plus pénible du second état, ce qui constitue à vrai dire la souffrance de cet état c'est justement qu'il n'est point senti comme état c'est-à-dire comme degré, comme étape de la vie mystique. Pendant tout le temps qu'il dura Mme Guyon n'y

---

par Montargis et fit connaissance de Mme Guyon. Phelippeaux, *Relation du Quiétisme* (1732).

1. *Vie*, 185.

2. « Ce qui fait la perfection d'un état, fait toujours l'imperfection et le commencement de l'état qui suit. » *Vie*, II, 86.

sentit point l'action divine, mais bien sa propre faute. « Si j'avais cru, connu ou entendu dire que c'eût été un état, j'aurais été trop heureuse; mais je voyais ma peine comme péché[1]. » On pourrait donc se demander légitimement si l'interprétation n'est pas postérieure au fait[2]; c'est-à-dire si elle ne fait pas rentrer après coup une période de dépression morale, consécutive à la période de joie, dans un plan logique, si elle ne construit pas par l'intelligence, une vie qui aurait déroulé ses alternatives sans égard à ce plan; en d'autres termes on pourrait se demander si les faits exposés dans ces chapitres de la vie n'ont pas été arbitrairement exploités, en vertu d'une idée préconçue, et amenés de force dans un schéma construit indépendamment d'eux. La loi qui aurait gouverné la succession des états de Mme Guyon serait tout autre. Ce ne serait pas l'insuffisance mystique du premier état qui appellerait le second, pour parvenir à la pleine efflorescence du troisième : un jeu de forces cachées, une alternative d'excitation et de dépression, conduirait ce devenir. C'est là une question que nous posent les descriptions de tous nos mystiques. Nous tenons à la formuler ici pour montrer au seuil de cet exposé de faits, que nous ne méconnaissons pas le double caractère qu'ils peuvent présenter, selon qu'on regarde les faits bruts ou l'interprétation que les mystiques y joignent et pour bien établir que nous ne nous laissons pas entraîner sans une réserve préalable à l'assimilation qu'établit notre sujet.

L'âme conduite vers la perfection trouve dans le premier état

---

1. *Vie*, 245. Cf. II, 32. « Après que je fus sortie de l'état de misère dont j'ai parlé, je compris combien un état qui m'avait paru si criminel et qui ne l'était que selon mon idée, avait purifié mon âme, lui arrachant toute propriété, etc. » Cf. *Justifications*, II, 312, 6 : « Si l'âme pouvait comprendre que c'est un état, elle ne mourrait jamais à elle-même. »

2. Mais n'est-ce pas là quelque chose de tout naturel. « Je n'ai jamais ouï dire que l'on juge d'un état dans le temps de la peine, mais bien dans le calme et la bonace. » *Lettres*, III, 414.

des imperfections qui l'obligent à le dépasser[1]; l'âme qui aspire à Dieu trouve dans cet état trop d'elle-même et trop peu de Dieu pour pouvoir s'y maintenir. Dans cet état, en effet, l'âme épouse les dons de Dieu, plus encore que Dieu lui-même; elle s'y attache, s'en rend propriétaire, c'est-à-dire qu'elle y puise une certaine estime et un certain amour de soi-même « une certaine confiance en son salut et en sa vertu, en sorte qu'il semble qu'on soit impeccable... On oublie sa faiblesse et sa pauvreté par l'expérience qu'on a de sa force ». Elle s'expose donc sans mission divine à parler; elle veut communiquer ce qu'elle sent, alors qu'elle n'en a pas encore la force. Elle a un certain amour de sa propre excellence, mêlé de quelque mépris des autres, une estime extraordinaire de sa voie, un secret désir de se produire. En même temps comme elle goûte et savoure dans l'oraison les dons de Dieu, elle s'y attache plus que ne porte son état extérieur et intérieur, et la préfère à son devoir et aux pertes de temps apparentes; et lorsqu'elle en est privée elle croit tout perdu; car elle n'a point de force dans la sécheresse. Amour-propre, puisé dans cette exaltation qui est le caractère du premier degré, « amour intéressé, gourmandise spirituelle », tendance à oublier dans la douceur de la contemplation la rigueur nécessaire de l'action, tels sont les défauts de cet état. L'âme destinée pour la foi est intérieurement sollicitée à le quitter : « elle n'a pas de repos dans le repos même qu'elle n'ait satisfait à son devoir; et lorsqu'elle y reste malgré l'instinct de quitter le repos, c'est une infidélité qui lui cause de la peine[2]. » Il faut qu'elle fasse l'épreuve d'une action plus large,

---

1. *Torrents*, Part. I. Ch. v. Cette doctrine des *Torrents* est répétée et confirmée dans d'innombrables passages des Œuvres. On pourrait citer presque tous les Discours spirituels.

2. « Il arrive aussi que l'âme par cette mort et cette contrariété se sent plus flatteusement attachée ou attirée à son repos intérieur : car c'est le propre de l'homme, de s'attacher plus fortement à ce qui lui est le plus difficile à avoir, du moins s'il a un peu de courage, et de s'affermir par la con-

dans tout le champ des états humains, dans l'amertume et la détresse aussi bien que dans la joie.

Les Torrents distinguent dans cet état trois degrés : au premier l'âme perd les grâces, dons et faveurs, l'amour sensible et aperçu ; au second elle perd sa facilité de pratiquer le bien extérieurement et d'une manière aperçue, au troisième elle perd la vertu, en tant que beauté de l'âme ; elle voit tout le fond de corruption qui est en elle, l'infini de misère caché sous l'apparente perfection de l'état antérieur ; elle se prend en horreur et se perd elle-même par un entier désespoir de soi-même et de tout. Ces caractères se retrouvent au fond de la description un peu confuse et décousue que nous lisons dans la vie.

C'est d'abord en effet la privation totale, le délaissement, la perte de Dieu, quant au sentiment perceptible ; c'est-à-dire que l'oraison de quiétude ou d'union, avec l'état affectif et intellectuel qu'elle implique, disparaît complètement. C'est la perte de toute oraison[1]. « Il n'y avait plus pour moi un Dieu Père, Époux, Amant, si j'ose l'appeler ainsi : il n'y avait plus qu'un juge rigoureux[2]. » Il lui semblait donc qu'elle tombait dans le pur naturel et n'aimait plus Dieu ; et c'était là un état sans rémission ; dans les privations antérieures il y avait un soutien profond et des retours ; elle cherchait ce qu'elle avait perdu et son cœur était vide de tout amour. Ici se réveille l'amour des créatures et de soi-même[3]. Le recueillement étant en effet une des causes de

trariété, voulant plus fortement les choses auxquelles on s'oppose. Cette peine, de ne pouvoir avoir le repos qu'à demi, augmente son repos, et fait que dans l'action même elle se sent tirée d'une manière si forte, qu'il semble qu'il y ait en elle deux âmes et deux conversations tout à la fois, et que celle du dedans est infiniment plus forte que celle du dehors. » *Ibid.*, 172.

1. Au moins en apparence ; car cet état est encore une oraison : « elle est sèche, obscure, crucifiante, dépouillante, anéantissante », etc. *Vie*, 203. Cf. *Discours*, II, 197.
2. *Ibid.*, 207.
3. « Vous dites que la concupiscence de la chair est plutôt détruite que celle de l'esprit. Il faut vous dire comment je connais les choses par l'expé-

l'apaisement des sens, lorsqu'il a disparu, reparaît l'inclination vers les créatures, avec trouble et confusion. Non seulement elle ne pouvait plus se mortifier, mais son appétit se réveillait pour mille choses ; « et lorsque j'en usais, je n'y trouvais aucun goût : de sorte qu'il ne me restait que le déplaisir d'avoir été infidèle, sans avoir la satisfaction que je m'étais promise[1]. »

En même temps elle était incapable de vertu active. Elle ne trouvait plus de goût à rien ; elle était mise dans l'impuissance d'agir. « C'est une chose bien étonnante pour une âme qui croyait être bien avancée dans la perfection, de se voir ainsi déchoir tout d'un coup. Elle croit que ce sont de nouvelles fautes dont elle s'était corrigée, qui reviennent ; mais elle se trompe ; c'est qu'elle était cachée sous ses habits, qui l'empêchaient de se voir telle qu'elle est[2]. »

Le centre de cet état, le caractère positif, d'où semble procéder tout le reste, c'est le sentiment de son indignité, de sa bassesse, de sa misère. Elle se sent perdue ; elle n'a pas de se-

---

rience. Lorsque Dieu commence de se communiquer à notre cœur par son infusion divine, il amortit si fort les sentiments de la chair qu'il n'en reste presque pas d'atteinte. Cependant l'esprit est alors très vivant et très propriétaire. Ensuite Dieu semble se servir des révoltes de la chair pour détruire les propriétés de l'esprit ; et alors on aperçoit que l'esprit se purifie à mesure que la chair semble devenir plus rebelle. Mais à mesure que par la révolte involontaire de la chair, l'esprit se trouve de plus en plus assujetti à Dieu, cette chair s'assujettit à l'esprit. » *Lettres*, I, 668 ; cf. Masson, 107.

1. *Vie*, I, 206 ; cf. *ibid.*, 225. « Tous mes appétits se réveillaient avec une entière impuissance de les surmonter ; leur réveil n'était pourtant qu'en apparence, car ainsi que je l'ai dit, sitôt que je mangeais des choses dont je sentais un désir si violent, je n'y trouvais plus de goût. »

2. *Torrents*, 202. « Comme l'âme est remplie de sentiments de penchants vers la créature, elle croit avoir en réalité ce qu'elle n'a qu'en sentiment... Elle se croit la plus mauvaise de toutes les créatures... Il lui semble avoir le goût de tous les plaisirs et l'envie d'en jouir quoiqu'elle les fuie plus que jamais. » *Justification*, II, 203 et 150, *b*. « Pour comprendre ceci il faut savoir qu'après que les premiers goûts qui avaient comme essuyé les défauts, sont passés, ces défauts n'étaient qu'assoupis et nullement morts, l'onction de la grâce tenant l'âme confite en douceur : mais lorsque Dieu veut purifier le fond, il permet que ces mêmes défauts qui étaient

cours à attendre, elle est bannie de tous les êtres, ramenée à son isolement impuissant, et à son néant. Ce ne sont pas ses actes, c'est son fond qui lui apparaît si lamentable; car si elle trouvait en elle un penchant à tous les maux et le sentiment de tous les péchés, elle ne les trouvait pas en elle pourtant; « car elle ne faisait rien de marqué[1] ». Mais c'était une peine générale et confuse. « L'autre disposition où j'étais, fut, que, loin de voir en moi aucun bien, je n'y voyais que du mal. Tout le bien que vous m'aviez fait faire en ma vie, ô mon Dieu, m'était montré comme mal. Tout me paraissait plein de défauts : mes charités, mes aumônes, mes prières, mes pénitences, tout s'élevait contre moi, et me paraissait un sujet de condamnation. Je trouvais, soit de votre côté, ô mon Dieu, soit du mien, soit de celui de toutes les créatures, une condamnation générale : ma conscience était un témoin que je ne pouvais apaiser... quoique la condamnation fût si achevée, je ne voyais rien de particulier que je pusse dire, et dont j'eusse pu m'accuser[2]. » C'était un mépris et une haine de soi sans limite. Cet état est, suivant les Torrents, « la conviction centrale et une expérience intime de ce fond d'impureté et de propriété qu'il y a en l'homme[3] ». « Il n'y a que cette expérience qui puisse faire véritablement connaître à l'âme son fond infini de misères... Ici Dieu va chercher jusques dans le plus profond de l'âme son impureté foncière, qui est l'effet de l'amour propre et de la propriété que Dieu veut détruire[4]. » Par ce désespoir d'elle-même et de tout

---

vraiment dans l'âme, quoique couverts de la douceur de la grâce, paraissent lorsque cette onction se dessèche : alors cette âme qui se croyait déjà toute divine et ne plus toucher à la terre, se trouve toute redevenue naturelle, toute appesantie. » Cf. *Ibid.*, II, 201, 265.

1. *Vie*, I, 238.
2. *Ibid.*, 242 ; et cet état lui paraissait devoir durer éternellement.
3. *Torrents*, 205. L'âme y perd tout ce qui lui restait « d'impression secrète et cachée de Dieu. » *Torrents*, 220 : ce « je ne sais quoi » qui la soutenait et qu'elle trouvait au fond d'elle.
4. *Ibid.*, 207.

l'âme se perd vraiment et succombe à sa nudité et à sa bassesse[1]. Elle est comme réduite au non être[2]. Enfin lorsqu'elle est devenue insensible à son désespoir même et à sa misère, lorsqu'elle a senti le froid de la mort, elle approche de la résurrection.

Cet état qui a duré à peu près sept années semble s'être accompagné la plupart du temps d'un mauvais état organique, d'un état de misère physique prononcé. Elle eut une grossesse pénible, un accouchement difficile, qui fut suivi d'une longue période de prostration. « C'était tout ce que je pouvais faire durant ce temps là que de traîner mon corps, tant j'étais abattue de langueur » (227). « J'avais avec cela des maladies très fortes et très fréquentes » (230). « J'étais souvent très malade et en danger de mort » (238). « Je fus cinq ou six semaines à l'extrémité » (241)[3]. Mais le retour de la santé n'apportait aucun changement à ses peines et à ses misères.

Cet état enfermait une singulière impuissance intellectuelle. « Je ne pouvais lire quoi que ce soit ; si je voulais me forcer à le faire, je ne savais ce que je lisais et n'y comprenais chose au monde. Je recommençais je ne sais combien de fois ma lecture, et j'y comprenais moins la dernière fois que la première : il ne m'en restait qu'un dégoût horrible... Mon imagination était

---

1. *Vie*, 232.
2. *Torrents*, 226. « Et de quelle manière se fait ce sacrifice ? Par un désespoir absolu de tout elle-même que le P. Jacques de Jésus appelle un saint désespoir, parce qu'en faisant perdre tout appui à la créature en soi-même, il la fait entrer dans l'abandon entier entre les mains de Dieu. » *Justification*, II, 206, n. a.
3. *Lettres*, III, 320. « Je fus cinq semaines entre la mort et la vie et réduite à un tel état, que je ne pouvais articuler une parole : et quelque près que l'on approchât de moi l'oreille, la faiblesse était telle, que l'on ne pouvait entendre. » Cf. *Vie*, I, 245. « Tout cela était quelquefois si fort, avec l'impuissance de manger, que je ne sais comment je pouvais vivre. Je ne mangeais pas en quatre jours ce qu'il faut en un seul repas médiocre. J'étais obligée de m'aliter de pure faiblesse : mon corps ne pouvait plus porter un si lourd faix. »

dans un détraquement effroyable, et ne me donnait aucun repos... Je devins toute stupide[1]. »

Quoiqu'il fût continu, il y avait parfois des paroxysmes : « J'entrai dans une si étrange désolation qu'elle est inexplicable. Le poids de la colère de Dieu m'était continuel. Je me couchais sur un tapis qui était sur l'estrade et je criais de toutes mes forces (lorsque je ne pouvais être entendue) dans le sentiment où j'étais du péché[2]. » Son sommeil même était troublé. « Je ne pouvais dormir que peu de suite : mon trouble me réveillait comme si du lit j'eusse dû entrer en enfer. »

Ses directeurs mêmes, lassés de ses plaintes, l'abandonnèrent. Il est bon de remarquer que cet état tient tout entier entre la mort de la mère Granger dont elle subissait l'influence et ses nouvelles relations avec le P. La Combe.

Elle eut en effet occasion d'écrire, pour un renseignement, au P. La Combe qui était alors supérieur des Barnabites de Tonon ; elle lui parla de son état. Il lui répondit que cet état était de grâce ; elle était bien éloignée de se le persuader[3] ; pourtant c'est depuis cette lettre du P. La Combe qu'elle commença de reprendre une nouvelle vie. Peu de temps après, environ huit ou dix jours avant la Madeleine de l'an 1680, il lui vint au cœur d'écrire au P. La Combe et de le prier de dire la messe pour elle ce jour-là ; ce fut ce jour heureux de la Madeleine que son âme fut parfaitement délivrée de toutes ses peines. « Dans ce jour, je fus comme en vie parfaite. Je me trouvai autant élevée au-dessus de la nature que j'avais été plus rigoureusement captive sous son poids, je me trouvais étonnée de cette nouvelle liberté... Ce que je possédais était si simple,

1. *Vie*, I, 228.
2. *Ibid*, I, 225.
3. V. *Lettres*, I, 282 : « Ceux qui les assuraient dans leur état, étaient ceux en qui ils avaient moins de créance : ils croyaient qu'ils ne les connaissaient pas ; ils s'en défiaient. »

si immense que je ne le puis exprimer. Ce fut alors, ô mon Dieu, que je retrouvai en vous d'une manière ineffable tout ce que j'avais perdu[1]. »

Nous allons indiquer brièvement, d'après les Torrents écrits en 1683, c'est-à-dire peu d'années après ce changement, les principaux caractères de ce nouvel état, tels qu'ils apparaissaient à Mme Guyon, lorsqu'elle voulait en prendre une vue d'ensemble, et nous étudierons ensuite, d'après la Vie, leur formation historique et leur relation avec les événements qui, à partir de cette époque, deviennent nombreux et variés[2].

Les caractères essentiels de cet état sont :

1° L'abolition de la conscience personnelle, et la substitution au moi habituel d'une personnalité plus ample qui le déborde et l'excède[3]. Auparavant il y avait distinction, opposition du moi et de Dieu : cette opposition cesse par l'abolition du moi envahi par Dieu. Auparavant l'âme possédait Dieu dans certains états : maintenant elle est possédée tout entière et toujours Dieu agit et opère en elle.

« O soyons de pauvres anonymes, à qui l'on ne puisse plus rien nommer de propre » (Disc., II, 189).

« Cette âme perd l'humain pour se perdre dans le divin, qui

---

1. *Vie*, I, 263.
2. C'est l'état ressuscité des *Torrents* : et pourtant ce nom semble impropre à Mme Guyon : « C'est ce que les mystiques appellent résurrection. Ce mot, s'il n'était pas de l'usage, me paraîtrait impropre. Pour ressusciter il faut revivre de la vie dont on vivait : mais ici la volonté ne vit plus de la première vie, elle est mangée, digérée, transformée : de sorte que Dieu veut tout en cette âme ; mais il veut d'une manière absolue. » *Lettres*, II, 18. La doctrine des *Torrents* est confirmée dans certains opuscules et dans de nombreuses lettres; par ex. vol. V, lettre III.
3. « Tout état sensible et distinct, quoiqu'il paraisse plus fort, a pourtant quelque chose de plus resserré et rétréci ; et il n'est si aperçu qu'à cause qu'il est extrêmement borné... A mesure que le moi se détruit, l'âme éprouve cette largeur et sérénité, avec une liberté presque immense. » *Lettres*, III, 410. « L'âme se laisse à tout sans distinction : Dieu est elle et le moi n'est plus comme moi. » L. IV, 319 ; cf. V, 551.

devient son être et sa subsistance... Elle ne vit plus, n'opère plus par elle-même, mais Dieu vit, agit et opère » (230).

« Tout ce qui s'est passé jusqu'à présent, s'est passé dans la capacité propre de la créature : mais ici cette créature est tirée de sa capacité propre, pour recevoir une capacité immense en Dieu même » (229. Cf. Discours, II, 369).

« Cette vie divine devient toute naturelle à l'âme. Comme l'âme ne se sent plus, ne se voit plus, ne se connaît plus, elle ne voit rien de Dieu, n'en comprend rien, n'en distingue rien. Il n'y a plus d'amour, de lumière, ni de connaissances. Dieu ne lui paraît plus, comme autrefois, quelque chose de distinct d'elle : mais elle ne sait plus rien, sinon que Dieu est, et qu'elle n'est plus, ne subsiste et ne vit plus qu'en lui. Ici l'oraison est l'action ; et l'action est l'oraison : tout est égal, tout est indifférent à cette âme ; car tout lui est également Dieu » (232).

« Ici Dieu ne peut être goûté, senti, vu, étant plus nous-mêmes que nous-mêmes, non distinct de nous... L'âme ici est en Dieu comme dans l'air qui lui est propre et naturel pour maintenir sa nouvelle vie : et elle ne le sent pas plus que nous ne sentons l'air que nous respirons » (235).

Cette âme ne voit que Dieu partout « non par pensée, vue et lumière ; mais par identité d'état et consommation d'unité, qui la rendent Dieu par participation, sans qu'elle puisse plus se voir elle-même, elle ne peut aussi rien voir partout » (255).

« Tout est perdu dans l'immense, et je ne puis ni vouloir ni penser » (III, 238).

Cet état est déiformité : il est transformation et changement en Dieu (260 et suiv.). « Ici tout est Dieu : son oraison est Dieu même » (259).

2° L'Automatisme. A l'action dirigée par la conscience personnelle, qui a sa racine dans l'individu, qui est désirée, et voulue, qui est rattachée au moi, se substitue une action immédiate, directe, qui semble être l'action de Dieu même et qui donne à l'individu le sentiment d'une liberté et d'une force infinie : il ne désire plus, parce qu'il est au-dessus de tout désir, parce qu'il n'a plus d'attachement aux objets auxquels son action s'applique; parce qu'il est devenu plus grand que ses actes et que ses actes n'apparaissent plus dans sa vie que comme la limitation, la manifestation momentanée d'une énergie supérieure. Ce sentiment ou cette idée que c'est Dieu qui agit par les actes de l'âme assure à tout moment la communication entre l'âme et lui : « Ici l'oraison est l'action; et l'action est l'oraison. » Il en résulte l'indifférence aux actes [1].

« Les actions faites par un principe divin sont des actions divines » (Moyen Court, ch. 21).

« Autrefois il fallait pratiquer la vertu pour faire les œuvres vertueuses : Ici toute distinction d'actions est ôtée, les actions n'ayant plus de vertus propres, mais tout étant Dieu à cette âme, l'action la plus basse comme la plus relevée, pourvu qu'elle soit dans l'ordre de Dieu et le mouvement divin : car ce qui serait de choix propre, s'il n'est dans cet ordre, ne ferait pas le même effet, faisant sortir de Dieu » (Torrents, 232).

« Il faut se laisser posséder, agir, mouvoir sans résistance, demeurer dans son état naturel et de consistance, attendant tous les moments, et les recevant de la Providence sans rien augmenter ni diminuer, se laissant conduire à tout sans vue, ni raison, ni sans y penser; mais comme par entraînement, sans penser à ce qui est de meilleur et de plus parfait, mais se

---

[1]. Ce mode d'action, quoiqu'il n'apparaisse que dans l'âme déifiée, est esquissé aux états antérieurs : « Même le mouvement intérieur, qui doit être toute la conduite des âmes de foi, se découvre dès le commencement des personnes destinées à une foi éminente. Ce mouvement est plus sensible, plus distinct, plus dans les puissances au commencement; mais enfin c'est lui qui les conduit... Jusqu'à ce qu'il les perde avec lui dans ce Dieu : alors il change de nature et devient tellement naturel qu'il perd tout ce qui le faisait distinguer hors de Dieu : alors la créature agit aussi naturellement qu'elle respire, sa souplesse est infinie. »

laissant aller comme naturellement à tout cela, demeurant dans l'état égal et de consistance où Dieu l'a mise, sans se mettre en peine de rien faire ; mais laissant à Dieu le soin de faire naître les occasions et de les exécuter : non que l'on fasse des actes d'abandon ou de délaissement ; mais on y demeure par état » (236).

« Cette vie est rendue comme naturelle et l'âme agit comme naturellement. Elle se laisse aller à tout ce qui l'entraîne, sans se mettre en peine de rien, sans rien penser, vouloir ou choisir ; mais demeure contente, sans soin ni souci d'elle, n'y pensant plus, ne distinguant plus son intérieur pour en parler... Mais quelle différence de cette âme à une personne toute dans l'humain ? La différence est, que c'est Dieu qui la fait agir sans qu'elle le sache ; et auparavant c'était la nature qui agissait » (233).

« Mais ici les inclinations de Jésus-Christ sont l'état de l'âme, lui sont propres, habituelles et comme naturelles, comme choses non différentes d'elle ; mais comme son propre être et comme sa propre vie, Jésus-Christ les exerçant lui-même sans sortir de lui, et l'âme les exerçant avec lui, en lui, sans sortir de lui : non comme quelque chose de distinct qu'elle connaît, voit, propose, pratique, mais comme ce qui lui est le plus naturel. Toutes les actions de vie, comme la respiration, etc., se font naturellement, sans y penser, sans règle ni mesure ; mais selon le besoin ; et cela se fait sans vue propre de la personne qui les fait. Il en est ainsi des inclinations de Jésus-Christ en ce degré » (242).

« L'âme ressuscitée doit faire les mêmes actions qu'elle faisait autrefois avant toutes ses pertes et sans nulle difficulté : mais elle les fait en Dieu » (245)[1]. « On fait tout en Dieu et

---

[1]. Cf. « L'âme agit et opère dans cette divine volonté, qui lui est donnée en la place de la sienne, d'une manière si naturelle, que l'on

divinement : usant des choses comme n'en usant point » (246). C'est la véritable Liberté.

« Vous demanderez à cette âme : Mais qui vous porte à faire telle ou telle chose ? c'est donc que Dieu vous l'a dit, vous l'a fait connaître ou entendre ce qu'il voulait ? Je ne connais rien ; je n'entends rien : je ne pense pas à rien connaître : tout est Dieu et volonté de Dieu, et je ne sais plus ce que c'est que volonté de Dieu ; parce que la volonté de Dieu m'est devenue comme naturelle. Mais pourquoi faites-vous plutôt cela que ceci ? Je n'en sais rien. Je me laisse aller à ce qui m'entraîne. Eh, pourquoi ? Il m'entraîne parce que, n'étant plus, je suis entraînée avec Dieu, et Dieu seul fait mon entraînement. Il va là : il agit ; et je ne suis qu'un instrument que je ne vois, ni ne regarde. Je n'ai plus d'intérêt distinct ; parce que par ma perte j'ai perdu tout intérêt. Aussi ne suis-je capable d'entendre nulle raison, ni d'en rendre aucune de ma conduite. J'agis cependant infailliblement, tandis que je n'ai point d'autre principe que le principe infaillible » (256). « Abandon aveugle » (Ibid.).

« Mais, me dira-t-on, vous ôtez ainsi à l'homme sa liberté. Non ; car il n'a plus de liberté que par un excès de liberté ; parce qu'il a perdu librement toute liberté créée : il participe à la liberté incréée, qui n'est plus rétrécie, limitée, bornée pour quoi que ce soit : et cette âme est si libre et si large, etc. » (258).

« Tous les premiers mouvements de cette âme sont de Dieu ; et c'est sa conduite infaillible... toute réflexion est bannie... il faut les éviter » (267-268) (Cf. Lettres, I, 333 et 323).

Lorsque le Seigneur veut que cette âme fasse quelque chose contre l'ordinaire et l'usage commun, « si elle ne se rend pas au premier mouvement, il lui fait souffrir une peine de con-

---

ne peut distinguer si la volonté de l'âme est faite la volonté de Dieu, ou si la volonté de Dieu est faite la volonté de l'âme. » *De la Voie et de la Réunion de l'Ame à Dieu*, 345.

trainte à laquelle elle ne peut résister ; et elle est contrainte, par une violence qui ne se peut expliquer, de faire ce qu'il veut » (252).

Ainsi l'action qui a d'ordinaire le calme de l'automatisme, peut parfois prendre la violence de l'impulsion.

3° Sur cet automatisme est justement fondé ce que Mme Guyon appelle la vie apostolique. L'âme a une facilité extraordinaire à prêcher, à écrire, sans le concours de l'intelligence et de la volonté « par une lumière actuelle donnée dans le moment présent et qui ne dure qu'autant qu'il est nécessaire d'en parler ou d'écrire » (Vie, III, 161) et cette activité automatique, agissant sur d'autres consciences, produit de grands effets (246 ; 247). En cet état « elle sent un surcroît de plénitude qu'elle sent bien n'être pas pour elle » (Disc., II, 334).

Ceux qui agissent à l'ordinaire « leurs œuvres n'ont pas plus de force que le principe d'où elles partent, qui est toujours par l'effort, quoique beaucoup relevé et annobli d'une faible créature. Mais ces âmes, consommées dans l'unité divine, agissent en Dieu par un principe d'une force infinie » (262. Cf. Lettres, t. V, p. 461). « Ce sont ces âmes que Dieu destine pour aider les autres dans des routes impénétrables : parce que n'ayant plus rien à ménager pour elles-mêmes et n'ayant plus rien à perdre, Dieu s'en sert pour faire entrer les autres dans les voies de sa pure, nue et sûre volonté : ce que les personnes qui se possèdent elles-mêmes ne pourraient pas faire : parce que n'étant pas en état pour elles-mêmes de suivre aveuglément la volonté de Dieu, qu'elles mélangent toujours de leur raisonnement et de leur fausse sagesse, elles ne sont nullement en état de ne rien ménager pour suivre aveuglément la volonté de Dieu sur les autres » (De la Voie et de la Résurrection de l'âme à Dieu, p. 345; cf. Vie, III, 112).

4° Le fond affectif de cet état est une joie immense, une extase continue.

« Elle est une joie immense, mais insensible, qui vient de ce qu'elles ne craignent, ni ne désirent, ni ne veulent rien. Aussi rien ne peut ni troubler leur repos, ni diminuer leur joie... Une personne ravie de joie ne se sent plus, ne se voit plus, ne pense plus à elle ; et sa joie, quoique très grande, ne lui est pas connue à cause de son ravissement. L'âme est bien en effet dans un ravissement et une extase qui ne lui cause aucune peine... Ici l'extase se fait pour toujours et non pour des heures[1] » (248).

Cette plénitude et cette abondance fait que l'âme n'a de goût pour rien ; insensibilité qui diffère de celle de l'état de mort, en ce que cette dernière venait du dégoût et de l'impuissance.

5° Il se fait dans la personne une division ; certaines sensations, certains états qu'elle ne peut éviter, qui s'imposent, sont comme rejetés au dehors, non rattachés au fond qualifié divin, l'esprit ne les acceptant pas, ne les assimilant pas, les laisse vivre en soi d'une existence inférieure et comme étrangère[2].

Sa paix est si invariable que rien ne peut l'altérer. Les sens peuvent souffrir sans la troubler « à cause de l'état divin et de la béatitude qu'elle porte dans le centre ou partie suprême... et alors il y a une séparation si entière et si parfaite des deux parties, l'inférieure et la supérieure, qu'elles vivent ensemble comme étrangères, qui ne se connaissent pas ; et les peines les plus extraordinaires n'empêchent pas la parfaite paix, tranquillité, joie et immobilité de la partie supérieure : comme la joie

---

1. Cf. II, 84 ; III, 103.
2. « Lorsqu'une âme est une fois sortie d'elle-même et passée en Dieu, elle est si fort étrangère à elle-même, qu'il faut qu'elle se fasse une grande violence po** penser à elle. Lorsqu'elle y pense, c'est comme à une chose étrangère qui ne touche plus. Elle se sent comme divisée et séparée d'elle-même. Une seule chose est et subsiste en elle, qui est Dieu. » *Discours*, II, 340. « Elle est étrangère à elle-même ; elle ne se trouve être, ni subsistance, quoiqu'elle ait une vie toute divine : il lui semble qu'elle est si séparée d'elle-même, que son corps est comme une machine qui se remue, qui vit et qui parle par ressort. » *Disc.*, II, 364.

et l'état divin n'empêchent pas l'entière souffrance de l'inférieure, et cela sans mélange ni confusion en aucune manière » (254).

L'âme en cet état ne peut souffrir par réflexion. Elle ne souffre que par impression (268, 269).

Enfin cet état est permanent. Il s'installe peu à peu, et après qu'il est installé, il n'admet plus que de faibles oscillations ; son progrès va à l'infini.

Les défauts de cet état sont certaines légères émotions qui naissent et meurent dans le moment, « certains vents de vue propre » (239).

Il n'est point douteux que dès cette lettre, peut-être même avant cette première lettre, la pensée du P. La Combe ait à son insu vivement occupé son esprit. « Durant le temps de ma misère Genève me venait dans l'esprit d'une manière que je ne puis dire[1]. » La lettre du P. La Combe rendit la paix à son esprit. « Je me trouvai même unie intérieurement à lui comme à une personne de grande grâce. » Le Père lui décrivait l'état où il était actuellement et qui avait assez de rapport avec l'état précédent de Mme Guyon. La pensée de Genève devenait plus forte ; un songe lui ordonna d'y aller. Enfin le Père La Combe eut une parole intérieure à son égard : « Vous demeurerez dans un même lieu. »

Ce même jour elle fut délivrée de ses peines ; son trouble fut changé en une paix infinie ; elle entra dans l'état nouveau que nous venons de décrire d'ensemble d'après les Torrents. Toute facilité pour le bien lui fut rendue plus grande qu'auparavant, et d'une manière si libre et si exempte de gêne qu'il semblait lui être devenu naturel. On ne pouvait être plus heureuse et plus contente qu'elle était au dedans et au dehors ; même la souffrance physique ne troublait pas ce calme ; il y avait en elle un fond qui béatifiait toutes choses.

---

[1]. *Vie*, I, 201.

Deux caractères apparaissent aussitôt : l'abolition du vouloir propre, l'état d'indifférence, et la substitution au vouloir propre, d'une volonté plus haute et plus puissante, la motion divine, qui s'exerce d'abord du dehors, par les providences journalières. « L'indifférence en moi était parfaite ; et l'union au bon plaisir de Dieu si grande que je ne trouvais en moi aucun plaisir ni tendance. Ce qui me paraissait alors plus perdu en moi était la volonté ; car je n'en trouvais pour quoi que ce soit : mon âme ne pouvait s'incliner plus d'un côté que de l'autre : tout ce qu'elle pouvait faire était de se nourrir des providences journalières. Elle trouvait qu'une autre volonté avait pris la place de la sienne, volonté toute divine, qui lui était cependant si propre et si naturelle qu'elle se trouvait infiniment plus libre dans cette volonté qu'elle ne l'avait été dans la sienne propre[1]. » L'abolition du vouloir propre implique la suppression du premier mouvement de la nature, de la réflexion, et même de l'acquiescement ; l'acte qui se propose est isolé de tout rapport avec le moi ; il n'y a plus de moi pour le former, l'examiner, l'admettre, l'accomplir ; il se donne sous une forme impersonnelle et absolue ; il est un absolu. « J'avais bien éprouvé, dans les temps qui précédèrent mes peines, qu'un plus puissant que moi me conduisait et me faisait agir. Je n'avais alors, ce me semble, de volonté, que pour me soumettre avec agrément à tout ce qu'il faisait en moi et par moi ; mais ici il n'en était plus de même : je ne trouvais plus de volonté à soumettre : elle était comme disparue... Il me semble que ce puissant et fort faisait alors tout ce qu'il lui plaisait... il me paraissait seul et comme si cette âme lui eût cédé la place, ou bien plutôt fût passée en lui pour ne plus faire qu'une même chose en lui[2]. » C'est ce qu'elle appelle l'union d'unité, par opposition à l'union des puissances. Il n'y a plus qu'un être ;

1. *Vie*, I, 270.
2. *Ibid.*, 271-290.

là disparition du moi laisse place entière à l'action divine ; au lieu que dans l'union antérieure, le moi soumis subissait, éprouvait l'action divine.

L'automatisme apparu déjà sous la forme d'idées impératives et exogènes, de passivité personnelle et de motion impersonnelle, si l'on peut dire, se complète par l'apparition d'écriture automatique. « J'étais moi-même surprise des lettres que vous [il s'agit de Dieu] me faisiez écrire, auxquelles je n'avais guère de part que le mouvement de ma main : et ce fut en ce temps-là qu'il me fut donné d'écrire par l'esprit intérieur et non par mon esprit : ce que je n'avais point éprouvé jusqu'alors : aussi ma manière d'écrire fut-elle toute changée ; et l'on était étonné que j'écrivisse avec tant de facilité. Je n'en étais point du tout étonnée : mais ce qui me fut donné alors comme un essai m'a été donné depuis avec bien plus de force et de perfection ainsi que je le dirai dans la suite. Vous commençâtes à me mettre dans l'impuissance d'écrire humainement[1]. »

Tout cet automatisme qui s'était formé à distance du père La Combe[2] devait singulièrement s'accroître et se compliquer sous son influence directe ; laissant de côté les voyages, la vie vagabonde, incertaine et persécutée de Mme Guyon, il nous importe surtout d'en préciser la formation et d'en discerner les caractères. L'action de La Combe sur elle et son action sur La Combe ont produit un état intéressant où la suggestibilité se mêle au pouvoir de suggestion ; sa conscience tout entière subit l'effet de cette action nouvelle.

Les idées impératives et exogènes, sous la forme distincte de paroles intérieures, de songes, d'impressions avaient apparu, nous l'avons vu, autour du mot Genève et du désir subconscient que ce mot exprimait sans doute. Pendant toute la période d'hésitation,

---

1. *Vie*, II, 2.
2. Mme Guyon arrivait au P. La Combe admirablement préparée à subir son influence, en plein état de suggestibilité.

elles ont continué de se produire, surtout sous la forme de songes. « Ils ont des propriétés singulières, comme, de laisser une certitude qu'ils sont mystérieux, et qu'ils auront leur effet en leur temps ; de ne s'effacer presque jamais de la mémoire quoique l'on oublie tous les autres, et de redoubler la certitude de leur vérité toutes les fois que l'on y pense ou que l'on en parle : de plus, ils produisent une certaine onction au réveil pour la plupart[1]. » Mais c'est là une forme d'action divine, — ou subconsciente — à laquelle Mme Guyon n'a jamais attaché une grande importance. Elle s'est toujours défiée de l'extraordinaire ; la voie de lumière lui paraît très incertaine et très inférieure à la voie passive en foi qu'elle veut avoir suivie. Ce qui n'empêche pas, nous le verrons, que cette période de sa vie contient un assez grand nombre de phénomènes extraordinaires. Mais ce n'est point sur des faits de ce genre qu'elle s'est appuyée, ni d'après eux qu'elle a dirigé sa conduite, ni en eux qu'elle a cru sentir le divin. Car ces paroles et ces songes qui lui ordonnaient d'aller à Genève n'étaient pas un témoignage intérieur, n'avait rien du caractère immédiat, direct et irrréfléchi, que l'analyse de la motion divine nous apprendra à connaître, et c'est sur des conseils étrangers, sur des influences extérieures, interprétées comme l'œuvre de la Providence, qu'elle se décida, bannissant toute réflexion et toute sagesse mondaine, à partir pour Gex aux Nouvelles-Catholiques : « je me résolus d'aller comme une folle, sans pouvoir dire ni motif ni raison de mon entreprise. On m'assurait que vous le vouliez, ô mon Dieu, et c'était assez pour me faire entreprendre les choses les plus impossibles[2]. »

Par la suite, elle eut assez souvent des paroles intérieures[3].

1. *Vie*, I, 279.
2. *Ibid.*, I, 282.
3. Les paroles intérieures apparaissent chez Mme Guyon, ou du moins sont signalées par elle, en 1672, au moment de son mariage spirituel avec l'en-

Au renouvellement de son mariage spirituel, à Annecí, le jour de la Madeleine, ces paroles lui furent imprimées : je t'épouserai en foi, je t'épouserai pour jamais : et ces autres : Vous m'êtes un époux de sang. Peu après, le P. La Combe lui ayant dit de demander à Dieu ce qu'il voulait faire d'elle en ce pays, ces paroles lui furent mises dans l'esprit avec beaucoup de vitesse : « Tu es Pierre ; et sur cette pierre j'établirai mon Église ; et come Pierre est mort en croix, tu mourras sur la croix[1]. » D'autres songes et d'autres paroles lui annoncèrent les persécutions[2]. Ces paroles sont en général empruntées à l'Ancien ou au Nouveau Testament ; elles lui révèlent en général la volonté divine, sans lui donner d'ordre immédiat, sans être directrices d'action. Elles apparaissent souvent dans une situation d'ensemble (quelquefois un songe) dont elles constituent en quelque sorte la légende[3].

Mme Guyon n'entre guère dans le détail en ce qui concerne la description ou l'analyse de ces paroles ; elle est instinctivement portée à passer rapidement, à cause du caractère en quelque sorte surérogatoire qu'elle leur attribue. Elle ne donne guère de valeur à ces paroles médiates « qui sonnent et articulent[4] ». « Les paroles intérieures distinctes sont aussi fort sujettes à l'illusion... et quand elles seraient du bon Ange (car Dieu ne parle point de cette sorte)...[5] » Elle les distingue de la parole immédiate de Dieu, qui « n'est autre que l'expression de son Verbe dans l'âme, parole substantielle qui n'a aucun son ni articulation, parole vivifiante et opérante, parole

---

fant Jésus. « Ces mots me furent d'abord mis dans l'esprit qu'il me serait un époux de sang. » I, 185.
1. L'idée de sa mission est déjà indiquée dans cette formule symbolique.
2. II, 50.
3. II, 50.
4. I, 127.
5. I, 84.

qui a une efficace admirable [1] »... « parole qui ne se comprend de celui dans lequel elle est parlée que par ses effets... Cette parole ineffable communique à l'âme dans laquelle elle est, la facilité de parler sans paroles...[2] » Il lui est même fort malaisé d'expliquer comment elle peut recevoir des communications de cette nature que son état ne semble point comporter ; car dans son état il n'y a point de distinction, et ces paroles sont certainement distinctes. Elle se tire de cette difficulté par une théorie compliquée. « Car il faut savoir, qu'une telle âme dont je parle, reçoit tout du fond immédiatement, et que de là il se répand après sur les puissances et sur les sens, comme il plaît à Dieu... De plus les choses qu'elles connaissent ou apprennent, ne leur paraissent pas comme choses extraordinaires, comme prophétie, et le reste, ainsi qu'elles paraissent aux autres[3] » et ces paroles distinctes lui paraissent avoir, malgré leur distinction, quelques-uns des caractères de ces motions divines que nous étudierons plus tard ; car ce sont des choses auxquelles on n'avait jamais pensé et qu'on ne sait pas ; elles ont quelque chose d'instinctif et de naturel[4].

Les songes sont très nombreux ; ils annoncent la volonté divine, ou prophétisent les événements ; ils révèlent ce qui se trame actuellement contre Mme Guyon ; ils symbolisent en un complexus d'images ce qu'elle éprouve à l'égard de certaines personnes et ce qu'elle attend d'elles ; ils vont quelquefois jus-

1. *Vie*, I, 84.
2. *Ibid.*, 127.
3. II, 13. Voir aussi *Discours*, II, 246.
4. *Ibid.* Sur les *paroles intérieures*, v. I, 185 ; II, 50, 91, 148, 151, 189, 238, 271 ; III, 7. *Lettres*, I, 642. La foi nue contient pourtant une science : c'est une connaissance infuse, une inspiration (p. ex. sur le mystère de la Trinité) qui est donnée tout d'un coup, quand il est besoin, sans que l'âme y ait jamais pensé « et sans qu'elle ait nulle connaissance distincte qui ait pu l'instruire... Lorsqu'elle en écrit et en parle, cela lui vient... La manifestation en est-elle faite, tout lui est ôté, sans qu'il lui en reste la moindre idée. » *Dicours*, II, 104 ; cf. 246.

qu'à agir instantanément sur son état physique, et à modifier, à la façon d'une suggestion hypnotique, certains accidents survenus au cours d'une période d'automatisme[1]. Nous avons dit quels caractères distinctifs Mme Guyon assigne à ces songes divins.

La disposition à l'écriture automatique, que nous avons vu naître pendant son arrêt à Paris, avant le départ pour Gex, s'est développée dès qu'elle fut sous l'influence du P. La Combe. A peine était-elle aux Ursulines de Tonon qu'elle écrivit pour lui sur la foi. « Je ne savais ni ce que j'écrivais, ni ce que j'avais écrit, non plus que dans tout ce que j'ai écrit depuis[2]. » C'est de cette manière qu'elle écrivit en 1683, les Torrents et en 1684, les Commentaires sur l'Écriture Sainte.

Elle sent un fort mouvement d'écrire, et, si elle y résiste, un violent malaise ; pourtant elle n'a rien à dire, aucune idée précise dans l'esprit ; c'est simple instinct et sentiment de plénitude intérieure. En prenant la plume, elle ne sait pas le premier mot de ce qu'elle va écrire ; lorsqu'elle écrit ses commentaires sur l'Écriture, elle commence par écrire le passage qu'elle lit sans aucune idée de l'explication ; puis cela vient avec une impétuosité étrange ; elle écrit avec vitesse ; ce qu'il faut dire lui vient à l'esprit sans réflexion ni sans recherche, même lorsqu'elle a besoin, en écrivant sur le Nouveau Testament, de passages de l'ancien ou réciproquement[3]. Ce qu'elle écrit ne

---

1. « J'écrivis le *Cantique des Cantiques* en un jour et demi ; et encore reçus-je des visites. La vitesse avec laquelle je l'écrivis, fut si grande, que le bras m'enfla et me devint tout roide. La nuit il me faisait une fort grande douleur, et je ne croyais pas pouvoir écrire de longtemps. Il s'apparut à moi comme je dormais une âme du Purgatoire, qui me pressait de demander sa délivrance à mon divin Époux. Je le fis : et il me sembla qu'elle fut aussitôt délivrée. Je lui dis : s'il est vrai que vous êtes délivrée, guérissez mon bras ; et il fut guéri à l'instant et en état d'écrire. » II, 229. *Sur les Songes*, voir I, 171, 174, 177, 185, 229 ; III, 11, 13, 35, 48, 68-69, 70, 172, 177. *Lettres*, V, 267, 274 ; III, 339 ; V, 353-358.
2. II, 72.
3. « Ce fut alors qu'il me fut donné d'écrire d'une manière purement divine ; et quoique je ne pensasse ni à arranger les choses, ni même à ce que

passe point par sa tête « en sorte que j'avais la tête si libre qu'elle était dans un vide entier, j'étais si dégagée de ce que j'écrivais, qu'il m'était comme étranger[1] ». Cela coulait comme du fond. Elle avait une certaine conscience de ce qu'elle écrivait. « En écrivant je voyais que j'écrivais des choses que je n'avais jamais vues ; et dans le temps de la manifestation, la lumière m'était donnée que j'avais en moi des trésors de science et de connaissance que je ne savais pas même avoir[2]. » Malgré des interruptions continuelles elle ne relisait pas et reprenait aussitôt le fil de son écrit. « Je n'ai jamais rien relu que sur la fin, où je relus une ligne ou deux à cause d'un mot coupé que j'avais laissé; encore crus-je avoir fait une infidélité[3]. » Elle cessait et reprenait suivant le mouvement divin, qui souvent la faisait cesser, alors qu'elle avait le temps d'écrire et reprendre alors qu'elle avait un grand besoin de dormir. Elle n'y pensait plus une fois que c'était écrit et ne se souvenait plus de quoi que ce soit[4]. Pourtant si le souvenir conscient était aboli, il semble bien qu'il restait un souvenir inconscient[5]. Elle se sentait soulagée à

j'écrivais, elles se trouvèrent aussi suivies et aussi justes que si j'avais pris tout le soin imaginable de les mettre en ordre. » II, 120.

1. Cf. III, 50. « J'ai donc écrit selon le commandement que l'on m'en a fait tout ce qui m'est venu, plume courante. » *Justifications*, III, 204.

2. II, 223. Cf. *Lettres*, II, 447. « Écrire en insensé. » Cf. *Justifications*, III, 264.

3. *Ibid.*, 221. Il est difficile de déterminer jusqu'où va cette conscience ou cette inconscience. Cf. III, 188. « *Sans même savoir ce que j'écrivais*, avec une telle abstraction que je ne me souvenais de rien de ce que j'avais écrit. »

4. *Ibid.*, 119. Cf. 223. « Lorsque j'écrivais le jour, j'étais à tout coup interrompue et laissais souvent les mots à moitié écrits, et vous me donniez ensuite ce qui vous plaisait. » Cf. *Torrents*, 243.

5. 223. Cf. III, 160. « J'ajouterai à ce que je viens de dire sur mes écrits, qu'il s'était perdu une partie très considérable du livre des juges. On me pria de le rendre complet. Je récrivis les endroits perdus. Longtemps après, ayant déménagé, on les trouva où l'on ne se serait jamais imaginé qu'ils dussent être : l'ancien et le nouveau se trouvèrent parfaitement conformes ; ce qui étonna beaucoup de personnes de science et de mérite qui en firent la vérification. II, » 229.

mesure qu'elle écrivait. Les Commentaires sur l'Écriture, elle les écrivit surtout la nuit, car il lui fallait parler tout le jour ; elle ne dormait qu'une ou deux heures et pourtant elle écrivait sans incommodité. Elle était du reste alors dans une sorte d'état d'automatisme général. Souvent ce qu'elle disait se présentait avec le même caractère ; « je sentais que ce que je disais venait de source ; et que je n'étais que l'instrument de celui qui me faisait parler[1]. » Quelquefois il lui arrivait de continuer son écrit alors que l'inspiration avait cessé, et de mêler à l'inspiration ce qui venait de la nature[2].

Lorsque plus tard Bossuet la questionna sur ses écrits, beaucoup des choses qui y étaient lui furent nouvelles et inconnues ; et il lui était bien difficile d'en rendre compte.

L'abolition de la volonté personnelle réalise l'état d'indifférence, mais n'entraîne pas la disparition de l'action ; l'état d'indifférence au contraire permet une forme supérieure d'action ; lorsque le moi a disparu, Dieu est ; lorsque le moi cesse d'agir, Dieu agit. La motion divine se substitue à l'action humaine. Il semble que Mme Guyon ait éprouvé cette motion de deux manières ; du dehors par les occasions, les moments, les Providences ; du dedans par les mouvements et les inspirations. On la voit en effet prendre ce qui se présente comme une Providence, c'est-à-dire comme l'expression de la volonté divine « laissant à

---

1. II, 189 ; cf. *Justifications*, III, 208.
2. Notre description utilise les différents textes qui se rapportent à cette question. *Vie*, II, 72, 221-228 ; III, 153-156, 160, 188. *Lettres*, II, 446-447 ; III, 483 ; V, 135. *Justifications*, III, 208 (note). Voir au début des *Torrents* la lettre de l'auteur à son confesseur : « Je vais commencer à écrire ce que je ne sais pas moi-même, tâchant autant qu'il me sera possible de laisser conduire mon esprit et ma plume au mouvement de Dieu, n'en faisant point d'autre que celui de ma main... lorsque je commence à écrire, je ne sais point ce que je dois écrire. » *Torrents*, 131, 160. La composition et l'écriture automatiques semblent avoir duré jusqu'aux derniers jours, s'il en faut croire la Préface aux *Poésies et Cantiques spirituels*, 1790. « Elle composait ces poëmes avec une facilité admirable sans aucune réflexion. Ceux qui ont eu l'honneur de la connaître... ont déclaré avoir vu et admiré la manière surpre-

Dieu le soin de faire naître les occasions et de les exécuter[1] »; et il semble que bien souvent, dans ce cas, elle n'ait pas eu de témoignage intérieur, c'est-à-dire de mouvement qui la conduisît à l'acte. C'est ainsi du moins qu'elle se décida à partir pour Gex : « Je n'avais nul témoignage intérieur, je ne sentais ni penchant, ni désir, mais plutôt répugnance... je me résolus d'aller comme une folle, sans pouvoir dire ni motif, ni raison de mon entreprise. On m'assurait que vous le vouliez, ô mon Dieu, et c'était assez pour me faire entreprendre les choses les plus impossibles... La providence était ma seule conduite[2]. » Mais la plupart du temps la motion est intérieure. Elle a pour fond l'état d'indifférence, c'est-à-dire la suppression de tout mouvement, de

---

nante avec laquelle elle les écrivait. Toute sa méthode était, surtout depuis le temps qu'elle était plus accoutumée à l'opération de Dieu, qui lui a tant fait écrire, que dans des moments d'un recueillement plus marqué, elle prenait le premier papier qui se trouvait sous sa main, et y écrivait ces *Cantiques...* aussi aisément qu'elle écrivait ou dictait des lettres ; et la cadence et les rimes s'y trouvaient... Ce lui était une gêne insupportable de faire la moindre réflexion. » V. Sur l'écriture automatique à l'époque de Grenoble, *Lettre de Mme Guyon à Don Grégoire Bourier*, son frère, 1689 (Bossuet, éd. Didot, t. XII, p. 9). Cf. Antoinette Bourignon, *La Pierre de touche*, Œuvres, XIV, p. 293. « Car ceux qui me voient écrire savent bien que je le fais sans aucune étude ou spéculation humaine ; et que cela coule de mon esprit comme un fleuve d'eau coule hors de sa source ; et que je ne fais que prêter ma main et mon esprit à une autre puissance que la mienne. Car lorsque j'ai écrit quelque chose, je ne la saurais plus écrire une autre fois lorsque je voudrais. Aussi ne sais-je point ce que j'ai écrit au commencement de quelque Traité, lorsque je suis au milieu ou à la fin d'icelui : puisque je ne relis point mes écrits ; ainsi les donne aux autres feuille à feuille à mesure qu'ils sont dictés, sans les examiner davantage. Car à mesure que j'ai moins de mémoire des choses que j'ai écrit du passé, à mesure j'en reçois mieux de nouvelles », 293.

1. « Pour nous, notre ambition est plus noble ; nous voulons cesser d'être et d'agir, même vertueusement, afin que Dieu seul soit en nous et pour nous. Non seulement c'est en Dieu, comme dit saint Paul, que nous agissons et que nous sommes ; mais il faut que nous cessions d'être et d'agir afin que Dieu seul soit. » L. II, 338.

2. *Torrents*, 236. Cf. *Règle des Associés à l'Enfance de Jésus*, 387 : « Il n'y a qu'à bien faire ce que nous devons faire dans le moment présent, sans souvenir du passé, ni souci de l'avenir ; et la volonté de Dieu n'est autre chose que ce qu'il permet nous arriver à chaque instant. »

toute tendance qui ait sa source dans un désir ou dans une réflexion. « L'âme est indifférente d'être d'une manière ou d'une autre, dans un lieu ou dans un autre : tout lui est égal et elle s'y laisse aller comme naturellement... Elle se laisse aller à tout ce qui l'entraîne, sans se mettre en peine de rien, sans rien penser, vouloir ou choisir, mais demeure contente, sans soin ni souci d'elle, n'y pensant plus, ne distinguant plus son intérieur pour en parler[1]. » Sur ce fond neutre apparaissent certains mouvements, qui sont jugés divins. Ils ne sont pas accompagnés de goût sensible et aperçu. « Tant qu'il reste du sensible et même de l'aperçu, l'on ne peut distinguer ce que Dieu veut et ne veut pas. Car vous vous tromperiez beaucoup si vous preniez le fond pour un certain goût suave qui vous porte aux choses. Ce n'est nullement cela... Ce goût que vous appelez intime et que je nomme aperçu, ne discerne jamais juste ; et le fond simple, destitué de sentiments sensibles, discerne sans méprise[2]. » Il ne faut donc pas que l'Ame éprouve dans ce mouvement une saveur quelconque, cette saveur parût-elle divine ; tout sentiment et tout plaisir donnent à l'action un caractère inférieur, la font humaine en quelque manière[3].

Ces mouvements sont différents des lumières distinctes ou

---

1. *Vie*, I, 282. Cf. II, 66. « La conduite de la Providence dans le moment présent faisait toute ma conduite sans conduite... je me laissais conduire par la providence journalière de moment en moment sans penser au lendemain. » Il y a donc dans ces cas non pas autosuggestion comme dans les autres, mais extrême suggestibilité aux influences étrangères.

2. *Torrents*, 232.

3. *Lettres*, III, 343. « A présent que Dieu est plus maître chez vous, il faut agir par abandon et suivre sans hésiter le premier mouvement lorsqu'il est subit et comme tout naturel : car il y a de certains mouvements qui sont précédés et accompagnés d'émotions : ils ne sont pas de ces premiers mouvements dont je parle puisque l'on sent bien qu'ils ont un principe vicieux. Mais lorsqu'en suivant simplement ce mouvement il vient des pensées de complaisance, il faut les laisser passer. » Cette motion est toujours plus subtile « de sorte qu'elle devient comme imperceptible et ensuite comme naturelle », *ibid*.

paroles intérieures, qui formulent distinctement et explicitement ce qu'elles apportent, et des simples pensées que la conversation ou le raisonnement font venir[1].

Ces motions naissent comme des pensées purement naturelles, sans savoir pourquoi et sans y penser ; c'est-à-dire qu'elles ne sont pas précédées de vues, de pensées, de réflexions, qu'elles apparaissent dans l'esprit sans occasion ou recherche préalable[2], et quoique nouvelles avec l'aspect familier des habitudes. « C'est comme une chose qui est, sans savoir qui l'a apprise, ni pourquoi on la dit... Je n'ai point ces sortes de choses par des

---

1. L'état d'indifférence est aussi un état de vide mental. Il n'y a plus place dans l'esprit que pour des pensées surgies spontanément, d'un fond subconscient, en dehors de toute préparation intelligente et de tout contrôle volontaire : « Je ne puis sur des choses de cette nature user de retour, voir si les choses sont ou ne sont pas, avoir nulle pensée que celle que l'on me fait avoir ; parce que mon âme est vide, non seulement des mouvements propres, mais de plus des pensées et réflexions ; car elle ne pense rien du tout et dit les choses comme un enfant, sans savoir ce qu'elle dit, ni même souvent sans s'apercevoir qu'elle le dit : de sorte que lorsqu'on lui demande ce qu'elle a dit, elle reste surprise et comme étonnée sans le comprendre, s'il ne lui en est donné l'intelligence dans le moment en faveur de ceux qui le demandent : ou bien si j'y pense, c'est que l'on m'y fait penser. » *Lettres*, III, 484. Cf. *Vie*, III, 50, 98. — « Lorsqu'il est nécessaire de produire la science au dehors elle voit qu'elle sait tout ce qu'elle n'a jamais appris... Hors de là le maître ferme le cabinet de ses trésors, en sorte que l'âme ne connaît point ce qu'elle sait, et ne songe pas même si elle le sait, demeurant comme la plus ignorante du monde, sans pouvoir même répondre un mot si le maître ne tire le rideau... Du moins cela arrive à une petite femmelette comme moi, qui, ne sachant rien, ne peut ajuster avec l'esprit ce qu'elle doit dire... Il faut que son divin maître, non seulement lui donne ces matériaux, mais les lui range lui-même, et les fasse sortir selon leur ordre. » *Justifications*, III, 208.

2. « Les mouvements de Dieu, outre qu'ils sont fort tranquilles, viennent immédiatement de Dieu, et ne sont précédés ni de vues, ni de pensées, ni de rien d'extérieur : les mouvements naturels commencent par les sens ou par le raisonnement... ceux de Dieu commencent tout à coup, sans être précédés de rien, et viennent jusqu'à troubler le sentiment lorsqu'on ne les suit pas... Ces mouvements viennent du fond et ne sont point excités par rien qui ait précédé. » *Lettres*, I, 334. — « Or on doit remarquer, que pour peu que le mouvement soit de Dieu il faut que ce soit des choses sur lesquelles nous n'ayons point entretenu nos pensées auparavant, soit par peine, ou par complaisance, ou consolation : car il se peut faire qu'on ait pensé auparavant les

lumières évidentes, mais comme si je les savais déjà[1]. » Elles ont en effet le caractère d'une action toute naturelle[2]; ces actes s'accomplissent comme des fonctions naturelles, ou ce qui revient au même avec précision et sans participation de l'intelligence : « Je pense et parle naturellement, et sans retour, comme ces têtes de machines qui articulent ce qu'on leur fait dire. Il n'en est de cela que pour les choses qui regardent Dieu ou le prochain, car etc...[3]. » « Je ne suis qu'un instrument[4]. » Elles ont une souplesse analogue à celle de l'instinct[5].

Elles apparaissent subites et irrésistibles[6]; à leur résister on sent une grande violence[7].

mêmes choses dont on croit avoir les mouvements ; et quoi qu'on n'y pense plus alors, une subite et presque imperceptible réminiscence peut nous incliner de côté ou d'autre d'une manière très subtile. Mais comme Dieu ne demande pas que nous fassions tous ces examens si contraires à la simplicité, faisons bonnement ce que nous croyons ordre de Dieu ; et si ce ne l'est pas, la confiance et l'abandon que nous avons à Dieu, fera que Dieu nous donnera une petite répugnance à ce que nous croyons faire pour lui, qui nous éclairera que ce n'est pas sa volonté. » L. IV, 157.

1. *Lettres*, I, 181.
2. *Torrents*, 233.
3. *Lettres*, III, 484 ; cf. *ibid.*, 508, 555. Cf. *Moyen Court* : « Lorsqu'elle agit par elle-même, elle agit avec effort, c'est pourquoi elle distingue mieux alors son action. Mais lorsqu'elle agit par dépendance de l'esprit de la grâce, son action est si libre, si aisée et si naturelle, qu'il semble qu'elle n'agisse pas », ch. 21. — « Plus Dieu nous possède d'une manière à nous distincte et aperçue, plus la motion est distincte et connue: plus la possession est cachée, plus sa motion est cachée ; mais à mesure que cette possession devient infinie et délicate, la motion devient de même : mais quand Jésus-Christ est devenu notre vie... cette vie devient toute naturelle et si propre à l'âme, que de même qu'elle ne fait nulle attention à l'air qu'elle respire, quoiqu'elle ne puisse douter qu'elle ne le respire, de même elle ne fait plus d'attention à la vie de Dieu dont elle jouit, quoiqu'elle ne l'ignore pas. La motion devient comme naturelle. C'est comme un simple penchant qui lui est tout propre. » *Discours*, II, 157.
4. *Torrents*, 256. *Lettres*, IV, 596 : « Etre la girouette du bon Dieu, laquelle se laisse mouvoir au moindre petit vent de l'inspiration, qui n'a aucune situation que celle que l'esprit lui donne, etc. » « Rien ne passe par la tête. » *Discours*, II, 225.
5. L. II, 2.
6. L. III, 598. *Discours*, II, 158.
7. L. II, 245, 371, 390, 392 ; III, 360, 479 ; IV, 327.

Elles sont fréquentes : « Lorsque l'on est fidèle à suivre aveuglément ses moindres mouvements il meut sans cesse l'âme ; et ses mouvements deviennent d'autant plus délicats et fréquents que l'âme y est plus fidèle. » (Discours chrétiens et spirituels, t. II, 153).

Dès qu'elle vit le P. La Combe, Mme Guyon se sentit avec lui dans un rapport particulier et nouveau.

« Sitôt que je vis le Père, je fus surprise de sentir une grâce intérieure que je puis appeler communication, et que je n'avais jamais eue avec personne. Il me sembla qu'une influence de grâce venait de lui à moi par le plus intime de l'âme, et retournait de moi à lui en sorte qu'il éprouvait le même effet... Comme je n'avais jamais eu d'union de cette sorte, elle me parut alors toute nouvelle, n'ayant même jamais ouï dire qu'il y en eût... La grâce que j'éprouvais, qui faisait cette influence intérieure de lui à moi et de moi à lui, dissipa toutes mes peines et me mit dans un très profond repos[1]. »

Mme Guyon est dominée et dirigée par le P. La Combe et en même temps elle le domine et le dirige : il y a ici une suggestion réciproque ; mais surtout, en ayant l'air d'être dirigée par lui, au fond c'est elle qui le dirige et l'amène au point où elle veut.

En effet elle le fait passer de la voie de lumière à la voie passive en foi. Le P. La Combe avait des dons extraordinaires : bien loin d'être séduite et gagnée, Mme Guyon s'étonne et s'inquiète. Elle a le sentiment de la valeur de la voie par laquelle elle est conduite : ce qui la rassure c'est l'humilité du du P. La Combe, c'est-à-dire, la conscience qu'elle prend très vite qu'elle pourra l'amener à sa voie à elle.

Elle lui obéit et se laisse suggestionner par lui[2] ; au commandement du Père La Combe, elle guérit de toute espèce de

---

1. *Vie*, II, 11.
2. *Ibid.*, II, 12-15.

douleurs et de maux. « Lorsqu'il fut entré dans ma chambre et qu'il m'eut bénie, m'appuyant les mains sur la tête, je fus guérie parfaitement... Il me resta cependant une toux assez forte... Le Père La Combe... me dit : Que votre toux cesse : elle cessa d'abord... je ne toussai plus du tout[1]. » Ceci a lieu dès le début de leur liaison ; cette suggestibilité ne fait du reste que croître, pendant assez longtemps du moins. Alors que Mme Guyon était à Tonon « Notre-Seigneur me donna à l'égard du P. La Com{be} une obéissance si miraculeuse, qu'en quelque extrémité de maladie que je fusse, je guérissais lorsqu'il me l'ordonnait soit de parole, soit par lettre[2]. » « Dieu faisait incessamment des miracles par le P. La Combe tant pour me soulager et me donner de nouvelles forces lorsque j'étais à l'extrémité[3]... » Le plus bel exemple de cette suggestibilité, c'est l'intervention efficace du Père au cours d'une maladie qui semble bien avoir été une violente et longue attaque d'hystérie[4].

Les raisons que Mme Guyon donne de cette obéissance nous éclairent sur sa signification. « Je crois que Notre-Seigneur le faisait pour me faire exprimer Jésus-Christ enfant et aussi pour être un signe et un témoignage à ce bon Père, qui ayant été conduit par les témoignages, ne pouvait sortir de cette voie[5]. » Cette obéissance miraculeuse est un moyen dont se sert inconsciemment et involontairement Mme Guyon pour captiver son apparent directeur et le conduire par sa propre voie, et elle cessa lorsqu'elle eut produit son effet. « Lorsqu'il fut assez fort pour perdre tout témoignage et que Dieu le voulut faire entrer dans la perte, cette obéissance me fut ôtée de telle sorte, que,

---

1. *Vie*, II, 26.
2. *Ibid.*, 124. Le Père Lacombe avait même pouvoir sur la fille de Mme Guyon ; *ibid.*, 102.
3. *Ibid.*, 138.
4. *Ibid.*, II, 149 et suiv.
5. *Ibid.*, 124.

sans y faire attention, je ne pouvais plus obéir[1]. » On y peut joindre des motifs annexes : « tant pour me soulager et me donner de nouvelles forces lorsque j'étais à l'extrémité, que pour lui marquer à lui-même le soin qu'il devait avoir de moi et la dépendance que je devais avoir à son égard[2]. »

En effet de bonne heure elle sentit la supériorité de sa voie sur celle du P. La Combe et qu'elle était destinée à le diriger. Aux Ursulines de Tonon, elle vit en songe les deux voies, celle de lumière et celle de foi nue : que celle de foi nue était celle par laquelle elle avait été conduite et que le P. La Combe suivait l'autre. Ce songe lui enseigna par des images que le Père lui avait été donné, qu'il n'était pas seulement son Père, mais son fils, que Dieu voulait se servir d'elle pour le conduire. La Combe l'accepta volontiers pour mère de grâce et volontiers se laissa diriger par elle dans la voie de foi[3]. C'est par le P. La Combe qu'elle commença sa maternité spirituelle et son état apostolique.

Le Père, après un court voyage à Rome, fut en effet tiré de ses lumières et entra dans la voie de foi nue ; mais il avait une peine extrême à s'y ajuster, ce qui causa des souffrances à Mme Guyon, car elle sentait le contre-coup des états du Père.

Ce pouvoir du Père La Combe s'étend aussi, au moins jusqu'à un certain point et pendant un certain temps sur ses pensées. Au moment où il entrait dans la voie de foi nue elle fut liée plus étroitement à lui, et dut lui dire jusqu'à ses moindres pensées ; mais ici encore dans cette soumission apparente il y

---

1. *Vie*, 124. Il semble qu'à Turin encore elle était sous la dépendance du Père. *Vie*, II, 163.
2. *Ibid.*, 138. Ainsi quatre raisons : 1° Symbolisme religieux ; 2° Suggestionner par sa suggestibilité même ; 3° Se rendre intéressante ; 4° Bénéficier de l'efficace thérapeutique de la suggestion.
3. *Ibid.*, 69 et suiv. Remarquer la curieuse construction rétrospective par laquelle ils rattachent l'un et l'autre le début de cette filiation spirituelle à une période antérieure de leur existence.

avait de l'autorité¹ et quoiqu'elle fût forcée de les lui dire, il était loin de les gouverner. La passivité de Mme Guyon semble être allée très loin. « Ma dépendance devenait tous les jours plus grande ; parce que j'étais comme un petit enfant qui ne peut et ne sait rien faire. Lorsque le P. La Combe était où j'étais, je ne pouvais être longtemps sans le voir, tant à cause des étranges maux qui m'accablaient tout à coup et me réduisaient à la mort, qu'à cause de mon état d'enfance. Était-il absent, je n'avais ni peine ni besoin : je ne réfléchissais pas même sur lui et je n'avais pas la moindre envie de le voir : car mon besoin n'était pas dans ma volonté ou dans mon choix, ni même dans aucun penchant ou inclination ; mais vous en étiez l'auteur : et comme vous n'êtes point contraire à vous-même, vous ne me donniez aucun besoin de lui lorsque vous me l'ôtiez² » ; c'est dire que l'autosuggestion remplaçait au besoin la suggestion étrangère ; au fond la suggestibilité chez elle procédait de l'autosuggestion.

Il nous semble certain que cette suggestibilité qui se développe chez Mme Guyon au contact du Père a favorisé en général le développement de son automatisme. C'est en effet durant sa retraite aux Ursulines de Tonon que la composition automatique apparaît pleinement chez elle. « Ce fut alors qu'il me fut donné d'écrire en manière purement divine³. »

« Dans cette retraite il me vint un si fort mouvement d'écrire, que je ne pouvais y résister... Jamais cela ne m'était arrivé. Ce n'est pas que j'eusse rien de particulier à écrire : je n'avais chose au monde, pas même une idée de quoi que ce

---

1. Un exemple bien caractéristique, *Vie*, II, 170. Mme Guyon nous dit elle-même que le Père se fâchait souvent contre elle, ne pouvant accorder une obéissance miraculeuse pour mille choses et une fermeté qui lui semblait alors extraordinaire.
2. *Ibid.*, 163.
3. *Ibid.*, 120.

soit. C'était un simple instinct, avec une plénitude que je ne pouvais supporter... En prenant la plume je ne savais pas le premier mot de ce que je voulais écrire. Je me mis à écrire sans savoir comment, et je trouvais que cela venait avec une impétuosité étrange[1]. » D'autre part de nombreuses paroles intérieures lui sont données sous l'influence du Père. Enfin nul doute que cet état de suggestibilité n'ait favorisé la motion divine et cet état d'automatisme général où elle se complait comme en un état particulièrement divin. Ce trait apparaît en effet d'une manière très nette dans la description qu'elle donne de son état peu après qu'elle a été mise sous la direction du Père. « L'esprit est d'une netteté surprenante. J'étais quelquefois étonnée qu'il n'y paraissait pas une pensée... tout est nu et net et Dieu fait connaître et penser à l'âme tout ce qu'il lui plaît sans que les espèces étrangères incommodent plus l'esprit. Il en est de même dans la volonté, qui étant parfaitement morte à tous ses appétits spirituels, n'a plus aucun goût, penchant ni tendance : elle demeure vide de toute inclination humaine, naturelle et spirituelle. C'est ce qui fait que Dieu l'incline où il lui plaît et comme il lui plaît[2]. » Mais il ne faut pas oublier que cet état était esquissé antérieurement, que les paroles médiates et l'écriture automatique avaient paru avant que Mme Guyon eût revu le Père et que toute sa vie antérieure témoigne d'une singulière aptitude à se laisser conduire soit par ce qu'elle appelle les providences extérieures, soit par les mouvements internes.

Mme Guyon exerçait sur d'autres personnes la même influence que le Père exerçait sur elle. Elle était capable de commander à une de ses servantes comme le Père la commandait. « Je

---

[1]. *Vie*, II, 118. Sur l'écriture automatique à l'époque de Grenoble, v. *Lettre de Mme Guyon à Don Grégoire Boulier, son frère*, 1689. Bossuet, Ed. Didot, t. XII, p. 9.

[2]. *Ibid.*, 33.

n'avais presque rien à lui dire sinon à commander à son mal et à sa disposition ; et tout ce que je disais était fait¹. » Elle chassait les démons du corps de cette fille². C'est ce qu'elle appelle commander et obéir par le Verbe. Elle suppose que l'âme qui commande étant anéantie n'opère point le miracle par une vertu qui lui serait donnée, mais est purement et simplement l'instrument de Jésus-Christ. Le commandement qu'elle fait n'est ni prémédité ni personnel ; il a le caractère automatique des actes qu'elle considère comme divins. « Lorsqu'on dit cela, on ne sait pourquoi on le dit, ni ce qui le fait dire ; mais c'est le Verbe qui parle et opère ce qu'il dit... On ne se sert point de prières avant cela : car ces miracles se font sans qu'on ait dessein de les faire ; et sans que l'âme regarde cela comme un miracle. On dit tout naturellement ce qui est donné de dire³. » Elle remarque que ces miracles se font par la parole, quelquefois accompagnée du toucher. « C'est la parole toute puissante » et qu'ils requièrent le consentement, ou du moins qu'il n'y ait nulle opposition en celui sur qui on les fait. « Je l'ai éprouvé bien des fois... s'ils acquiesçaient sans rien répondre, ils étaient guéris et la parole était efficace : s'ils résistaient sous bon prétexte... je sentais que la vertu se retirait de moi... cela me faisait une espèce de peine... On ne saurait croire la délicatesse de cette vertu divine... la moindre chose sur l'homme ou l'arrête tout à fait ou la restreint⁴. »

Il y a un autre indice de l'état de suggestibilité de Mᵐᵉ Guyon au moment où elle entre sous la direction du Père : ce sont les phénomènes nerveux qui apparaissent et qui se classent immédiatement en deux groupes, rapportés l'un à Dieu et l'autre au démon. Son oraison était accompagnée de

1. *Vie*, II, 125.
2. Voir un cas analogue, II, 130 et III, 132, et surtout II, 200.
3. II, 127.
4. *Ibid.*, II, 128.

mouvements involontaires, « ce qui m'était fort surprenant, c'est que ma tête se sentait comme élevée avec violence ». Cela lui était d'autant plus nouveau, « qu'autrefois[1] ses premiers mouvements étaient tout contraires, étant toute concentrée. Je crois que Dieu voulut que j'éprouvasse cela au commencement de la nouvelle vie (ce qui était si fort, quoique très doux, que mon corps s'en allait en défaillance)... après que cela m'eût duré quelques jours, je ne sentis plus cette violence[2]. » Ces mouvements extatiques allèrent jusqu'à une espèce de ravissement, jusqu'au vol de l'esprit. Un jour, se confessant au Père La Combe, elle crut que tout son corps allait s'élever de terre. Elle se sentit tirée hors de soi et tomber en défaillance : la sueur lui vint au visage, elle s'assit, « mais sentant que cela augmentait en manière délicieuse, très pure pourtant et spirituelle, je me retirai. Il me prit un frisson de la tête jusqu'aux pieds : je ne pus parler ni manger de tout le jour : et depuis ce moment ou plutôt cette opération qui dura trois jours, mon âme fut beaucoup plus perdue en son divin objet, quoique non entièrement[3]. »

D'autre part, à la suite d'une chute de cheval, et pendant le reste du voyage, elle eut une impulsion à se jeter du côté où elle était tombée, impulsion qu'elle attribue au démon : « quelque chose de fort me poussait du même côté que j'étais tombée ; et quoique je me jetasse de toutes mes forces de l'autre côté, et que l'on me tint assez ferme, je ne pouvais résister à ce qui m'y poussait[4]. » Il semble qu'elle ait eu une vision

---

1. Autrefois, c'est-à-dire dans son premier état, v. I, 117. « Dans les commencements j'étais attirée avec tant de force, qu'il semblait que ma tête voulut se séparer pour s'unir à mon cœur ; et dans ces commencements j'éprouvais qu'insensiblement mon corps se courbait sans que je l'en pusse empêcher. »
2. II, 34.
3. *Vie*, II, 38.
4. *Ibid.*, 40.

imaginaire du démon, suivie peut-être d'hallucinations musculaires[1], et une vision intellectuelle suivie d'anesthésie et de convulsions[2].

Enfin il faut mentionner des maux étranges, et en particulier cette espèce d'attaque qui réalise en quelque sorte somatiquement sa maternité spirituelle[3].

L'amitié qui la lie au P. La Combe est donc très complexe : en admettant même que l'amour y ait eu part, il ne s'agirait certes point d'un amour banal; l'amour se serait dissimulé sous des sentiments très compliqués. « Union toute pure et sainte, qui a toujours subsisté et même augmenté, devenant toujours plus une, n'a jamais arrêté ni occupé l'âme un moment hors de Dieu, la laissant toujours dans un parfait dégagement : union que Dieu seul opère... union exempte de toute faiblesse et de tout attachement : union qui fait que loin d'avoir compassion de la personne qui souffre, l'on en a de la joie ; et plus on se voit accabler les uns et les autres de croix, de renversements, séparés, détruits, plus on est content : union qui n'a nul besoin pour sa subsistance de la présence de corps ; que l'absence ne rend point plus absente, ni la présence plus présente... Elle était si paisible, si éloignée de tout sentiment, qu'elle ne m'a jamais donné aucun doute qu'elle ne fut de Dieu : car ces unions loin de détourner de Dieu, enferment plus l'âme en lui[4]. » Il est certain, comme elle dit, qu'ils ont été une bonne croix l'un à l'autre : indépendamment des persécutions que leur amitié leur a attirées ils ont trouvé des tourments dans leur amitié même ; le zèle exigeant de Mme Guyon ne laissait pas en repos le Père jusqu'à ce qu'elle l'eût amené où elle voulait ; et d'autre part le directeur inquiétait souvent et

1. *Vie,* 44.
2. *Ibid.,* 151.
3. *Ibid.,* 151.
4. *Ibid.,* II, 11.

mortifiait sa pénitente par sa résistance et par son opposition. « Nous avons été une bonne croix l'un à l'autre : nous avons bien éprouvé que notre union était en foi et croix ; car plus nous étions crucifiés, plus nous étions unis. On s'est imaginé que notre union était naturelle et humaine ; vous savez, ô mon Dieu, que nous n'y trouvions l'un et l'autre que croix, mort et destruction. Combien de fois nous disions-nous que si l'union avait été naturelle nous ne l'aurions pas conservée un moment parmi tant de croix ? J'avoue que les croix qui me sont venues de cette part ont été les plus grandes de ma vie. Vous savez la pureté, l'innocence et l'intégrité de cette union et comme elle était toute fondée sur vous-même, ainsi que vous eûtes la bonté de m'en assurer[1]. »

Le Père qui était doux pour tout le monde était souvent pour elle d'une extrême dureté : souvent il se fâchait très fort contre elle, attribuant ses avis à l'orgueil, et il prenait même du rebut pour son état ; crédule pour tous, il ne se laissait pas convaincre du premier coup par Mme Guyon[2]. D'autre part elle s'était tellement passionnée à sa conduite qu'elle s'imaginait recevoir le contre-coup de tous les mouvements de son âme. « Notre-Seigneur nous avait fait entendre qu'il nous unissait par la foi et par la croix, aussi ç'a bien été une union de croix en toutes manières, tant parce que je lui ai fait souffrir à lui-même, et qu'il m'a fait souffrir réciproquement... que par les croix que cela nous a attiré du dehors. Les souffrances que j'avais à son occasion étaient telles que j'en étais réduite aux abois. Ce qui a duré plusieurs années, car quoique j'aie été bien plus de temps éloignée de lui que proche, cela n'a point soulagé mon mal, qui a duré jusqu'à ce qu'il a été parfaitement anéanti et réduit

---

1. *Vie*, 163.
2. *Ibid.*, III, 15. Le Père La Combe semble avoir été parfois contrarié du sort singulier qui lui ramenait, après chaque séparation, Mme Guyon ; c'est ainsi qu'à Verceil il lui fit assez mauvais accueil, II, 258.

au point où Dieu le voulait... Lorsque j'étais à près de cent lieues de lui, je sentais sa disposition... Mon cœur avait en lui-même comme un écho et un contre-coup qui lui disait toutes les dispositions où ce Père était ; mais lorsqu'il résistait à Dieu, je souffrais de si horribles tourments, que je croyais quelquefois que cela m'arracherait la vie[1]. » En effet le Père semble avoir opposé une assez vive et longue résistance à sa directrice ; ayant été conduit par la voie des lumières il ne pouvait aisément comprendre la nudité totale de l'âme perdue en Dieu, d'autant que Mme Guyon ne pouvait presque rien lui dire de cet état. Il avait également de la peine à s'ajuster à la communication en silence que Mme Guyon avait apprise.

Ils atteignirent le point culminant de leur amitié à Paris, peu avant l'arrestation du Père et leur séparation définitive. « Après que Notre-Seigneur nous eut bien fait souffrir le P. la Combe et moi dans notre union... elle devint si parfaite que ce n'était plus qu'une entière unité ; et cela de manière que je ne puis plus le distinguer de Dieu. » « Vous en avez fait une même chose avec vous et une même chose avec moi dans une consommation d'unité parfaite[2]. » Cette identification s'esquissait du reste depuis quelques années s'il faut en croire une lettre datée de 1683. « Il me semble que jusqu'ici l'union qui est entre nous avait été beaucoup couverte de nuages : mais à présent cela est tellement éclairci que je ne puis vous distinguer ni de Dieu ni de moi ; et la même impuissance que j'éprouve depuis longtemps de me tourner vers Dieu, à cause de l'immobilité, je l'éprouve un peu à votre égard, quoique fort imparfaitement... Il me vient dans l'esprit, que lorsque votre anéantissement sera consommé en degré conforme, par la nouvelle vie, vous ne sentirez plus rien ni ne distinguerez plus rien ; et comme Dieu

---

1. II, 134. Noter aussi les nombreux songes relatifs au Père.
2. *Vie*, III, 2.

ne se distingue plus dans l'unité parfaite, aussi les âmes consommées en unité en lui ne se distinguent plus[1]. »

Elle avait, dès le début de sa liaison avec le Père, formé la conviction que Dieu voulait se servir d'elle pour le faire marcher dans la foi nue et dans la perte. « Notre-Seigneur me fit connaître la nuit, en faisant l'oraison, que j'étais sa mère et qu'il était mon fils[2]. » C'est par le Père que commença sa maternité spirituelle. Cette maternité n'est pas seulement l'idée qu'elle est appelée à une action sur les âmes : elle prend racine dans des états plus profonds. L'état apostolique repose sur les phénomènes que nous venons de décrire. En effet c'est à l'époque de la composition quasi-automatique des Torrents qu'elle se sent mère spirituelle, à Tonon. Elle se sentait alors une plénitude qu'elle ne pouvait supporter, « j'étais comme ces mères trop pleines de lait qui souffrent beaucoup[3] ». Cette activité qui tend à s'épancher au dehors, activité involontaire et supérieure au moi est à la base de cet état. D'autre part elle trouve à cette époque dans certaines sensations nouvelles l'idée d'une influence immédiate et directe sur certaines âmes. « Ce fut dans cette maladie, mon Seigneur, que vous m'apprîtes peu à peu qu'il y avait une autre manière de converser avec les créatures qui sont tout à vous, que la parole... j'appris alors un langage qui m'avait été inconnu jusque-là, je m'aperçus peu à peu que lorsque l'on faisait entrer le P. La Combe... je ne pouvais plus lui parler ; et qu'il se faisait à son égard dans mon fond le même

1. III, 248. Cette communication avec le Père continue après son arrestation, III, 30, 82.
2. II, 71 ; cf. 117. « Notre-Seigneur fit voir qu'il (le P. La Combe)... était son serviteur choisi entre mille... mais qu'il le voulait conduire par la mort totale et la perte entière ; qu'il voulait que j'y contribuasse, et qu'il se servirait de moi pour le faire marcher par un chemin où il ne m'avait fait passer la première qu'afin que je ne fusse en état d'y conduire les autres, et de leur dire les routes par lesquelles j'avais passé : que mon âme était plus avancée pour lors que la sienne de beaucoup. »
3. II, 118.

silence qui se faisait à l'égard de Dieu... Peu à peu je fus réduite à ne lui parler qu'en silence : ce fut là que nous nous entendions en Dieu d'une manière ineffable et toute divine. Nos cœurs se parlaient et se communiquaient une grâce qui ne se peut dire¹ ».

Cette communication a une singulière valeur d'autosuggestion, comme nous le voyons par les citations précédentes, et de suggestion. « Une fille eut besoin de ce secours, je l'ai éprouvée de toutes manières ; et lorsque je ne voulais pas qu'elle demeurât auprès de moi en silence, je voyais son intérieur tomber peu à peu, et même ses forces corporelles se perdre jusqu'au point de tomber en défaillance² ». Peu après Mᵐᵉ Guyon découvrit que, surtout avec le P. La Combe, la communication intérieure se faisait de loin comme de près. Cette communication pouvait survenir brusquement, au milieu des occupations.

C'est dans cette communication, jointe à l'impulsion à écrire, qu'elle prit conscience de sa fécondité spirituelle, base de la maternité spirituelle et de l'état apostolique. Une nuit elle se vit elle-même sous la figure de la femme de l'Apocalypse ; elle réalisa physiquement, au cours d'une longue attaque nerveuse, cette maternité spirituelle. « Les convulsions montaient en haut : elles se fixèrent dans mes entrailles ; je sentis alors de très grandes douleurs, et un remuement pareil dans mes entrailles que si j'eusse eu un millier d'enfants qui eussent tous remué à la fois³ ». C'est à Grenoble que l'état apostolique s'affirma dans toute son amplitude et qu'elle se mit à répandre largement sa doctrine et ses expériences⁴.

1. *Vie*, 140.
2. II, 147. Cf. James. *Variétés de l'Expérience religieuse*, p. 87 (trad. Abauzit).
3. II, 15?.
4. II, 187. « Je me sentis tout à coup revêtue d'un état apostolique, et je discernais l'état des âmes des personnes qui me plaisent, et cela avec tant de

Cet état apostolique, en ce qui concerne Mme Guyon, consiste non dans une propagation de l'Église parmi les hérétiques, mais dans une propagation de l'Esprit intérieur ; « pour faire entrer ceux qui sont déjà touchés du désir de se convertir, dans la parfaite conversion, qui n'est autre que cet Esprit intérieur[1] ». Il donne charge d'âmes et impose de souffrir pour les âmes dont on est chargé ; souffrance, à cause de l'infidélité actuelle des âmes, souffrance pour les purifier et les faire avancer. Mme Guyon souffrait ainsi souvent le contre-coup des infidélités de ses disciples ; et elle souffrait aussi la peine de leur purification. Elle s'efforce d'expliquer comment de telles souffrances peuvent coexister avec le calme de l'âme ; elle enseigne la division qui sépare le fond d'avec l'extérieur.

Sur certaines de ces âmes qu'elle avait à diriger, elle sentait une autorité absolue — âmes et corps — et elle souffrait pour elles « je souffrais... des douleurs de cœur inconcevables, comme si on les eût tirés de mon cœur[2] ». Les autres, sur lesquel elle n'avait pas cette autorité, lui étaient donnés « comme de simples plantes à cultiver ». Nous rentrons ici dans le pouvoir de suggestion déjà décrit.

Il s'agit donc à l'origine d'un silence communicatif, d'un état où le cœur croit éprouver l'action directe et la présence intime de la personne présente et muette : silence des paroles, silence des pensées vaines et superficielles, qui laisse s'épanouir une émotion confuse et sourde, toute chargée de la présence voisine ou lointaine ; l'âme se sent plus vivement, et excitée par ce muet accord elle lui rapporte la vivacité particulière de l'expérience qu'elle fait d'elle-même[3]. D'où un sentiment de pléni-

---

facilité qu'elles en étaient étonnées, et se disaient les unes aux autres, que je leur donnais à chacune ce dont elles avaient besoin. »
1. III, 165.
2. II, 191.
3. Voir l'analyse qu'en donne Fénelon. *Manuel de piété* (v. Masson, p. 81).

tude, d' « écoulement de grâce » de flux et de reflux. « Il me fut donné de communiquer de cette sorte à d'autres bonnes âmes ; mais avec cette différence, que pour les autres, je ne faisais que leur communiquer la grâce dont elles se remplissaient auprès de moi dans ce silence sacré, qui leur communiquait une force et une grâce extraordinaire ; mais je ne recevais rien d'elles. Mais pour le Père, j'éprouvais qu'il se faisait un flux et reflux de communication de grâces qu'il recevait de moi, et que je recevais de lui ; qu'il me rendait et que je lui rendais la même grâce dans une extrême pureté[1]. » Ainsi dans certains cas la communication est réciproque, dans d'autres elle est sans retour[2]. Quelquefois elle est accompagnée d'une véritable sensation organique de plénitude[3]. Le sentiment qui est à la base de cette communication est essentiellement imprécis, ou, comme s'exprime Mme Guyon, au delà de tout le distinct, l'aperçu et les paroles médiates. Elle l'identifie avec l'écoulement de Dieu dans l'âme, avec le langage du Verbe, c'est-à-dire avec les sentiments par lesquels elle sent se manifester en elle la présence de Dieu ; elle édifie la théorie d'une immense communication, d'un commerce ineffable, d'un flux et d'un reflux par lequel s'écoule à travers la hiérarchie des âmes la divinité[4].

1. *Vie*, II, 140.
2. *Lettres*, I (219 ; p. 618).
3. III, 9. Cf. II, 198. « J'étais quelquefois si pleine de ces communications pures et divines qui s'écoulent de cette fontaine d'eaux vives... que je disais : O mon Seigneur donnez-moi des cœurs pour me décharger de ma plénitude, sans quoi il faudra que j'expire ; car ces écoulements de la Divinité dans le centre de mon âme furent quelquefois si vifs et si puissants, qu'ils redondaient même jusque sur le corps et j'en étais malade. » Cf. *Vie*, III, p. 8 ; *Lettre de Mme Guyon au duc de Chevreuse* (Fénelon XXIX, 41). Bossuet. *Relation sur le Quiétisme*, II, 6. Masson, 176. Pour des faits analogues et contemporains v. Bois, *Le Réveil au Pays de Galles*, 1906, p. 83.
4. II, 141.

CHAPITRE V

LA VIE INTÉRIEURE DE MADAME GUYON *(Suite)*
L'ÉTAT APOSTOLIQUE

Il faut bien noter, parce qu'il est très nettement accentué chez Mme Guyon, le caractère expansif de ce troisième état mystique. Nous avons vu comment l'extension de la conscience personnelle, l'automatisme, interprété comme la substitution à la volonté personnelle d'une volonté supérieure, l'état affectif de joie et de plénitude (avec son caractère social de communication), qui accompagne et souligne les deux caractères précédents, aboutissaient à ce qu'elle appelle l'état apostolique ; fécondité spirituelle, maternité spirituelle, états expansifs qui se dépensent dans les œuvres écrites, la prédication dans de petites assemblées, la direction de personnes et de groupes, la communication des grâces, le discernement des esprits, les prophéties, les songes confirmatifs de sa mission. L'idée d'une mission, au moins à partir du séjour à Tonon, lui est certainement toujours présente[1] ; mission qui a pour objet, nous l'avons vu, non point de conquérir les hérétiques et d'étendre l'église, mais bien de l'approfondir en faisant régner l'oraison. Nous avons dit qu'il se forma autour de Mme Guyon un parti convaincu de cette mission. Dans sa Relation sur le Quiétisme, Bossuet pouvait justement écrire que cette femme avait trouvé des admirateurs et

---

1. V. plus haut, p. 35.

des défenseurs et un grand parti pour elle. « Une nouvelle prophétesse a entrepris de resusciter la Guide de Molinos et l'oraison qu'il y enseigne : c'est de cet esprit qu'elle est pleine : mystérieuse femme de l'Apocalypse, c'est de cet enfant qu'elle est enceinte : l'ouvrage de cette femme n'est pas achevé ; nous sommes dans le temps qu'elle appelle de persécution, où les martyrs qu'elle nomme du Saint-Esprit auront à souffrir. Viendra le temps et selon elle nous y touchons, où le règne du Saint-Esprit et de l'oraison... sera établi avec une suite de merveilles dont l'univers sera surpris. De là cette communication de grâces : de là dans une femme la puissance de lier et de délier[1]. » — Cette allusion à la femme de l'Apocalypse, Bossuet l'avait tirée de la vie manuscrite que Mme Guyon lui avait confiée. « Une nuit que j'étais fort éveillée, vous me montrâtes à moi-même sous la figure (qui dit figure ne dit pas la réalité)... de cette femme de l'Apocalypse... Vous m'en expliquâtes le mystère... que j'étais grosse d'un fruit qui était cet esprit que vous vouliez que je communiquasse à tous mes enfants soit de la manière que j'ai dit, soit par mes écrits : que le démon était cette effroyable dragon qui ferait ses efforts pour dévorer le fruit et des ravages horribles par toute la terre... que dans la rage où le Démon serait de n'avoir pas réussi dans le dessein qu'il a conçu contre ce fruit, il s'en prendrait à moi et qu'il enverrait un fleuve contre moi pour m'engloutir... Vous me fîtes voir, ô mon Dieu, tout le monde animé contre moi sans que qui que ce soit fût pour moi : et vous m'assurâtes dans le silence de votre parole éternelle, que vous me donneriez des millions d'enfants que je vous enfanterais par la croix... Vous me fîtes connaître comment le Démon allait susciter une persécution étrange, qui serait la source de la même Oraison, ou plutôt le moyen dont vous vous serviriez pour l'établir » (Vie, II, 149)[2]. Ainsi cette mission

---

1. Bossuet, XX, 165.
2. Voir la lettre du 11 janvier 1694 (Mme Guyon au duc de Chevreuse).

qui avait au fond son origine dans les modifications de conscience que nous avons analysées lui apparaissait en une image symbolique et comme imposée du dehors à sa conscience ; et la

Fénelon, XXIX, 41, où Mme Guyon explique en quel sens elle s'est appliqué ce passage de l'Apocalypse : « C'est donc une comparaison que Dieu prend néanmoins plaisir de remplir, ainsi que vous avez vu arriver en moi tout ce qui est dit de la femme de l'Apocalypse, au sens qu'il a plu à Dieu de me l'attribuer. » C'est le même système de défense ou d'excuse que Fénelon fait valoir en faveur de Mme Guyon, dans sa lettre du 7 mars 1696 à Mme de Maintenon : « Les choses avantageuses qu'elles a dites d'elle-même ne doivent pas être prises, ce me semble, dans toute la rigueur de la lettre. » XXIX, p. 232. Cf. *Vie*, III, 154. Masson a publié, o. c., p. 1-12 un fragment inédit d'autobiographie de Mme Guyon, où cette idée d'une mission divine est exposée avec une ampleur et un orgueil admirables : « Il me semble qu'il m'a choisie en ce siècle, pour détruire la raison humaine et faire régner la sagesse de Dieu... Il établira les cordes de son empire en moi... C'est moi, c'est moi qui chanterai du milieu de ma faiblesse et de ma bassesse le cantique de l'Agneau... Oui je serai en lui dominatrice de ceux qui dominent ; et ceux qui ne sont assujettis pour quoi que ce soit, seront assujettis à moi par la force de son autorité divine, dont ils ne pourront jamais se séparer sans se séparer de Dieu même ; ce que je lierai sera lié ; ce que je délierai sera délié ; et je suis cette pierre fichée par la croix... qui servira cependant à l'angle de l'édifice intérieur, que le Seigneur s'est choisi pour composer cette Jérusalem descendue du ciel, pompeuse et triomphante, comme une épouse qui sort de son lit nuptial », p. 12. V. Bossuet. *Relation*, XX, 97. Ce qui nous semble une magnifique explosion du moi, une complète absence d'humilité est justifié par sa théorie de la substitution de Dieu à l'âme ; ce n'est pas elle qui se glorifie; c'est Dieu qui se glorifie par elle. *Torrents*, 247.

Mme Guyon a eu quelquefois des doutes sur sa mission : « Comment n'auriez-vous pas de doute sur moi qui en aurais infiniment moi-même si je pouvais réfléchir ? Lorsqu'il m'en est venu, ils se sont évanouis quelquefois par une lumière qui me faisait comprendre que Dieu prenait plaisir de se glorifier dans les sujets les plus faibles et les plus défectueux... mais le plus souvent tout se perd dans une entière indifférence de tout ce qui me regarde. » Masson, o. c., 116. De même que sainte Thérèse se rassurait en pareil cas par ses paroles et par ses visions, Mme Guyon recourt parfois à des signes extérieurs. « Hier il me vint quelque pensée sur ce que je me trouvais dans la disposition que je vous ai marquée, si je ne me la procurais peut-être pas... J'eus la pensée que si c'était l'esprit de Dieu qui produisait cela en moi, une personne qui est bien à Dieu et qui était présente en ressentît les effets, sans rien marquer de ce que je pensais. Aussitôt cette personne entra dans une profonde paix, et me dit sans savoir ce que j'avais pensé, qu'elle goûtait auprès de moi quelque chose de divin. » Masson, 116.

grandeur qu'elle annonçait avait comme suite, les persécutions à subir. S'il n'y a point dans ce passage une illusion rétrospective[1] et si Mme Guyon ne projette pas à la date de la vision de grandeur l'image des persécutions que l'expérience lui a enseigné y être associées, il y a là un curieux exemple de l'association si fréquente de ces deux symptômes : soit que la grandeur sorte de la persécution, soit, comme c'est ici le cas, que la persécution soit donnée à l'occasion de la grandeur même. Sans insister sur ce que ce fait présente d'intéressant au point de vue psychologique, bornons-nous à faire remarquer qu'en esprit avisé Nicole avait bien vu comment chez les réformateurs religieux, ces deux symptômes sont généralement associés. « Car lorsqu'ils [les fanatiques] s'appliquent à se considérer eux-mêmes, comme elle [leur imagination] est alors conduite par l'amour-propre, elle ne leur représente le plus souvent que des idées nobles, illustres, magnifiques et favorables à celui qui les contemple... Mais comme ces gens-là se destinent d'ordinaire dans leurs visions à des emplois relevés et qu'ils s'imaginent que Dieu veut faire de grandes choses par eux, il leur faut aussi des ennemis à combattre et à terrasser ; et ils ne manquent jamais de se les faire tels qu'il est nécessaire pour rendre leur victoire plus éclatante. C'est la source d'une autre sorte de visions qui sont bien différentes des premières. Car leur imagination ne leur produit alors que des images affreuses. Elle ne leur fait voir que spectres, que démon, que monstres. Elles chargent ceux qu'ils se mettent en butte de crimes, d'hérésies, d'abomination, afin qu'ils soient une plus digne matière de leur zèle... C'est l'enchaînement nécessaire de ces deux sortes de visions[2]. »

---

1. Mais cette hypothèse n'est guère probable, car dans une lettre de 1683 au P. La Combe, Mme Guyon parle de ces persécutions qu'elle prévoit et qu'un songe lui a annoncées. V. *Vie*, III, 249.
2. *Les Visionnaires*. Liège, 1677, 105.

Il serait intéressant de chercher si l'idée de cette mission est demeurée purement religieuse, si Mme Guyon s'est bornée à s'occuper de direction « avec une autorité étonnante, ayant d'après sa vie autorité miraculeuse sur les corps et sur les âmes de ceux que Jésus-Christ lui avait donnés »[1] ; ou bien par association, ou par développement interne cette idée n'aurait-elle point abouti à celle d'une mission politique? Saint-Simon assure que le petit parti qui se forma à Versailles autour de Mme Guyon et qui avait comme chef occulte Fénelon visait à conquérir, par le moyen de l'Oraison, Mme de Maintenon et Louis XIV[2] ; à défaut de Louis XIV ce parti mettait ses espérances dans le règne futur du duc de Bourgogne dont Fénelon dirigeait souverainement l'esprit ; Bossuet rapporte que Mme Guyon prophétisait que son oraison revivrait sous un enfant, et il ne mettait pas en doute que cet enfant fût le duc de Bourgogne[3]. Phélippeaux[4] raconte même l'histoire d'une curieuse estampe qu'un gentilhomme quiétiste des petits entretiens de Versailles, l'Échelle, fit graver par Sébastien Leclerc. « Un berger debout, la houlette à la main, et autour de lui des animaux de toute espèce, le lion, le tigre, l'ours, l'agneau et la génisse vivant en paix dans le même troupeau. Un enfant, dans un coin, prend un serpent sur la terre... Au bas de la gravure sont écrites ces paroles d'Isaïe : puer parvulus minabit eos (cap. XXI, v. 8). Le berger, c'était,

---

1. Bossuet, XX. En tout cas elle rêvait non point seulement de diriger un petit cercle, mais bien d'établir le règne de l'oraison « parmi les nations ». Sa direction ne s'adresse pas seulement à des âmes éparses ; elle les rassemble, en forme un ordre, les Michelins. *Opuscules spirituels*, II, 535-538. V. Masson, *Introduction*, x. Comparer Antoinette Bourignon, *Vie intérieure* ; Reinach, *Une mystique au XVIIe siècle* ; Antoinette Bourignon, in *Cultes, Mythes et Religions*, I, 426.

2. *Saint-Simon*, II, 338 et suiv. ; III, 41-42 ; v. aussi d'Aguesseau, *Œuvres*, t. VIII, 197.

3. *Relation sur le Quiétisme*, XX, 114. Voir une lettre inédite de Mme Guyon au duc de Chevreuse, citée par Masson, p. 260, n. 3 ; voir aussi *Lettres*, V, 328.

4. *Relation*, 223.

disait-on, le duc de Bourgogne : avec lui devait régner le pur amour…; et la nourrice Mme Guyon[1]. »

Il est fort possible que l'esprit mystique et l'esprit apocalyptique se soient unis chez Mme Guyon dans cette espérance d'un âge d'or qui ferait régner politiquement sur terre le pur amour et l'Oraison[2]. Ici encore Nicole voyait juste. « Quelque spirituels que ces gens-là tâchent de paraître, néanmoins leur spiritualité aboutit d'ordinaire à quelque effet extérieur et sensible et ils ne sont jamais satisfaits qu'ils n'aient poussé leurs imaginations et leurs allégories jusqu'à quelque grand événement exposé aux sens, dont ils se figurent devoir être non seulement les spectateurs mais aussi les ministres[3]. » A côté du mystique qui se replie sur soi-même et se retire de toutes choses, vivant en son âme et pour son âme, il y a le mystique conquérant d'âmes, et aussi le mystique qui conquiert le monde pour assurer les âmes.

Il sera toujours, je crois, impossible de savoir si Mme Guyon avait formé ou accepté un si vaste projet. Ses amis se sont

---

1. *Guerrier*, 188. Une médiocre reproduction de cette estampe (Wexelberg aqua forti fecit et sculpsit) figure en tête des *Poésies et Cantiques spirituels*, 1790. Même symbolisme chez Simon Morin ; v. Ravaisson, Archives de la Bastille, III, 257.

2. « L'appui de Mme de Maintenon, la confiance des hommes les plus vertueux de la cour, l'enthousiasme qu'elle avait inspiré à Saint-Cyr, persuadèrent sans doute à Mme Guyon qu'elle était appelée à une mission extraordinaire ; mais si elle se laissa séduire par une pareille illusion, elle eut tout lieu de s'en repentir. » Bausset, *Vie de Fénelon*, l. II, XIII. Mme de Maintenon l'abandonna la première, éclairée par Godet Desmarets. Elle n'avait pas besoin de ce mode d'oraison, comme moyen de parvenir. Cet appui manquant et la protectrice de la veille étant devenue inquiète et soupçonneuse d'abord, puis ennemie, tout manqua. « Mais je ne puis, en finissant, m'empêcher de remercier Dieu de ce qu'il vous a préservée d'avoir du goût pour ces sortes de livres et de ce que, par une providence particulière, vous ne leur avez donné nulle approbation. Car dans le mouvement où sont les esprits, quels progrès cette méthode d'oraison ne ferait-elle pas parmi les dévots, surtout à la Cour, si elle y était encore appuyée de votre crédit. » *Lettre de Bourdaloue à Mme de Maintenon*, citée par Bausset, I, 383.

3. *Visionnaires*, 98.

toujours défendus d'avoir eu de telles visées politiques : « Vous avez alarmé les esprits par la description d'un puissant parti qui ne fut jamais et par les prédictions de Mme Guyon. Vous n'avez jamais pu réaliser ce vain fantôme, ni pour la doctrine, ni pour la cabale[1]. » « Une femme ignorante et sans crédit par elle-même ne pouvait faire sérieusement peur à personne[2]. »

Poursuivre cette histoire intérieure ce serait entrer dans cette grande question historique qu'on appelle la controverse du quiétisme ; à partir de sa première arrestation en 1788 et de l'incarcération du Père La Combe jusqu'à l'assemblée du clergé de 1700, Mme Guyon appartient à la « Querelle du Quiétisme » ; l'amitié des trois duchesses, l'amitié de Fénelon, l'amitié de Mme de Maintenon, l'influence à Saint-Cyr, la formation d'un petit cercle où Mme Guyon joue le rôle important et apparaît comme une sainte, les cabales contre ce petit cercle qui n'était peut-être pas loin de cabaler lui-même et qui n'était peut-être pas exempt de préoccupations politiques, les attaques contre la doctrine et la personne, la grande polémique entre Fénelon et Bossuet, tous ces événements ont été étudiés avec soin et dépassent le cadre de notre étude. Nous renvoyons aux ouvrages spéciaux ; nous voulons seulement extraire de ces faits les quelques considérations qui se rapportent de façon plus précise à notre sujet.

Mme Guyon perdait son disciple le Père La Combe emprisonné à Oloron, puis à Lourdes ; mais à sa sortie de la Visitation elle faisait connaissance de Fénelon.

« Quelque union que j'ai eue pour le Père La Combe j'avoue que celle que j'ai pour M. de Fénelon est encore tout d'une autre nature ; et il y a quelque chose dans la nature de l'union

---

1. Fénelon. *Réponse aux remarques*.
2. Fénelon. *Réponse à la Relation sur le Quiétisme*, p. 230. On peut se demander si Fénelon n'avait pas partagé ce rêve de grandeur politique. Cf. Masson, *Introduction*.

que j'ai pour lui, qui m'est entièrement nouvelle, ne l'ayant jamais éprouvée. Il en est de même pour ce que je souffre pour lui. Cette différence ne peut jamais tomber que sous l'expérience¹. » Mme Guyon vint à Fénelon avec un vif désir de le conquérir ; Fénelon résista d'abord ; mais au bout de peu de temps il se forma entre eux une amitié étroite² qu'ils devaient payer de bien des maux. Mme Guyon a eu sur Fénelon une action décisive ; toute l'affaire du quiétisme prouve de la manière la plus forte son attachement opiniâtre à une personne qu'il croyait sainte³ ; ses écrits témoignent d'une communauté de doctrine qu'il est tout naturel d'expliquer par cette influence. Nous verrons Fénelon pendant les conférences d'Issy fournir à son amie des justifications, la conseiller, glisser même dans les articles un peu de cette doctrine, qu'il reprendra dans son Explication des Maximes des Saints. Ses écrits spirituels de cette période témoignent d'un mysticisme très voisin de celui de Mme Guyon, et qui n'était pas préparé par ses écrits antérieurs. Comme le fait très justement remarquer M. Crouslé, au début de 1690 il écrit à Mme de Maintenon une lettre où il lui parle de la perte de la volonté, du signal divin pour toutes choses, de l'extinction de la vie propre, de « marcher en foi, comme Abraham, hors de toute route et sans savoir où vous allez⁴ », toutes formules qui rappellent la doctrine des Torrents et du Moyen Court. Et ce n'est pas là un document isolé. Outre les lettres à Mlle de la Maisonfort, et les lettres adressées

---

1. Fragment inédit d'autobiographie, publié par Masson, *Fénelon et Mme Guyon*, p. 10 ; le texte ne porte que des initiales : le père L. C. et M. L. ; mais ces initiales s'appliquent manifestement à ces deux noms.
2. *Vie*, III, 101, 123.
3. Voir la *Réponse à la relation sur le Quiétisme*. Cf. Lettre du 26 février 1696 à M. Tronson, XXIX, 220 ; lettre du 7 mars 1696 à Mme de Maintenon, *ibid.*, 229 ; lettre du 24 juillet 1696 au duc de Chevreuse, *ibid.*, 247.
4. *Corresp. générale de Mme de Maintenon*, III, p. 210. Voir Crouslé, *Fénelon et Bossuet*, I, 400 et suiv.

à Mme de Maintenon[1], nous devons à M. Masson la preuve que le Manuel de piété et les Instructions et Avis sur divers points de la morale et de la perfection chrétienne contiennent toute cette partie des lettres à Mme de Maintenon où Godet Desmarets avait relevé des passages suspects ; correspondance que l'on croyait perdue et qui est antérieure aux articles d'Issy[2]. Le même auteur vient de relever par des raisons très fortes, l'authenticité contestée par l'abbé Gosselin et par tous les éditeurs de Fénelon, de la correspondance secrète entre Fénelon et Mme Guyon, publiée au cinquième volume des lettres de Mme Guyon par son second éditeur, le pasteur Dutoit Mambrini[3].

Avant de connaître son livre qui nous a obligés à remanier ces lignes, nous étions portés à en reconnaître l'authenticité ; et nous nous basions sur la ressemblance incontestable de doctrine et souvent de termes qu'il y a entre ces lettres et les autres écrits spirituels de Fénelon ; d'autre part les lettres de Mme Guyon sont certainement authentiques ; et comme nous savons par le témoignage même de Fénelon que son principal commerce avec elle a été par lettres où il la questionnait sur toutes les matières d'oraison, et que les arguments de l'abbé Gosselin nous paraissaient assez faibles, nous n'aurions pas hésité à conclure que ce correspondant si semblable à Fénelon n'était autre que Fénelon, si nous n'avions pensé qu'une affirmation aussi nette exigeait une démonstration en règle que nous ne pouvions songer à fournir sur un point qui n'est en somme que secondaire pour notre étude ; aussi, après avoir formulé notre hypothèse, nous ne nous servions, pour établir les rapports

---

1. *Lettres et Opuscules inédits de Fénelon*, Paris, Leclerc, 1850 ; cf. t. VIII des *Œuvres*, Gaume, 1852.
2. Masson. La Correspondance spirituelle de Fénelon avec Mme de Maintenon. *Revue d'histoire littéraire de la France*, janv. 1906.
3. Masson. *Fénelon et Mme Guyon* (Introduction), 1907.

qu'il y eut entre Mme Guyon et Fénelon, que des textes reconnus de tous. Après le livre de M. Masson, nous croyons pouvoir nous départir de cette réserve.

De cette correspondance il ressort pleinement le rôle directeur de Mme Guyon. Elle est avec Fénelon comme avec La Combe ; elle n'obéit que pour mieux commander ; elle accumule les protestations d'obéissance en général et les demandes de conseils, mais elle n'aspire qu'à dominer. Elle enseigne à un disciple la vie intérieure[1] ; elle décide de son état présent et prépare ses états futurs. L'état présent de Fénelon est à ses yeux fort peu avancé : la huitième lettre laisse supposer qu'il n'en est pas encore à la purgation passive. Il est encore en plein état de propriété et de multiplication[2] : Dieu n'est pas encore libre d'opérer dans son âme ce qu'il lui plaît ; ce qui fait subir à Mme Guyon une peine infinie, car elle sent, nous le savons, le contre-coup des états de ceux « qui lui ont été donnés ». Elle lui enseigne le désespoir de soi-même, l'amour désintéressé, le pur amour, la transformation totale que Dieu fait subir à l'âme, et à laquelle il conduit par des « opérations crucifiantes[3] », par des peines qui « ne sont que pour détruire l'âme dans ses répugnances et contrariétés ; pour la détruire, dis-je, foncièrement et non en superficie[4]. » Elle s'excuse de lui dire des choses qui conviennent si peu à son état présent. « L'on m'a fait entendre que, lorsque vous seriez dans les états et dans les peines, ce que je vous en dirais serait perte, parce qu'il vous servirait alors d'appui ; que ce que je vous dis à présent fait un fond qui établit, quoique de loin, l'âme dans les dispositions qu'elle doit avoir, lorsqu'il en sera temps[5]. »

---

1. Voir Masson, p. 270, le sentiment bien net de sa supériorité sur Fénelon.
2. Voir toute la lettre 16, où elle lui reproche de ne pas mourir assez à son activité intérieure ; cf. p. 107.
3. Masson, 33.
4. *Ibid.*
5. *Ibid.*, 72 ; cf. 189.

Pour avancer dans cette voie, elle lui enseigne l'abandon. C'est en s'abandonnant, en se laissant aller, en « laissant tomber les choses » qu'on se désapproprie. Ne pas faire d'effort, ne pas agir personnellement : tel est le secret de la direction quiétiste : ne pas examiner trop scrupuleusement ses fautes, mais se laisser tel que l'on est : ce que Dieu ne fait pas voir, ne pas le chercher. Ne pas se conduire par la raison : « marcher par l'aveuglement de l'esprit, pour être conduit par la très pure et sûre lumière de la foi[1]. » C'est-à-dire, se laisser aller avec confiance à un certain sens intérieur qui dirige, à un instinct qui ne suit pas de motifs et qui n'accommode pas la conduite « par une activité naturelle[2]. » C'est la conduite de pur abandon, qui, dans les choses indifférentes et du train ordinaire, va tout uniment, sans attendre une pente marquée, faisant bonnement, sans beaucoup raisonner, ce qui est à faire, laissant les providences journalières décider de l'action ; et dans les choses de conséquence, se laisse porter par le mouvement divin[3].

Cette direction substitue à la réflexion, au scrupule un mouvement intérieur et délicat, à la décision personnelle qui suppose la concentration du moi et l'analyse de l'expérience, une sorte de spontanéité intuitive qui trouve la solution avant de l'avoir cherchée : c'est la simplicité du cœur, la « mise au large » à la place de la complication de l'esprit, du resserrement de la volonté. Sous l'adulte, Mme Guyon s'applique à éveiller l'enfant ; sous l'artifice et la fausse sagesse, elle fait appel à quelque chose de simple et de tout juvénile, à la candeur et à l'innocence première, à l'état d'enfance[4].

Il s'agit d'assouplir, d'élargir l'âme, de laisser s'éveiller des mouvements intérieurs que la conscience réfléchie comprime,

---

1. Masson, 110.
2. *Ibid.*, 112.
3. Voir toute la lettre 46, p. 120.
4. Masson, L. LVIII, p. 145 et suiv.

et de se laisser porter par ces mouvements en toute quiétude et confiance. Mais il semble que ce soit encore un effort que de renoncer à l'effort, et qu'il faille agir de façon multipliée pour supprimer l'action multipliée ; se retenir de la réflexion, de l'action volontaire, n'est-ce pas encore faire appel à la volonté, à la conscience et à la réflexion ? Il est vrai que s'il en est ainsi au début, peu à peu l'effort disparaît et fait place à la spontanéité naturelle. Mais Mme Guyon dispose encore d'un autre moyen pour libérer l'âme des contraintes qui pèsent sur elle ; c'est la communication où elle désapprend la réflexion et la volonté, et où elle apprend la quiétude et les mouvements du cœur. Fénelon a expérimenté la communication avec elle[1], cet état où on se laisse aller, où on se laisse pénétrer en silence et en joie à l'influence de la personne avec qui l'on communique : sorte de suggestion unilatérale ou réciproque, bien faite pour assouplir, pour annihiler la réflexion, pour créer l'état intérieur que cherche à réaliser la direction quiétiste.

Fénelon est un disciple respectueux et fidèle : ce qu'il cherche en Mme Guyon, c'est la vie intérieure d'une âme privilégiée, les états mystiques que lui-même n'a point encore éprouvés, l'expérience[2]. Il étudie et reprend la doctrine en des formules théologiques qui préparent la doctrine des Maximes des Saints[3]. Il se rassasie de l'expérience. « Je me trouve uni à vous de plus en plus, mais c'est une union générale et de pure foi. » « Je ne sais pas ce que vous ferez aux autres, mais je sais que vous me faites beaucoup de bien[4]. » Il supplie Mme Guyon de perdre avec lui toute gêne, toute timidité, toute crainte, de lui bien donner tout ce qu'elle lui peut donner. Scrupuleux, précautionneux et sec, il sent son cœur s'élargir sous cette direction ; il décrit

1. Masson. L. XII, p. 43 ; L. III, p. 132.
2. Masson. *Introduction* ; l. 42, 113.
3. Lettre 34, p. 82 ; l. 53, p. 135 ; l. 76, p. 182 ; l. 97, p. 237.
4. Lettre 42, 114 et 115.

le large où il se trouve, l'abandon de la réflexion, du scrupule ; il sent s'organiser en lui un certain fond inexplicable d'abandon. « Il s'enfonce davantage dans cet inconnu de Dieu, où il veut se perdre à tout jamais[1]. »

Ce n'est pas qu'il ait abdiqué toute réserve, tout esprit critique à l'égard de celle qui le dirige. Elle lui reproche parfois de manquer de foi : en réponse il lui expose nettement son attitude à son égard. Il est persuadé qu'elle a une grâce éminente avec une lumière d'expérience pour les voies intérieures, qui sont extraordinaires, et il est convaincu de la vérité de la voie de pure foi et d'abandon, très conforme à la doctrine évangélique. Quant aux mouvements particuliers et aux vues que Dieu lui donne sur les personnes et les événements, il fait comme elle, il ne les juge pas, il les « outrepasse[2] ». Tous les écrits spirituels de Fénelon confirmeront ce jugement : il est le disciple et le commentateur rationaliste de Mme Guyon[3].

L'attitude de Mme Guyon pendant les persécutions qu'elle eut à subir a été diversement appréciée ; le jugement des partisans de Bossuet est très sévère ; le jugement des amis de Fénelon est favorable ; il nous semble qu'elle a défendu ses opinions tant qu'elle a pu avec un mélange de naïveté et de ruse ; naïveté qui la faisait croire qu'elle pourrait changer l'opinion de Bossuet ; confiance en elle-même souvent excessive que ses triomphes antérieurs lui avaient inspirée, mais qui aurait pu être rectifiée par ses épreuves antérieures ; habileté qui la fait tout céder pour en définitive ne céder rien, jusqu'à irriter ses juges qui

1. Masson. L. 90, p. 284 ; l. 82, 289.
2. Cf. *Réponse à la Relation sur le Quiétisme*, 228.
3. Tout Fénelon est à reprendre ; toute sa théologie est dérivée des doctrines de Mme Guyon : toute son expérience dans ses écrits de direction vient de la même source. Fénelon ne peut être utilement étudié qu'après Mme Guyon et dans son rapport à Mme Guyon. Les travaux de M. Masson fournissent la preuve de l'authenticité de la correspondance de Fénelon et de Mme Guyon, et en permettant de retrouver les lettres de Fénelon à Mme de Maintenon ils donnent une solide base historique à un travail de ce genre.

la voient pliante et souple devant eux reprendre presque aussitôt les doctrines un moment abandonnées¹. Mais pour justifier notre jugement il nous faudrait examiner toute l'affaire du Quiétisme.

Ses relations avec le P. La Combe ne furent pas supprimées par l'éloignement ; le Père La Combe dans sa prison trouva moyen de convertir au quiétisme une partie de son entourage ; il lui fut aisé de faire parvenir des lettres à Mme Guyon. Il l'engage à venir, sous un déguisement, le rejoindre à Lourdes. « Toute la petite église de ce lieu en serait ravie. » « Les amis et les amies de ce lieu vous honorent et vous aiment constamment, principalement ceux qui sont comme les colonnes de la petite église². »

Cette petite église, qu'il avait réussi à former dans le lieu même où on le retenait pour lui rendre impossible toute propagande, comprenait des ecclésiastiques, entre autres un prêtre, qui depuis sept ans, lui rendait mille bons offices, faisant la dépense des lettres à Mme Guyon et des paquets, sans souffrir que le Père y contribuât d'un sou ; peut-être était-ce l'aumônier du château ; en tout cas, nous verrons que ce dernier, M. Lasheron, s'était enthousiasmé pour la doctrine et la cause de Mme Guyon, au point qu'il joignait parfois ses lettres à celles du Père La Combe³. La petite église se soutenait ; mais étant donné les circonstances, elle avait quelque peine à augmenter ; il fallait des événements extraordinaires pour qu'il lui vînt de nouvelles recrues : « Il s'est fait une augmentation de notre église.

---

1. Bossuet, XVIII, 645.
2. La Combe recevait des lettres de Mme Guyon, même lorsqu'elle était au couvent de Meaux ; il lui écrivait : on peut lire quelques-unes de ces lettres dans la *Correspondance de Fénelon* (t. XXIX ; 10 nov. 1694 ; 12 mai 1695 ; mai 1895 ; 25 mai 1695 ; 3 juillet 1695 ; 15 juillet 1695 ; 20 août 1695 ; 20 oct. 1695) et dans celle de Bossuet (t. XXVIII, 10 oct. 1695 ; 11 nov. 1695 ; 7 déc. 1695).
3. Bossuet, XXVIII, 661.

Trois religieuses d'un monastère assez proche de ce lieu étant venues aux eaux, on a eu l'occasion de leur parler, et de voir de quelle manière est faite l'oraison que Dieu enseigne lui-même aux âmes.... L'une de ces trois filles a été mise par le Saint-Esprit même dans son oraison; l'autre y étant appelée combattait son attrait en s'attachant obstinément aux livres sans goût et sans succès; la troisième tourmentée de scrupules n'est pas encore en état d'y être introduite[1]. » Ainsi le Père n'avait pas renoncé à diriger; il suit du reste de très près les aventures de Mme Guyon et lui envoie des conseils; si elle doit se présenter elle-même devant les examinateurs d'Issy après avoir achevé ses justifications, il lui faut faire « ce qui lui sera mis dans le cœur[2] ». « Votre soumission et souscription aux dits articles me paraît complète et édifiante[3]. » Dans une autre lettre on perçoit l'écho des plaintes de Mme Guyon et de son accusation contre Bossuet qu'il voulait la contraindre à signer qu'elle ne croyait pas au Verbe incarné. « Mais pour signer ou reconnaître que vous ayez jamais rejeté sa médiation ou nié sa personne divine, c'est ce que vous ne devez jamais faire[4]. » Il prend la part la plus vive aux épreuves que subit son amie. Il persiste à croire qu'il n'y a pas d'erreur dans leurs écrits. Il a vu l'ordonnance de Bossuet; il n'y a ni dans ses écrits ni dans son opinion les articles condamnés par l'ordonnance; Mme Guyon et lui n'ont fait que dire ce que bien des mystiques approuvés avaient dit avant eux : « On s'en prend à nous parce que nous avons écrit nos livres dans un mauvais temps[5]. » « Aussi Rome,

---

1. Bossuet, XXVIII, 668: voir les lettres citées ; et ailleurs « La sacrée famille de ce lieu vous salue, vous honore, vous aime » (Fénelon, t. XXIX, 106). « Des personnes d'une vertu éprouvée se sentent unies à vous, sans vous avoir vue, quelques-unes même sans avoir guère ouï parler de vous » (ibid., 173).
2. Ibid., 104.
3. Ibid., 184.
4. Ibid., 185.
5. Ibid. (20 oct. 1695).

en condamnant plusieurs de ces livres, ne déclare aucune de leurs propositions erronée ou hérétique; ce qu'elle n'omettrait pas s'il y en avait. C'est seulement par manière de discipline qu'elle en défend la lecture¹. » Néanmoins il leur serait bien inutile d'écrire pour se défendre. « Voulez-vous bien que je vous dise encore que nous n'avons que trop écrit et imprimé, quoique nous n'ayons mis au jour que de forts petits ouvrages ? Jugeons-en par le succès et par les contradictions et les flétrissures qui nous en sont arrivées. Les voies intérieures étant si fort décriées de nos jours, à cause du scandale du quiétisme, on s'en défie partout ; et par une funeste méprise, on impute à la pure et parfaite oraison les désordres et les erreurs qu'on a vu naître de la corruption de ceux qui se couvraient d'un si beau manteau. Voilà ma très chère, ce que j'en pense². »

Il lisait avec passion les écrits que Mᵐᵉ Guyon lui faisait tenir, le Purgatoire, le Job, l'Apocalypse : il maintenait très ferme la doctrine qu'ils avaient ensemble adoptée et marquait volontiers sa différence d'avec Molinos et Malaval : lui-même avait dans sa prison composé quelques écrits mystiques, retouché les Torrents ; au début de sa captivité il avait corrigé et expliqué davantage le Moyen court et facile pour faire oraison ; mais le délaissement intérieur et l'abandon l'avaient re-

---

1. *Ibid.*, 103. Il fait probablement allusion à la condamnation à Rome de son *Analysis* et des *Écrits de Mᵐᵉ Guyon*. L'*Analysis* avait été condamnée à Rome le 9 sept. 1688; le *Moyen Court* et la *Règle des Associés*, le 30 nov. 1689 (Bossuet, Lachat, XVIII, 702). Fénelon fait allusion à ces condamnations dans sa *Réponse à la Relation sur le Quiétisme* ; Bossuet en parle dans sa *Réponse* à cet écrit. Il ne semble pas que ces condamnations aient fait grand bruit en France ; elles semblent n'y avoir été connues qu'après les censures des évêques et n'avoir eu en tous cas aucune influence sur la procédure de l'affaire. Il semble que Mᵐᵉ Guyon ne les ait connues qu'à ce moment ; v. *Lettre de M. Pirot à Mᵐᵉ Guyon*, 9 juin 1696 et *Acte de soumission signé par Mᵐᵉ G.*, 28 août 1696, XXIX, 24 (Bossuet, XXVIII, 679). Y a-t-il allusion à cette condamnation dans l'*Acte de soumission de Mᵐᵉ Guyon aux articles d'Issy* (15 avril 1695) ; c'est douteux.

2. *Ibid.*, 198.

pris de cette activité. « On lui fait abandonner ces travaux... Présentement toute lecture même m'est interdite ; on me veut dans une si exacte dépendance, que je ne puis former aucun dessein, ni disposer d'une action ou d'un quart d'heure de temps ; il faut que l'aveugle et rapide torrent entraîne tout[1]. » Ce n'était pas seulement un ordre intérieur qui le contraignait ainsi à l'oisiveté ; la fatigue de la vieillesse et de la captivité se faisait sentir et de lettre en lettre nous en voyons les progrès : « Toute facilité d'écrire m'est ôtée et mon étourdissement augmente de jour en jour. Je n'attends que la mort ; et elle ne vient point ou plutôt elle vient assez cruellement chaque jour, sans nous achever par son dernier coup. Le jardinage que j'exerce depuis cinq ans m'est insupportable et d'une amertume extrême : cependant il faut que je le continue. Le corps est fort épuisé de forces et languissant » (12 mai 1695). « Je ne puis travailler à aucun ouvrage de l'esprit, mais seulement à mes jardins et encore avec un extrême dégoût » (25 mai 1695). « Je ne puis souffrir aucun ouvrage de l'esprit » (20 août 1695). « Je me trouve encore dans la même impuissance de composer et d'écrire, étant au contraire toujours plus hébété et épuisé d'esprit et de corps » (20 août 1695). « Pour moi dans le grand loisir que j'aurais, je ne puis rien faire, quoique je l'aie essayé souvent. Il m'est impossible de m'appliquer à aucun ouvrage de l'esprit, du moins de continuer, m'étant fait violence pour m'y appliquer : ce qui me fait trouver une languissante et misérable vie, ne pouvant ni lire ni écrire, ni travailler des mains qu'avec répugnance et amertume du cœur ; et vous savez que notre état ne porte pas de nous faire violence; on tirerait aussitôt de l'eau d'un rocher » (7 décembre 1695)[2]. Ces lettres de 1695, dont quelques-unes furent saisies peu après dans les papiers de

---

1. *Ibid.*, 102, du 10 nov. 1694.
2. Bossuet, éd. Lachat, XXVIII, 667. Lettre du 7 déc. 1695.

Mᵐᵉ Guyon témoignent selon le jugement de M. Pirot « qu'il s'est fait d'elle l'idée la plus noble et la plus élevée qu'on se puisse faire d'une dame chrétienne[1]. » Or en 1698, le P. La Combe s'accusait auprès de l'évêque de Tarbes d'être tombé dans des excès et des misères[2], et il écrivait ou on le faisait écrire à Mᵐᵉ Guyon qu'il reconnaissait sincèrement « qu'il y avait eu de l'illusion et de l'erreur et du péché dans certaines choses qui étaient arrivées avec trop de liberté entre eux. » Si cette déclaration est exacte, ce n'est pas l'amitié mystique dont nous avons décrit les traits qui aurait uni le P. La Combe à Mᵐᵉ Guyon.

Mais contre l'exactitude de cette déclaration, nous avons des preuves de premier ordre ; comme le remarque La Bletterie, l'Assemblée du clergé de 1700 a déchargé Mᵐᵉ Guyon des infamies qu'on lui imputait[3]. Bossuet, à qui il eût été facile de maintenir ce chef d'accusation s'il avait gardé sa valeur, a renoncé à le faire valoir. D'autre part, les lettres mêmes du P. La Combe protestent contre sa tardive déclaration. Dans sa lettre du 11 novembre 1695 qu'il adresse de Lourdes à Mᵐᵉ Guyon, nous lisons ce passage qui n'a pas été assez remarqué : « Je ne rougirais jamais, Madame, en présence de qui que ce soit, de confesser la pureté de votre doctrine, discipline et mœurs[4]. » Or cette lettre est très intime et il avait le plus grand intérêt à ce qu'elle ne fût point lue par d'autres ; le contexte en est la preuve ; il lui parle de la petite église, de leur projet de réunion, de l'amitié que lui témoigne M. Lascheron, l'aumônier du château. Pirot nous apprend même qu'il avait mis dans le même papier une lettre de l'au-

1. *Lettre de M. Pirot à Mᵐᵉ Guyon* (9 juin 1696). Bossuet, XXVIII, p. 679.
2. Cette accusation n'est pas toute spontanée ; on exerçait contre lui de nouvelles rigueurs, peut-être avec l'espoir de tirer de sa faiblesse croissante quelque aveu compromettant. La lettre qu'il écrit à l'évêque commence par donner des renseignements sur les papiers qu'on lui avait saisis. Bossuet, XXVIII, 9 janvier 1698.
3. La Bletterie. *Lettres sur la relation du Quiétisme*, in *Œuvres de Fénelon*, éd. 1829, vol. XXXIII, p. 97.
4. Bossuet, 28, p. 664 ; cf. Fénelon, XXIX, 198.

mônier[1]. Enfin et c'est la raison décisive, le Père La Combe qu'on avait transféré de Lourdes à Vincennes pour l'avoir sous la main et qui parlait tant qu'on voulait, entrait en 1712 à Charenton où il finit ses jours : sans doute la folie si elle n'était survenu qu'en 1712 ne suffirait pas à infirmer sa déclaration de 1698, mais si on lit avec attention le rapport de M. d'Argenson, on est contraint de penser que lors de son entrée à Charenton elle était déjà ancienne chez lui. « Il a été transféré du château de Vincennes en cette maison [l'hôpital de Charenton]; la détention de Mme Guyon a été la principale cause de son malheur; sa raison avait paru alternativement altérée et rétablie, ce qui avait fait soupçonner avec assez d'apparence qu'il y avait dans sa folie plus d'affectation que de vérité. Cependant lorsqu'il a été tiré de Vincennes, il y avait plus d'un an que l'alternative de son extravagance continuait sans interruption[2]. » Si l'on rapproche ce texte de la description que La Combe fait en 1695 de son état mental on n'a pas de peine à supposer que ce brusque changement de conduite a été chez lui l'un des symptômes de la folie commençante. Sa folie paraît avoir été de la démence sénile avec un peu d'agitation maniaque peut-être et une pointe d'érotisme ; mais loin de renouveler ses accusations contre Mme Guyon il disait « qu'elle est une véritable sainte, mais que la plupart des autres saints sont damnés[3]. » Il mourut en 1715 en pleine démence[4].

---

1. Bossuet, 28, p. 684. Après la lettre accusatrice du P. La Combe, Mme Guyon dans sa lettre du 16 mai 1698 à Mme de Beauvilliers pouvait remarquer à bon droit : « et ayant tant de lettres de lui qui prouvent le contraire. » Fénelon, XXXI, 83. Cf. *Lettre de M. Pirot à Mme Guyon*, 9 juin 1696 (Bossuet, Lachat, XXVIII, 679). « Il s'est fait de vous l'idée la plus noble et la plus élevée qu'on se puisse faire d'une dame chrétienne; il l'a inspirée à ceux qui ont eu pour lui quelque crédulité ; et il ne faut pour le reconnaître que voir les trois lettres qu'il vous a écrites. »

2. Ravaisson, *Archives de la Bastille*, t. IX.

3. *Ibid.* Rapports de M. d'Argenson.

4. Il faut ou admettre l'exactitude des faits auxquels fait allusion la lecture

En 1703, Mme Guyon sortit de la Bastille, sa dernière prison et entra dans l'oubli[1] ; elle passa à Blois ses dernières années.

de La Combe, faits qu'il aurait repris et aggravés dans ses dépositions orales (v. Bossuet à son neveu, 8 et 10 juin 1698, XXIX, 440; Mme de Maintenon 12 juillet 1698); ou bien si l'on en conteste l'exactitude, on peut ou bien comme nous faisons, incriminer la folie du Père La Combe, ou bien l'accuser de mensonge conscient et volontaire, ou bien supposer que les lettres et déclarations sont l'œuvre de faussaires, ou encore qu'elles ont été extorquées au Père par la violence ; voir pour la discussion de ces dernières hypothèses, Griveau, *Étude sur la condamnation du livre des Maximes des Saints*, I, 566 et suiv. Il rejette les deux dernières hypothèses et s'arrête à celle qui les précède immédiatement ; pour lui le P. La Combe, au moment de sa lettre accusatrice, n'était pas fou. « Il devint fou au bout de quelque temps (après la lettre de l'évêque de Tarbes) ; mais il ne l'était pas alors. Le quiétisme se nourrissait d'extravagances ; mais la rétractation qu'il en faisait est d'un homme qui a sa raison. » Il suppose donc que le Père aurait menti pour complaire aux puissants personnages, qui cherchaient alors à accabler Fénelon et qui avaient intérêt à compromettre définitivement Mme Guyon qu'il avouait publiquement pour son amie, et par l'espoir d'obtenir son élargissement. « Il devint fou peu de temps après ; ce fut probablement du désespoir d'avoir cherché à ternir une femme honnête et sans avoir réussi à obtenir sa liberté », II, 70. La thèse de Griveau est peu solide ; s'il donne des raisons vraiment fortes contre l'hypothèse d'un faux ou d'une extorsion de déclaration, il n'en donne aucune qui affaiblisse l'hypothèse que nous soutenons. Il est possible du reste, quoique nous n'en ayons point de preuve formelle, et même probable, qu'on ait profité de l'état mental du P. La Combe pour le pousser à des déclarations qu'on pût exploiter ; nous avons vu par le texte de sa lettre à l'évêque de Tarbes, qu'on l'avait de nouveau vexé. Nous savons d'autre part tout le prix qu'on attachait à ce qui pouvait compromettre Mme Guyon. « Je travaille à faire qu'on prouve par actes la liaison du P. La Combe, de Mme Guyon et de M. de Cambray. » Bossuet, 7 mars 1698 (Lachat, XXIX, 350). L'abbé Bossuet répond en insistant sur l'importance d'avoir des faits (*ibid.*, 384, 392). Dans sa *Relation du Quiétisme* (1732), Phelippeaux raconte — sans doute d'après les déclarations du P. La Combe à Vincennes — des faits qu'il est difficile de contrôler, et qui, s'ils sont vrais, le rapprochent des doctrines et des actes reprochés à Molinos : « Après avoir mené une vie sensuelle et même avoir fait une chute très honteuse et très criminelle, il se sentit puissamment excité à tendre à la perfection de l'état où Dieu l'avait appelé ; il eut alors un goût particulier pour les Auteurs mystiques ; il dirigea alors et tomba de nouveau dans de grands désordres dans lesquels il persévéra près de 15 ans... [cette vie équivoque aurait commencé à l'âge de 30 ans] dans cet état son aveuglement alla jusqu'à croire que les actions les plus impures qu'il commettait pouvaient être sans péché » (soit par la théorie de l'abandon à la tentation, soit par celle que la partie supérieure de l'âme ne prenait pas part à l'acte).

1. Le Dieu. *Mémoires et Journal*, II, 401 (mars 1703); 410 (avril 1703).

L'abbé de la Bletterie raconte que les personnes qui l'avaient connue alors admiraient « sa patience et sa résignation dans ses infirmités corporelles, son amour pour les pauvres, la simplicité de sa foi, son éloignement pour toute voie extraordinaire. Elle avait pleinement renoncé aux vaines spéculations, jamais on ne lui a entendu dire la moindre parole d'aigreur contre ceux qui l'avaient persécutée : au contraire elle les excusait en disant : « ils ont cru bien faire ; Dieu m'a voulu humilier : je ne le suis pas assez ; que son saint nom soit béni[1] ». Elle mourut en 1717.

Il semble bien qu'elle soit restée jusqu'à la fin dans son état « perdu en Dieu, dans lequel Dieu seul est tout[2] ». En même temps il semble bien qu'elle ait gardé jusqu'à la fin son ardeur apostolique et qu'elle ait réussi jusqu'à ses derniers jours à grouper autour d'elle une petite église, à défaut de la grande qu'elle rêvait[3].

1. *Œuvres de Fénelon*, XXXIII, 97.
2. Les dernières pages de sa vie sont de 1705.
3. V. Poiret. *Préface à la Vie*, édition de 1720 ; Chavannes, o. c. Poiret avait fondé une sorte de retraite où vivaient trois personnes, dont Wettstein, frère du libraire d'Amsterdam qui a fait imprimer les ouvrages de Mme Guyon. (L'adresse Cologne, Jean de la Pierre est une adresse supposée). Ce Wettstein avait été familier dans la maison de Mme Guyon. « Mylord Forbes et quelques autres Anglais venus en séjour à Blois chez Mme Guyon furent en quelque sorte les prémices des protestants pour la doctrine de l'intérieur. » Mme Guyon déconseilla Forbes de se faire catholique, au nom d'un christianisme au-dessus de la différence des communions. L'ouvrage que nous citons montre très nettement l'influence de Mme Guyon sur ce si petit groupe de mystiques allemands, anglais et suisses. Cf. Phelippeaux. *Relation du Quiétisme*, 1732 (Avertissement).
Voir aussi les lettres adressées à Poiret, en particulier la lettre 146 du 4e volume de *Lettres*. Masson suppose, après l'abbé Gosselin, que la correspondance secrète de Fénelon et de ses amis, continua après la conclusion de l'affaire du quiétisme et l'exil, o. c. *Introduction*, p. 66 et suiv. Sur les relations de Mme Guyon avec des « Seigneurs d'outre-mer », voir encore Préface aux *Poésies et Cantiques Spirituels*, I, 1790.

CHAPITRE VI

ANALYSE DU MYSTICISME DE Mme GUYON

Chez Mme Guyon comme chez tous les mystiques, le mysticisme commence avec l'Oraison passive, avec les états dont l'âme n'est pas maîtresse, qu'elle ne peut ni se donner ni se retirer[1]. Ce mysticisme se développe, se systématise, envahit progressivement toute la vie ; il est chronique, systématisé, progressif. Au début il introduit dans la vie personnelle un groupe d'états qui se distinguent par certains caractères et qui forment comme un système psychologique privilégié ; au terme il a comme supprimé la personne ordinaire et par l'épanouissement de ce système, établi comme une personnalité nouvelle avec un mode nouveau de sentir et d'agir. Son développement aboutit à une transformation de la personnalité ; il abolit le sentiment primitif du moi et apporte un état plus vaste, la totale disparition du moi dans le divin, la substitution du divin au moi primitif. On remarque dans ce développement trois périodes bien distinctes chronologiquement et logiquement.

La première présente les caractères suivants :

1° Elle établit un état affectif central et prédominant, dont les nuances peuvent varier du reste : repos, recueillement, jouissance, amour, liberté ; tous états confus et généraux qui ne

---

1. *Lettres*, V, 409.

se rapportent à rien de déterminé, qui n'ont pas d'objet précis ; une vague et puissante affectivité, de forme positive et tendant vers la béatitude, envahit le moi. Mais cette béatitude est éprouvée comme présence divine ; dans l'état affectif est enveloppée la conscience de la présence et de la possession divine, l'intuition du divin.

2° Cette intuition, avec les éléments affectifs qui l'encadrent, cette intuition, comme état d'ensemble, est passive et contraignante ; elle est subie ; on ne peut pas se la procurer et l'on ne peut que rarement et difficilement la quitter par un acte volontaire ; ce caractère a du reste plus ou moins de force ; l'intuition est parfois tout à fait irrésistible. Elle tend à réduire l'état ordinaire, à envahir la vie, à s'installer de façon continue et totale avec son cortège de symptômes.

3° Diminution ou disparition de la volonté, de la mémoire, de l'intelligence discursive. C'est l'aspect négatif du phénomène précédent : substitution d'une intuition au discours ; l'intelligence et la volonté font place à un état confus qui a la prétention de renfermer éminemment tout ce que l'effort intellectuel et volontaire peut acquérir et procurer ; la méditation et la vertu active, l'exercice religieux de l'intelligence et de la volonté discursive cessent spontanément ; la vie tout entière, absorbée par cette intuition, tend à se gouverner par elle ; le raisonnement et la décision délibérée font place, comme nous l'avons vu, à des inspirations, à des impulsions, qui en sont comme l'équivalent automatique.

4° Cette intuition, envahissant le champ de la conscience, produit de l'obnubilation sensorielle et un abaissement des fonctions motrices. Elle s'exprime en attitudes émotionnelles dont on peut se demander si elles sont l'expression mimique particulièrement forte, mais encore normale du recueillement ; ou si elles n'ont pas déjà le caractère convulsif de certains phénomènes extatiques.

Cette intuition produit sur l'ensemble de la vie des effets généraux :

1° Effets positifs. Cette passivité constructive, cet automatisme dynamique, qui s'épanouissent en cette grande intuition centrale, s'expriment aussi en automatismes de moindre importance ; ils produisent des phénomènes secondaires, marqués du même caractère de passivité ; Mme Guyon se sent involontairement poussée à certains actes, ou retenue de certains actes ; sa vie tend à se gouverner par des mouvements dont elle ne se reconnaît pas l'auteur. Ce déploiement de poussées subconscientes est singulièrement favorisé par la diminution de l'énergie volontaire et de l'activité intellectuelle ; en même temps il accompagne — se rattachant au même courant — le vaste afflux qui apporte l'intuition béatifiante. Ces automatismes ont un caractère bien déterminé ; ce ne sont pas des impulsions irraisonnées, incohérentes, contraires les unes aux autres, absurdes. Le subconscient qui les commande et qui les règle, n'est pas une fantaisie capricieuse ; il a une orientation définie, une action régulière, des aptitudes nettement caractérisées ; il est de plus dressé par l'ascétisme antérieur. Des exemples précis montrent que s'il a pris un caractère surtout religieux, il intervient aussi à l'occasion dans des affaires temporelles ; Mme Guyon est capable de se débrouiller sans réflexion dans une affaire compliquée dont elle sait tous les détours sans l'avoir apprise ; c'est-à-dire qu'elle enregistre automatiquement des impressions qu'elle combine automatiquement. Le subconscient, comme puissance involontaire d'acquisition et d'organisation, s'est, chez elle, spécialisé vers l'activité religieuse ; mais il domine aussi les choses de la vie courante, et il y introduit parfois ses opérations. Le développement de ce mode passif d'agir, que nous voyons déjà lié à l'intuition béatifiante, occupera progressivement toute la vie et aboutira à la motion divine que nous aurons à analyser.

2° **Effets négatifs.** Cette grande intuition, qui se fait centre de la vie psychologique, annihile les autres systèmes ; dans cet état d'ensemble disparaissent, nous l'avons vu, tout discours, toute activité particulière, toute intelligence raisonnante, la « multiplicité ». Cet état d'ensemble, qui domine, produit l'amortissement du vouloir, l'indifférence ; le désir disparaît et en même temps le plaisir. Le recueillement qui absorbe la conscience la rend indifférente à tout ; concentrant sur lui tout l'intérêt, il dépouille de toute valeur ce qui auparavant flattait ou contrariait les désirs, maintenant abolis ; il entraîne une sorte d'anesthésie hedonique, c'est-à-dire l'abolition du caractère agréable ou désagréable des données des sens, ou tout au moins, l'indifférence à ce caractère. Nous avons vu jusqu'où peut aller cette anesthésie et quels curieux exemples Mme Guyon en donne

Ainsi en tant que passif, automatique, par sa forme, cet état d'ensemble se rattache à un développement de la passivité, de la subconscience qui s'exprime en même temps par une floraison de phénomènes automatiques secondaires. En tant qu'intuition béate et béatifiante, par son contenu, qui fixe la conscience, il supprime ou tend à supprimer les modes habituels d'agir ou de sentir. Cet état tend à introduire dans la totalité de la vie, au sein de laquelle il n'est encore qu'un état privilégié, le double caractère de passivité et de béatitude, en qui il se résume.

Le mysticisme, nous l'avons déjà dit maintes fois, au moins le mysticisme que nous étudions dans ce livre, est avant tout un développement, une progression d'états[1] ; tout se passe comme si le mystique aspirait à un certain état d'équilibre final auquel il parvient par une série d'oscillations ; ou si l'on préfère il oscille jusqu'à ce qu'il ait finalement trouvé son équilibre. « Ce qui fait la perfection d'un état, écrit Mme Guyon, fait le commencement et l'imperfection de l'état qui suit. » Il y a comme

---

1. « Tous les états de la vie intérieure, lorsqu'elle est véritable et pro-

une exigence interne qui la mène de l'état que nous venons
de décrire à celui que nous allons décrire ; c'est comme une
loi, une nécessité que le sujet subit, un plan supérieur qui se
réalise ; au moment qu'il se réalise le sujet en éprouve la nécessité, mais en ignore le caractère. Mme Guyon va passer à une
période de dépression générale et de souffrance, sans savoir
pendant qu'elle y est, le rôle qu'elle joue dans l'économie de sa
vie mystique. Cet état, pendant qu'il est vécu, n'est point
senti comme un état, c'est-à-dire comme une phase du progrès
mystique, nécessitée à la fois par ce qui précède et par ce qui
suit ; lorsqu'elle en est sortie, à la lumière de l'état suivant,
Mme Guyon comprend son importance et sa fonction [1]. Cela
n'implique point que nous devons nous défier de sa description,
ni supposer qu'elle reconstruise après coup sa vie pour les
besoins d'un plan théorique. Ce qu'elle ajoute au second état
lorsqu'elle en est sortie c'est un jugement d'ensemble sur la
place de cet état parmi d'autres ; et il faut bien qu'elle en soit
sortie pour que ce jugement soit possible ; s'il était donné dans
les détails mêmes et avant l'ensemble, c'est alors qu'on aurait
le droit de supposer l'arbitraire et la construction théorique.
Le concept qui est ajouté après coup ne modifie pas la nature
de l'intuition, mais le sentiment de la valeur de l'intuition, si
l'on peut dire ; l'idée de son rôle et de sa fonction : ces éléments
ne peuvent être donnés clairement et explicitement qu'à l'état

fonds, sont tellement rapportants les uns aux autres, et supposent si fort la
nécessité les uns des autres, qu'on ne saurait en nier aucun sans les nier
tous, ni les démembrer sans rendre le tout défectueux et destitué d'une de
ses parties. Ceci est d'une grande conséquence et mérite une attention singulière. » *Justifications*, III, 135, note; cf. *ibid.*, 259.

1. Cf. *Lettres*, III, 357. « Il ne faut pas s'arrêter aux expressions de ces
âmes lorsqu'elles sont dans la peine ; car elles n'expriment rien moins que
ce qu'elles sont... » Voir la suite du passage un peu plus loin ; « Tant
que l'âme est en sécurité et en perte, elle ne connaît pas la main qui la
conduit ; et quoi qu'elle ne fut jamais plus proche de Dieu, elle ne le connaît pas et croit tout le contraire ; et c'est ce qui fait toute la peine de cette
âme... » *Lettres*, V, 371 (Masson, 298).

d'idée, et ne peuvent être obtenus par conséquent que par une réflexion ou une vue d'ensemble qui rejoint cette intuition à d'autres, qui la situe et la définit, qui ne peut se formuler par conséquent qu'après coup, alors que le mouvement s'est accompli. Nous aurons à discuter ce concept et cette interprétation, la valeur de l'idée que nos mystiques se font de leur développement intérieur ; les faits demeurent.

Les réflexions faites après coup pour expliquer et justifier le passage du premier état au second relèvent dans le premier état les défauts suivants contre l'idéal mystique.

1° La joie, la douceur, le plaisir qui le caractérisent, entraînent à s'y complaire : par eux le moi aspire à sa propre joie ; il confond le divin avec la douceur divine. Il se fait une idole avec ce qui le charme, un Dieu, du plaisir qu'il a de Dieu. C'est l'amour intéressé, la gourmandise spirituelle. L'état qui suit va montrer qu'il y a d'autres états divins que les états joyeux et expansifs, que le divin n'est pas une certaine émotion, un certain état affectif, un certain contenu du moi, auquel le moi puisse s'attacher sans erreur, mais qu'il a puissance de conquérir tout le champ des états affectifs et qu'il n'est à proprement parler aucun état affectif spécifié, qu'il est bien plutôt dans le dépouillement de tout état affectif.

2° L'attachement à cet état, le rapport à soi qu'il implique est ce mal radical que Mme Guyon appelle propriété. Cet état est vicié de propriété. Le moi y prend confiance en soi, y fait l'expérience de sa force, y oublie sa faiblesse ; il y prend le désir d'agir sur les âmes, de se produire, un sentiment erroné de sa valeur. Cette intuition centrale où le moi semble s'oublier, enferme un sentiment vif du moi.

3° Dans cette contemplation savoureuse le moi oublie la rigueur nécessaire de l'action. Il faut se dérober à cette joie endormante pour vivre dans son ampleur la vie chrétienne. A vrai dire cette quiétude n'exclut pas absolument l'action ; nous avons vu qu'elle n'est pas permanente et qu'en dehors d'elle le sujet continue d'agir volontairement; d'autre part lorsqu'elle est présente, nous avons vu qu'elle apporte au sujet une inspiration passive, une suggestion d'actes. Mais cette quiétude appauvrit l'action, mortifie plutôt qu'elle ne porte à agir et la passivité qui l'installe n'est pas encore assez développée pour se substituer à toute l'activité du sujet, pour qu'il agisse suivant une motion supérieure.

Ainsi le deuxième état aura pour caractère d'abolir cette douceur de la quiétude, expression de Dieu trompeuse puisque incomplète, et la complaisance du sujet qui s'oubliait dans cette douceur sans s'y détruire; d'abolir ce sentiment vif du moi, ce rapport de toutes choses au moi, ce moi sujet logique et actif de toutes choses; de tendre à substituer à l'action volontaire ou à la passivité active esquissée dans le premier état une passivité plus complète, qui envahit toute l'action du sujet[1].

Ce deuxième état est marqué par les caractères suivants :

1° Perte des grâces, dons et faveurs, de ce que Mme Guyon appelle l'amour sensible et aperçu. C'est la disparition de l'intuition précédente. L'âme retombe dans le naturel, dans l'amour des créatures et de soi-même; la concupiscence de la chair, les désirs que la quiétude inhibait se réveillent; la mortification spontanée, l'apaisement des sens que cette quiétude entraînait immédiatement disparaissent.

2° Perte de la facilité à pratiquer le bien extérieurement et d'une manière aperçue; c'est-à-dire incapacité de vertu active, d'action volontaire. Le sujet ne sent plus de goût à rien; il ne sent plus que l'impuissance d'agir : les défauts que la douceur de la grâce voilait reparaissent. Ainsi l'action volontaire disparaît elle aussi; le moi ne se retrouve pas comme principe d'action.

---

1. Voir *Lettres*, V, 308 et suiv. (Masson, 241) un bon résumé par Fénelon des diverses formes de passivité.

3° Les deux premiers caractères de ce nouvel état sont négatifs et suppressifs. Le troisième est positif : installation d'un nouvel état d'âme, d'une intuition dominante et privilégiée ; et cette fois c'est un état de peine générale et confuse, où le sujet sent son indignité, sa bassesse, sa misère et son néant ; sentiment du mal radical, irrémédiable qui est dans le moi ; condamnation générale, mépris, haine de soi, « conviction et expérience intime de ce fond d'impureté et de propriété qu'il y a en l'homme... expérience d'un fond infini de misère... impureté foncière... désespoir de soi-même ; non être... froid de la mort. » Cette intuition est accompagnée d'un sentiment d'impuissance intellectuelle et d'obnubilation mentale[1].

Cet état est joint à un état de misère physique presque continuel ; il dure sept années ; mais les retours de santé ne l'amendent pas ; il se produit au cours d'une période d'isolement moral, d'absence de direction ; il est presque continu avec quelques paroxysmes de désolation.

Voici donc un état de détresse et de misère continue qui succède à l'état joyeux, à la béatitude de tout à l'heure ; le premier état installait au centre de la vie psychique une intuition béatifiante qui entraînait les modifications de la vie intellectuelle et volontaire que nous avons signalées ; cette intuition gouvernait la vie par les états passifs qu'elle y insinuait et par le recueillement dans lequel elle la fixait. Or, de lui-même, sans préméditation, sans volonté antécédente, au bout d'un certain temps et après une suite d'oscillations, cet état fait place à un autre ; cette intuition de la présence divine intime et béatifiante avec

---

1. Cf. Poiret. *Théologie réelle*, Amsterdam, 1700. *Lettre d'une fille à une femme mariée, sur la régénération*, p. 222 et suiv. Après une première période analogue à celle que nous avons décrite. « Je me trouvais dans un état tout à fait désolé ; je me reconnus toute pauvre, malheureuse et misérable... Quelle surprise lorsque je vins à découvrir que jusqu'ici je ne l'avais possédé qu'avec propriété ; raison pourquoi il était nécessaire qu'il se retirât de moi. »

ses suites disparaît ; il s'installe à la place une intuition négative d'absence divine intime et désolante¹, de moi délaissé et affirmé dans la pleine étendue de sa misère et de son néant ; c'est le sentiment total, à base de tristesse et de dégoût, d'un moi impur, qui n'est qu'impureté et que moi, qui s'exalte, si l'on peut dire, à l'absolu de l'impureté et du non-être : le sentiment du moi est abstrait et exalté dans l'ordre de la peine et de la dépression. Cet état est comme une extase continue et douloureuse où le moi est à soi-même son seul objet dans la douleur, avec, comme fond, l'absence sentie de Dieu, une « peine extatique » au sens où nous avons déjà vu ce mot, une intuition centrale du moi néant et misère. C'est une maladie du sentiment du moi, une sorte d'hypertrophie douloureuse du moi, de mélancolie.

Mme Guyon l'interprète comme un processus de dissolution du moi, qui conduit à la transformation de la personnalité ; il est l'expérience foncière et radicale du mal qui est dans le moi, bien plus, qui est le moi. L'âme s'y dépouille de soi-même. C'est une crise qu'elle traverse au cours de la désappropriation² ; au sortir de cette crise elle est prête à agir sans la forme du moi et sans le contrôle du moi : elle est morte à elle-même, désappropriée, dépersonnalisée. Elle est prête à être autre chose que soi-même, quelque chose de plus vaste qui va se confondre avec Dieu même ; elle est prête à subir largement et docilement

---

1. « Je me souviens d'avoir passé bien du temps à gémir sur ce que je croyais avoir perdu la présence de Dieu ; et j'étais dans une douleur continuelle de cette perte. Cette douleur n'était-elle pas une présence continuelle, mais douloureuse ? Car si je n'eusse pas si fort aimé Dieu, me serais-je si fort affligé d'avoir perdu son amour ? Il ne faut pas toujours s'attacher en rigueur au sens des paroles, mais en pénétrer le sens. » *Lettres*, t. III, 358. Cf. *Justifications*, II, 283 a : « La douleur continuelle de cette perte apparente n'est-elle pas une présence continuelle. »

2. Dans cette crise le moi qui s'éprouve dans sa solitude et dans son impureté et qui ignore qu'il est conduit par Dieu, se renonce, *s'abandonne*, ce qu'il ne ferait pas s'il se sentait conduit. Cf. Masson, 298.

un mode d'action qu'elle ne croit pas venir d'elle-même ; toute énergie volontaire, toute appropriation personnelle a disparu dans cette crise; en même temps la dureté de cette épreuve, l'accoutumance à la douleur l'a déshabituée de confondre le divin avec la joie qu'il peut donner ; l'amour s'est désintéressé ; l'âme s'est trempée, s'est assouplie aussi par la série des sentiments pénibles qu'elle a été contrainte de traverser ; elle sait désormais que le divin n'est ni dans la joie ni dans la peine, qu'il est au-dessus du « sensible et de l'aperçu ».

Le troisième et définitif état consiste en effet dans la transformation définitive de la conscience qui, dépouillée de la forme personnelle de penser et d'agir, s'apparaît comme plus vaste qu'elle-même et supérieure à elle-même, comme pénétrée tout entière par l'esprit divin et la volonté divine, fondue et perdue en Dieu[1].

Nous avons énuméré et distingué précédemment les caractères de cet état :

1° Abolition de la conscience personnelle, du sentiment du moi comme lié aux phénomènes psychologiques ; les états de conscience dépouillés de cette forme du moi, du sujet auquel ils se rattachent et qui les limite, apparaissent avec un sentiment d'anonymat, d'impersonnalité, de largeur, de liberté infinie. La conscience impersonnelle est immense ; elle est Dieu même. Le moi s'est oublié, perdu, anéanti, les états de conscience flottent dans l'infini ; ils sont comme les états d'une conscience infinie.

2° Joie immense mais insensible, extase continue. Le sujet répète à toute occasion qu'il est au-dessus du sensible et de l'aperçu, au-dessus de tous les sentiments ; mais cela ne l'empêche point d'éprouver des goûts plus délicats, des sentiments

---

1. Voir pour des expériences analogues dans le petit cercle mystique autour de Dutoit Membrini, Chavannes, o. c., 216 et suiv., 303 et 304.

« imperceptibles » ; il y a en lui comme une béatitude continue et sourde, une profonde nappe d'émotion vaguement consciente, impersonnelle comme ses autres états de conscience et de teneur positive.

3° Automatisme divin[1]. Les désirs, la volonté ont disparu ; le sujet est devenu indifférent ; il se laisse mouvoir sans résistance, sans réflexion à ce qui l'entraîne. Il agit automatiquement ; il n'a plus conscience que son action lui appartienne puisqu'elle n'est pas précédée d'un désir ou d'une réflexion, ni accompagnée du contrôle volontaire. Elle est impersonnelle, anonyme ; elle apparaît au sujet comme l'action de Dieu même.

4° L'état apostolique. Cet automatisme, que nous signalons, fonctionne de façon ordinaire, continue et cohérente ; l'activité automatique du sujet a un sens, une orientation, une systématisation. Cet automatisme, qui, accompagné d'un sentiment d'exubérance, d'énergie, de plénitude dont il faut se décharger sur autrui, fait naître l'idée d'une mission à remplir, est au service de cette mission et dirigé par la doctrine qui règle cette mission. Il fait du sujet un apôtre, un conquérant d'âmes.

5° Comme, malgré tout, le sujet ne peut faire coïncider parfaitement la totalité de sa conscience avec le divin, comme il y a un résidu, il parle d'une division de la partie supérieure de l'âme d'avec l'inférieure ; c'est-à-dire qu'il relègue, qu'il exile pour ainsi dire, en dehors de lui-même et du divin où il a la prétention de se trouver, les états incompatibles avec le divin[2].

Nous avons étudié, au chapitre précédent, la formation psy-

1. C. Bossuet, Lachat, t. XIX, ch. LX. « Dans tout le livre on accoutume les âmes à agir par impulsion dans tout un état, c'est-à-dire par fantaisie et par impression fanatique. »
2. Cette théorie est ironiquement soulignée dans un pamphlet antiquiétiste, *Dialogue sur le Quiétisme, contenant les adieux de Nicomède, solliciteur en cour de Rome pour M*^{me}* Guyon, à son compère Bonnefoy*. A Cologne chez Pierre Marteau, 1700. « Imagine-toi que chacun a deux moi dont l'un est à la cave et l'autre au grenier, tu vois bien que quand la maison est haute, ils ne peuvent ni se voir ni s'entendre », p. 10.

chologique de ce troisième état dont voilà les symptômes. Nous avons montré que l'automatisme, qui y joue un si grand rôle, est singulièrement favorisé par la suggestibilité de Mᵐᵉ Guyon et l'action suggestive du P. La Combe; mais il leur préexiste; dès avant la réunion avec le Père on voit apparaître l'état d'indifférence, c'est-à-dire un état de vide volontaire, si l'on peut dire, l'abolition des premiers mouvements, de la réflexion, et même de l'acquiescement, c'est-à-dire l'abolition du moi volontaire comme distinct de ces impulsions, comme ayant une volonté à soumettre; et un état connexe de vide mental[1], avec idées surgies spontanément, en dehors de l'idéation que le sujet s'attribue et considère comme sienne. Cela, c'est le fond sur lequel apparaît l'automatisme, qui s'exprime en idées impératives et exogènes, en paroles intérieures, en songes, en écriture automatique. L'automatisme chez Mᵐᵉ Guyon dessine des virtualités auditives et visuelles qui auraient pu aboutir à des phénomènes du genre de ceux que nous avons étudiés chez sainte Thérèse, à des hallucinations psychiques visuelles et auditives; mais pour des raisons que nous donnerons c'est la forme motrice de l'automatisme qui est préférée et dont le développement est privilégié; les autres formes demeurent secondaires et l'autorité qu'elles peuvent avoir, l'autorité que Mᵐᵉ Guyon attribue quelquefois à ses paroles intérieures par exemple, emprunte son criterium de l'automatisme moteur; c'est parce que ces paroles sont immédiates, directes et irréfléchies, comme les actions inspirées par la motion divine, qu'elles ont de la valeur. Il faut joindre à cette première période d'automatisme une extrême suggestibilité à autrui et aux circonstances.

Sous l'influence du P. La Combe nous assistons au développement des paroles intérieures, des songes, et surtout de l'écriture

1. Mᵐᵉ Guyon dit avec insistance « que ce n'est pas un vide d'abrutissement, au contraire, c'est une pure, simple et nue intelligence, sans espèce ni rien qui borne. » *Discours chrétiens et spirituels*, II, 229.

automatique ; nous voyons apparaître le plein épanouissement de la motion divine dont nous allons analyser la teneur psychologique. C'est le symptôme essentiel de ce dernier état, celui qui nous explique tous les autres. Nous renvoyons à notre étude historique pour le développement du troisième état, le caractère expansif de l'état apostolique, la mission, la grandeur et la persécution, la liaison de la profondeur mystique et de l'extension apocalyptique.

L'action ordinaire est liée à un état de conscience qui la précède et la prépare ; sous sa forme la plus simple, elle est la suite d'un désir ou d'une répugnance qui organisent des représentations et des mouvements, c'est-à-dire construisent un acte destiné à produire ce dont ils ne fournissent que l'image, image qui s'impose comme une fin aux tendances que le désir a groupées et aux mouvements qui sont l'expression motrice de ces tendances et des moyens vers cette fin ; de plus l'action, aux différents stades de son accomplissement, est accompagnée d'émotion.

Sous une forme plus compliquée, quand elle est volontaire, elle est précédée et accompagnée de réflexion ; elle est faite à dessein et avec délibération ; elle est orientée consciemment vers une fin choisie ou acceptée ; elle est enveloppée de jugements, préparée, préméditée, surveillée dans son cours par l'intelligence. Lorsqu'elle rencontre un groupe de tendances hostiles, lorsqu'elle impose au sujet un ordre qui est disproportionné à sa nature, comme dans le cas de l'action morale et religieuse, elle est pénible, elle implique un effort, elle est accompagnée par conséquent d'un sentiment de lutte, de tension ; il se peut aussi qu'elle s'accompagne du sentiment d'une aide étrangère, d'un secours extérieur, comme il arrive par exemple dans certaines formes d'action, esthétique ou religieuse, lorsque, par une poussée intérieure qu'il ne gouverne pas et qui dépasse ses moyens ordinaires, l'artiste sent l'inspiration plus forte que lui, et le chrétien la grâce qui le fait triompher de la concupiscence.

Il y a bien encore les actes habituels où la représentation de la fin, des moyens, et de l'adaptation des moyens à la fin est tellement engagée dans l'acte même et les mouvements qui le réalisent, qu'elle ne s'en distingue plus ; l'action psychologique tend ici vers le réflexe, c'est-à-dire vers un enchaînement de mouvements qui se conditionnent sans intervention de représentations. Mais nous ne laissons aller à l'habitude et tomber au réflexe que ceux de nos actes qui entrent comme éléments dans ce que nous appelons vraiment notre action ; l'habitude monte des mécanismes qu'elle met au service de l'activité volontaire. A l'état normal, l'habitude est toujours complétée par les formes supérieures de l'action ; la pure habitude n'est que répétition et que passé ; l'action a toujours quelque invention et quelque nouveauté. La vie même et le perpétuel renouvellement du présent imposent une continuelle adaptation de l'acquis au donné, une continuelle construction, qui organise dans une synthèse nouvelle, des synthèses et des éléments déjà fixés. Les actes habituels, en tant qu'habituels, ne sont que des éléments d'action ; ils fixent, en la simplifiant, l'action réfléchie de la volonté, ou l'action spontanée du désir ; ils gardent le souvenir, la forme de la volonté et du désir dont ils sont nés et qui les rattachent à l'activité personnelle ; ils se déploient en des occasions précises, qui tiennent à notre vie et les y intègrent ; ils reprennent la forme de la volonté et du désir dans l'action à laquelle ils servent.

Ainsi dans tous ces cas, l'action est accompagnée du sentiment du moi comme cause, ou à tout le moins d'une sorte de marque personnelle ; elle est nôtre et par sa ressemblance avec nous, par une sorte de coloration qui lui est commune avec nos autres états, par une qualité qui nous paraît exprimer notre individualité psychologique ; et par l'intégration à notre vie, parce que nous la rattachons aux états auxquels elle tient, par sa solidarité avec un ensemble qui est nous ; et par la réalisation que nous sentons en elle d'une partie de nous-mêmes, par le rapport d'acte à puissance qui nous lie étroitement à elle, parce que notre pensée et notre vie sont comme engagées, au moins partiellement, dans cette forme nouvelle. Ainsi l'action est rattachée au moi, comme au sujet où elle s'accomplit et à l'agent qui la dirige. Dans les cas d'ailleurs assez rares où elle tend vers le pur machinal, nous avons encore le sentiment d'être au moins au principe et au terme de ce mécanisme ; dans les cas, rares aussi, où nous subissons dans notre acte une force intérieure et comme étrangère qui nous domine, nous avons au moins le sentiment d'acquiescer ou de refuser : notre moi, qu'il se soumette ou qu'il résiste, imprime à l'action sa marque de propriété.

Nous trouvons ici au contraire une forme d'action totalement passive, où tout sentiment d'activité propre est aboli. C'est la motion divine, telle que la décrit Mme Guyon. Elle exclut tous les caractères que nous venons de signaler : le désir qui précède et l'émotion qui accompagne, en language guyonien, « le goût sensible et aperçu » et les premiers mouvements [1] ; le dessein et la délibération, toute espèce de préparation ; « son âme est vide de pensées et réflexions » ; l'effort, la peine, le sentiment du moi dans l'action, le sentiment d'activité, la distinction de notre vouloir et d'un ordre extérieur, ou d'un vouloir plus puissant qui contraint le nôtre, l'acquiescement.

L'action qui est rapportée à la motion divine tranche sur les actes ordinaires ; elle n'en admet pas les conditions. Elle apparaît comme une action sans cause dans la série psychologique puisqu'elle ne se rattache point à un désir, à une émotion, à une idée qui la précèdent [2] ; et comme une action impersonnelle,

---

1. *Lettres*, I (50, p. 163).
2. *Ibd.*, I (104, p. 34). « Les mouvements naturels commencent par

une action du non moi, si l'on peut dire, puisqu'elle ne se rattache pas à une disposition, à une habitude, à une manière d'être antérieure du moi ; c'est une action isolée, abstraite, anonyme. Elle est par conséquent subite[1] et spontanée, un premier commencement. Elle a un caractère de nouveauté puisqu'elle est autre que ce qui précède et pourtant aussi de familiarité puisqu'elle ne s'oppose pas à un système antérieur d'idées ou de tendances, puisqu'elle ne tranche sur rien, puisqu'elle émane d'un fond d'indifférence où tout est possible, où toute attente d'un futur particulier et toute attitude précise à l'égard d'un futur quel qu'il soit sont abolis. Un tel acte n'est point accompagné d'acquiescement, puisque le sujet ne se distingue pas de son acte, il ne distingue pas son acte de soi ; un tel acte est comme naturel, c'est-à-dire, comme nous en avertissent les textes[2], semblable à l'instinct, à l'entraînement immédiat, aux actes réflexes que mettent en jeu les fonctions organiques. Il est tranquille, aisé et doux, puisque la simplification de la conscience a aboli toutes les résistances : tranquillité qui n'exclut pas un certain trouble, si, par hasard, survient un peu de réflexion, si le moi se rétablit pour un moment en face de cet acte abstrait et comme absolu ; en ce cas, la motion, si tranquille, peut prendre le caractère de la violence[3]. Cette motion varie, du reste, en intensité. Mme Guyon parle souvent

---

les sens ou par le raisonnement... ceux de Dieu commencent tout à coup... et ne sont précédés ni de vues, ni de pensées, ni de rien d'extérieur... leurs mouvements ne sont point excités par rien qui ait précédé. »

1. *Lettres.* « L'opération de Dieu est comme l'éclair... son effet est produit en un instant. »

2. *Ibid.*, III, 484-485, 508-509, 555.

3. C'est ce qui semble avoir eu lieu surtout au début : « Je puis dire que je ne saurais résister à Dieu parce que je suis accoutumé à sa conduite et que mon état n'est pas d'ignorer que c'est lui. Cependant il y a eu un temps que je ne pouvais croire que Dieu me poussât. Je croyais plutôt que les violences qu'il me faisait étaient naturelles et je ne cédais qu'à une violence insurmontable. » *Lettres*, III, 360.

d'un fort mouvement. Ces actes, si peu intégrés au moi, sont oubliés ou négligés sitôt accomplis ; on n'y pense plus ensuite. Il y a aussi des « répugnances du fond » qui sont des motions divines négatives, des inhibitions divines [1].

La motion divine est donc avant tout passivité ; c'est un mode d'agir qu'on ne peut se procurer quand on veut et auquel on ne peut résister. Mais c'est une action totalement passive qui exclut tout concours de l'activité intellectuelle et volontaire ; une passivité qui dirige une conscience dépouillée de la forme personnelle, un automatisme total et constructeur [2].

La motion divine ne peut s'établir à l'état chronique que par l'affaiblissement des fonctions de synthèse ; une fois établie, elle achève de les détruire. Elle supprime toute habitude de réflexion, de coordination volontaire des pensées ou des actes ; la systématisation logique, la direction contrôlée vers une fin, la construction consciente d'un ensemble. En même temps elle achève de détruire l'énergie des désirs et leur puissance incitatrice ; de sorte que le pouvoir d'arrêt et le pouvoir d'action de la conscience normale cessent leurs fonctions et qu'il ne se propose et ne s'accomplit plus que des actes qui ont leur source dans des suggestions subconscientes ou dans une impulsion instantanée. Quand ces ressorts d'action défaillent, il est impossible d'y suppléer, même s'il devient nécessaire, par la volonté ; il n'y a plus qu'aboulie. C'est ce que montre un bien curieux passage d'une lettre de Mme Guyon. Il était important qu'elle

---

1. *Lettres*, III, 404 ; cf. Fénelon à Mme Guyon. *Lettres*, V, 305-306 (Masson, 244). Cette inhibition, cette « répugnance » intervient surtout à l'occasion des actes extérieurs, des « volontés extérieures et apparentes ». Pour la plupart des actes qui concernent la vie ordinaire, il n'y a pas lieu d'attendre une motion spéciale : ce serait de l'illusion et du fanatisme ; dans ces différents cas « il faut aller simplement... il faut aller par tout ce qui se présente, selon l'occasion et l'occurrence des choses, jusqu'à ce que quelque chose nous arrête. » *Lettres*, III, 404.

2. Cf. Leuba. State of Death, *American Journal of Psychology*, 1903.

prit une détermination dans une affaire qui concernait le mariage de sa fille : « Lorsque le maître ne donne point de mouvement il est impossible de m'en donner. Quoiqu'il y ait longtemps que je fasse cette expérience, je ne l'avais pas faite si fort pour les choses temporelles. Je me trouve sans force et sans vigueur, comme un enfant ou un mort, et tout autant de fois que je veux me donner quelque émulation et me persuader de faire l'affaire, pour tirer ma fille de l'oppression, et moi de la tyrannie, je trouve d'une manière à surprendre, et qui ne peut être comprise que de l'expérience, qu'il n'y a chez moi nulle puissance de vie. C'est une machine que l'on veut faire tenir en l'air sans appui. Enfin je demeure impuissante de passer outre, sans que nulle raison, que l'on puisse m'alléguer, entre, ni que j'en puisse faire usage. Je verrais tous les malheurs possible prêts à tomber sur ma tête, que je ne pourrais me donner une autre disposition. Je ne la puis faire paraître à personne, elle passerait pour une faiblesse dont je devrais rougir. Cependant je ne trouve en moi nulle puissance de vouloir ni d'exécuter, et je me trouve comme un fantôme[1]. »

Ainsi le caractère volontaire de l'activité a disparu, et aussi le caractère personnel ; l'action accomplie par motion divine n'est plus accompagnée du sentiment du moi cause ; elle est passive ; elle s'accomplit dans le sujet, plutôt qu'elle n'est accomplie par lui ; elle signifierait en lui une influence étrangère, une présence étrangère s'il était capable de s'en distinguer : mais la conscience ordinaire du moi, le sentiment ordinairement si présent d'un moi cohérent et bien systématisé, est tellement aboli que cette action impersonnelle ne trouve plus de personnalité à qui s'opposer : la conscience dissociée et aboulique est devenue comme anonyme.

Lorsque la volonté consciente cesse d'agir, c'est le règne des

---

1. *Lettres*, V, p. 458.

désirs et à un degré pathologique supérieur le règne des impulsions qui s'établit. Or Mᵐᵉ Guyon prétend que tout désir est aboli en elle ; elle se proclame à tout moment en totale indifférence ; et de fait, de par l'ascétisme préalable et la période de purification passive, les objets ordinaires des sens ont perdu chez elle leur puissance d'éveiller le désir, et les goûts personnels qui conduisent en général les actes sont devenus insensibles ; mais il y a des désirs plus subtils ; on pourrait se demander si les actes accomplis par motion divine ne sont pas en réalité des désirs ; lorsqu'elle sent un fort mouvement par exemple d'écrire ou d'ordonner quelque chose à quelqu'un de ses disciples, admettons que la volonté n'y soit pour rien, qu'il n'y ait pas le dessein délibéré, la préparation intelligente de l'acte sans laquelle il n'est point de volonté ; mais ne pourrions-nous donner le nom de désir à des actes de ce genre ? Sans doute, mais Mᵐᵉ Guyon proteste que ces actes elle ne les désire point ; elle y est indifférente ; elle y est poussée subitement ; ils ne s'accomplissent en elle ni grâce à elle, ni malgré elle, mais sans elle ; or le propre de tout désir c'est l'intérêt que son objet éveille en nous, sinon dans toute notre personne, au moins dans une partie de nous-mêmes. Il ne pourrait donc s'agir que de désirs inconscients, de combinaisons subconscientes, sans rapport avec le courant supérieur d'idéation, qui, à un moment, le traversent en apparaissant à la conscience.

Avons-nous affaire à des impulsions comme il s'en trouve dans divers états de désagrégation et d'aliénation mentales ? Mais l'impulsion est 1° ou bien consciente, obsédante, accompagnée d'angoisse et suivie de satisfaction ; le sujet lutte contre elle ; il en sent douloureusement l'entraînement ; il y a « lutte anxieuse, indécise entre le pouvoir d'inhibition, plus ou moins affaibli, et la sollicitation anormale vers le réflexe [1] ».

---

1. Pitres et Régis, *Obsessions*, 302.

C'est l'impulsion, telle qu'on la trouve chez les prédisposés, les dégénérés, les psychasténiques. Conscience lucide, lutte angoissante, irrésistibilité, émotivité, soulagement consécutif à l'accomplissement de l'acte ; voilà, sans approfondir la question, des caractères que nous ne trouvons pas ou du moins que nous ne trouvons pas tous dans les actes que nous étudions ici. 2° Ou bien l'impulsion est quasi automatique ; c'est un réflexe réduit à sa plus simple expression ; « c'est une vraie convulsion, qui ne diffère de la convulsion ordinaire que parce qu'elle consiste en mouvements associés et combinés en vue d'un résultat déterminé étranger à la vie du malade[1]. » C'est l'impulsion de l'idiot, de l'imbécile, de l'épileptique, l'impulsion pure qui sous l'influence d'une sollicitation quelconque déclanche un acte « sans qu'interviennent ni réflexion, ni jugement, ni compréhension, souvent même sans émotion, conscience ni souvenir[2] ». Dans le premier cas l'élément automatique faisait défaut ; dans le second cas c'est l'élément intelligent car les actes que Mme Guyon groupe sous le nom de motion divine sont des actes intelligents ; l'écriture automatique par exemple aboutit chez elle à des productions cohérentes et telles que la réflexion aurait pu lui en inspirer ; sa conduite, au temps où elle s'abandonne pleinement à la nature divine, est intelligente, sinon toujours sage. Il n'y a qu'un ordre de cas où elle agit « comme une folle » ; c'est lorsqu'elle se laisse déterminer à agir par ce qu'elle appelle les Providences, c'est-à-dire lorsqu'elle croit voir dans un événement extérieur un ordre de faire telle ou telle chose : mais ici il n'y a pas impulsion interne à proprement parler : il y a interprétation symbolique d'une réalité extérieure et subordination de la conduite à une appré-

1. *Pitres et Régis*, 300.
2. *Ibid.*, 300. « Accomplis brusquement, sans réflexion, sans résistance, sans laisser de traces dans la mémoire normale, ils sont l'expression brutale, instantanée d'une image subsistant seule dans une conscience presque entiè-

ciation portée sur cette réalité. D'autre part, il ne faut pas être dupes de ce vide mental, dont notre sujet parle toujours. En réalité les fonctions intellectuelles ne sont pas abolies, pas plus que l'activité pratique ; ce qui disparaît c'est le sentiment du moi, et les opérations spéciales qui concourent à sa formation.

La motion divine nous paraît présenter trois caractères :

1° Elle est consciente ; 2° intelligente ; 3° involontaire. Elle a, en d'autres termes, tous les caractères de l'automatisme psychologique, si l'on veut parler d'un automatisme dynamique, c'est-à-dire d'un état latent d'activité, d'élaboration, d'incubation ; elle présente les produits de l'activité subsconciente à la conscience qui ne les reconnaît pas pour son œuvre, parce qu'elle ignore ce travail intérieur d'élaboration. Elle les lui présente tout formés, et sans rapport avec la pensée actuelle. Ainsi s'explique le double caractère, en apparence contradictoire, de ces mouvements : d'une part ils traversent la conscience comme une impulsion brusque et irrésistible, ils n'ont pas leur condition dans la conscience actuelle du sujet ; d'autre part, ils expriment pourtant une intelligence continue, une pensée semblable à elle-même, qui se trahit ainsi par instants et par éclairs, en manifestations explosives. Ces mouvements divins se rattachent, comme des épisodes brusquement illuminés, à une obscure systématisation. Ce sont des impulsions intelligentes surgies d'un fond subconscient dans une conscience qui est vidée de toute résistance. C'est l'activité subsconciente qui les élabore et qui envahit avec eux une région toute prête à se laisser envahir. Nous l'avons vu, tout le travail du sujet consiste à supprimer la volonté et la personnalité ; on dirait qu'il n'a visé qu'à s'affranchir de la conscience de soi et par conséquent à supprimer toutes les opérations qui peuvent établir et fortifier le sentiment du moi. Aussi a-t-il aboli l'action

---

rement détruite. » Janet. *Automatisme psychologique*, 420. Cf. Krafft Ebing. *Psychiatrie*, 108.

volontaire, l'individualité des désirs et de la vie affective, l'intelligence discursive. Mais toute espèce de conscience et d'action n'ont pas disparu du même coup. Les mystiques chrétiens ne procèdent pas comme les indous qui aspirent à la négation absolue de la conscience ; ils recherchent le Dieu absolu, le Dieu ineffable qui ne se donne pas dans un état clair et distinct, rapporté au moi ; mais ils savent aussi que ce Dieu est créateur de la nature et de la vie et maître de l'action ; il agit par sa grâce toute puissante, qui ne ressemble en rien aux actes dont le moi est le principe. Il faut donc se défaire du moi qui connaît et du moi qui agit, de la forme du moi, et cela justement pour permettre à la présence et à l'action divine de se manifester pleinement. Toute la vie de nos mystiques est employée à préparer les voies au subconscient qui afflue un jour ; et comme on ne commande pas directement à l'involontaire et qu'on ne combine pas le spontané, leur effort tend à supprimer l'effort même bien plus qu'à faire naître ce qui se donne sans effort : sans doute leur subconscience bénéficie de leur travail, de l'ascétisme, de l'entraînement religieux : il leur renvoie sous forme impersonnelle une bonne part de leur œuvre : ils cultivent, ils dressent le subconscient. Mais cela n'empêche pas qu'il y a en lui une spontanéité qui échappe à toute culture, un fond impénétrable à l'activité réfléchie, une indétermination primitive. La conscience progressive qu'ils prennent, ou plutôt qui se donne à eux, de cette indétermination qui déborde toutes les déterminations de l'intelligence et de la volonté, conscience qui forme l'essentiel de leur intuition du divin, est à la base de tous leurs états, et ils sentent qu'elle échappe à leur pouvoir. Ils sentent de mieux en mieux au terme de l'effort, une force qui le prévenait et qui le suit et qui est incommensurable avec lui, et ils apprennent à s'abandonner à elle ; le discours ayant cessé, et aussi l'activité multipliée, la propriété, la forme du moi tombe, et ils sont débordés par une intuition confuse qui leur paraît l'infini, et sollicités par des mouvements internes qui leur paraissent l'action divine en eux et par eux. C'est ainsi que Mme Guyon par un long travail intérieur et par la richesse foncière de sa subconscience créatrice, a substitué au discours une intuition ineffable qui occupe presque tout son esprit, et comme il faut agir pour être selon Dieu, à l'action volontaire et personnelle, l'action involontaire et impersonnelle, ce qu'elle appelle la passivité, et qui lui paraît un infini créateur. Cette passivité, ou encore cette action divine à travers le repos de la volonté humaine, ne s'exprime pas en mouvements confus et incoordonnés : elle est cohérente et intelligente. En effet on y remarque de l'unité et de la finalité. Si nous examinons les actes qu'elle fait rentrer dans cette catégorie motion divine, nous trouvons qu'ils se ressemblent tous, qu'ils concourent à la même fin, qu'ils semblent inspirés des mêmes préoccupations : ils ne seraient pas plus cohérents s'ils étaient volontaires, ils comportent une pratique, une vue d'ensemble sur la vie : malgré son apparence de dispersion, c'est une activité bien liée, vraiment organisée et systématisée, que cette subconscience créatrice ; ces « forts mouvements » dont il est question sont raisonnables chacun en soi-même et leur suite l'est également.

Le caractère de conscience que nous trouvons à ces actes n'a rien qui nous doive étonner. L'automatisme psychologique est parfois inconscient et parfois conscient ; il admet tous les degrés de la conscience à l'inconscience. A côté du sujet qui parle sans vouloir et sans savoir, il y a le sujet qui parle sans vouloir mais qui sait qu'il parle et qui a conscience de ce qu'il dit.

Le caractère involontaire nous est bien connu. Nous avons vu que tout l'effort de notre sujet a consisté à supprimer la coordination volontaire ; la volonté a disparu comme pouvoir d'action et comme pouvoir d'arrêt ; les désirs et les émotions ont disparu également ou du moins se sont atténués, il s'est installé un fond d'indifférence et d'aboulie. Mais l'aboulie ne signilie pas nécessairement la suppression de toute action : à côté des abouliques stupides il y a des abouliques actifs qui agissent par d'autres ressorts que la volonté. Pour la raison que nous avons dite, les mystiques chrétiens sont des abouliques actifs : ils dressent leur subconscience à agir au lieu et place de leur conscience éveillée : ils passent les actes qui conscients et volontaires les embarrassent du sentiment de personnalité dont ils s'accompagnent à une conscience anonyme. Ce transfert à l'activité inconsciente — les résultats seuls de l'acte et non sa composition étant connus par la conscience — est justement ce qui caractérise l'automatisme.

Il ne reste plus qu'à expliquer le caractère cohérent, le caractère d'intelligence d'ensemble que présentent ces motions. A priori il n'a rien qui nous doive étonner : ne voyons-nous pas certains prophètes religieux tenir des discours cohérents, que leur volonté ne dirige pas : ne voyons-nous pas l'écriture automatique chez un médium aboutir à un message cohérent. Ne voyons-nous pas le rêve se développer parfois comme ferait une réalité ; la psychologie a bien établi que la subconscience n'est pas nécessairement une activité fragmentaire et momentanée : mais dans l'espèce nous devons nous demander quels éléments concourent à cette cohérence, car l'expérience a vite montré que tout n'est pas en général d'égale valeur dans les produits du subconscient : y a-t-il ici exception? D'où vient que dans cette conscience désorganisée, que la volonté et la réflexion ne gouvernent plus, où les fonctions critiques sont abolies, il ne surgisse par des mouvements absurdes[1], des inspirations incoordonnées et fâcheuses, comme il s'en rencontre parmi les produits « cohérents » de l'imagination hypnoïde.

Mais d'abord il y en a ; de moins en moins sans doute à

---

1. Ce problème est nettement posé par saint Jean de la Croix, *Montée du Carmel*, l. III, ch. 1; il le résout par la théorie de la motion divine, c'est-à-dire que sa solution théologique est précisément la position d'une question.

mesure que s'affermit la subconscience, à mesure que le mystique avance dans l'habitude de la passivité; sans quoi peut-être il puisse s'affranchir jamais du malin génie caché dans l'arbitraire constructeur. Au début de la vie mystique, souvent même dans des états avancés, une grande partie de la passivité se montre absurde, laide, immorale[1], grotesque, bizarre, incohérente; tout ce groupe d'automatismes est rapporté au démon. Le démoniaque est l'opposé du divin; il est aussi réel que le divin, comme ensemble de faits psychologiques; il montre de façon manifeste que la subconscience abonde en inspirations et en mouvements de caractère différent et de signe contraire. Enfin, parmi ces phénomènes que les mystiques relèguent dans la catégorie des épreuves et des peines, parmi ceux qu'ils expliquent par l'hypothèse désespérée de la division de conscience, dont nous avons parlé, il s'en trouve encore. Mais ce sont des faits qu'ils négligent, qu'ils relèguent dans une catégorie inférieure, qu'ils ne rattachent pas à la même source psychologique qui leur fournit l'automatisme jugé divin. Il y a chez eux des phénomènes bizarres, absurdes, indécents même, qui sont des produits du subconscient, aussi bien que les nobles inspirations ou les divines motions; mais lorsqu'ils se produisent ils les rattachent à un autre principe, ils ne songent pas à les faire rentrer dans un même groupe; uniquement préoccupés de la différence de contenu et de valeur, ils n'ont pas l'idée de l'identité psychologique de tous ces faits.

Cette réserve admise nous pouvons invoquer, pour expliquer le fait en question, les considérations suivantes :

1° L'habitude crée par l'ascétisme antérieur une discipline qui s'impose au subconscient. Notre conscience claire façonne jusqu'à un certain point notre subconscience; que sont des habitudes morales par exemple sinon des déterminations impo-

---

1. Sainte Thérèse. *Vie*, p. 306 (trad. Peyré).

sées au subconscient par la volonté? Les habitudes éthiques et religieuses du sujet, créées par la sévère discipline des années de vie religieuse réfléchie continuent de servir de lois et de règles à l'activité subconsciente, désormais affranchie du contrôle de la réflexion et de la volonté. Mais que cette explication ne soit pas suffisante, des faits bien nets le prouvent. Après des années d'ascétisme et de discipline, lorsque le sujet est parvenu à l'automatisme et qu'il s'en repose sur l'automatisme du soin de fournir à son activité religieuse, il arrive bien souvent que l'automatisme lui fournit des actes, en contradiction par leur caractère, avec la discipline antérieure. C'est ainsi que des sectes très strictes qui pratiquent un ascétisme sévère, se laissent aller au moment où elles s'en remettent à l'automatisme, à des actes immoraux tout à fait en contradiction avec la discipline antérieure, et qu'elles divinisent, comme provenant de l'automatisme : on en trouverait des exemples dans notre ouvrage sur le mysticisme allemand du xiv° siècle[1] ; c'est ce fait que Bossuet expliquait avec beaucoup de finesse. « L'idée d'une perpétuelle passivité mène bien loin. Elle faisait croire aux beghards qu'il ne fallait que cesser d'agir, et qu'alors en attendant Dieu qui vous remuerait, tout ce qui vous viendrait serait de lui. C'est aussi le principe des nouveaux mystiques ; je n'en dirai pas davantage. On ne sait que trop comme les désirs sensuels se présentent naturellement[2]. »

1. P. 66, 119 et suiv.
2. *Instruction sur les États d'Oraison*, p. 608. Cf. la critique que Nicole adresse, *Visionnaires*, p. 306, à la théorie analogue de Desmarets Saint-Sorlin (théorie de l'action directe de Dieu dans l'âme déifiée): « Il n'y a rien qui nous doive être plus suspect de cupidité que tout ce qui se fait sans réflexion, sans préméditation et sans règle. Car la cupidité est d'ordinaire plus prompte, plus vive, plus agissante que la charité... Quel effet peut donc produire toute cette spiritualité, sinon de nous porter à suivre presque toujours les mouvements de notre concupiscence... et à les prendre en les suivant pour des mouvements du pur amour. Ainsi on la peut appeler justement le règne tranquille de l'amour propre. Car non seulement elle l'établit dans l'âme,

2° La collaboration de la conscience claire avec la subconscience. Ces mouvements intimes qui naissent ainsi subitement et qui, sur le fond d'indifférence et de vide mental, semblent surgir d'ailleurs, venir de plus loin que la personne, sont des mouvements conscients ; ils sont connus du sujet, appréciés par lui. Le sujet les contrôle en quelque manière, les prépare peut-être aussi par ses réflexions, par ses pensées. Sans doute M™ Guyon nous dit qu'ils ne sont précédés ni de vues, ni de pensées, ni de rien d'extérieur ; et pour que le mouvement soit de Dieu « il faut que ce soit des choses sur lesquelles nous n'ayons point entretenu nos pensées auparavant ». Mais le moyen qu'il en soit ainsi ; la plupart des mouvements divins portent à des objets ou à des actes sur lesquels la pensée du sujet a dû souvent se fixer avant que d'être mue de cette manière ; et combien ne serait-il pas difficile d'établir que contrairement à la psychologie ordinaire, rien ne s'est présenté dans la conscience qui ait préparé ces mouvements : car l'esprit de notre mystique n'est point réellement vide ; il est plein d'idées qu'il ne s'attribue pas, il est vrai, puisqu'il est désapproprié, mais qui n'en sont pas moins des idées ; il évite la réflexion volontaire, les raisonnements, la méditation ; mais il ne peut empêcher que ses idées se groupent les unes avec les autres, se combinent spontanément. De sorte que beaucoup de mouvements divins peuvent bien n'être que la traduction motrice, l'exécution de combinaisons antérieures apparues dans la conscience éveillée et approuvées ou à tout le moins tolérées par elles[1]. Il s'exerce sur elles un contrôle

---

mais elle l'y consacre et l'y canonise. Et elle bannit de plus tous les moyens par lesquels on pourrait reconnaître cette illusion. »

[1]. « Car il se peut faire qu'on ait pensé auparavant les mêmes choses dont on croit avoir les mouvements ; et quoiqu'on n'y pense plus alors, une subite et presque imperceptible réminiscence peut nous incliner de côté ou d'autre d'une manière très subtile. » L. IV, 157.

négatif en quelque sorte[1]. On pourrait signaler encore, dans certains cas, le contrôle extérieur des directeurs, l'influence des livres, de la tradition, parfois de la vie claustrale[2].

3° Enfin il faut bien admettre une nature déterminée, un caractère préformé du subconscient. Les bas-fonds de la conscience varient avec les différents individus et élaborent différemment des matériaux inégalement riches et inégalement nombreux. Quelle différence n'y a-t-il pas entre la subconscience d'un grand artiste et celle d'un homme ordinaire ! L'inspiration, les irruptions du subliminal dans la conscience claire nous montrent à tout moment des subconsciences aussi différentes les unes des autres dans leur façon de procéder et dans les éléments qu'elles mettent en œuvre, que sont chez les divers individus les grandes fonctions psychologiques. Le subconscient de nos mystiques, nous l'avons déjà marqué, est, dans son fond, religieux et moral ; il a une sorte d'unité ; il approvisionne la conscience de pensées et de mouvements de qualité à peu près constante.

Nous avons étudié chez sainte Thérèse les paroles intérieures et les visions imaginaires. Nous avons vu que certaines représentations mentales — images auditives et visuelles — particulièrement intenses, nettes, précises, stables, spontanées, incoercibles, subites et brèves, lui donnaient l'impression d'une

---

1. Remarquons que la motion divine s'applique aussi, quoique plus discrètement, aux affaires temporelles. « J'avoue que je réussis mal dans les affaires temporelles, ce qui se vérifie assez bien par leur mauvais succès ; mais je connais clairement que c'est pour hésiter plus que sur les autres, pour trop demander conseil, trop donner au respect humain et à la condescendance, ne suivant pas un je ne sais quoi dans le fond qui me redresse toujours. » Masson, 296.

2. Voir Görres. *Mystique divine*, I, 138. — Cette collaboration est bien visible chez sainte Thérèse ; 1° vers la fin de la 1re vie, elle recherche assez consciemment l'unification des tendances, l'apaisement ; 2° quand les phénomènes extraordinaires ont apparu, elle y réfléchit et les discute avec d'autres ; 3° le désir conscient d'une activité réformatrice, au début de la 3e période. Ces faits entre beaucoup d'autres.

parole étrangère ou d'un être étranger. C'est à un phénomène du même genre, mais d'ordre plus spécialement moteur, que nous avons affaire ici[1]; certains mouvements intérieurs, certaines impulsions se présentent intenses, nettes, précises, stables, spontanées, incoercibles et contraignantes, subites et brèves; et le sujet les interprète comme motion divine. Il y aura lieu de rechercher d'ensemble comment se forme cette attribution du caractère divin à ces phénomènes psychologiques; alors même que le sujet serait contraint de par leur nature de les estimer étrangers à sa personne, est-il nécessairement contraint du même coup d'interpréter ce dédoublement de sa personnalité comme l'intrusion dans sa personne d'une énergie divine?

L'automatisme moteur, la motion divine, n'est pas étrangère à sainte Thérèse; nous avons vu qu'elle forme la base du troisième état; mais elle est particulièrement marquée, particulièrement bien décrite et particulièrement intéressante à étudier

---

[1]. Nous ne voulons pas dire que ces mouvements soient dépourvus de tout caractère intellectuel, qu'ils se résolvent en impulsions motrices, en images motrices, en éléments musculaires. Ces mouvements ont toujours une signification; ils portent à des actes intelligents, sinon raisonnés; ils en contiennent par conséquent le sens général; ils enveloppent des éléments intellectuels; d'autre part, dans certains cas ces mouvements sont de véritables inspirations qui se traduisent et ne peuvent se traduire qu'en représentations intellectuelles et en images verbales: p. ex. l'écriture automatique. Mais ce qui leur donne leur caractère spécial, c'est croyons-nous ceci: dans un premier cas le « mouvement », la tendance à l'acte n'est point précédée d'une pensée qui l'ébauche ou d'une formule verbale qui la commande explicitement comme c'est si souvent le cas chez sainte Thérèse (paroles intérieures); l'idée est enveloppée dans la tendance, les représentations intellectuelles et verbales dans les éléments moteurs. Dans un second cas, le « mouvement » n'est pas non plus précédé de connaissance: il y a tendance à écrire, impulsion graphique, si l'on peut dire; le sujet ne sait pas d'avance ce qu'il écrira. Il écrit et prend connaissance de ce qu'il écrit au fur et à mesure qu'il écrit. L'écriture n'est pas guidée par une idée à exprimer: le subconscient fournit cette idée, qui ne devient consciente qu'une fois exprimée ou en s'exprimant, et en même temps l'impulsion à écrire qui la précède: de sorte qu'ici encore l'idée apparaît enveloppée dans la tendance, les représentations intellectuelles et verbales dans l'impulsion graphique.

chez Mme Guyon ; l'automatisme auditif ou visuel, au contraire, n'est pas chez elle particulièrement développé et c'est chez sainte Thérèse que nous l'avons étudié de préférence. Nous savons que, par une sorte de compensation, à mesure qu'elle pénètre dans ces états confus, dans ce « fond abyssal et suréminent[1] » où flotte le Dieu ineffable, sainte Thérèse projette au dehors en images précises — visions et paroles imaginaires — le Dieu de l'Écriture, qui garantit le Dieu mystique et assure la précision de la vie. Il n'y a pas chez Mme Guyon cette réalisation d'un Dieu extérieur, menée de front avec la formation du Dieu intérieur ; cette justification des états confus par des états clairs, qui s'assurent eux-mêmes dans les images traditionnelles de l'Église et de l'Écriture, qui prennent leur autorité au dehors. Chez elle, les états confus se justifient par eux-mêmes ; la motion divine, confuse elle-même, ne sert qu'à pourvoir à l'action ; ses impulsions instantanées sont la seule forme d'action, possible à une conscience qui s'est vidée de tout désir, de toute prévoyance et de toute volonté ; nous avons vu que leur finalité, leur adaptation aux circonstances et leur harmonie sont réglées par une intelligence subconsciente. Plus ces mouvements sont instantanés, irréfléchis et comme réflexes, automatiques, dirions-nous, plus ils paraissent divins au sujet ; moins la motion ressemble à une parole ou à une lumière intérieure, plus elle est immédiate et naturelle, plus elle est sûre[2]. Les états mystiques ne cherchent plus leur confirmation au dehors ; ils se suffisent pleinement à eux-mêmes, et se justifient précisément par leur indistinction et leur obscurité. Dans cette confiance instinctivement et aveuglément donnée à l'obscur, à l'indistinct, à l'ineffable, Mme Guyon a peut-être été fortifiée par la doctrine de saint Jean de la Croix, qui prêche la foi nue et

1. Abbé d'Estival. *Conférences Mystiques*, 1676, p. 17.
2. *Lettres*, I (L. 65, p. 183), II (p. 441-449).

obscure, la défiance de tout ce qui est distinct et aperçu, qui proclame la supériorité du confus et de l'informulé sur la précision et sur la formule ; aussi n'attache-t-elle point d'importance — ou fort peu — aux paroles intérieures, aux visions et aux phénomènes du même genre. Nous avons montré qu'elle les connaît par expérience ; les suggestions subconscientes ont pris, pour s'imposer à elle, forme visuelle et forme verbale, aussi bien que forme motrice ; mais le peu d'estime qu'elle a pour les « lumières » a peut-être réfréné ces automatismes explicites ; peut-être aussi, détournant d'eux son attention, en a-t-elle moins décrit qu'il ne s'en est présenté.

Les mystiques appellent divine la force qu'ils sentent les dépasser et les contraindre ; dans l'expérience religieuse en général, le divin est éprouvé comme une puissance interne, supérieure au sujet qui l'éprouve. Mais dans l'état de motion divine, toute résistance, toute conscience d'une volonté propre, et par conséquent tout sentiment d'une puissance étrangère et qui triomphe, ont disparu ; la distinction de ces deux forces en conflit ou en accord ayant cessé, d'où vient le caractère divin que s'arrogent ces mouvements? N'ont-ils pas l'apparence de mouvements tout naturels ? « Lorsque je parle, je ne songe pas si ce que je dis est divin, je le dis naturellement... Je vous dis les choses comme il (Dieu) me les donne, sans penser si elles sont divines ou non, sans me mettre en peine du succès[1]. » Car si, au début de la période de motion divine, la motion a été sentie comme une contrainte exercée par une volonté supérieure, par un pouvoir plus fort, ce caractère tombe peu à peu, de sorte que maintenant « il ne paraît plus qu'une volonté seule et unique, qui ne se peut distinguer et qui semble la volonté propre de l'âme[2]. » Il semble que l'un des grands caractères

1. *Lettres*, V, L. 54. p. 369 (Masson, *Fénelon et M*ᵐᵉ *Guyon*, p. 297-298). Cf. *Discours chrétiens et spirituels*, t. II, p. 250.
2. *Discours*, II, 249. Le problème est si nettement posé dans ce passage que

du surnaturel fasse ici défaut, et qu'il devienne très difficile de distinguer ces mouvements divins des mouvements naturels. Fénelon énonce avec finesse cette difficulté : « que vous n'alliez trop vite, que vous ne preniez toutes les saillies de votre vivacité pour un mouvement divin, et que vous ne manquiez aux précautions les plus nécessaires[1]. »

Mais le caractère divin de ces mouvements, immédiatement senti dans leur spontanéité et dans leur propulsivité qui tranchent sur le vide et sur l'inertie de la conscience, est garanti par l'expérience totale de l'état. Chaque moment de l'expérience

---

nous le citerons tout au long. « Ce qui les arrête encore est que dans les âmes bien mortes et bien nues, la volonté de Dieu est délicate ; et à moins d'expérience, si ce n'est que la résistance ne mette dans un état violent, elle paraît à l'âme une volonté qui lui est propre : en sorte qu'elle se dit souvent, que ce n'est point Dieu qui veut en elle, ou par elle, que c'est elle-même qui veut et se donne cette volonté ; et c'est pour elle une matière de souffrance, surtout lorsque cette volonté, qui paraît lui appartenir, combat sa raison.
Ceci n'arrive qu'aux âmes très simples, et en qui la volonté de Dieu devient leur volonté propre et naturelle : car ce n'est plus, à ce qu'il paraît, une volonté supérieure qui meut la leur, ce qui supposerait encore une propre volonté, qui, quoique soumise et très pliable, appartiendrait cependant à l'âme ; mais ici il n'en est plus de la sorte : on éprouve que cette volonté, qui se délaissait avec tant de souplesse à tous les vouloirs divins pour vouloir ou ne vouloir pas qu'autant qu'elle était mue, se perd ; et qu'une volonté autant divine qu'elle est profonde et délicate est substituée en la place de la nôtre ; mais volonté si propre et si naturelle à l'âme qu'elle ne voit plus que cette seule et unique volonté, qui lui paraît être la sienne, n'en trouvant plus d'autre.
Vous comprendrez aisément qu'il faut que l'âme soit réduite en unité pour être de la sorte ; et que par le baiser ineffable de l'union intime, l'âme soit faite une même chose avec son Dieu, pour n'avoir plus d'autre volonté que celle de son Dieu, ou, pour me mieux expliquer, pour avoir la volonté de son Dieu en propre et libre usage. Cependant dans le commencement que l'on est honoré d'un si grand bien, comme il paraît quelque chose de bien différent de la souplesse à une volonté supérieure à laquelle l'âme s'était toujours laissé conduire très sûrement, quoique aveuglément en apparence ; et que maintenant il ne paraît plus qu'une volonté seule et unique, qui ne se peut distinguer et qui semble la volonté propre de l'âme, on a de la peine à se laisser transformer au point qu'il le faut. » *Discours*, II, 249. Cf. *Abrégé de la Voie*, p. 345.

1. Masson, o. c., 295 ; *ibid.*, 248.

mystique est soutenu par l'expérience acquise, par l'habitude de l'expérience ; un moment fait partie d'un état et ne prend sa valeur et son caractère que de cet état ; et l'état lui-même repose sur un développement qui le justifie. Dans l'état de motion divine, chaque mouvement isolé est coloré de la nuance divine de tout l'état ; l'état lui-même est divin, non seulement en soi-même, mais parce qu'il est le terme de tout le processus antérieur de déification. C'est ainsi que l'expérience brute est accompagnée et soutenue par l'expérience systématisée. Pour Mᵐᵉ Guyon, ce n'est que dans une âme déifiée, vidée de tout le naturel, que les premières pensées, les simples penchants, les « instincts des choses » sont de Dieu¹. Pour subir et pour reconnaître l'inspiration « il faut un cœur vide, résolu de ne se déterminer par aucun choix qui lui soit propre, mais de se laisser déterminer à Dieu². » Autrement il n'y a qu'impulsion naturelle, erreur, aveuglement et fanatisme. « Il y a un autre inconvénient qui est que les gens mal conduits s'imaginent que toutes leurs pensées viennent de Dieu, et les voulant suivre comme telles, ils tombent dans un certain fanatisme, que celui qui marche par la foi simple et par l'amour nu évite absolument³. » L'âme perdue en Dieu participe seule du mouvement divin ; elle suit le flux et le reflux de la vie divine⁴ ; l'illusion même, en cet état, serait divine⁵.

Dans ses écrits dogmatiques et de direction Mᵐᵉ Guyon représente le processus psychologique que nous venons d'ana-

---

1. *Lettres*, I, p. 333.
2. *Ibid.*, I, 187 ; IV, 142 ; III, 477 et suiv. Cf. Antoinette Bourignon, *La Parole de Dieu*, p. 133 et suiv.
3. *Ibid.*, III, 19 ; cf. Fénelon et Mᵐᵉ Guyon, Masson, 213, 248 ; de même pour ceux qui voudraient étendre la motion divine à des minuties, ou qui voudraient pour toute action particulière une inspiration. L. III, 404.
4. « Celui qui est sans consistance et sans résistance, est entraîné par le tourbillon éternel... tout comme la mer. » L. III, 479.
5. L. III, 301 ; V, 373 ; *Règle des Associés*, 385.

lyser comme la lutte entre la propriété et la désappropriation c'est-à-dire entre le moi et le divin[1] : la vie mystique est pour elle en somme l'envahissement progressif du moi par le divin, l'abolition progressive de la personnalité qui fait place à une vie plus large : passer du moi à Dieu, transformer le moi en Dieu par négation ou plutôt par absorption, en substituant à la conscience affectée du moi, la conscience désaffectée du moi avec toutes les modifications que cette modification primordiale lui fait subir.

C'est bien aussi comme un processus de désappropriation que les adversaires de Mme Guyon comprennent sa doctrine. Pour Bourdaloue, elle consiste avant tout à se dépouiller de ses propres opérations surnaturelles, à faire cesser toute coopération du moi à la grâce. Pour Nicole, il s'agit de vider l'esprit par la contemplation confuse, la volonté par la motion divine : de substituer au moi aidé de la grâce une grâce toute opérante ; il insiste sur le caractère infus et confus de cette vie opposé à la distinction intellectuelle et à l'application volontaire. Pour Bossuet il s'agit d'établir à demeure un état rigoureusement passif, un acte éminent et confus, perpétuel, qui supprime les actes distincts de la vie chrétienne et tout ce qui fait l'existence du moi. Le mysticisme ainsi compris aboutit à substituer partout l'opération divine au moi aidé de la grâce ; il supprime le dualisme fondamental, irréductible de la grâce et de la concupiscence qui multiplie la vie chrétienne en actes distincts et réfléchis.

Dans le premier état mystique il y a encore propriété. Sans doute il ne s'agit plus de propriété volontaire, c'est-à-dire de la recherche volontaire de soi-même ; c'est une propriété naturelle, une qualité innée de la nature, la nature même. Cette propriété

---

1. Travailler à « se détruire » est selon Mme G... l'essence même du christianisme, et l'effet aussi bien de la méditation que de l'oraison passive : mais dans le second cas l'âme agit par un principe divin, et elle va beaucoup plus loin. *Torrents*, 140 ; *ibid.*, 182, note a.

naturelle, c'est le fait d'être quelque chose de propre, de déterminé, de limité; c'est la fixité en soi, la dureté, le fait d'avoir une forme; nous ne rapportons les choses à nous, que parce que nous sommes nous-mêmes; la propriété engendre l'amour propre; elle fait que nous nous rapportons à nous-mêmes ce qui n'est pas nous, que nous nous posons comme moi, comme sujet et comme fin de nos actes, comme réalité stable en qui et par qui s'accomplissent des choses. Par la propriété nous nous érigeons en divinité; cet instinctif vouloir être soi, cette instinctive affirmation de soi-même, pose le moi comme une réalité indestructible, absolue[1].

Ainsi la propriété c'est le moi; non pas seulement le moi qui se recherche volontairement, le moi qui s'aime, mais le moi qui croit déjà s'être nié, s'être purifié de soi-même par la vertu active et multipliée. Au premier état mystique il y a encore propriété. Le moi y est sujet, agent et fin; il se complaît dans la douceur de la béatitude, il y trouve sa fin, et y trouvant sa fin, il en fait le plaisir de s'y trouver soi-même; il est encore principe de vertu active et multipliée : il agit encore lui-même dans ses actes. Un germe de passivité apparaît déjà, l'esquisse de la motion divine; l'âme se sent contrainte à des actes qu'elle a conscience de n'agir pas elle-même; mais ce n'est pas encore la forme habituelle d'action, et dans la plupart des cas le moi

---

1. La théorie de la propriété fait le fond de la théologie et de la psychologie de Mme Guyon : tous ses écrits, biographiques ou théoriques, ne sont qu'une variation sur la propriété et la désappropriation. Aussi faut-il renvoyer à la totalité de ces écrits. Indiquons pourtant quelques passages précis où la définition en est particulièrement marquée : *Moyen-Court*, XII, 34; *ibid.*, ch. XXIV, 71 et suiv.; voir surtout *Justifications*, II, 189 et suiv., les citations et les autorités.

Pour le sens des mots sensible, aperçu, distinct, voir *Lettres*, IV, 84, 96, 214, 270, 290; III, 158, 150; *Justifications*, II, 35; III, 68, 119; II, 176 a; I, 331; *Discours*, II, 99, 96.

Sur la réflexion et les actes directs, voir *Moyen Court*, XXII, 62; *Cantique*, ch. IV et VI; *Justifications*, III, 38; II, 46; *Discours*, II, 328; II, 169.

Distinction de la réflexion et des impressions : *Torrents*, 268.

est sujet de ses actes. Enfin à ce degré tout est encore donné sous forme personnelle. Le moi est le sujet auquel se rapportent ou plutôt qui se rapporte tous les faits qui se passent dans la conscience ; même cette intuition qui est la présence divine, il la possède, il en est le détenteur, le sujet ; par là même il est actif à son égard.

La propriété, le fait du moi entraîne nécessairement le caractère multiplié, les formes distinctes de la pensée et de l'action ; le moi est « propriétaire ou distingué ». Il ne peut se poser, s'affirmer qu'en se distinguant, qu'en se déterminant, en se trouvant une nature ; s'il n'avait point de nature, s'il n'était point déterminé, limité, fixe en soi-même, il ne serait pas quelque chose, il serait tout ou rien, Dieu ou néant[1].

La propriété, étant la conscience de soi, est accompagnée d'états sensibles, distincts et aperçus ; c'est-à-dire de sentiments, pleinement conscients, rattachés à la conscience personnelle, et distincts les uns des autres, non fondus dans un acte unique, dans la continuité d'un même état. Sensible s'oppose à spirituel, à amour nu, à manière secrète et cachée ; distinct et particulier s'oppose à confus, obscur, général, continu ; aperçu s'oppose à immense et simple, à une certaine perception imperceptible, qui n'est pas absolument l'inconscient, qui n'exclut pas un certain goût, mais qui est particulièrement délicate et subtile. Tous ces termes signifient la pleine conscience, la conscience personnelle où le moi se rapporte distinctement ses objets, s'en distingue, les distingue les uns des autres, et les goûte séparément en des émotions précises ; tout cela s'oppose à la foi obscure et nue, à cette forme de l'inconscient qu'il faut substituer à la conscience et dont la venue signifie la genèse divine. De même la propriété s'exprime par la réflexion, qui implique le retour sur soi par la connaissance, la connaissance où

---

1. *Discours*, II, 228.

le sujet se pose comme sujet, s'affirme en soi-même ; connaissance qui s'oppose à une connaissance plus vaste où le moi s'oublie, se perd en quelque sorte. Réfléchi s'oppose à direct ; un acte direct est un acte qui ne se connaît pas comme acte du moi, qui ne s'aperçoit pas. La réflexion s'oppose à la connaissance qui se perd dans le divin et qui n'y distingue plus le moi.

La théorie de la propriété, c'est donc, dans un langage théologique ou pseudo théologique, la théorie psychologique de la conscience personnelle se rapportant, groupant sous la forme de la personnalité, les états de conscience, les précisant par ses opérations, les groupant en volitions ; c'est le moi comme sujet logique, comme sujet de connaissance, comme sujet d'action, comme principe et cause ; comme objet qui se propose à soi-même, comme fin en soi. Et toute âme est affectée de ce signe fatal de la propriété naturelle ; elle est elle-même jusqu'à ce qu'elle se soit pleinement anéantie ; elle est elle-même alors même qu'elle aurait fait cesser l'orgueil de la révolte volontaire contre Dieu.

Or le moi n'est pas Dieu, et il y a en lui Dieu qui aspire à se substituer au moi ; la propriété n'est que la négation de Dieu ; Dieu n'est que la négation de la propriété ; Dieu n'est point une qualité précise, une nature fixe, une détermination, une limitation, un moi. Dieu échappe à ces formes, à toute forme. Pour être Dieu, il faut être au delà de toutes formes, il faut outrepasser les formes de la conscience. Dieu ne se fait point sentir ; Dieu serait bien peu de chose si on ne le possédait que par le sentiment. Dieu est immense, par conséquent au delà du sensible, du distinct, de l'aperçu, de la réflexion. L'incompréhensible ne peut se réaliser dans l'âme qu'en abolissant toute pensée et tout acte apercevable.

Ce processus de réalisation divine c'est la désappropriation, la suppression de la personnalité ; se désapproprier, c'est s'écouler, se perdre en Dieu, mourir, sortir de soi-même, par le renoncement continuel à tout propre intérêt; une fusion, une liquéfaction ; le pur amour, une perpétuelle extase[1]. Elle supprime la personnalité et remplace la conscience personnelle par une conscience plus vaste, l'action personnelle par la motion divine. L'âme s'est ainsi étendue jusqu'à se perdre en Dieu. La désappropriation est donc la substitution à la vie ordinaire commandée par le moi, d'une vie comme impersonnelle, un passage du conscient à cette forme de l'inconscient que nous avons analysée; une transformation du moi dans le non-moi. Toute la matière de la vie psychologique demeure[2]; ce n'est pas une suppression de la vie que recherche notre mystique. La forme seule a changé.

Entre la propriété et l'état où l'âme est désappropriée, où la vie psychologique se poursuit sans le moi, se place l'état affectif de désappropriation, de destruction du moi, le deuxième degré. Cet état est une peine où le moi, faisant l'expérience de son impureté foncière, s'abandonne; il n'y a plus rien à quoi il se puisse tenir, pas même lui-même, puisqu'il vient en cet état à se manquer à lui-même, à force de se voir comme néant : « Toutes les peines de la vie spirituelle ne sont que pour détruire l'âme dans ses répugnances et contrariétés, pour la détruire, dis-je, foncièrement et non en superficie[3]. » Cet état est un progrès : sans lui la désappropriation ne serait pas possible;

---

1. *Torrents*, 248; *Lettres*, III, 407.
2. Fénelon analysant le traité de la vie et de la réunion de l'âme à Dieu : « Dieu après avoir peu à peu arraché à l'âme tout son senti ou aperçu, après l'avoir mise dans l'entière cessation de toute action propre pour la désappropriation de son mouvement naturel et propre, lui rend en passivité tout ce qu'elle avait autrefois en activité. » Masson, 241. Cf. *Cantiques*, ch. 60. 4. « Il faut même alors qu'elle perde la vue aperçue de Dieu et toute connaissance distincte, pour petite qu'elle soit : il n'y a plus de vue ni de discernement où il n'y a plus de division ni de distinction, mais un parfait mélange. » Voir sur la désappropriation un important passage, *Préface sur le Nouveau Testament*, p. 6 au 13ᵉ volume de la Sainte Bible avec des explications (1790).
3. Cet état de néant où l'âme se voit n'est donné comme tel que parce qu'elle

et l'âme ne s'aperçoit comme néant, que parce qu'elle a progressé vers Dieu.

Ainsi cette théorie dogmatique de la propriété et de la désappropriation coïncide exactement avec le processus que nous avons décrit. La doctrine sans doute enveloppe, complète et éclaire l'expérience, mais elle exprime l'expérience.

Nous remarquons ici une fois de plus le caractère positif du mysticisme chrétien. Ce que Mme Guyon se propose ce n'est pas l'absolue inaction, l'absolue inconscience, la stupeur ou la stupidité; ce qu'elle veut ce n'est pas ne plus agir, mais bien n'agir plus que divinement, par motion divine, n'être plus que l'instrument de Dieu, l'action de Dieu[1]; ce qu'elle veut ce n'est pas ne plus sentir, ne plus penser, ne plus être; mais ne plus se sentir, ne plus être le sujet de sa pensée; elle aspire au contraire à sentir « dans une largeur immense », à sentir sa conscience et sa pensée se dilater à l'infini, à être l'infini.

Ainsi les mystiques chrétiens se meuvent de l'infini au précis; ils aspirent à infinitiser la vie et à préciser l'infini[2]; ils vont du conscient à l'inconscient et de l'inconscient au conscient; l'obstacle ce n'est pas la conscience en général, mais la conscience personnelle, la conscience du moi. Le moi est la limitation, ce qui s'oppose à l'infini; les états de conscience libérés du moi, perdus dans une conscience plus vaste peuvent être des modes de l'infini, des états de la conscience divine.

---

est plus proche de Dieu qu'antérieurement : « n'étant pas si proche de Dieu ni exposée à ses yeux purifiants, cela ne paraissait pas. » *Justifications*, II, 268.

1. Comparer Antoinette Bourignon : « Je suis un pur néant... Dieu est tout à moi. Il m'enseigne, il agit, il parle en moi, sans que la nature y contribue que le simple organe. » *La Parole de Dieu, ou Vie intérieure écrite par elle-même de 1634 à 1663*, p. 133.

2. C'est le problème que Mme Guyon pose en ces termes : Comment les âmes qui sont conduites par la foi peuvent avoir sans sortir de Dieu des choses distinctes. *Justifications*, I, 308; *De la Voie et de la Réunion de l'âme à Dieu*, 342; voir *Discours*, II, 340 et suiv.; *Lettres*, III, 400.

CHAPITRE VII

LES MAITRES SPIRITUELS

I. — SAINT FRANÇOIS DE SALES

Nous croyons trouver une analogie très nette entre le développement mystique de Mme Guyon et celui de sainte Thérèse.

Un triple caractère — que nous retrouvons chez les grands mystiques chrétiens — domine chez l'une et chez l'autre : la possession interne du divin, la passivité, la passivité constructive. L'une et l'autre, elles entrent dans une vie nouvelle, dans une vie surnaturelle, lorsqu'il s'installe en elles une certaine intuition de la présence divine, une certaine appréhension d'un Dieu intérieur, intuition passive par excellence et donnée dans un cortège d'états passifs. Et cette passivité construit progressivement la vie mystique, échafaudant la suite d'états, que nous avons décrite.

Entre le premier état de Mme Guyon et le groupe d'états d'oraison — quiétude, union, extase et ravissement — qui occupe la première phase du mysticisme de sainte Thérèse, la ressemblance est apparente; dans l'un et l'autre cas, c'est une intuition de présence divine, donnée dans un état affectif qui varie en intensité et peut-être aussi en qualité (recueillement, quiétude, joie, enthousiasme, etc.) accompagnée de l'inhibition ou de la diminution — suivant l'intensité de l'état — des fonctions intellectuelles, sensorielles et motrices, et de profondes modifications des fonctions organiques. Cet état tend à envahir et à régler la vie ; l'intuition béatifiante amortit la vie sensible ; la passivité amène des automatismes, surtout auditifs et visuels chez sainte Thérèse, surtout moteurs, impulsifs et plus directement impératifs chez Mme Guyon, et qui, chez l'une et chez l'autre, tendent à diriger la conduite.

Si l'essentiel est le même, il y a des différences secondaires ; cet état, semi-extatique chez Mme Guyon, est poussé, chez sainte Thérèse, jusqu'à l'extase franche ; il y a chez elle, autour de l'intuition du divin, des modifications organiques considérables, de l'anesthésie souvent presque totale et de la catalepsie, des phénomènes convulsifs, de l'amnésie et de la torpeur consécutives. Mme Guyon présente assez rarement des états comparables. Ce n'est pas que sa vie soit beaucoup moins riche que celle de sainte Thérèse en accidents nerveux capables de s'ajouter à l'oraison. Mais peut-être est-elle prémunie contre ces phénomènes à grand éclat par la suggestion d'une doctrine qui abaisse la valeur des extases et des ravissements, qui met à un rang inférieur la « voie des lumières » et lui oppose la « voie passive en foi », « la foi obscure et nue » ; ou bien peut-être encore ces phénomènes dédaignés sont-ils passés sous silence ; on néglige aisément de décrire l'insignifiant.

Nous avons vu que pour l'une comme pour l'autre, ce degré d'oraison est incompatible avec la vie, en ce sens qu'il ne saurait se continuer sans anéantir la vie ; qu'il apporte pourtant la présence divine, et que pour diviniser la vie il faut qu'il se continue ; il s'organise un état où l'action, sans laquelle il n'est pas de vie réelle et la contemplation, sans laquelle il n'est pas de présence divine, sont données dans leur union ; de cette exigence sort cette espèce de somnambulisme extatique, d'extase muée en vie dont nous avons vu la description au troisième état. La conscience du moi y disparaît dans une impersonnalité qui atteint l'infini tout en assurant le réel.

Chez l'une comme chez l'autre nous voyons l'état théopathique naître du raffinement de l'oraison et de l'exigence de l'action. L'âme désappropriée est toute remplie de la continuelle présence du divin ; elle l'épanche au dehors en activité apostolique. Les mouvements de la nature ont cessé dans cette liberté intérieure, dans cette indifférence ; les mouvements sont maintenant divins. Ce n'est plus l'âme qui vit, c'est Dieu qui vit en elle.

Il est vrai, ici encore, qu'il y a des différences secondaires ; la septième demeure, depuis le seuil, est protégée par des visions intellectuelles où la Trinité se révèle, par des visions imaginaires où l'humanité de Jésus apparaît, par des messages verbaux, où le Dieu de l'Église intervient lui-même ; toute la distinction du christianisme y figure ; la confuse intuition continue de la présence divine se recouvre d'images précises, de foi explicite. D'autre part sainte Thérèse n'éprouve point la motion divine de la même manière que Mme Guyon ; nous avons vu que c'est surtout par des paroles et aussi des visions, beaucoup plus que par des impulsions soudaines et comme vidées de toute représentation, que le mouvement divin se fait sentir chez elle ; le caractère plus intellectuel de ces automatismes permet plus d'intelligence et de critique, plus de « prudence chrétienne » dans la conduite de la vie. Le Dieu de ce mysticisme est l'efflorescence intime du Dieu de l'Église, et la vie comme la pensée de la sainte demeurent soumises à la précision chrétienne [1]. Il n'y a pas chez Mme Guyon ce continuel souci orthodoxe au sein de la subconscience créatrice, cette réalisation au dehors du Dieu précis de l'Écriture et de l'Église, confirmateur et garant du Dieu confus et ineffable de la tradition mystique, cette habileté à maintenir le christianisme intact à côté

---

[1]. Sainte Thérèse veut n'avoir jamais réglé sa conduite sur ce qui lui était inspiré dans l'oraison, elle veut avoir toujours soumis ses inspirations à ses directeurs. Mais il semble que ses inspirations ont souvent dirigé la pensée de ses directeurs et elle-même par contre-coup, v. p. 34.

d'états intérieurs qui tendent à l'absorber et à l'outrepasser. Mᵐᵉ Guyon s'en va résolument dans l'obscur, dans le « non voir », dans le « non savoir » ; elle critiquerait en sainte Thérèse la confiance dans les « lumières » qui sont justement ce qui égare, Dieu étant au delà de la nuit de l'âme. C'est-à-dire qu'elle se fie pleinement à ces intuitions ineffables, à ces mouvements irraisonnés que nous avons décrits ; elle s'y sent pleinement assurée ; ils sont pour elle Dieu même, sans que rien au dehors soit digne de les confirmer.

Mais l'état théopatique n'est atteint qu'après une crise. La transformation de la personnalité chez nos deux mystiques ne se fait pas naturellement, insensiblement ; elles traversent l'une la peine extatique, l'autre la foi nue et obscure, l'état de mort. Chez toutes deux, ce second état a même fonction : il détruit la résistance à la totale absorption divine. Pour Mᵐᵉ Guyon, le moi ne peut se diviniser qu'en se perdant, se perdre que dans la détresse de soi-même et l'absence de Dieu, l'abandon total et infini : il faut un état de « peine détruisante », d' « opération crucifiante » pour détruire la propriété. Pour sainte Thérèse la peine extatique ne peut apparaître que longtemps après la quiétude, l'union et l'extase, parce qu'elle suppose une exaltation d'amour qui fait sentir toute la douleur de la séparation. L'extase s'y éprouve insuffisante à la totale déification : il faut que la vie s'ouvre tout entière à un équivalent de l'extase. La peine extatique est une extase d'absence divine.

Mais cette peine extatique est à l' « opération crucifiante » de Mᵐᵉ Guyon, ce qu'est l'extase à la passivité amoureuse ; un état aigu au regard d'un état plus paisible, un état intermittent au regard d'un état continu. La peine extatique, les sécheresses et les peines intérieures traversent la vie de sainte Thérèse, sans se fondre les unes avec les autres de manière à former une suite ininterrompue : elles prédominent à une certaine période et par le nombre et par l'importance et c'est ainsi qu'elles peuvent caractériser un état de développement mystique.

Nous en avons assez dit pour montrer l'analogie essentielle sous les différences apparentes. Certes l'Église attribue une valeur très inégale à la réformatrice du Carmel et à la propagatrice du Quiétisme, à la « Priscille d'un nouveau Montan » ; et c'est à elle de juger ce qui s'accorde ou non avec l'idée qu'elle se fait de la sainteté et de l'expérience chrétienne. Il faudrait n'avoir pas lu Bossuet pour ignorer ce qu'elle reproche à Mme Guyon : mais il faudrait n'avoir pas bien lu les mystiques approuvés, ou tout au moins, certains d'entre eux, pour ignorer ce par quoi Mme Guyon leur est semblable. Pour le psychologue, qui n'étudie pas les mystiques d'un point de vue dogmatique, et dont l'objet n'est point de rechercher si les thèses qu'on peut extraire de leurs écrits cadrent ou non avec la théologie scolastique, sont conformes à la tradition ecclésiastique ou sont des hérésies, pour le psychologue qui étudie les faits et leur connexion, les individus et les caractères généraux, Mme Guyon rentre avec sainte Thérèse dans le groupe psychologique, que nous nous efforçons de faire connaître.

Mais cette analogie si frappante ne s'explique-t-elle pas simplement par l'imitation ?

Nous étudierons dans un autre chapitre l'influence de la tradition en général, et des doctrines sur l'expérience des mystiques. Mais il nous faut remarquer ici que Mme Guyon a peu connu sainte Thérèse et ne l'a pas bien comprise. Il nous faut remarquer aussi que les abondantes citations que l'on trouve dans certaines œuvres de Mme Guyon ne doivent pas faire illusion. Il faut distinguer les lectures qu'elle a faites, à un moment où sa vie et sa doctrine étaient déjà fixées, pour chercher des autorités, et celles qui ont pu agir sur la formation de sa vie et de sa doctrine. Lorsque les évêques furent chargés de l'examiner, elle sentit la nécessité, pour fonder la vérité de sa conduite, de s'appuyer sur un autre autorité que sa propre expérience ; dans ses

Justifications elle groupe autour des articles qu'on lui reproche de nombreuses citations d'auteurs mystiques depuis l'Aréopagite jusqu'à saint François de Sales. Mais la plus grande partie de l'érudition mystique qui s'y étale est d'acquisition récente; il est même probable que beaucoup de ces références lui ont été indiquées ou fournies par Fénelon, très familier avec ces auteurs[1]; et ce recours à la tradition mystique date de cette occasion. « Dieu, qui voit le fond des cœurs, sait que cela ne m'est venu dans l'esprit, que depuis que j'ai appris qu'on avait la charité d'examiner mes écrits[2]. »

En mystique convaincue, Mme Guyon s'appuie surtout sur son expérience : dans ceux de ses écrits où elle n'est pas contrainte de faire l'apologie de sa doctrine, on trouve partout des faits et des doctrines qui ont la prétention de n'être que l'interprétation de ces faits ; nous lisons bien dans la Vie quelques citations de saint Jean de la Croix, de sainte Catherine de Gênes, de Tauler, de Suso, de saint François de Sales[3] ; mais encore faudrait-il être assuré que ces citations figuraient dans la rédaction qui a été remise à Bossuet, c'est-à-dire qui était achevée vers 1693 et qu'elles ne sont pas des additions postérieures, puisque Mme Guyon a écrit sa vie jusqu'en 1705 et que la première édition est de 1720[4]. D'autre part, elles n'ont aux yeux de Mme Guyon qu'une importance très faible; elle a la prétention très nette d'avoir vécu par elle-même, c'est-à-dire d'avoir subi une action originale de Dieu : et elle voit dans les ressemblances de vie et de doctrine l'effet d'une action identique de Dieu sur les âmes.

1. Crouslé, *Fénelon et Bossuet*.
2. *Justifications*, I, 2. Il en est de même des citations en note des *Torrents* dans l'édition de 1790 ; une telle profusion de citations ne s'accorde pas avec la façon d'écrire que Mme Guyon signale dans sa lettre préambule, *Torrents*, 131.
3. *Vie*, II, 29; II, 110; II, 224; I, 33, 118.
4. *Lettres*, III, 459 (Masson, 286).

Une lettre, qui est probablement de 1689, cite sainte Thérèse à propos de « cette grâce d'union aperçue, douce et tranquille, où l'âme est très passive, et où elle ne fait aucun effort pour recevoir les écoulements de la grâce de Dieu¹. » Mais il semble bien que M⁽ᵐᵉ⁾ Guyon n'ait pas bien connu la suite du mysticisme de sainte Thérèse, comme le prouve une note des Justifications :

« Elle parle ici d'un état plus avancé de peines plus longues et plus fortes. Comme sainte Thérèse a cessé d'écrire vingt ans avant sa mort, il ne faut pas s'étonner si elle ne parle pas des peines plus considérables ni plus longues. Mais son confesseur écrit apparemment ce qui lui est arrivé depuis. Comme elle n'eut que des peines passagères, elle ne parle non plus que d'une union passagère : parce que l'un suit l'autre². » L'existence de la troisième phase du mysticisme de sainte Thérèse semble avoir échappé à M⁽ᵐᵉ⁾ Guyon, elle n'a connu et compris, que la sainte Thérèse de la « Vie » interprétant les écrits postérieurs³ à la lumière de la Vie, ignorant et la suite historique et le développement psychologique.

Mais elle pourrait avoir subi indirectement l'influence de sainte Thérèse et par saint Jean de la Croix et par saint François de Sales. Elle cite dans sa Vie saint Jean de la Croix pour une doctrine importante⁴ ; elle le cite dans une lettre du 25 juin 1689⁵ ; dans une importante lettre de direction dont la

---

1. Il est très probable que M⁽ᵐᵉ⁾ Guyon a revu et retouché à diverses reprises plusieurs de ses écrits ; l'édition de 1790 des *Torrents* est « retouchée et augmentée sur une copie revue par l'auteur. » En effet certains passages des *Torrents*, p. ex. I, ch. II, I, ch. VII, par. 1 indiquent une rédaction postérieure. La date d'une bonne partie de la *Vie* est authentiquée par les écrits polémiques de Bossuet ; un certain nombre de lettres sont datées ; enfin nous avons les écrits imprimés de 1685 et 1687.
2. *Justifications*, II, 333, n. 6.
3. En effet elle cite souvent les autres ouvrages de sainte Thérèse dans ses *Justifications*, en particulier le *Château*.
4. II, 39.
5. V, 288-291 (Masson, 162) ; à propos il est vrai d'un passage que Fénelon avait lu dans *la Montée du Carmel*.

date n'est pas fixée¹ ; elle a bien compris la suite de son système comme le prouve un passage des *Justifications*². Nous verrons par l'exposé de la doctrine de saint Jean de la Croix de profondes ressemblances. Nul doute, que la lecture de saint Jean de la Croix n'ait agi pour maintenir son mysticisme dans la forme qu'il avait déjà prise, pour le confirmer et l'autoriser. Mais nous n'avons pas de document qui nous permette d'affirmer son intervention à la période de formation, c'est-à-dire avant 1680.

Au contraire nous savons que Mme Guyon a lu vers douze ans saint François de Sales et la vie de sainte Chantal. C'est là qu'elle a connu qu'on faisait oraison ; sa première initiation au mysticisme date de cette lecture, si l'on entend par là que pour la première fois cette lecture a attiré son attention sur l'objet essentiel du mysticisme ; car ce sont surtout des exemples vivants qui ont réalisé en elle cette notion d'abord abstraite et indéterminée ; nous avons vu que Mme de Charost, l'abbé de Toissy, un religieux franciscain ami de son père et peut-être aussi la mère Granger y ont contribué ensemble ou successivement, moins peut-être encore par leurs enseignements et leurs conseils que par leur manière d'être et la puissance suggestive de leur extérieur, qui laissait paraître l'intérieur : « Je voyais sur son visage quelque chose qui marquait une fort grande présence de Dieu³. »

L'action de saint François de Sales sur Mme Guyon peut se résumer, croyons-nous, dans les principes suivants :

1° L'écoulement ou liquéfaction de l'âme en Dieu. Nous savons à quel point Mme Guyon tend à la suppression de la propriété, c'est-à-dire de la limitation naturelle que la forme du moi impose à l'être ; elle admet qu'il suffit que la propriété dis-

---

1. *Lettres*, III, 408.
2. *Justifications*, II, 270, n. b.
3. *Vie*, I, 74.

paraisse pour que l'âme se perde naturellement en Dieu ; cette négation de la propriété a pour suite l'écoulement en Dieu. C'est une théorie que nous trouvons exprimée dans le Traité de l'amour de Dieu, et Mme Guyon a cité, dans ses Justifications, saint François de Sales pour autoriser ses propres vues sur ce sujet. « Une extrême complaisance de l'amant en la chose aimée produit une certaine impuissance spirituelle qui fait que l'âme ne se sent plus aucun pouvoir de demeurer en soi-même ; c'est pourquoi comme un baume fondu, qui n'a plus de fermeté ni de solidité, elle se laisse aller et écouler en ce qu'elle aime, etc.[1]. »

2° L'idée d'une vie surhumaine, que Dieu vit dans l'âme en la pénétrant jusqu'à l'action ; l'extase de l'œuvre et de la vie, supérieure à la simple contemplation. « Ce n'est pas vivre humainement, mais surhumainement ; ce n'est pas vivre en nous, mais hors de nous et au-dessus de nous ; et parce que nul ne peut sortir en cette façon au-dessus de soi-même, si le Père Éternel ne le tire, partant cette sorte de vie doit être un ravissement continuel et une extase perpétuelle d'action et d'opération » (*Traité de l'Amour de Dieu*, II, 28).

« C'est l'extase de la vie et opération de laquelle le grand apôtre parle principalement quand il dit : je vis, mais non plus moi » (*Ibid.*, 31).

3° L'idée de la sainte indifférence du vouloir qui se résigne en Dieu. La volonté morte à soi vit purement en la volonté de Dieu ; simple attente indifférente à tout ce qu'il plaira à la volonté divine d'ordonner (*Ibid.*, 159) ; on sait assez quelles discussions se sont élevées entre Bossuet et Fénelon sur cette opinion et sur les textes de ce genre.

4° L'idée que l'on parvient à cette sainte indifférence par des angoisses spirituelles qui succédant aux joies « rendent l'amour extrêmement pur et net, car étant privé de tout plaisir par

---

1. *Traité de l'Amour de Dieu.* Édition complète d'Annecy, 1894. I, 346.

lequel il puisse être attaché à son Dieu, il nous joint et unit à Dieu immédiatement, volonté à volonté » (*Ibid.*, 147). Après que l'âme s'est dépouillée il lui faut revêtir derechef plusieurs affections « et peut-être des mêmes que nous avons renoncées et résignées ; mais il s'en faut derechef revêtir, non plus parce qu'elles nous sont agréables, utiles, honorables et propres à contenter l'amour que nous avons pour nous-mêmes, mais parce qu'elles sont agréables à Dieu, utiles à son honneur et destinées à sa gloire » (*Ibid.*, 162).

5° L'idée que l'une des meilleures marques « de la bonté de toutes les inspirations et particulièrement des extraordinaires, c'est la paix et la tranquillité du cœur qui les reçoit ; car l'Esprit saint est rarement violent, mais d'une violence douce, suave et paisible » (*Ibid.*, 106).

6° L'idée de la valeur supérieure des états « imperceptibles » d'oraison et peut-être aussi l'usage de ces termes sensible, imperceptible, aperçu, etc. que l'on trouve si souvent dans les écrits de Mme Guyon. La qualité de l'oraison ne peut être « que grandement déliée et presque imperceptible à nos entendements » (*Ibid.*, 302). La quiétude est quelquefois dans l'âme sensiblement et d'autres fois imperceptiblement (339). L'union de l'âme avec Dieu croîtra perpétuellement quoique insensiblement (II, 10). « Aucunes fois cette union se fait si insensiblement que notre cœur ne sent ni l'opération divine en nous ni notre coopération ; ainsi il trouve la seule union insensiblement toute faite.... d'autres fois nous sentons les serrements, l'union se faisant par des actions insensibles, tant de la part de Dieu que de la nôtre » (II, 12). « Soit donques que l'union de notre âme avec Dieu se fasse imperceptiblement soit qu'elle se fasse perceptiblement, Dieu est toujours l'auteur (II, 15).

Puisqu'il est bien établi par son propre témoignage que Mme Guyon a connu saint François de Sales, il semble résulter de ces comparaisons qu'elle a subi profondément l'influence de sa doctrine ; dans les quelques points que nous venons de signaler, il y aurait à la rigueur les grandes lignes de son mysticisme. Mais il ne faut pas exagérer, et nous avons vu ailleurs que son mysticisme s'est donné à elle autrement et sous forme progressive ; il ne s'est pas dessiné d'un coup à son esprit comme une doctrine que l'on reçoit[1].

On pourrait se demander aussi quelle a été l'influence du Père La Combe « Orationis mentalis analysis[2] » sur la doctrine du Moyen Court et d'une manière générale sur le mysticisme de Mme Guyon. L'Analysis a paru en 1686 ; elle est donc postérieure aux Torrents et à peu près contemporaine du Moyen Court. L'écrit n'est pas très original ; le Père déclare lui-même, dans les lettres qu'il écrivait à Mme Guyon de sa prison de Lourdes et que nous étudierons plus tard, que sauf la préface il n'y a presque rien de lui dans cet écrit et que tout le fond en est emprunté aux grands mystiques. D'autre part de même qu'ils mêlaient et confrontaient leurs expériences, il semble que La Combe et Mme Guyon aient rapproché leurs écrits ; c'est ainsi qu'en 1698 on saisit dans les papiers de La Combe à Lourdes un Moyen Court et facile « corrigé et plus expliqué sur celui de Mme Guyon, quatre ou cinq ans avant les censures des évêques » ; la Règle des Associés à l'enfance de Jésus « sur le même dessein que celui de Mme Guyon, commencé à Verceil en Piémont avant que l'autre eût paru[3]. »

---

1. La lecture de saint François de Sales a pu contribuer à renforcer l'action de sainte Thérèse sur Mme Guyon ; sainte Thérèse est une des inspiratrices de saint François de Sales ; mais nous venons de voir et que Mme Guyon a connu directement sainte Thérèse et qu'elle ne l'a pas très bien connue et comprise. Quant à saint Jean de la Croix, saint François de Sales ne l'a pas connu. Certains critiques ont cru à tort démêler dans le Traité de l'Ame de Dieu, l'influence de saint Jean de la Croix dont les œuvres n'ont été publiées que deux ans après le Traité qui est de 1616. Voir édition d'Annecy, Introduction, 53.

2. Vercellis, 1686.

3. Déclarations du P. La Combe à l'évêque de Tarbes, 9 janv. 1698. Bossuet, XXXIX, 344.

L'Analysis distingue trois espèces d'oraison mentale : la méditative, l'affective et la contemplative. La contemplation est définie « simplex Dei intuitus » (19). Elle implique l'omission des actes, le silence, une simple adhésion de l'intelligence « placida fruitio ». Elle est la fin de toute oraison et appréhende Dieu « super intelligibilia omnia » ; « adeo sub sacra fidei caligine delitescit » (33).

La Combe déclare qu'il serait antichrétien de réprouver l'un de ces modes d'oraison ; ces diverses espèces conviennent à différentes âmes.

Nécessité dans l'oraison de ramener la pensée à l'unité, par conséquent de renoncer à tout amour, à tout désir ; nécessité de s'abstenir de tous les actes et de toutes les formes. Disparition de la conscience personnelle. « Non est perfecta oratio, in qua se monachus, vel hoc ipsum, quod orat, intelligit » (74) ; quand notre oraison est distinguée et comprise par nous, elle est de moindre valeur, « quippe quidquid corde nostro continetur, minus utique corde nostro est » (80). Il distingue la contemplation active et la contemplation infuse [1]. De la répétition des actes naît une habitude qui leur est semblable ; il se forme d'eux une habitude de l'oraison [2].

Cette étude rapide de cet ouvrage quelconque confirme ce que nous avons établi d'ailleurs ; de ce couple mystique Mme Guyon est la personne principale ; dirigée en apparence, elle se dirige au moyen d'un directeur qu'elle dirige ; pour la

---

[1]. La première « quâ homo per simplices et unitos actus, at sponte propria elicitos, atque in ejusdem arbitrio positos in divina tendit » 83 ; la deuxième « quae per simplicissimos quidem et unitissimos actus, in divina erigitur : verum divinitus infusos, nec in hominis arbitrio relictos », 84.

[2]. Cf. la lettre (Fénelon, XXIX, 179) où il combat contre Molinos « la continuation de son acte de foi non interrompu, ce qui est d'autant plus ridicule qu'il la veut établir même dès les premiers pas de la vie intérieure, au lieu que ce privilège n'est que pour les parfaits contemplatifs qualifiés d'une contemplation infuse. » De même il combat contre Malaval l'exclusion de Jésus-Christ de la contemplation.

doctrine comme pour la vie elle est la maîtresse et l'initiatrice. Ses écrits ont une autre envergure que l'Analysis.

Enfin il est difficile d'admettre l'influence de Molinos sur Mme Guyon puisqu'elle affirme n'avoir entendu parler de lui qu'à l'époque où elle fut inquiétée par l'Église, et elle n'a connu Malaval qu'alors que sa doctrine était toute formée[1].

II. — LA DOCTRINE DE SAINT JEAN DE LA CROIX

Nous ne pouvons pas faire pour saint Jean de La Croix la même reconstruction historique que pour sainte Thérèse et Mme Guyon ; nous n'avons ni autobiographie, ni documents personnels et directs sur sa vie ; ses biographies sont faites sans habitude psychologique, sans méthode historique précise. Tout ce que nous avons le droit d'en conclure, c'est que le mysticisme de saint Jean est expérimental, en même temps que doctrinal ; son système repose sur une expérience et la décrit[2]. Si saint Jean apparaît justement comme le théoricien de l'école mystique de sainte Thérèse, il serait inexact de le considérer comme un pur théoricien. Ses écrits ont pour nous un grand intérêt. Sans que nous puissions préciser le rapport de la vie au système, de l'expérience à la doctrine, nous savons que la doctrine plonge dans l'expérience, et qu'elle est l'expression et comme la description abstraite des moments d'une vie ; nous y trouvons une confirmation indirecte de la loi d'évolution mystique, que nous avons extraite directement de faits précis.

---

1. *Vie*, II, 246.
2. *Montée du Carmel* (1542-1591). Préface. — Saint Jean de la Croix, disciple fidèle et pieux de sainte Thérèse, est entré au Carmel en 1563 ; en 1568, sainte Thérèse le décida à participer à la réforme du Carmel ; c'est lui aussi un habile conducteur d'hommes, un subtil connaisseur d'âmes. Sur son attachement à la doctrine de sainte Thérèse, v. *Cantique*, XIII.

D'autre part saint Jean de La Croix, qui a étudié saint Thomas, qui a lu l'Aréopagite et saint Grégoire[1], rattache le mysticisme que nous avons analysé jusqu'à présent au grand courant du mysticisme spéculatif; il nous montre clairement, sous le raffinement et la complication, l'unité profonde ; il dégage les principes qui conduisent, qu'il en ait ou non conscience, la vie du chrétien mystique, et ces principes se trouvent formulés dès le système néoplatonicien de l'Aréopagite. Enfin l'autorité qu'il a vite conquise pose le problème de son influence ; les écoles mystiques françaises du xvii° siècle sont dominées par son enseignement[2].

La mystique de saint Jean de la Croix est dominée par la vieille théorie, chère à l'Aréopagite et venue du néoplatonisme, la théorie du Dieu incompréhensible et ineffable, au-dessus de toutes les manières d'être ; s'unir à ce Dieu est la fin de toute vie mystique ; il est lui-même la puissance qui à tous les degrés de la vie mystique dirige l'âme vers cette union. Mais pour atteindre ce qui n'est exprimé par aucune qualité, pour devenir ce qui n'est aucune des formes de l'être, aucun être, il faut perdre toutes les qualités, toutes les formes de l'être. La vie mystique c'est le dépouillement nécessaire et contraint de toutes les puissances humaines, l'anéantissement de l'âme selon ses opérations et son activité naturelle. Les représentations de l'imagination, les opérations de l'entendement, les actes de la volonté ne donnent rien qui soit Dieu : on ne parvient à lui que par l'aveuglement des facultés et par la foi ; il faut que l'âme se vide des lumières naturelles, pour être remplie de lumières surnaturelles. On n'arrive à Dieu que par la négation de ce qui n'est pas Dieu[3].

1. Collet. *Vie de saint Jean de la Croix*, 1749 ; Dosithée de saint Alexis, *Vie de saint Jean de la Croix*, 1727.
2. Sur l'édition des œuvres de saint Jean de la Croix et les traductions françaises, v. Poulain, o. c., 580. On trouvera dans le même ouvrage, p. 199 et suiv., une très bonne étude sur saint Jean de la Croix.
3. « Vous direz peut-être qu'elle ne connaît rien distinctement et en par-

Mais cette connaissance confuse n'est point conquise en une étape ; les représentations venues des choses étant rejetées, l'âme peut être élevée à un mode surnaturel de connaître, qui soit encore distinct, clair et particulier ; les visions, les révélations, les paroles intérieures et les sentiments spirituels traduisent Dieu en espèces et l'offrent à l'esprit. Mais aucune des espèces surnaturelles n'est Dieu lui-même ; seule une connaissance confuse, obscure, universelle, le peut atteindre ; c'est la foi, l'obscurité de la foi, l'aveuglement de la foi, l'abîme de la foi. « Plus l'âme se fixera dans la connaissance distincte, claire et surnaturelle de quelque objet, moins elle aura de disposition et de capacité pour entrer dans l'abîme de la foi, où toutes les autres choses sont absorbées [1]. »

Ainsi il y a une connaissance obscure et éminente, qui est la négation de toutes les connaissances distinctes, claires et particulières et qui appréhende Dieu lui-même au delà de toutes formes. La foi s'oppose non seulement aux discours de la méditation, mais encore aux lumières surnaturelles de la contemplation distincte ; elle est l'appréhension de Dieu au delà de toutes formes.

L'union divine abolit toutes les espèces et toutes les images ; est-elle l'inconscience ? Non, elle est une connaissance éminente et vraiment divine [2]; elle est néant seulement par rapport à la connaissance distincte, claire et particulière, néant pour appréhender un infini. Est-elle l'inaction, l'oubli du monde créé, le renoncement à la vie chrétienne enveloppée dans

---

ticulier, je l'avoue, et j'ajoute que si elle avait cette connaissance distincte, elle ne ferait aucun progrès, parce que Dieu étant incompréhensible, il surpasse la portée de l'entendement. C'est pourquoi, plus l'âme s'avance vers Dieu, plus elle doit se retirer d'elle-même et de ses lumières ; elle ne doit marcher que par l'obscurité de la foi, et non par la clarté de ses connaissances naturelles. En croyant et en ne concevant rien, elle s'approche davantage de Dieu. » *Vive flamme*, ch. IX (3ᵉ vers du 3ᵉ Cantique).

1. *Montée du Carmel*, l. III, ch. VI.
2. *Vive flamme*, I et IV.

la nature, dans cette nature que semble supprimer le développement de la connaissance mystique? Pas davantage ; ici intervient un principe limitatif du premier : Dieu qui est au-dessus de toutes les formes de l'être est le principe de toutes les formes de l'être. Il ne détruit pas la nature ; il la porte à sa perfection. Il agit d'une manière surnaturelle les œuvres de la nature dans l'âme qui s'est élevée au-dessus de la nature.

Nous trouvons ici en une théorie explicite la tendance que nous avons aperçue et dégagée chez sainte Thérèse et chez Mme Guyon et qui nous paraît le fond même du mysticisme chrétien ; l'identification progressive de l'action et de la contemplation, l'organisation après la contemplation séparée de la vie, d'un état plus vaste qui fasse pénétrer jusqu'au fond de la vie le divin appréhendé par la contemplation.

A son début la contemplation en même temps qu'elle retient l'esprit dans un état qui est encore du précis et du défini, dans une certaine forme d'amour et de douceur, abolit les images qui représentent les choses et avec elles la possibilité des actes : la précision qu'elle enferme à l'égard de Dieu est justement la raison de son imprécision à l'égard du monde : absorbé dans la forme affective ou intellectuelle qui lui représente Dieu, l'homme est dépouillé de ce qui lui représentait le monde. C'est justement le progrès de la contemplation qui en la rendant plus indéterminée, la rend plus capable de toutes les déterminations. Ce que saint Jean de la Croix appelle la contemplation, la voie de ceux qui avancent, l'état des contemplatifs correspond au premier état de Mme Guyon[1], à la succession d'états mystiques que sainte Thérèse distingue en quiétude,

---

1. Une réserve s'impose. Mme Guyon distingue la voie passive de lumière qui semble contenir les extases, ravissements, paroles extérieures, etc., que saint Jean enveloppe dans l'état des contemplatifs et la voie passive en foi qui comporte les trois degrés que nous avons analysés et dont le premier correspond à une sorte de contemplation assez calme, sans extase ni phénomènes extraordinaires. *Torrents*, ch. III et suiv.

union, extase, ravissements. Cet état n'est point définitif : Dieu s'y donne, sous une forme qui retient l'âme en elle-même, à l'âme qui par elle-même se retient encore en elle-même ; c'est-à-dire que la contemplation fixe l'âme sur l'objet qu'elle lui présente et le détourne des autres ; et ainsi l'âme est vide d'actions ou du moins ses actions n'ont pas leur source dans la contemplation même, trop précise et trop définie ; et d'autre part sortie de la contemplation qui n'est pas permanente, l'âme est elle-même, par son activité naturelle, la source de ses actes.

C'est ainsi que chez les commençants l'âme retenue par la contemplation est dépouillée de toutes les images. Pendant que cette union dure, l'oubli est tel qu'il s'écoule beaucoup de temps sans que l'âme s'aperçoive et sache ce qu'elle a fait : « Si on faisait même souffrir le corps, elle n'y ferait nulle attention, et l'imagination ne serait pas alors capable d'en réveiller le sentiment... l'âme toute abîmée en Dieu, oublie le boire et le manger, et elle ne sait si elle a fait quelque chose ou non ; si elle a vu ou non ; si on lui a parlé ou non[1]. » Mais il y a un état supérieur — celui que nos mystiques appelaient union transformante, mariage spirituel, où l'action même sort de la contemplation, où la distinction du moi et de Dieu ayant cessé, c'est Dieu seul qui agit dans l'âme. A ce degré, il devient possible à la fois d'être en Dieu et d'agir dans le monde : le naturel est pleinement suppléé par le divin ; Dieu même fait dans l'âme ses opérations. Il n'y a donc pas à craindre qu'en cessant de faire usage de ses facultés, l'homme devienne stupide et tombe au rang des bêtes ; ni qu'il oublie les choses raisonnables et morales parce qu'il a perdu les idées qui peuvent les représenter à son esprit. C'est Dieu qui représente à l'esprit ce qu'il est nécessaire qu'il voie, à la volonté ce qu'il est nécessaire qu'elle fasse. En devenant la foi obscure, la contemplation

---

1. *Montée du Carmel*, l. III, ch. 1.

est devenue le principe indéterminé des déterminations actives : « Mais lorsqu'elle est affermie dans l'habitude de l'union qui est son souverain bien, elle ne souffre plus ces oubliances dans les choses raisonnables, dans les choses morales, ni dans les choses naturelles : au contraire elle est plus parfaite dans les opérations convenables à son état, quoiqu'elle les produise par le ministère des images et des connaissances que Dieu excite d'une façon particulière dans la mémoire. Car lorsque l'habitude de l'union, qui est un état surnaturel, est formée, la mémoire et les autres puissances quittent leurs opérations naturelles et passent jusques à Dieu qui est à leur égard un terme surnaturel. En sorte que la mémoire étant toute transformée en Dieu, ses opérations ne lui sont plus imprimées, et ne demeurent plus attachées à elle. La mémoire et les autres facultés de l'âme sont occupées de Dieu avec un empire si absolu qu'elles semblent être toutes divines et que c'est lui-même qui les meut par son esprit et par sa volonté divine, et qui les fait opérer en quelque façon divinement : puisque celui, dit l'apôtre, qui s'unit au Seigneur, devient un même esprit avec lui. Il est donc véritable que les opérations de l'âme, étant unies totalement à Dieu, sont toutes divines. C'est pourquoi ces opérations sont toujours conformes à la raison, et ne sont jamais autres qu'elles doivent être ; car le Saint Esprit fait savoir à ces âmes ce qu'elles doivent savoir, ignorer ce qu'elles doivent ignorer, se souvenir de ce dont elles doivent se souvenir, oublier ce qu'elles doivent oublier, aimer ce qu'elles doivent aimer, et ne pas aimer ce qui n'est pas Dieu. Si bien que les premiers mouvements de leurs puissances sont, en quelque sorte, divins, parce que ces puissances sont comme transformées en Dieu[1]. »

Ainsi, à cet état d'union transformante, l'homme demeure

---

[1]. *Montée du Carmel*, III, ch. 1.

uni à Dieu en agissant dans le monde, parce que c'est Dieu qui agit par lui ; et cette action ne trouble pas l'union, parce que l'union s'opère par foi confuse, obscure, universelle, c'est-à-dire sans état précis qui la qualifie ; elle enveloppe en quelque sorte de sa confusion, elle baigne de son indétermination l'action qui la détermine : il ne peut y avoir conflit, opposition, incompatibilité qu'entre deux états déterminés ; ici l'action, humaine en apparence, sort du fond de l'indétermination divine qu'elle réalise pour un moment ; l'infini se fixe un instant et se fait le réel ; l'âme ne sort pas de l'infini, tout en opérant la réalité [1].

A l'appui de cette théorie, saint Jean cite deux exemples : 1° une personne supplie l'un de ceux qui sont élevés à cet état de prier pour elle. Celui-ci ne garde dans sa mémoire aucune image de cette demande, de sorte qu'il ne se souvient pas de prier ; mais s'il est expédient qu'il présente cette prière, Dieu lui donne au moment voulu le désir de prier. 2° Un homme doit faire, à une heure marquée, une chose importante et nécessaire ; mais il n'en a aucune image dans sa mémoire, et il ignore même comment il s'y doit comporter ; alors Dieu lui en présente l'idée et lui fait connaître infailliblement et sans défaut le temps et la manière d'agir [2].

---

[1]. Il y a ici obscurément un autre principe néoplatonicien : L'un ne cesse pas d'être en soi-même, tout en sortant de soi. Plotin. *Ennéades*, VI, 9, 5, 763 B.

[2]. *Montée*, III, c. 1. Cf. *Vie de sainte Catherine de Gênes* (2ᵉ éd. revue et corrigée par le R. P. Millet). Paris. « Ce qu'il y a de plus remarquable et de plus extraordinaire, c'est qu'en remplissant avec un zèle incomparable ses laborieuses fonctions de directrice, elle se bornait à obéir à l'impulsion divine qui la poussait à travailler, à marcher et à parler, mais sans faire pour ainsi dire d'acte de volonté. Les puissances de son âme étant complètement submergées en Dieu, elle restait étrangère à tout ce qui se passait autour d'elle : « Elle était si pleine de Dieu — dit son plus ancien historien — que l'accès de son cœur et de son esprit demeurait entièrement fermé aux créatures, elle était par conséquent incapable d'appliquer sa mémoire, son intelligence et ses autres facultés aux actions extérieures ; mais lorsque cela devenait nécessaire, le Seigneur la rendait à elle-même de façon qu'elle pût opérer au dehors (*Vie*, éd. de Gênes, ch. VIII, p. 20). »

On trouve peu d'âmes à qui Dieu communique ces sortes de mouvements en tous temps et en toutes choses; mais il y en a quelques-unes : Quicumque enim Spiritu Dei aguntur, ii sunt filii Dei.

Cette théorie nous paraît enfermer l'essence de la doctrine de la motion divine, que nous avons étudiée tout au long; elle répond, par la même construction aux mêmes exigences : 1° la totale absorption en Dieu; 2° la substitution de l'action divine à l'action humaine dans l'homme anéanti en Dieu.

L'état d'union est le sommet de la vie mystique; on y arrive par l'état des commençants et l'auteur désigne sous ce nom tous ceux qui se servent encore de la méditation dans la vie spirituelle; puis par l'état des contemplatifs; et il faut entendre par là tous les états inférieurs à l'union que nous venons de décrire, les quiétudes, les extases, les ravissements. Mais ce progrès ne dépend pas de la volonté humaine : ce n'est pas par une opération volontaire que l'âme se dépouille de ses opérations, sort de soi-même « en s'abandonnant par la foi pure à l'obscurité, qui n'est autre chose que la nuit de son esprit et de ses puissances naturelles ». Cette purification est passive et l'âme la subit comme une contrainte et comme une peine. C'est peut-être la caractéristique de la doctrine de saint Jean d'avoir mis au premier plan le processus douloureux de la purification, les peines de la vie spirituelle; il traite avant tout de ce qu'il appelle la nuit des sens et la nuit de l'esprit, c'est-à-dire de ces états où l'âme dépouillée de ce qui faisait sa perfection et sa joie, se trouve en dénuement, en détresse et en horreur à elle-même. Alors que sainte Thérèse et Mme Guyon par exemple insistent longuement sur les joies, les lumières de la vie spirituelle et sur les phases positives, si l'on peut dire, saint Jean insiste surtout, presque uniquement, sur la vie nocturne de l'âme et sur les phases négatives. Il décrit longuement une épreuve d'aridité et de sécheresse — la nuit du sens — qui de l'état de méditation conduit à la contemplation : cet état est décrit particulièrement et d'ensemble par lui seul : on n'en trouverait que des traits épars chez les autres mystiques que nous signalons ; ils mettent bien au seuil de la vie mystique une période d'inquiétude et de trouble, mais leur description est moins serrée. Entre la contemplation et l'union, il décrit une seconde purification, la nuit de l'esprit, qui renferme en substance tout ce que nous avons déjà signalé dans la peine extatique de sainte Thérèse ou la mort mystique de Mme Guyon.

En effet, à saint Jean comme à tous ces mystiques, l'état contemplatif paraît enfermer des imperfections, qui obligent à le dépasser comme un état provisoire. La contemplation n'est pas assez pure, assez spirituelle : les joies qu'elle apporte redondent sur le corps, entraînant des phénomènes organiques qui la vicient. « C'est de là que prennent leur origine les extases et les violentes secousses du corps, jusqu'à disloquer en quelque manière les os, parce que ces communications ne sont pas purement spirituelles, c'est-à-dire ne se font pas à l'esprit seul, telles qu'elles se trouvent dans les parfaits qui ont été purifiés dans la seconde nuit, et qui ne sont plus sujets à ces ravissements ni à ces agitations de corps parce qu'ils jouissent d'une pleine liberté d'esprit, sans souffrir ni l'obscurité, ni l'abstraction des sens[1]. » D'autre part l'homme abuse des biens spiri-

---

1. *Obscure nuit*, II, ch. II. Cf. *Cantiques*. — Cf. Antoinette Bourignon : *La Parole de Dieu, ou Vie intérieure écrite par elle-même de 1634 à 1663* : « Je ne vivais plus, mais lui vivait en moi. Les consolations intérieures passaient souvent jusques au corps qui perdait tout sentiment à mesure qu'il oubliait les choses de la terre. Mon esprit s'évanouissait. Je me délectais sensiblement à ces douceurs, où je passais quelques heures sans rien sentir, ni savoir si j'étais au monde ou au Paradis. Je me complaisais à ces évanouissements : doutant néanmoins si l'on se pouvait bien laisser aller à de tels contentements durant cette vie mortelle, je le demandais à Dieu ; il me répondit : « Ce sont des faiblesses de la nature. Soyez plus virile. Je suis pur esprit, insensible à la chair », 35. Comme elle avait des tressaillements de cœur en

tuels qu'elle apporte : il s'attache à ces goûts spirituels, à ces représentations extraordinaires ; il s'y assure ; or c'est là encore se rechercher soi-même, ce qui est assurément contraire au pur amour[1]. Enfin dans cet état le fond de la nature humaine n'est pas encore détruit ; les habitudes imparfaites subsistent.

Il y a donc après la période exaltée et joyeuse de la contemplation une période de dépression et de peine qui est comme la purification de la première. La contemplation n'est pas la fin de l'âme, puisque l'âme n'y trouve pas Dieu lui-même et s'y trouve encore. Il faut qu'elle achève de se purifier de soi-même, de quitter sa manière de connaître et d'agir et qu'elle perde du même coup ce qu'il y avait de distinct et de sensible dans sa vision de Dieu. Or cette destruction, cette extinction radicale ne peut être que douloureuse : l'âme est une réalité positive qui veut vivre, qu'il s'agit d'éteindre et qui ne se laisse éteindre qu'avec peine et dans la mort ; l'opération qui la dépouille, l'affaiblit, la consume, la mortifie ; c'est une mort qui lui fait horreur ; et mourant à elle-même, s'abandonnant elle-même, elle se croit rejetée de ce Dieu qu'il lui faut perdre pour le retrouver en vérité. L'entendement est dans les ténèbres, la volonté dans les sécheresses, la mémoire dans la privation de toute espèce et de tout souvenir ; tout n'est qu'affliction et dénuement.

Le propre de cet état et ce qui fait son efficace, c'est que l'âme s'y apparaît à elle-même dans toute son horreur. Mais

---

priant, il lui fut dit : « Tout ce qui est visible et sensible à la nature, ce n'est point moi. Je suis pur esprit. Les mouvements de l'âme les moins sensibles sont les plus parfaits, et où le diable ne peut avoir de prise : mais bien dans les sensibilités », ibid., 64. — « Les saints même ont en ce point commis des fadaises d'esprit par des visions; paroles de voix, extases ou autres sensibilités ; à quoi contribue l'imaginative. Dieu est pur esprit », ibid., 133 et suiv.

1. *Montée du Carmel*, I, ch. vii. Mme Guyon appellera propriété cette recherche et cet attachement.

cette horreur n'est visible que sur un fond de lumière divine, par cette contemplation obscure, inconnue, qui lui donne Dieu au-dessous d'elle-même, de sorte que sur ce fond divin elle s'expérimente elle-même « si impure et si misérable, qu'elle croit que Dieu lui est contraire et qu'elle-même lui est opposée[1]. » « La cause et la source de ces sentiments est, parce qu'elle a abîmé son esprit dans la connaissance d'elle-même et de ses propres misères. Car cette divine lumière, quoiqu'obscure, les lui découvre toutes distinctement et lui persuade que d'elle-même elle n'a que le mal[2]. » « Dieu opère toutes ces choses par cette obscure contemplation dans laquelle l'âme sent ce vide avec la suspension, ou la soustraction de tous les appuis qu'elle trouvait dans la nature[3]. »

Cette épreuve est donc un état mystique : ce n'est pas simplement la cessation, la suppression de la contemplation, et l'installation — en son lieu et place — d'une peine quelconque. Cet état est encore une contemplation, mais plus avancée ; l'horreur que l'âme a d'elle-même n'est possible que parce que Dieu lui apparaît au-dessous d'elle-même. Au degré précédent de contemplation pourrait-on dire, c'est Dieu qui était au premier plan et le moi disparaissait dans un fond obscur ; maintenant l'inverse a lieu et c'est le moi qui se détache dans toute sa splendeur d'impureté sur une intuition qui n'est point aperçue. Le moi pécheur et vicié ne peut s'apparaître à ce point miséra-

---

1. *Obscure nuit*, II, ch v.
2. *Ibid.*
3. *Ibid.* « La première et la principale peine que l'homme souffre dans cet abîme ou dans ce puits de douleur où il est descendu est une peine remarquée par le P. Jean de la Croix ; elle consiste en un sentiment de la majesté de Dieu qui environne l'âme comme l'Océan environne un petit poisson ; mais comme c'est avec un poids et des menaces terribles, c'est un travail presque inconcevable. » P. Surin, *Guide spirituelle*, Paris, 1836, p. 34. C'est dans le même sens que Mme Guyon écrivait que Dieu, lumière béatifique, est un tourment infini à l'âme propriétaire et souillée de taches. *Justifications*, I, 296 (à l'explication des mots foi nue et obscure).

ble que devant Dieu, sur un fond de contemplation inconsciente ; il ne peut se sentir nié, repoussé, anéanti, que s'il sent obscurément opérer une force contraire. Il n'aperçoit que la négation ; mais cette négation repose sur un fond inaperçu d'affirmation et d'action.

Cette peine est générale ; elle envahit l'âme entière. Non seulement les puissances de l'âme sont liées de telle sorte qu'elles ne peuvent s'élever à Dieu, mais encore « elle ne saurait même s'occuper des affaires temporelles et souvent elle est hors d'elle-même, et elle perd la mémoire de toutes choses, de telle sorte qu'elle passe plusieurs heures sans savoir ce qu'elle a fait : elle ignore aussi quelquefois ce qu'elle fait ou ce qu'elle doit faire et n'est presque pas attentive à ses actions, quelque effort qu'elle fasse pour l'être[1]. » Dans cet état le sentiment du mal présent est renforcé par le souvenir des prospérités passées et par l'inquiétude sur l'avenir : rien ne rassure. Le feu de ces peines est quelquefois si violent « que l'âme croit voir l'enfer ouvert sous elle et tout prêt à l'engloutir[2] ».

Ainsi la vie mystique est une simplification, une purification qui vide l'âme de la multitude des passions et des représentations et la met en possession d'une contemplation distincte d'abord, puis confuse, laquelle est l'union avec Dieu ; à ce degré d'extrême indétermination réapparaît la détermination des actes ; l'action précise sort de la contemplation confuse ; l'état divin par excellence est cette union de la contemplation et de la vie. La vie mystique est un progrès : elle a ses degrés et l'âme s'approche par une simplification progressive de la complication suprême. Mais, dans cette marche, elle oscille en apparence entre des termes opposés ; ce qui fait la valeur du second état c'est qu'il contredit le précédent ; la synthèse finale

---

1. *Ibid.*, I, ch. VIII.
2. *Obscure nuit*, II, ch. VI.

ne s'établit qu'après la thèse et l'antithèse. « Ces changements sont ordinaires aux contemplatifs ; ils montent souvent à ce qu'il y a de plus sublime en la vie spirituelle, et souvent ils descendent à ce qui s'y trouve de plus bas ; et de cette manière ils ne demeurent presque jamais en même état, jusques à ce qu'ils soient confirmés dans un repos parfaitement inaltérable. La cause de ces vicissitudes vient de deux sources, du parfait amour de Dieu, et du mépris sincère que l'âme fait d'elle-même. Elle aime Dieu et c'est ce qui l'élève en haut ; elle connaît sa bassesse, elle se méprise et c'est ce qui l'abaisse. Mais lorsqu'elle a acquis la dernière perfection, l'habitude de l'amour divin, les divers degrés d'élévation et d'abaissement cessent, parce qu'elle est arrivée au terme qu'elle désirait et à l'union de Dieu, qui est au haut de cette échelle mystique[1]. »

Ainsi le mysticisme est avant tout devenir et progrès. Il pose, en vertu d'une nécessité interne, les contraires ; aucune des déterminations qui se succèdent, aucun des états où il s'arrête n'équivaut à ce progrès ; pour réaliser sa fin, l'union divine, il faut qu'il ait d'abord détruit le Dieu précis et le moi précis, deux termes qui s'opposent en cherchant à s'unir. Le Dieu qu'il aspire à réaliser est donné moins dans les états où il se fixe que dans le progrès qui entraîne au delà de chacun de ses états, jusqu'à ce qu'il s'installe enfin un état définitif qui échappe aux imperfections des précédents : « Car les goûts délicieux, les impressions divines ou les sécheresses et la privation des consolations intérieures ne sont pas des preuves ou plus fortes ou plus faibles de sa présence et de sa possession... Lors donc que l'âme est pénétrée de ces sentiments extraordinaires, elle ne doit pas se persuader que Dieu soit essentiellement en elle ; mais aussi lorsqu'elle est vide de ces dons sensibles, elle ne doit pas s'imaginer que Dieu soit éloigné d'elle,

---

1. *Obscure nuit*, II, ch. xviii.

puisqu'elle ne peut connaître par la jouissance ou par la privation de ces biens si elle est en la grâce de Dieu ou non[1]. »

Ce progrès est une contrainte interne. Loin qu'il dirige ses états, le mystique est entraîné par leur succession ; il ne sait où il va ; il marche dans l'inconscience et dans la nuit : « Mais tout cela se fait la nuit, pour nous apprendre que l'âme s'avance vers Dieu par ce chemin pendant la nuit de la contemplation. Ceci paraît évidemment par les sentiments de l'âme, qui sont des preuves claires de ses ténèbres. Car lorsque quelque chose lui est utile, telle qu'est son anéantissement devant Dieu, elle croit que c'est sa perte ; et lorsqu'elle lui est fructueuse, elle s'imagine qu'elle n'en tire aucun profit. Ainsi elle se persuade que la dévotion sensible et les consolations lui sont avantageuses, quoiqu'en effet elles soient contraires à son avancement spirituel[2]. » — « On n'y va qu'en ignorant où l'on va et comment on y va. Car parlant dans le sens des mystiques, on n'a point la connaissance de ces choses telles qu'elles sont pendant qu'on les cherche ; mais on les entend lorsqu'on les a trouvées et qu'on en a l'usage[3]. » — « L'âme ignore l'opération qui s'accomplit en elle quand cette purgation est forte et l'occupe tout entière ; elle la connaît, quand l'opération est interrompue et s'affaiblit. » « Elle n'a point l'expérience de ces nouvelles routes, qui la conduisent dans l'obscurité et qui l'écartent de ses premières opérations[4]. »

C'est bien le moi, l'attachement à soi-même, la propriété que cette purification mystique veut détruire : la propriété qui consiste à vouloir goûter des délices spirituelles, c'est-à-dire à se rechercher soi-même ; et plus profondément la propriété comme activité naturelle. L'âme s'unit à Dieu en renonçant à

1. *Cantiques*, I.
2. *Obscure nuit*, II, ch. xviii.
3. *Ibid.*, II, ch. xvii.
4. *Ibid.*, II, 10 et 16.

ce qui lui est propre, c'est-à-dire « à ses connaissances, à ses sentiments, à son imagination, à son jugement, à sa volonté, à quoi que ce soit qui lui soit propre[1] ».

Telles sont les grandes lignes de ce mysticisme actif et progressif qui par de là toutes les déterminations même passives de l'intelligence ou du sentiment, cherche l'indéterminé pur, sans vouloir renoncer aux déterminations de la vie pratique. Ici encore nous assistons à une réalisation progressive de l'objet de contemplation par la conscience active. Rien de tout ce qui peut contenter le cœur n'est Dieu : les puissances de l'âme ne peuvent l'atteindre parce qu'elles ne peuvent atteindre que du particulier et du distinct. L'âme ne s'unit pas à Dieu par le sentiment mais par l'opération de la volonté[2] ; et elle est conduite sans elle et malgré elle à cette identification par une série de démarches ; le mieux qu'elle puisse faire, c'est de se laisser conduire ; ne pas s'inquiéter, ne pas vouloir agir[3] ; sous la surveillance de l'Église et d'un bon guide spirituel, sans résistance ni coopération indiscrète, laisser s'accomplir le plan mystique.

---

1. *Montée du Carmel*, II, 4. « Quitter sa manière de connaître et d'agir, c'est se transformer en Dieu... en effet l'âme, qui est dans cet état, n'a plus ses manières de connaître, de goûter les choses créées, de les sentir, et ne peut plus s'y attacher », *ibid.* ; « renoncer à toute propriété, en s'affranchissant de tout ce qui concerne l'esprit et la partie supérieure », *ibid.*, ch. VII ; « s'anéantir en tout ce qui touche l'esprit et quitter toute sorte de propriété », *ibid.*, ch. VII.
2. *Lettres*, I. Cf. *Montée*, II, ch. V.
3. *Vive flamme*, 14 ; cf. *Nuit obscure*, I, ch. X.

CHAPITRE VIII

Mme GUYON ET L'ÉGLISE

C'est l'évêque de Chartres, Godet Desmarais, qui donna l'éveil sur la doctrine de Mme Guyon [1]; il enquêta discrètement à Saint-Cyr et dénonça à Mme de Maintenon les mauvaises doctrines qui y couraient, et les livres pernicieux, qu'on y lisait, entre autres le Moyen Court ; le zèle quiétiste de Mme de la Maisonfort renforça l'apparence du danger qu'il signalait. Mme Guyon fut priée de cesser ses visites ; Fénelon dut s'expliquer sur sa spiritualité. La doctrine, un moment en faveur auprès de la toute puissante Mme de Maintenon, devenait suspecte ; il fallait la rendre de nouveau innocente, en la faisant approuver par une autorité ; c'est ainsi que sur le conseil de Fénelon et de ses amis, Mme Guyon s'adressa à Bossuet [2]. On lui remit les ouvrages imprimés et manuscrits de Mme Guyon; de septembre 1693 à mars 1694, Bossuet les étudia avec soin. Mme Guyon

---

1. Nous laissons de côté les difficultés que Mme Guyon avait eues déjà en 1688 avec l'archevêché de Paris. « Il avait fait contre elle quelques procédures dont il ne reste aucun vestige. » Bossuet, *Assemblée du clergé de 1700*. C'est en 1687 que fut arrêté La Combe.
2. Nous ne voulons pas rechercher davantage ici pourquoi Mme Guyon s'adressa ou fut adressée à Bossuet. Il est certain que si Bossuet s'était déclaré pour la nouvelle spiritualité, c'eût été une autorité considérable; et Mme Guyon avait — consciemment ou inconsciemment — grande confiance en son action sur les âmes. Elle a cru à différentes reprises que par une action mystérieuse elle pourrait modifier l'état de Bossuet; v. p. ex. Bossuet, XXVIII, p. 591.

lui écrivit à plusieurs reprises des lettres pleines de soumission et de persuasion ; acceptant à l'avance sa sentence, mais cherchant au fond à l'amener à ses idées. Bossuet fut vite choqué par les faits, et par la doctrine qu'il voyait sous les faits : sans dégager encore de ces écrits le système d'erreur qu'il attaquera par la suite, il marqua fortement les principales erreurs [1]. Ce qui lui déplut d'abord, c'est l'abondance des grâces, la plénitude de grâce qui déborde sur le corps, la communication des grâces. « Tout cela me parut d'abord superbe, nouveau, inouï, et de là du moins fort suspect [2]. » L'autorité miraculeuse que Mme Guyon se donnait sur certaines personnes, les prophéties, les miracles, le caractère d'inspiration qu'elle attribuait à ses écrits, le songe des deux lits, l'exclusion de tout désir et de toute demande dans l'oraison, l'effrayèrent également. Son examen aboutit à la lettre du 4 mars 1694. Il conseille à Mme Guyon de se purifier des grands sentiments qu'elle marque d'elle-même, de déposer les choses extraordinaires, de ne plus diriger ; en plus de ces illusions, il trouve ses écrits pleins de choses insupportables ou insoutenables. Il s'élève contre l'exclusion des demandes, et de la réflexion. Ce n'est pas une imperfection « de réfléchir et de se recourber sur soi-même pour s'humilier... Les actes les plus exprès et les plus connus ne répugnent en aucune sorte à la perfection, pourvu qu'ils soient véritables... Il ne faut donc pas mettre l'imperfection ou la propriété à faire volontairement des actes exprès et multipliés, mais à les faire comme venant de nous [3]. » L'abandon que Mme Guyon prône au-dessus de toute vertu, ne peut pas être un acte si simple qu'on voudrait le représenter, car il ne peut être sans la foi et l'espérance [4]. Enfin on n'exposera jamais au jour l'état de mo-

1. Cf. *Relation sur le Quiétisme*, XX, 98.
2. Bossuet. *Relation sur le Quiétisme*, 91.
3. *Bossuet à Mme Guyon, 4 mars 1694* (XXVIII, 498 et suiv.).
4. De même il montrera contre Malaval, dans son *Instruction sur les États d'Oraison*, XVIII, 418, que la contemplation réduite à la seule présence de

tion divine, sans encourir une censure inévitable. Ainsi défiance des grâces extraordinaires que décrit Mᵐᵉ Guyon ; condamnation, encore pleine de réserve et de douceur il est vrai, des théories qui se trouvent engagées dans cet état. Mᵐᵉ Guyon se soumit par une lettre où elle reprenait pourtant toute sa doctrine tout en la soumettant[1].

Peu de temps après, Mᵐᵉ de Maintenon consulta sur le même sujet des ecclésiastiques éminents, l'évêque de Châlons, les abbés Tiberge et Brisacier, Bourdaloue, etc. qui condamnèrent de manière analogue la nouvelle spiritualité. La lettre de Bourdaloue, du 10 juillet 1694, est particulièrement nette. Il voit dans le livre de Mᵐᵉ Guyon une méthode pleine d'illusion, qui roule sur ce principe mal entendu : « savoir, que la perfection de l'âme dans l'oraison est qu'elle se dépouille de ses propres opérations surnaturelles, saintes, méritoires et procédantes de l'esprit de Dieu. » Or la perfection de la vie chrétienne repose justement sur ces actes dans lesquels consiste la sainteté de l'oraison. Sans doute dans la contemplation infuse, que l'on ne saurait nier, il se peut que les actes cessent ; mais Mᵐᵉ Guyon fait une méthode et une pratique de ce qui est le fruit d'une oraison extraordinaire ; et elle propose à tous cette méthode d'oraison. Bourdaloue indique en passant ces erreurs capitales ; il voit le Moyen Court tout rempli de choses dangereuses. « Il me faudrait un volume entier pour vous le faire remarquer suivant l'ordre des chapitres[2]. »

Dieu contient en réalité Dieu saint et sanctificateur, juste et justifiant. Il maintiendra toujours contre la confusion des mystiques, les actes distincts du christianisme.

1. C'est l'attitude habituelle de Mᵐᵉ Guyon, qui au fond n'abandonnait point ses idées : quelquefois pourtant on voit fléchir cette robuste confiance ; p. ex. dans sa lettre du 21 février 1694 au duc de Chevreuse, Mᵐᵉ Guyon semble bien convaincue par Bossuet de son erreur : elle revint vite à ses idées.

2. Lettre du P. Bourdaloue à Mᵐᵉ de Maintenon (10 juillet 1694, in Bausset, *Vie de Fénelon*, II, 381). Voir la lettre de l'évêque de Châlons, Noailles, in *Correspondance générale de Mᵐᵉ de Maintenon*, III, 407 (6 juillet

Les théologiens officieusement consultés voyaient dans les écrits de Mme Guyon de graves erreurs, ou tout au moins des doctrines dangereuses ; ceux qui, comme Bossuet avaient vu de plus près la personne en même temps que les écrits, reconnaissaient la piété et les bonnes intentions de Mme Guyon. D'un examen approfondi et cette fois officiel, ils allaient dégager un système qui, selon eux, ruinait tout le christianisme. Ils allaient trouver dans les écrits de Fénelon, ami et défenseur de Mme Guyon, quelques éléments de ce système ; ainsi allait naître la controverse du Quiétisme.

C'est au mois de juin 1694 que Mme Guyon, pour échapper aux attaques qu'on dirigeait contre elle de divers côtés, écrivit à Mme de Maintenon pour demander l'examen de sa doctrine et de sa vie par des commissaires moitié laïques et moitié ecclésiastiques. On ne voulut examiner que sa doctrine. La commission fut composée de Bossuet, de Noailles, évêque de Châlons, M. Tronson, supérieur de Saint-Sulpice ; elle s'adjoignit Fénelon lorsqu'il fut nommé à l'archevêché de Cambrai, avec l'intention de le lier en quelque manière par son adhésion et sa signature.

Les articles d'Issy sont du 10 mars 1695 ; dès le mois d'octobre 1694, Mme Guyon avait soumis ses écrits à ses juges et accepté par avance leur décision [1]. Entre temps le 16 octobre

---

1694). Il rapproche la doctrine de Mme Guyon de celle des Béghards ; lui reproche la négation des prières vocales et de la méditation de la loi de Dieu ; le rejet de la mortification et des examens de conscience ; l'indolence, l'inaction, l'orgueil.

1. *Fénelon*, XXIX, 77. Mais à la même date elle écrit à Bossuet (Bossuet, XXVIII, 622). « Ce que j'écris ne passant point par la tête ne peut être bien jugé par la tête... il y a certaines choses où l'expérience est au-dessus de la raison, sans être contraire à la raison. Pour connaître un ouvrage à fond, il faut entrer en quelque manière dans l'esprit de celui qui l'a fait. » Elle écrit par le cœur et non par l'esprit. C'est le cœur qui doit être juge des écrits que le cœur a produits. *Ibid.* Notre mystique ne veut pas que l'on voie dans ses écrits une doctrine rationnelle, un système, mais bien la transcription d'une expérience.

1694, l'archevêque de Paris, vexé de ce que les commissaires instruisaient cette cause en dehors de lui et dans son diocèse, rendit une ordonnance par laquelle il condamnait le Moyen Court et l'Explication du Cantique des Cantiques. Dans sa lettre du 26 octobre, au duc de Chevreuse, Mme Guyon se soumettait à la censure de l'archevêque de Paris ; mais dans sa lettre du 1er novembre au même personnage, elle semblait en appeler au jugement des trois prélats — que dans sa lettre précédente elle croyait devenu inutile — en faveur de la cause de l'intérieur. Le 3 novembre le duc de Chevreuse lui envoyait un projet sur l'explication qu'elle devait donner sur ses sentiments : adhérer à la censure de l'archevêque et expliquer, avec des textes, ses sentiments véritables sur les propositions censurées, non pour défendre ses pensées, mais pour les soumettre absolument. Ce projet est très important. Il nous semble que Fénelon, que le duc ne nomme pas, y a concouru. « Ce projet a été refait une seconde fois, parce qu'on a trouvé beaucoup de choses à changer et à ajouter au premier que j'avais fait. On n'a pas vu ce second. Ainsi, quand vous aurez fait le vôtre, Madame, on vous prie de l'envoyer, avant que d'en faire aucun usage et j'aurai soin de vous le renvoyer aussitôt [1]. » Le duc de Chevreuse et Mme Guyon, dans toute cette négociation, suivaient les conseils d'une tierce personne qui ne peut être que Fénelon ; cette supposition est d'autant plus vraisemblable que nous le verrons bientôt travailler ouvertement à justifier par des citations empruntées aux auteurs approuvés, la spiritualité de son amie.

---

1. Le duc de Chevreuse à Mme Guyon, 3 nov. 1694 (*Fénelon*, XXIX, 85); voir aussi Mme Guyon au duc de Chevreuse, 4 nov. 1694 (*Fénelon*, XXIX, 95). Elle transcrit à moitié ce projet, sans que rien lui soit donné sur cela (aucune inspiration) et sans confiance dans le résultat. « Avant de continuer il faut que N. G. voie s'il le trouve bien ; car je n'y ajouterai sûrement rien du mien, ne le pouvant. » Elle demande qu'on lui fasse sa leçon tout au long. N. G. me paraît être ce personnage que le duc de Chevreuse désigne par « On », c'est-à-dire Fénelon. Cf. Masson, *Fénelon et Mme Guyon*, 1907 (introduction).

Fénelon et le duc expliquent dans cet écrit que Mme Guyon n'a jamais pensé à rendre la contemplation commune à tout le monde ; que la liberté y subsiste et que le mot passif ne l'exclut pas ; qu'elle n'entend retrancher ni l'examen de conscience, ni la mémoire des péchés, ni la contrition ; que ce n'est que pour certaines âmes qu'elle dit « qu'il faut que l'examen se fasse avec paix et tranquillité, attendant plus de Dieu que de notre propre recherche. » Elle maintient la valeur de la mortification, des règles et des exercices de piété, selon les différents degrés des voies intérieures. Pour l'indifférence à l'égard de la sainteté et du salut elle la croit dangereuse et ne veut entendre par là que le pur amour (la rédaction de tout ce paragraphe nous paraît de Fénelon). Enfin par la possession de Dieu, elle n'entend pas une union de substance, mais d'amour.

Nous savons que Mme Guyon a présenté aux commissaires la justification de ces écrits, c'est-à-dire des citations de mystiques approuvés à l'appui de ses principales théories : ces justifications ont été éditées dans les œuvres complètes de Mme Guyon. Nous savons aussi que Fénelon a présenté de nombreuses citations et de nombreuses observations à l'appui des idées de Mme Guyon. « Et pendant le temps qu'après avoir lu tous les écrits, tant de Mme Guyon que de l'abbé de Fénelon nous dressions les articles où nous comprenions la condamnation de toutes les erreurs que nous trouvions dans les uns et dans les autres...[1] ». En effet dans cet examen, Mme Guyon voit bientôt que les commissaires ont la prétention de dresser contre sa doctrine la tradition de l'Église ; aussi cherche-t-elle à abriter sa doctrine derrière la tradition mystique. « Je vous conjure, écrit-elle, de vouloir bien examiner à fond si ce que j'écris ne se trouve pas dans les auteurs mystiques et saints approuvés depuis longtemps. Je m'offre de vous le faire voir, si vous me faites la

---

1. Bossuet. *Relation sur le Quiétisme*, XX, 106.

grâce de m'entendre. Vous ne me refuserez pas cette justice. Elle est même nécessaire pour appuyer votre jugement. » Jusqu'alors elle s'était reposée sur son expérience, qui était la source et la justification de sa doctrine. Il lui faut maintenant appuyer cette expérience particulière sur une expérience plus générale, montrer qu'elle concorde avec l'expérience des mystiques que l'Église a reconnus et approuvés. Ses juges y verront au contraire une manifestation du quiétisme et une doctrine parente de celle des illuminés espagnols, des Beghards flamands ou allemands, d'Eckart [1], enfin une forme d'un faux mysticisme déjà condamné explicitement et sévèrement par l'Église.

Nous avons, dans ces Justifications, les explications écrites que Mme Guyon a données aux commissaires ; nous avons aussi une partie de ses explications orales dans deux documents publiés par l'abbé Gosselin dans sa correspondance de Fénelon, et intitulés l'un « Réponses de Mme Guyon aux demandes qui lui ont été faites par MM. les évêques de Meaux et de Châlons, le lundi 6 décembre 1694 » et l'autre « Réponses de Mme Guyon aux articles qui lui ont été proposés par M. Tronson, le 12 décembre 1694 [2]. » M. Tronson n'avait pas assisté à la première conférence, dont Mme Guyon nous a laissé le récit [3] ; l'évêque de Châlons y avait écrit quelques réponses que Mme Guyon lui fit ; la première pièce que nous citons contient sans doute ces réponses ; elle contient aussi les réflexions que quelques-unes de ces réponses ont inspirées aux évêques, quelques questions qu'ils ont omises et qu'ils prient M. Tronson de lui poser ; en somme ils y consignent des réponses, leurs impressions, les lacunes de leur interrogatoire, et il donnent à l'examen de M. Tronson un cadre tout préparé, avec mention spéciale de quelques points importants ; cet examen comporte trente-trois

1. Lettre de Bossuet à son neveu, 2 nov. 1698.
2. XXIX, 114 et 123.
3. *Vie*, III, ch. xvii.

articles. La seconde pièce contient les réponses de Mme Guyon à ces articles ; ce sont des précisions sur la rédaction de l'évêque de Châlons et des explications sur les questions nouvelles ; sur beaucoup d'articles, Mme Guyon « n'a rien dit » c'est-à-dire n'a rien ajouté aux réponses déjà rédigées. Ces réponses nous montrent Mme Guyon, très proche, sur la plupart des points les plus importants, de la doctrine de ses juges ; sur d'autres où on lui signale son erreur, nous la voyons se soumettre à leur instruction et avouer des erreurs d'expression. Cette double conférence souligne bien clairement un fait qui était déjà apparu et qui apparaîtra encore par la suite : que la doctrine de Mme Guyon peut aisément se prendre en deux sens, l'un orthodoxe, l'autre hétérodoxe, selon qu'on veut la prendre avec quelque tempérament ou à la rigueur. Les premières réponses du premier document — sur l'exclusion de la vue distincte de Jésus-Christ dans l'oraison, des actes méthodiques et réfléchis, etc. — ressemblent précisément aux corrections que les commissaires devaient faire à la doctrine, et aux articles correspondants de la déclaration d'Issy. M. Tronson écrira quelques jours après (le 21 décembre 1694) à l'abbé de La Pérouse : « Elle a depuis peu expliqué sa doctrine d'une manière que je ne sais pas si l'on y trouvera beaucoup à redire[1] » ; et le 29 janvier 1695 : « La soumission de la dévote à la censure est si grande et elle donne des explications si catholiques aux difficultés qu'on lui propose, qu'il ne sera pas aisé de condamner la personne touchant la doctrine, à moins qu'on ne voie du dérèglement dans les mœurs[2]. » Le même M. Tronson, dans une lettre du 10 juillet 1694 à l'évêque de Chartres, avait déjà montré que certaines propositions reprochées à Mme Guyon et qui paraissent d'abord hérétiques, reçoivent des amendements dans d'autres passages de ses livres[3].

---

1. Fénelon, XXIX, 136.
2. Ibid., 147.
3. XXIX, 71.

En janvier 1695, Mme Guyon partit à Meaux, au couvent des Visitandines, où Bossuet lui permettait de se rendre pour échapper à la juridiction de M. de Harlai ; il ne semble pas qu'elle ait comparu devant les commissaires après le 12 décembre : ses écrits publiés et manuscrits, ses justifications et les réponses dont nous venons de parler donnaient une base suffisamment solide à leur procédure.

C'est Bossuet qui se chargea de la rédaction des articles d'Issy. Après la censure de l'archevêque de Paris et pour ne point paraître empiéter sur sa juridiction il avait conseillé de ne point prononcer de jugement particulier sur la personne de Mme Guyon ni sur sa doctrine, mais de formuler des principes généraux sur la spiritualité[1]. Nul doute que son intention ne fût de condamner implicitement Mme Guyon : la meilleure preuve qu'on en puisse donner est que, dans son Ordonnance pastorale sur les États d'Oraison, la condamnation expresse du Moyen Court, de la Règle des Associés du Cantique des Cantiques, suit les articles d'Issy ; il entendait condamner aussi, comme il l'écrit dans sa Relation sur le Quiétisme, les erreurs qu'il trouvait dans les écrits justificatifs de Fénelon. Mais celui-ci, que depuis sa nomination à l'archevêché de Cambrai, on avait résolu d'associer à la signature des articles (4 février 1695), demanda et obtint des modifications et des adjonctions importantes aux articles qui le devaient lier ; il obtint des amendements que Mme Guyon n'eût pas obtenus et il réserva, au cœur des sévères formules des juges théologiens, une place secrète où pouvait s'abriter un peu des revendications mystiques ; ses réserves portaient sur l'amour désintéressé, l'état passif et les épreuves de l'état passif[2].

1. « Pour maintenant entendre l'utilité et le dessein de ces trente-quatre articles, il faut remarquer que deux choses sont nécessaires dans la condamnation des quiétistes de nos jours ; l'une est de bien reconnaître leurs erreurs ; l'autre est en les condamnant de sauver les vérités avec lesquelles ces nouveaux docteurs ont tâché de les impliquer. » Bossuet, XVIII, 6 to (Instruction).
2. V. Levesque, Bossuet et Fénelon à Issy, ou les Conférences sur les

Les articles d'Issy[1] énoncent en somme que le christianisme, pour la foi comme pour l'action, consiste en actes explicites; le christianisme est un système de notions et d'actes; ces actes sont aperçus et distincts (I-VIII; X; XII et XVII; XIX; XXI; XXIV) (sauf une concession faite à Fénelon et dont nous allons signaler la gravité); ils protestent — sans la nommer — contre la théorie d'un acte éminent et confus qui contiendrait dans son indistinction la substance de toute la pensée et de toute la vie chrétienne. Sans doute ils concèdent que cette multiplicité et cette précision de l'activité chrétienne n'est pas obligatoire à tout moment; mais elle l'est en tout état. Cette concession réserve au mysticisme strictement catholique, à celui du moins que Bossuet s'imaginait tel, les exceptions de la contemplation infuse; mais d'avance elle refuse d'admettre cette exception comme règle, cet accident du christianisme comme état.

Ils énoncent qu'en tout état le chrétien a la concupiscence à

États d'Oraison, in *Bulletin trimestriel des Anciens élèves de Saint-Sulpice*, 1899. Cette utile étude, faite en partie sur des documents inédits (journal de M. Bourbon, secrétaire de M. Tronson, lettres de Tronson, pièces rédigées au cours des conférences et dont plusieurs portent des annotations de la main même de Fénelon) précise ou élucide définitivement des points importants de l'histoire des Conférences. Elle établit nettement que Fénelon ne joua qu'un rôle secondaire par rapport aux trois commissaires; il n'alla à Issy en même temps que les deux prélats qu'une fois, au début des conférences (alors qu'on n'avait pas encore résolu de l'y associer) et il n'y revint que le jour de la signature. Une première rédaction en 30 articles lui fut présentée; ses objections sur l'amour désintéressé et l'Oraison passive, donnèrent lieu à une nouvelle rédaction en 33 propositions. Bossuet laissa passer avec peine le 33ᵉ article de la rédaction définitive; le 34ᵉ article fut rédigé au moment de signer. L'auteur de cette étude nous semble prendre entre les déclarations de Fénelon et de Bossuet sur la rédaction des articles et les accusations réciproques de leurs partisans, une position moyenne, qui a bien des chances d'être la vraie. « Malheureusement les articles ajoutés n'étaient pas assez précis pour ne pouvoir être, dès qu'on les expliquerait, amenés au sens particulier de chacun des antagonistes. » 330; voir aussi les pages suivantes.

1. Sur l'utilité et le dessein des 34 articles, voir *Instruction*, XVIII, 610. Pour le texte des articles, *Fénelon*, IV, 12.

combattre, quoique non toujours également. Ils protestent implicitement contre la théorie d'une âme affranchie de toute propriété, pleinement perdue en Dieu, devenue impeccable (VII) ; ils exigent que l'âme, en tout état, prenne position contre le péché (XV). La mortification convient à tout état (XVIII). Ils nient l'oraison perpétuelle comme acte perpétuel et ininterrompu (XIX). Ils énoncent l'obligation de vouloir le salut ; ils réprouvent l'indifférence du salut. Le désir du salut n'est pas un appétit indélibéré (IX ; XIV). La question de l'amour désintéressé, du pur amour n'est pas posée formellement. La charité est bien indiquée, mais elle semble admise du dehors et comme une pièce étrangère aux articles (XIII). La confiance dans les épreuves et l'espoir de salut sont exigés du chrétien (XXXI ; XXXII). L'oraison passive est reconnue, mais non définie ; et on la limite en proclamant en regard d'elle la nécessité des actes distincts ; on en restreint la valeur en énonçant que l'oraison extraordinaire ne fait pas la perfection, la sanctification et l'intérieur (XXI ; XXII ; XXIII). Fénelon introduisit avec l'article XXXIV une réserve sur ce point.

Ils proclament la défiance à l'égard de l'inspiration particulière, de la prévention extraordinaire de Dieu ; opposant à tous ces mouvements les règles de la prudence chrétienne ; ils condamnent implicitement la théorie de la motion divine (XI ; XXVI ; XXIX). Ils énoncent la rareté des voies extraordinaires, la défiance qu'il faut avoir de l'expérience, le respect de la tradition ; la défiance des traditions secrètes (XX ; XXVIII). L'État apostolique et le don de prophétie sont distincts de l'état d'oraison. On les retire au mystique, qui serait tenté d'en faire des privilèges d'un certain degré de sa vie spirituelle (XXVII).

Ainsi les articles sont nettement dirigés contre un certain nombre de thèses qu'ils ne définissent la plupart du temps que par les thèses contraires ; les thèses auxquelles il est fait allusion et qui sont combattues sont, nous l'avons vu : la théorie de l'acte éminent et confus ; celle de l'acte perpétuel ; l'affranchissement de toute propriété et la perte en Dieu ; avec ses conséquences pratiques, l'affranchissement des vertus pratiques, de la mortification, et l'anéantissement de tout vouloir propre ; la perfection éminente de l'oraison extraordinaire et l'état des parfaits avec ses privilèges ; l'autorité par excellence de l'expérience et la théorie d'un mysticisme secret et continu, successeur du plus ancien christianisme ; la motion divine.

Mais Fénelon est venu rompre la belle harmonie des articles ; on ne peut s'empêcher d'apercevoir au moins un commencement de contradiction entre les articles XII et XIII ajoutés à sa demande et qui tendent à sauver les actes directs et simples et leur existence éminente dans la seule charité et l'article XXI qui nie la possibilité d'exclure les actes distincts ou de les réduire en actes implicites et éminents ; en même temps en faisant admettre dans les articles « des actes sincèrement formés dans le cœur et avec toute la sainte douceur et tranquillité qu'inspire l'esprit de Dieu » il préparait la voie à l'état passif tel qu'il le comprenait. Fénelon pouvait sincèrement dire ensuite que dans son Explication des Maximes des Saints il ne faisait qu'expliquer les articles d'Issy ; mais il les expliquait d'après les principes qu'il y avait fait admettre et qui en réalité s'y trouvaient étrangers [1].

Mme Guyon fut indignée des articles. Dans une lettre au duc de Chevreuse [2] elle protesta qu'elle n'avait jamais rien cru de contraire et que rien n'était plus odieux que de faire des articles « pour persuader aux hommes que ceux qui font oraison ne

---

1. Nous ne voulons pas dire qu'ils furent inconciliables avec les articles. En effet Bossuet dans son *Instruction sur les États d'Oraison*, XVIII, 610, les explique et les justifie comme les autres. Mais Fénelon y avait mis un sens qu'il devait reprendre dans les maximes des saints et qui était inconciliable avec les articles ; voir l'étude déjà citée de l'abbé Levesque.

2. XXIX, 160.

croient ni en Dieu Père, Fils et Saint-Esprit, ni en Jésus-Christ. »
Il lui répugne de signer : on sent percer sa déconvenue et quelque amertume à l'égard de Fénelon, rédacteur des articles[1].
« Malheur à l'homme qui se confie à l'homme ! Malheur à qui cède à la politique ! La désertion de mes amis ne me fait aucune peine ; mais l'horreur d'écrire, etc. » Elle se soumit pourtant ; son acte de soumission est du 15 avril 1695. Elle condamne tout ce qui est contraire aux articles, se soumet à toute condamnation de ses livres, promet de ne plus enseigner ni dogmatiser. En juillet 1695[2] avant de quitter Meaux elle se soumet à l'Ordonnance de Bossuet (du 16 avril 1695) qui ajoute aux articles un bref exposé de la doctrine hétérodoxe contre laquelle ils étaient dirigés[3]. Elle déclara néanmoins qu'elle n'avait jamais eu l'intention de rien avancer qui fût contraire à l'esprit de l'Église[4].

1. Fénelon eut assez de peine à les faire accepter à Mme de Maisonfort, *ibid.*, 154.
2. Voir sur ce point Urbain, Fénelon et Bossuet, in *Revue d'histoire littéraire de la France*, II, 1895.
3. Dans l'ordonnance sur les *États d'oraison*, les marques qui sont données pour reconnaître les faux mystiques sont : 1° la substitution de la foi ou vue confuse, générale et indistincte de Dieu à l'oraison qui contient les idées propres au christianisme, attributs de Dieu, Trinité, Incarnation ; 2° le désintéressement qui exclut toutes demandes et dès ici-bas la possession d'une sorte de béatitude qui les rend inutiles ; 3° la suppression de tous actes et l'affirmation d'un acte universel et continu qui remplace toute opération ; 4° la mortification et l'application aux vertus regardées comme des pratiques vulgaires ; 5° l'excessive valeur attribuée aux oraisons extraordinaires, auxquelles on accède par certaines méthodes proposées comme faciles à tous les fidèles. Les livres de Mme Guyon sont signalés parmi ceux qui contiennent une mauvaise doctrine « et toutes ou les principales propositions ci-dessus ».
4. Cette attitude est aussi celle de La Combe, condamné dans la même Ordonnance. Nous devons, écrit-il à Mme Guyon, réprouver nos opuscules quant à l'usage qu'on n'en veut pas souffrir, et aussi « quant aux propositions qu'ils déclareraient erronées, dès qu'on nous les montrerait en propres termes dans nos écrits ». Il se réjouit qu'il n'y ait ni dans son Analysis, ni dans son opinion les erreurs condamnées dans les articles ; il combat même les principales qui y sont marquées, par exemple l'acte continu contre Molinos, et l'erreur de Malaval qui exclut de la contemplation les attributs divins.

Ainsi la question s'était précisée et élargie depuis le premier examen de Bossuet, depuis la consultation officieuse qu'on lui avait demandée en 1693; le caractère étrange de la vie de Mme Guyon, l'illusion où elle paraissait être quant à sa personne et à son rôle, passait au second plan; les erreurs qu'il signalait rapidement et sans les relier, venaient au premier; et Bossuet y voyait maintenant non plus des erreurs, mais un système d'erreur et un système qui se trouvait être dans toute son intégrité — au moins quant à sa partie dogmatique — le quiétisme déjà condamné et dont l'Église avait déjà signalé le péril : ce système dont l'Ordonnance annonçait la réapparition et la perfidie, et dont elle décrivait les grands traits [1], il se pré-

Quant aux actes il faut en faire; mais il y en a de plus ou moins parfaits et par conséquent de plus ou moins sensibles (La Combe à Mme Guyon, mai 1695), *Fénelon*, XXIX, 178 et suiv. Dans sa lettre du 25 mai 1695, il souscrit aux articles. On n'a pas prétendu que les erreurs qu'ils condamnent soient dans les écrits de Mme Guyon (c'est pourtant ce que prétend formellement l'ordonnance que La Combe connaissait puisqu'il la cite dans la lettre précédente, *Fénelon*, XXIX, 178). Ce sont des vérités orthodoxes qu'il faut absolument sauver « ce qui n'empêche pas qu'il n'y ait une autre façon de produire ces actes, laquelle, pour être plus simple, plus durable, et réunie dans le regard amoureux de Dieu, ne laisse pas d'être très réelle et de satisfaire encore plus parfaitement aux obligations communes à tous les fidèles » *ibid.*, 183. A moins que la seconde lettre ne soit chronologiquement la première, ce qui est possible, on voit combien La Combe est prompt à oublier que ses écrits ou ceux de Mme Guyon sont proprement incriminés dans l'ordonnance. Nos mystiques n'arrivent pas à se représenter que ces condamnations soient dirigées vraiment contre leur doctrine; mais cette inexactitude me fait justement me demander si la seconde lettre n'est pas la première, et si La Combe n'a pas connu la soumission de Mme Guyon aux articles, avant de connaître l'ordonnance de Bossuet.

1. Les ordonnances de l'évêque de Châlons et de l'évêque de Chartres ont beaucoup moins d'intérêt. L'évêque de Châlons montre la différence entre l'abandon, le repos, l'indifférence, l'anéantissement et la purification, telles que les entend le christianisme, et telles que les entend le quiétisme. Mais on ne doit pas néanmoins craindre les voies intérieures, qui s'assurent par deux marques, l'humilité et l'obéissance. Après ces considérations générales viennent le texte des articles d'Issy et la condamnation des ouvrages quiétistes. Ordonnance et Instruction pastorale de l'évêque de Chartres, 1695. Pour l'évêque de Chartres, les nouveaux mystiques détruisent la crainte des jugements de Dieu, la pénitence, etc. « et promettant de faire trouver

paraît à l'exposer et à le combattre amplement dans son Instruction sur les États d'Oraison qui devait paraître deux années plus tard en 1697. A mesure qu'il le dégage des écrits qu'on lui avait soumis, il se dresse plus vigoureusement contre lui ; il le rejette au nom d'une orthodoxie implacable, avec le sentiment que, dans cette question, il a derrière lui toute l'Église et qu'il en représente la souveraine autorité ; de là ce ton d'assurance, de grandeur, de superbe même, et cette robuste intolérance. Il semble même parfois qu'il y ait eu dans la conduite de Bossuet une certaine passion qui ne se réduit pas toute entière à l'amour de la vérité. Si l'on en croit le récit de Mme Guyon elle aurait eu affaire à un Bossuet violent et emporté, dur et parfois peu sincère. Qu'on lise, par exemple, dans sa Vie, toute la scène qui se serait passée à Meaux, alors qu'il voulait la faire signer qu'elle ne croyait pas au Verbe incarné[1]. Si ce récit est exact, et d'autres semblables, il y aurait eu chez Bossuet le désir de convaincre à toute force Mme Guyon d'hérésie, et un effort parfois peu délicat pour lui en arracher l'aveu. Ceci à la rigueur pourrait peut-être s'expliquer par l'intolérance dogmatique ; Bossuet, à cette époque, s'était certainement convaincu que les écrits de Mme Guyon renouvelaient le quiétisme, c'est-à-dire une hérésie déjà condamnée. Mais il ne

en Dieu une liberté infinie, ils ouvrent par leurs maximes la porte à un libertinage sans bornes » (4). Se défaire de la propriété, selon ces nouveaux docteurs « ce n'est pas renoncer à l'amour propre, c'est renoncer à toute réflexion et à tout effort de l'homme quelque relevé qu'il puisse être, et quoiqu'il parte d'un principe de grâce. » L'auteur cite 63 extraits condamnables. Ces écrits, d'une manière générale, renouvellent les erreurs des béghards, et conduisent à l'erreur de Luther et de Calvin, qui tend à dépouiller les parfaits de la justice qui leur est propre et inhérente pour les revêtir de la justice de Jésus-Christ, « qui supposent toute action propre des justes, faite même avec la grâce de Jésus-Christ, infectée de propriété et activité, qui vont à détruire toute coopération active et ainsi toute liberté à ceux qu'on suppose arrivés au dernier terme de la perfection » (36). Ordonnance de Mgr l'évêque de Châlons, pair de France, 1695.

1. Vie, III, ch. xviii ; v. Guerrier, 270 et suiv. ; cf. La Combe à Mme Guyon, 15 juillet 1695 (Fénelon, XXIX, 185).

lui suffisait pas de l'établir par le rapprochement des doctrines ; il voulait obtenir de Mme Guyon l'aveu qu'elle était dans l'erreur, non seulement par le vice de l'expression, mais encore par le défaut de l'intention. Or l'attitude constante de Mme Guyon consiste à protester qu'elle a pu se tromper dans l'expression mais qu'elle n'a jamais eu « intention de rien avancer qui fût contraire à la foi et à l'esprit de l'Église catholique, apostolique et romaine. » C'est que, derrière Mme Guyon, il y avait son parti : Fénelon, le duc de Beauvillers, le duc de Chevreuse, les duchesses, Mme de la Maisonfort et beaucoup d'autres. Bossuet crut sans doute à la puissance de ce parti ; et à cette puissance se mesurait le danger que courait l'Église ; il fallait donc, pour l'Église même, atteindre autant que possible ce parti dans son chef, et le détacher de son chef, en l'entachant d'hérésie ; d'où la nécessité d'obtenir non seulement une soumission à des articles, mais autant que possible, l'aveu qu'on avait été réellement dans les erreurs contraires à ces articles. Et Mme Guyon, qui, de bonne foi également, conciliait le christianisme officiel et son quiétisme, voulait bien avouer des erreurs d'expression et des imprudences de langage, mais non pas des erreurs de fond. Toute la politique de Bossuet va donc à obtenir le plus possible ; et toute celle de Mme Guyon à concéder le moins possible. Si l'on ajoute que Bossuet a sans doute été excité encore par Mme de Maintenon et le parti hostile à Fénelon, on comprendra la vigueur de ses procédés et la véhémence de sa poursuite.

Mme Guyon quitta Meaux le 8 juillet ; elle ne devait pas rester longtemps en liberté ; le 27 décembre on l'envoyait à Vincennes où on exigea d'elle une nouvelle soumission. M. Tronson, consulté, écrit à Noailles que la soumission faite par Mme Guyon à Bossuet serait suffisante ; mais comme elle paraît l'avoir rétractée depuis en déclarant qu'il n'y avait point d'erreurs dans ses livres, il faut qu'elle parle plus clairement et qu'elle reconnaisse qu'il y a des erreurs dans ses livres, quoique contre son intention. Mme Guyon, par l'intermédiaire du duc de Chevreuse, répond qu'elle ne craint pas de condamner ses livres, mais « elle appréhende dans ce qu'on lui présente à signer de condamner les vérités solides des voies intérieures, ou de reconnaître faussement qu'elle a cru ce qu'elle n'a jamais cru ». Mme Guyon signa le 28 août 1696 un projet de soumission rédigé par Fénelon et aggravé de ce qu'exigeait M. Tronson[1].

On la mit à Vaugirard; on la reprit pour la mettre à la Bastille en 1698 au moment de la lettre accusatrice de La Combe; mais dès sa sortie de Vincennes elle cesse d'être la personnalité importante du parti quiétiste, si l'on peut dire; ce rôle échoit désormais à Fénelon; dès la fin de 1696, à plus forte raison en 1697, la querelle se précise entre Bossuet et Fénelon; Mme Guyon n'est plus dès lors qu'un moyen de controverse, l'alliée dangereuse de Fénelon; on s'efforce d'atteindre Fénelon indirectement, par son attachement à une doctrine condamnée et à une personne que l'on veut montrer suspecte et même coupable. L'Instruction sur les États d'Oraison, qui écrase sa doctrine, ne fait que renouveler contre elle le procès dogmatique commencé dans les articles d'Issy et l'Ordonnance. Mais dans ses écrits polémiques, qui ne sont plus dirigés contre elle, Bossuet ne cherche à l'atteindre que pour frapper dans Fénelon le Montan d'une nouvelle Priscille.

Avant d'étudier la doctrine de Mme Guyon telle que la définit l'Instruction sur les États d'Oraison de 1697, pièce capitale de l'examen du quiétisme par Bossuet, il nous faut étudier à grands traits un écrit de 1695, la Réfutation des Erreurs des Quiétistes, de Nicole.

Nicole était très familier avec le quiétisme. Ses Visionnaires discutent le quiétisme de Desmarets Saint-Sorlin, qui n'est

---

1. Fénelon, XXIX, 256, 265.

qu'un système de même famille que celui de Malaval ou de Mme Guyon, ce qui ne veut pas dire que ces différents auteurs se soient imités les uns les autres ; mais certaines expériences et certaines sources leur étaient communes et certaines conditions les ont fait aboutir à des doctrines semblables ; la réfutation de Desmarets dans les Visionnaires est très complète et très serrée ; Nicole arrivait à la discussion publique du Moyen Court déjà très prévenu[1] ; Mme Guyon avait en vain essayé de le gagner[2].

Pour lui le système de Mme Guyon, comme celui de Malaval, comme celui de l'abbé d'Estival est bien du quiétisme, c'est-à-dire qu'il se rattache à la doctrine dont Molinos est le fondateur. Il reproduit les erreurs des Béghards, condamnées au concile de Vienne par Clément VI : la perfection établie dès cette vie et en peu de temps, l'entière indifférence des âmes parfaites aux pratiques de la piété et aux actes des vertus.

Le principe de tout le système, c'est une certaine définition du surnaturel et du divin. Ces nouveaux spirituels ne reconnaissent un caractère surnaturel qu'à l'oraison extraordinaire lorsque « l'âme s'y trouve dans une disposition qu'elle sent bien qu'elle ne peut pas se procurer quand elle veut[3]. » Agir par dépendance du mouvement de la grâce, par l'immédiate inspiration, par motion divine est le principal caractère de ces sortes d'oraison. Cette passivité de l'âme, condition de la motion divine, permet de définir les caractères des mouvements divins, la facilité, la douceur, le repos qui ne fatigue point :

---

1. « M. l'abbé Nicole a eu un beau champ pour exercer sa bonne plume, en écrivant contre des gens sans défense, et de qui les écrits ont été flétris par les prélats et par les docteurs. » La Combe à M^mᵉ Guyon (*Fénelon*, XXIV, 197). « Il ne serait pas malaisé de répondre au réfutateur, autant incapable de juger à fond des voies intérieures, qu'il est non seulement sans expérience, et très peu versé dans les auteurs qui en traitent, mais de plus fortement préoccupé contre elles. » *Ibid.*, 202.
2. *Vie*, III, ch. xi.
3. *Réfutation*, 52.

« On ne reconnaît pour pensées et pour mouvements produits par la motion divine que ceux qui sont sans effort, qui sont accompagnés de facilité, de joie, de repos, où l'on ne se sent pas agir et qui se font sans relâche et sans application. L'on veut que l'on demeure en repos et que l'on ne se remue pas, jusqu'à ce que Dieu forme de lui-même les pensées et les mouvements sans que nous y employions aucun effort[1]. »

Inversement ils ne reconnaissent point pour surnaturels et pour divins les mouvements qui ne sont point revêtus de ces qualités extraordinaires et qui ne se distinguent point sensiblement et perceptiblement des mouvements ordinaires. Or ces mouvements ordinaires, alors même qu'ils seraient conformes à la vérité et à la justice, comme on vient de supposer qu'ils ne sauraient aucunement avoir en Dieu leur principe et qu'ils n'ont aucun des caractères des actes surnaturels, on les dit affectés « d'une certaine impureté inconnue à tous les Pères qu'on appelle propriété et activité[2]. » « Enfin on ne reconnaît qu'un seul genre d'action qui soit exempt d'impureté, et ce sont les actions auxquelles on ne se porte point par une application volontaire, les actions qui se font sans effort, avec facilité, avec plaisir, et qui surprennent l'âme par le repos qu'elle y ressent, sans qu'elle y soit portée par aucun désir. Toutes les autres actions qui se font par dessein et par délibération, toutes celles auxquelles on se prépare, toutes ces actions, dis-je, sont, selon ces spirituels, infectées de propriété et d'activité et ont besoin d'être purifiées ou dans ce monde par la destruction possible de cette activité, ou dans l'autre par les flammes du purgatoire[3]. » Ainsi ils mettent la source de la malignité de l'homme non point dans la concupiscence, amour des créatures et de soi-même, mais dans la propriété, acti-

---

1. *Réfutation*, 87-88.
2. *Ibid.*, 60-61.
3. *Ibid.*, 88.

vité propre, propre opération, ce qui décrie la vie de tous les Saints.

Ainsi, cette nouvelle spiritualité condamne toute autre oraison que cette oraison extraordinaire, laquelle en effet se trouve chez plusieurs saints, mais rarement et sans continuité.

Or c'est une pure fantaisie de ne prendre ce terme de motion divine que dans cette signification restreinte ; il est faux de dire que tout mouvement pénible accompagné d'effort n'est point de Dieu. Cette facilité, cette douceur, ce repos, etc., sont des marques de fantaisie, sans autorité et sans raison. « C'est une illusion de s'imaginer que tout mouvement de grâce soit sensible et que l'âme ait des marques grossières pour les discerner des opérations qui n'ont que la nature pour principe[1]. » Les mouvements extraordinaires ne sont point nécessairement surnaturels[2] ; les mouvements ordinaires ne sont point nécessairement naturels ; car c'est le Saint-Esprit qui nous guide dans la recherche de la vérité. Ainsi nous n'avons point de marques sensibles pour connaître qu'un mouvement a Dieu comme principe. On ne connaît point qu'une action est bonne parce qu'elle vient de Dieu ; mais on connaît qu'elle vient de Dieu parce qu'elle est bonne.

C'est donc une illusion dangereuse de ne connaître pour opération divine et pour action exempte d'impureté que ces actions faciles et tranquilles où l'âme ne fait aucun effort. « L'impureté de l'homme ne consiste nullement à agir, à faire des efforts ; mais à agir pour la créature et pour l'amour de soi-même[3]. »

---

1. *Réfutation*, 100.
2. Même chez les âmes saintes cette opération extraordinaire n'est pas sentie distinctement comme surnaturelle. « A la vérité elle (l'âme) ne sent pas distinctement si cet état est surnaturel. Elle peut douter s'il ne vient point de quelque disposition corporelle et de quelque mouvement des esprits dans le cerveau ; car il y a des actions toutes naturelles qui y sont assez semblables et qu'on ne peut pas se procurer quand on le veut », 66. On n'est assuré que ces mesures extraordinaires ont Dieu pour principe que chez les âmes de vertu éminente, et par leur vertu.
3. *Ibid.*, 69.

La malignité de l'homme ne consiste pas dans l'activité, mais dans la concupiscence. En retranchant la propriété, en refusant toute propre action, ces nouveaux spirituels méconnaissent toute coopération de la volonté à la grâce, proposition condamnée par le Concile de Trente (Canon 4 de la 6ᵉ session)[1].

En somme ces nouveaux spirituels ne veulent voir le divin et le surnaturel que dans la passivité et dans les grâces extraordinaires : ils en définissent arbitrairement les caractères par une expérience plus ou moins réelle et plus ou moins particulière ; hors de là tout leur semble naturel et humain : et comme pour eux la nature a son principe dans la propriété et que la propriété, l'activité propre, est l'obstacle à la passivité et à la motion divine, la résistance à Dieu, ils condamnent toute la vie chrétienne, qui consiste tout entière dans la grâce pénétrant la nature et la nature coopérant à la grâce. Ils ne veulent voir que Dieu agissant seul à travers la pleine passivité de la créa-

---

1. Nicole se demande s'il n'y aurait pas lieu d'entendre en un autre sens le retranchement de la propriété et s'il ne faudrait point entendre par là la suppression des actions purement humaines qui préviennent les mouvements de Dieu, et qui naissent de l'impatience de la volonté de l'homme qui veut agir d'elle-même et qui n'aime pas à ne faire que suivre l'impression de Dieu. Mais ce sens, d'après lui, n'est pas celui du livre qui condamne toute activité et toute sorte d'efforts sans distinction. Ce passage fait songer à ces actes inquiets et empressés qui figurent à l'article 12 d'Issy proposé par Fénelon et qu'il oppose aux actes formés avec la sainte douceur et tranquillité qu'inspire l'esprit de Dieu. Cette expression d'actes inquiets et empressés a probablement son origine dans le *Moyen Court* « Propre, c'est-à-dire de propre choix, sensible à son goût et à la façon réfléchie, empressée, inquiète, tendant ailleurs ou d'une autre façon que l'attrait de Dieu ne porte. » *Moyen Court*, XII, n. 1. De même lorsque Nicole oppose — suivant les Quiétistes — les mouvements pénibles du vouloir propre à la facilité de la motion divine, peut-être a-t-il en vue ce passage de la *Règle des Associés* « au lieu que ce qui se fait par effort de l'esprit propre est dur, malaisé, entortillé, stérile et insipide et qu'on ne peut le retenir qu'avec violence », 370. Cf. l'Abbé d'Estival : « Quand l'action est simple, tranquille, directe, il n'y a point de doute, elle est de grâce ; quand l'action est turbulente, qu'elle est réfléchie, que l'esprit fait des retours sur ses actes ; quand il y a quelque appui du sens, quelque complaisance, il s'en faut retirer, ce n'est plus grâce. » *Conférences Mystiques*, 1676, p. 161.

ture ou bien la créature agissant seule dans la totale inaction de Dieu : ils méconnaissent la solution catholique qui consiste en un accommodement de ces deux thèses extrêmes. Ils tirent donc de mauvaises conséquences de la doctrine de la grâce, qu'ils comprennent inexactement parce qu'ils substituent à la tradition les marques sensibles d'une expérience illusoire ; ils détruisent ainsi tout le travail chrétien, laissant tout faire à Dieu dont ils définissent à l'avance et limitent l'opération. Et d'autre part on sent que Nicole ne peut s'empêcher de penser qu'il y a à tout le moins du semipelagianisme dans le fait d'admettre que c'est par un acte de volonté que l'homme s'ouvre en quelque sorte à la grâce divine et que c'est par une méthode que l'on peut décrire qu'il s'y prépare ambitieusement.

La conséquence pratique de cette erreur c'est qu'on prétend obliger les chrétiens à n'agir jamais que leur action ne soit précédée du mouvement d'une grâce particulière et extraordinaire. Après s'être mis en présence de Dieu, il faut attendre qu'il excite en nous de bonnes pensées et de bons mouvements qu'on reconnaît venir de lui à la facilité, à la joie, à la paix.

Cette doctrine suppose d'autre part qu'on fasse vide son âme pour y laisser agir Dieu ; c'est-à-dire que la motion divine repose sur un silence de pensées et de paroles, qui est une sorte de contemplation vague et confuse que certains mystiques appellent oraison de simple regard, et l'oraison de simple regard, « sous prétexte d'écouter Dieu, se termine à certaines pensées qui prétendent être inspirées et qui seraient ainsi une espèce d'oraison infuse, ou oraison de motion divine, si ces pensées avaient quelque chose de solide. Ce qui est commun à ces espèces d'oraison, est qu'elles excluent également celle qui se fait avec une application volontaire de l'esprit, et qui n'est pas sensiblement distinguée des actions communes et naturelles[1] ».

1. *O. c.*, 345.

Or la contemplation, ainsi entendue, n'est qu'une vue générale et confuse. Elle appréhende au dire des spirituels, Dieu présent partout, c'est-à-dire sous la forme la plus vague où l'on puisse le saisir. « On n'y connaît pas même Dieu en chrétien ou en catholique, mais d'une manière qui peut convenir aux mahométans, aux déistes et à la plupart des hérétiques. Car à quoi se réduit cette connaissance ? à une idée confuse et indistincte de Dieu comme présent partout. Or pour avoir une telle connaissance, il n'est pas besoin d'être catholique ni chrétien. D'ailleurs cette idée n'enferme point le véritable motif de la foi, qui est la soumission à la révélation de Dieu attestée par l'Église, ce qui est essentiel à la véritable foi[1]. » Cette oraison ne contribue pas à établir les âmes dans aucune des dispositions essentielles au christianisme.. Elle ne nous soumet pas à Dieu comme pénitents et comme pécheurs. Elle ne nous fait pas connaître « Dieu en chrétiens dans la distinction des personnes, mais en musulmans et en juifs.... Étrange spiritualité qui étant poussée autant que ceux qui la proposent le désireraient, nous conduirait à l'oubli du christianisme[2] ». Le christianisme suppose des pensées distinctes comme des actes distincts.

Loin d'être une chose bien parfaite, cette oraison n'est qu'un état de stupidité : si Dieu nous y plonge, nous pouvons y demeurer en paix « pourvu que ce ne soit pas en la regardant comme un état élevé, mais comme un état de stupidité où Dieu nous réduit[3] ». Si cette suspension de paroles, de pensées et de désirs était une chose bien parfaite « les Siamois et les Chinois seraient les gens les plus sublimes du monde en spiritualité : car les Européens sont bien éloignés de porter aussi loin qu'eux la fantaisie de l'inaction de corps et d'esprit[4] ».

1. *Ibid.*, 310.
2. *Ibid.*, 326.
3. *Ibid.*, 344.
4. *Ibid.*, 311.

Cette spiritualité sous sa double forme de la motion divine et de la vue confuse et indistincte proclame au fond un principe unique, le caractère infus et confus de la vie chrétienne ; elle exclut la distinction et l'application volontaire.

Dans son Instruction sur les États d'Oraison, Bossuet entend exposer les excès de ceux qui abusent de l'oraison, et opposer à ces nouveautés la tradition de l'Église ; la pensée qui le guide est la même qui avait rédigé les articles d'Issy, mais plus ample. Les erreurs des Nouveaux Mystiques passent au premier plan et Bossuet s'applique à établir par des citations et des analyses qu'elles se trouvent bien dans leurs écrits ; il en dégage le principe, qui est l'abus des oraisons extraordinaires, et il s'attache à en ruiner les preuves qui reposent sur l'abus de l'autorité de quelques saints de nos jours et l'abus des expériences. Mme Guyon, sans être nommée, n'est pas ménagée. « Mais le livre où l'on s'explique le plus hardiment et avec le moins de mesure sur ce sujet comme sur les autres, c'est le Moyen Court[1]. » Le Moyen Court, l'Explication du Cantique, la Règle des Associés sont cités pour toutes les erreurs. Quoique Bossuet n'ait pas jugé à propos d'entrer dans l'examen des manuscrits, il dénonce vers la fin du Traité les insoutenables excès des Torrents[2].

C'est d'abord pour l'Église le droit d'examiner les expériences des mystiques, qui se retranchent derrière la souveraineté de l'expérience et par cette doctrine se rendent indépendants de l'Église. Il y a des règles certaines dans l'Église pour juger des bonnes et des mauvaises oraisons et toutes les expériences qui y sont contraires sont des illusions. Il faut juger sur les expériences solennelles et authentiques (les prophètes et les apôtres, les saints pères, en un mot l'Église) et non sur les expériences particulières qu'il est difficile d'attribuer ni de contester à personne par des principes certains.

1. XVIII, 558.
2. XVIII, 633.

D'autre part il est incontestable que depuis plusieurs siècles les mystiques[1] exagèrent. « Il y a quatre cents ans qu'on voit commencer des raffinements de dévotion sur l'union avec Dieu et sur la conformité à sa volonté qui ont préparé la voie au quiétisme moderne[2]. » Il n'en faut citer pour preuve que Ruysbroc avec sa théorie que l'âme peut se transformer en l'être divin, ou encore que la passion est plus de Dieu que l'action ; ou Tauler qui refuse Jésus-Christ pour avoir l'essence divine ; ou encore ce que les mystiques répètent à toutes les pages, que la contemplation exclut toute idée et toute espèce intellectuelle ; ou encore que toutes les puissances y sont totalement suspendues.

L'abrégé des erreurs du quiétisme est « de mettre la sublimité et la perfection dans des choses qui ne sont pas ou en tous cas qui ne sont pas de cette vie[3] », ce qui les oblige à supprimer dans tous les états contemplatifs les actes de foi explicite, les demandes et les actions de grâce. En somme les quiétistes attribuent seulement à certains états extraordinaires et particuliers ce qui convient en général à l'état du chrétien ; ils s'élèvent au-dessus du christianisme par une fausse et imaginaire transcendance ; ils recherchent « des sublimités exorbitantes ». Ils supposent qu'il n'y a au monde oraison ni intérieur que dans la passivité, et ils se construisent une fausse notion de la passivité[4].

Passif s'oppose au mouvement propre et à l'action qu'on se peut donner à soi-même. Denys l'Aréopagite parle d'un homme qui non seulement opérait, mais encore endurait, souffrait les choses divines ; là est l'origine de cette passivité. De cette orai-

1. Bossuet entend les mystiques orthodoxes, les mystiques approuvés ; les Quiétistes sont toujours appelés par lui les nouveaux mystiques, ou encore les faux mystiques de nos jours.
2. Lettre de Bossuet à son neveu, du 2 nov. 1698, XXX, 76.
3. XVIII, 393.
4. *Ibid.*, 535.

son célèbre chez les mystiques depuis trois ou quatre cents ans, on ne trouve chez saint Denys que ce petit mot et rien dans tous les autres Pères qui l'ont précédé.

Or il est de la foi : 1° que Dieu fait dans les hommes tout ce qu'il lui plaît ; il y peut produire extases, ravissements, inspirations prophétiques, états extraordinaires ; et c'est un sens du mot passif.

2° Dans les actes de piété il y a beaucoup d'états passifs : illustrations de l'entendement, pieuses affections de la volonté. La passivité humaine est inséparable de l'action de la grâce divine ; cette grâce est « ou perceptible, ou imperceptible plus ou moins. » C'est un second sens du mot passif. Et si l'on y regarde bien, il y a dans la piété plus de passivité que d'activité ; plus de grâces du côté de Dieu que d'effort du nôtre.

Mais outre ces deux sens du mot passivité, il en est un troisième, celui où les vrais mystiques entendent l'oraison passive. Ils appellent ainsi la suppression de tout acte discursif, de tout propre effort, de toute propre industrie. Une telle oraison est surnaturelle et par son objet (comme toute oraison, puisque toute bonne oraison vient du Saint-Esprit), et par sa manière. Les mystiques approuvés entendent l'état passif comme un état de suspension et de ligature des puissances ou facultés intellectuelles, où l'âme demeure impuissante à produire des états discursifs : cet état ils l'appellent contemplation, et ils limitent la passivité au seul temps de l'oraison — cette contemplation actuelle n'étant jamais de longue durée. Elle n'est perpétuelle qu'en ses effets, en tant qu'elle tient l'âme perpétuellement mieux disposée à se recueillir en Dieu. Elle n'est un état que par l'habitude qu'elle produit et l'inclination qu'elle laisse dans l'âme. Cette disposition au recueillement n'est pas méritoire, n'étant pas un acte, mais elle prépare l'âme à produire plus facilement et de plus en plus les actes les plus parfaits[1].

---

[1]. Comparer le projet d'addition (aux articles d'Issy) sur l'état passif, préparé par Bossuet. *Fénelon*, IV, 23.

Au contraire les faux mystiques prétendent que l'oraison passive entraîne la suppression de tous actes généralement et en tout temps ; que l'âme peut être par état dans cette oraison passive, en entendant par là qu'elle y est non par habitude, mais par un exercice actuel et perpétuel. Il suit de cette théorie de la passivité qu'ils admettent l'acte perpétuel qui subsiste toujours s'il n'est révoqué, et qu'il ne faut pas réitérer et renouveler ; l'acte confus et éminent qui supprime tous les actes explicites du christianisme ; qu'ils rejettent les demandes comme intéressées et incompatibles avec la plénitude de la jouissance divine qui exclut tous les désirs ; qu'ils rejettent la réflexion, les actes aperçus ; et que d'une manière générale, se faisant une fausse idée de la béatitude, ils éteignent dans les prétendus parfaits l'esprit de mortification et de vertu. Ils sont donc conduits à admettre qu'il y a des âmes toujours mues de Dieu par une inspiration immédiate ; et ils font de l'oraison passive ainsi définie le modèle qu'ils proposent aux chrétiens, une oraison commune

L'oraison passive des mystiques approuvés respecte tout le christianisme, puisqu'elle ne supprime dans la contemplation d'ailleurs passagère que les actes discursifs et qu'elle n'en exclut par conséquent pas une certaine forme de demande et de désir, une certaine connaissance des mystères du christianisme ; puisqu'ils font de l'état passif ainsi compris un état très rare et qui n'est pas nécessaire à la perfection chrétienne ; puisqu'en dehors de cet état, ils retrouvent tout le christianisme[1].

Au contraire l'état passif des nouveaux mystiques est la négation du christianisme. Leur acte perpétuel supprime à la fois la liberté de la grâce et la nécessité de l'effort humain. Leur acte confus et éminent supprime le Credo chrétien. « En vérité est-ce là une question entre les chrétiens ? et peut-on

---

1. *Bossuet*, XVIII, 523 et suiv.

parmi eux chercher un état où il ne se parle plus de Jésus-Christ[1] ? » S'établir en Dieu seul et même en la nature confuse et indistincte de l'essence seule, c'est oublier la Trinité et les attributs divins. « Une prétendue simplification, une prétendue réduction de tous nos actes à un acte perpétuel et universel a introduit ces prodiges... Qu'est-ce autre chose, sans exagérer, qu'un artifice de l'ennemi pour faire oublier les mystères du christianisme sous prétexte de raffinement sur la contemplation[2] ? » Ce sont des notions approchantes de celles des mahométans ou des juifs, ou, si l'on veut, des déistes.

La suppression des demandes, en tant qu'on les considère comme incompatibles avec la pleine possession de Dieu, reproduit une illusion des Béguards, celle de la pleine possession de Dieu obtenue dès ici-bas ; en tant qu'on les considère comme intéressées, on méconnaît la nature de la charité et l'on fait de la prière un véritable anéantissement de l'âme[3].

La suppression des actes réfléchis détruit la prudence chrétienne et met les âmes en péril « puisque suivant à l'aveugle les mouvements directs qu'on leur donne dans certains états pour inspirés, elles iront partout où les portera leur instinct avec une rapidité sans bornes[4] ». Ici encore cette nouvelle spi-

1. XVIII, 405.
2. *Ibid.*, 407.
3. En excluant de l'état parfait tout rapport à nous les nouveaux mystiques détruisent tout rapport de Dieu à nous. « Il faudrait ôter de ce grand précepte de l'amour de Dieu : Tu aimeras le Seigneur, puisque le mot Seigneur a rapport à nous. Bien plus il faudrait rayer le terme : le Seigneur ton Dieu, puisqu'il n'est pas notre Dieu sans ce rapport. » XVIII, 649.
4. XVIII, 459. Cf. Mystici in tuto, n° 141 : « Par suite, il n'y a plus à consulter la prudence pour se décider, soit à des actions de grâce, soit à de pieuses lectures, soit aux prédications, si nécessaires pourtant au milieu des dangers de la vie, soit surtout à la pratique des vertus. Dans tous ces cas qui forment le principal de la vie chrétienne, nous sommes conduits, non par la raison et la prudence, mais par l'instinct et un élan soudain, ce qui mène au fanatisme. » Le fanatisme est justement cette croyance à l'inspiration directe de Dieu. «... fanatiques, qui croient que toutes leurs rêveries leur sont inspirées. » Bossuet, *Henriette de France*. Pour Nicole, *Les*

ritualité sacrifie en général les actes réfléchis, distincts, aperçus aux actes directs, confus et non aperçus. Mais il est faux que réfléchir, ce soit, comme elle prétend, se reprendre soi-même, « se recourber contre soi-même ». Il y a les retours sur soi qu'inspire l'amour-propre et les réflexions par lesquelles nous rapportons nos actes à Dieu comme principe et comme objet. La réflexion affermit nos actes, les redouble, donne de la fermeté aux mouvements directs. De même la pensée épurée qui contemple, et goûte le plus pur de tous les êtres qui est Dieu, n'aperçoit pas toujours les actes distincts. Les instincts que Dieu met dans les âmes sont plus confus et plus marqués « et c'est comme on l'a vu par les circonstances qu'il faut décider lequel est le plus parfait[1] ». Ainsi il faut toujours quelque retour sur nos actes; c'est en vain qu'ils supposeraient qu'on peut aller à Dieu par une pente absolument naturelle comme on suit l'amour-propre. L'amour divin ne domine jamais dans le cœur au degré qu'y peut dominer l'amour-propre ; il demeure toujours de la concupiscence, de sorte qu'il faut toujours s'aider de secours, le demander, s'apercevoir de son indigence. Les actes réfléchis, distincts, aperçus sont nécessaires aux actes directs, confus et non aperçus. Au reste la théorie des actes non aperçus poussée à l'extrême en vient à contredire la doctrine même qui la soutient. Quand même les mystiques auraient prouvé qu'on en peut venir à un état de présence de Dieu perpétuelle, il resterait qu'on n'en peut rien savoir « puisque cet acte direct sur lequel on n'aura point réfléchi

---

Visionnaires, p. 243, trois choses constituent les illuminés et les fanatiques : 1° se donner la liberté d'expliquer l'Écriture à leur fantaisie, sans consulter la tradition et la doctrine de l'Église ; 2° faiblesse présomptueuse d'esprit qui leur fait prendre pour lumière et inspiration de Dieu tous les effets d'une imagination surchauffée ; 3° désir orgueilleux de s'élever à une vie intérieure et surnaturelle, éloignée de l'ordre commun. Cette dernière erreur est la source des autres.

1. XVIII, 476.

sera de ces actes non aperçus, ou dont en tout cas on ne conserve pas la mémoire ».

Ainsi les nouveaux mystiques confondent la grâce qui justifie et qui appartient en général à l'état du chrétien, avec la grâce gratuitement donnée qui appartient aux états extraordinaires ; ils nient la grâce justifiante au profit d'une grâce qui ne justifie pas puisque la perfection dépend du degré de l'amour et non de la manière dont il est infus ; puisque l'expérience montre un grand nombre de saints qui n'ont rien de l'état passif ; puisque la purification des péchés ne dépend pas des états passifs, mais des voies ordinaires. Ils absorbent le christianisme dans certains états extraordinaires et particuliers, qui ne sauraient être dans le christianisme qu'une exception et une faveur toute particulière de Dieu ; et par leur façon d'entendre et de pratiquer ces états ils leur enlèvent aussitôt toute marque de christianisme, puisqu'ils les affranchissent de tout rapport au Dieu chrétien et à la vie chrétienne. Ils renouvellent ainsi les propositions des Béguards expressément condamnées au concile de Vienne : que l'homme peut s'élever à un état d'impeccabilité ; que l'homme ne doit plus prier dans l'état de perfection ; que l'homme peut obtenir la finale béatitude dès cette vie[1] ; qu'il est de l'homme imparfait de s'exercer dans les actes ; et les vrais mystiques Ruysbroc et Tauler ont déjà censuré par avance les propositions des quiétistes d'aujourd'hui dans celles des quiétistes d'autrefois.

Proposant une méthode pour arriver à ces états extraordinaires, les Quiétistes en veulent faire la condition commune

---

[1]. Pour Bossuet et pour Nicole, et en somme pour la théologie catholique, il y a dans le Quiétisme : 1° l'erreur de Luther, que l'opération de l'homme est toujours un péché, que le juste pèche dans toute bonne œuvre, que la nature humaine est foncièrement totalement mauvaise ; 2° l'erreur opposée, que sous la nature humaine il y a en quelque sorte la substance divine qui se réalise, à mesure que se dépouille la nature, une bonté foncière et absolue. « Et c'est cette fausse idée de perfection qui a fait Pélage, Jovinien, les Béguards et aujourd'hui les nouveaux mystiques. » Bossuet, *Instruction*, XVIII, 478.

des chrétiens : à ceux qui leur reprochent de s'y mettre d'eux-mêmes ils répondent qu'on ne le peut, de sorte que c'est crier contre une chimère : « Ce qui autorise tout le monde à ne plus rien examiner quand on croit y être¹. » Et néanmoins ils proposent une méthode. « Au reste c'est une illusion de dire qu'on ne s'y peut mettre soi-même, puisque encore qu'on ne s'y mette pas d'abord, on peut trouver une voie et une méthode certaine pour y être mis facilement et bientôt. De sorte qu'une oraison aussi extraordinaire que la passive, à la fin deviendra aussi commune qu'on voudra l'imaginer². »

Sans doute il faut reconnaître qu'ils n'appliquent pas d'un bout à l'autre le système qui leur est ici reproché : « Les excès énormes où se jettent ces esprits outrés, les obligent de temps en temps à de petits correctifs, qui ne disent rien dans le fond, et qui ne servent qu'à faire sentir qu'en voyant l'inévitable censure de leurs sentiments, ils ont voulu se préparer quelque échappatoire. »

Enfin par une sévère analyse de l'oraison de la mère de Chantal sous la direction de saint François de Sales, Bossuet achevait d'enlever aux nouveaux mystiques le droit de se réclamer « des Saints de nos jours ». Et vers la fin de l'Instruction il y avait une menace où l'on peut lire la guerre qui va suivre : « Quant à ceux, s'il y en a, qui voudraient défendre les livres que l'Église a flétris par tant de censures, ils se feront plutôt condamner qu'ils ne les feront absoudre ; et l'Église est attentive sur cette matière³. »

C'était sans aucun doute une menace indirecte contre Fénelon. Bossuet savait déjà que Fénelon ne voulait pas condamner purement et simplement les livres de Mme Guyon parce qu'il pensait que Mme Guyon n'avait pas eu dans l'esprit le mauvais

1. XVIII, 53$_7$.
2. *Ibid.*
3. *Ibid.*, 633.

sens que l'on condamnait, parce que ses livres contenaient en d'autres endroits le contraire du mauvais sens qu'on leur attribuait ; parce que l'auteur était prêt à donner un bon sens à ces propositions condamnées[1]. Et lorsqu'il eut dans les mains les cahiers de M. de Meaux, c'est-à-dire le manuscrit de l'Instruction, et qu'il entrevit, en les ouvrant, des citations du Moyen Court à la marge, il prit immédiatement la résolution de n'en rien lire et de rendre le tout aussitôt[2]. Il avait entr'ouvert suffisamment les cahiers pour y lire non seulement les citations du Moyen Court mais encore les propositions qui y étaient condamnées. En effet, à la suite d'une copie de la lettre au duc de Chevreuse qui relate ce fait, on lit une suite de propositions tirées du livre de M. de Meaux : elles en ont été extraites sans doute par Fénelon, comme le prouve la comparaison avec la lettre de septembre 1696 à Mme de Maintenon. Or ces propositions ne sont pas « quelques conséquences subtiles et éloignées qu'on pourrait, contre son intention, tirer de ses principes spéculatifs et de quelques-unes de ses expressions ; il s'agit de tout un dessein diabolique, qui est, dit-on, l'âme de ses livres. C'est un système monstrueux qui est lié dans toutes ses parties, et qui se soutient avec beaucoup d'art d'un bout jusqu'à l'autre. Ce ne sont point des conséquences obscures qui paraissent avoir été imprévues à l'auteur ; au contraire, elles sont le formel et unique but de son système[3]. » L'attitude de Fénelon dans sa polémique avec Bossuet consistera à rejeter en fait et en droit « ce système monstrueux » et à lui substituer un autre plus acceptable[4].

1. Lettre de M. Tronson à l'évêque de Chartres, 10 mars 1696. Fénelon, XXIX, 240.
2. Fénelon, XXIX, 249.
3. Ibid., XXIX, 287.
4. Cette substitution n'a pas lieu par la nécessité de la polémique qui suivra : nous avons vu plus haut que dans ses conseils à Mme Guyon, et dans son intervention au cours des négociations d'Issy, Fénelon avait déjà

La critique de Bossuet est tout entière préformée dans la lettre du 4 mars 1694 ; l'Ordonnance et l'Instruction n'en sont qu'un développement plus systématique. Quant à son attitude, d'abord pleine de condescendance, elle devient plus sévère à mesure que sa critique se développe et se systématise, c'est-à-dire à mesure qu'il voit mieux le danger que court l'Église ; les deux faits sont parallèles. Peut-être aussi son âpreté devient-elle plus amère, par les motifs accessoires que nous avons signalés plus haut.

Les théologiens dont nous avons examiné la critique sont tous d'accord quant au fond. La doctrine de Mme Guyon est une forme de quiétisme, elle contredit les formes essentielles du christianisme. Pour Bourdaloue cette doctrine commande au chrétien de se dépouiller de ses propres opérations surnaturelles, des actes du christianisme, ce qui revient à nier la grâce ordinaire, au profit d'une grâce extraordinaire mal définie ; elle nie l'essence du christianisme. Pour Nicole cette doctrine identifie le divin et le surnaturel avec les états passifs, jugés tels par certaines qualités psychologiques, la grâce avec la grâce extraordinaire. Elle affecte la grâce ordinaire d'une certaine impureté, qu'elle nomme propriété. Ainsi elle nie l'état commun des justes, et elle établit un état extraordinaire, caractérisé par la motion divine, c'est-à-dire par l'action de Dieu dans l'âme qui y opère entièrement ses mouvements ; l'action divine est donc substituée à l'action humaine aidée de la grâce divine : Dieu seul agit dans l'âme ; mais cet état de motion divine implique que l'âme se soit faite vide de toute autre chose que de Dieu, et qu'elle ne prenne en Dieu même que ce par quoi il échappe à toute distinction, une vue confuse dans un silence de pensées et de paroles. Ainsi la motion divine et la Contemplation obscure qui

esquissé les grandes lignes de ce système qui, selon lui, était non seulement conciliable avec le christianisme, mais encore le sens même du christianisme.

sont l'aspect positif de la doctrine s'appellent l'une l'autre ; et elles s'opposent l'une et l'autre à l'opération et à la distinction chrétiennes : elles édifient un surnaturel d'apparence sur les ruines du surnaturel véritable.

Pour Bossuet il y a dans le christianisme à côté de la voie commune des justes la contemplation passive des mystiques orthodoxes, qu'on ne saurait rejeter. Mais l'état passif des quiétistes est la négation à la fois de la voie commune, qui consiste dans la grâce efficace, dans la motion des justes, et de la contemplation des mystiques.

Bossuet expose fortement l'état ordinaire du chrétien, qui repose sur la grâce efficace ou motion des justes opérant contre la concupiscence ; la vie du juste en tout état et en tout moment est dirigée par ces deux forces : elle consiste en actes distincts, réfléchis, aperçus[1] ; le christianisme est un système d'idées et de préceptes ; il donne au juste des notions et des règles ; la vie intellectuelle et morale du juste se meut dans ce système qui lui préexiste et qui répond d'avance à toutes ses questions et à tous ses besoins. Le juste est enfermé dans le christianisme, dans l'Église ; il est une pièce, un élément d'un grand système : sa relation au divin est d'avance strictement définie.

La difficulté pour Bossuet qui n'est point un mystique et qui connaît mal les mystiques, la difficulté pour sa piété raisonnable et sobre, c'est la perfection particulière, le raffinement du

---

[1]. En effet, puisque l'amour divin — en cette vie — ne peut dominer le cœur au même degré qu'y dominait l'amour-propre, qui entraîne par une pente absolument naturelle — sans qu'on ait besoin d'y réfléchir et sans effort — puisqu'il reste toujours de la concupiscence, il faut s'aider de secours, le demander, s'apercevoir de son indigence ; de là les actes aperçus. De même l'habitude ne peut monter si haut que de produire des actes « qui coulent de source sans qu'on ait besoin de les exciter non plus que de les apercevoir. » Bossuet, *Instruction*, XVIII, 477. Pour Bossuet il y a dans l'âme un dualisme fondamental, la grâce et la concupiscence, dont le conflit la multiplie en actes ; les quiétistes estiment qu'elle peut s'élever au-dessus de ce dualisme et arriver à une unité fondamentale, qui exclut en soi-même toute multiplicité, mais s'exprime au dehors par une multiplicité.

christianisme auquel prétendent les mystiques sans exception. Il tend à établir qu'il n'y a point, en dehors ou à côté de la voie commune, d'état de plus grande perfection qui repose sur d'autres principes ; et que si l'on doit reconnaître des états mystiques, des moments de mysticité, il n'y a pas un état mystique à proprement parler, c'est-à-dire qu'il n'y a pas d'état qui soit continuellement et totalement passif.

Le premier point est établi sur ce que dans les oraisons extraordinaires qu'il faut bien, avec l'Église, reconnaître aux mystiques, ils ne méritent pas, Dieu agissant en eux sans eux[1]. Le second est établi sur l'analyse des déclarations des mystiques : ou du moins Bossuet croit l'établir ainsi ; et il faut bien qu'il en soit ainsi, en vertu du premier point ; s'il y avait un état passif, il y aurait dans le christianisme des justes qui, d'une façon continue, ne mériteraient point. Mais le fait même des mystiques, indépendamment de la difficulté de droit, est contre cette hypothèse[2]. La contemplation passive n'étant point continue, le mystique se retrouve, lorsqu'il en sort, dans l'état commun des chrétiens. Ainsi le mysticisme n'est dans le christianisme qu'un accident heureux, un surplus divin, une faveur extraordinaire, une grâce gratuite qui ne justifie pas et non pas la grâce ordinaire sur qui repose l'économie de la vie chrétienne. Il ne rentre donc pas, au fond, dans l'économie géné-

---

1. « L'état mystique ou passif n'est pas un don appartenant à la grâce qui nous justifie, etc...., il ressemble à cette sorte de grâce qu'on nomme gratuitement donnée... S'il faut encore aller plus avant, nous dirons que l'état mystique consistant principalement dans quelque chose que Dieu fait en nous sans nous, et où par conséquent il n'y a et ne peut avoir de mérite, on a raison de décider qu'un tel don, encore qu'il puisse mettre des préparations à l'accroissement de la grâce justifiante, ne peut pas appartenir à sa substance. » XVIII, 539.

2. « Ce fondement supposé [la définition de l'oraison passive comme suspension et ligature des puissances] il faut ajouter encore que cette suspension d'actes ne doit pas être étendue hors du temps de l'oraison, comme il a été démontré, et enfin que cette oraison extraordinaire ne décide rien pour la sainteté et pour la perfection des âmes que Dieu y appelle. » Ibid., 639.

rale du christianisme ; il faut bien l'admettre pour une raison de fait et parce qu'on ne peut prescrire de limites à l'action divine, qui semble ici déborder le cadre qu'elle a elle-même dessiné. Les mystiques, du reste, reconnaissent ces principes, du moins les mystiques orthodoxes. C'est le faux mysticisme au contraire qui généralise les états mystiques et par conséquent tend à envahir le christianisme et à s'y substituer.

En vertu de ces notions, Bossuet définit très strictement le mysticisme, de manière à lui assigner exactement son rôle dans le christianisme et à ne point lui permettre d'empiéter sur la voie ordinaire. La contemplation passive, qui est l'oraison des mystiques, est une impuissance absolue de produire des actes. Bossuet dit parfois les actes discursifs, parfois il parle des actes en général ; d'où il suit qu'il ne peut y avoir, par la définition même, d'état passif, car cette impuissance ne se conçoit pas continue ; cette supposition du reste est réfutée par l'absurdité qu'elle implique ; car s'il y avait un état passif, Dieu y opérerait seul, l'âme serait confirmée en grâce, élevée au-dessus du péché, ce qui n'est pas la doctrine chrétienne.

Il est vrai que la pensée de Bossuet sur ce point est parfois indécise. Nous venons de voir qu'il parle de la suppression, dans la contemplation passive, tantôt de tous les actes, tantôt seulement des actes discursifs. On trouve encore dans ses écrits, après qu'il a nié la présence dans l'oraison passive d'actes distincts et explicites, une certaine tendance à établir que les mystiques profondément chrétiens mettent dans leur spéciale oraison du moins l'équivalent des actes explicites réclamés par le christianisme ; c'est ce qu'il prouve par l'examen de l'oraison de Balthazar Alvarez[1]. Cette idée, s'il la développait, lui permettrait d'admettre une certaine forme d'état passif et le mènerait à une théorie plus proche de celle de Fénelon.

1. *Bossuet*, XVIII, 530.

Quant aux faux mystiques, suivant Bossuet, ils proclament à la fois contre le christianisme ordinaire et contre l'autorité des vrais mystiques, l'existence de l'état passif ; à l'oraison discontinue des mystiques, ils substituent un état continu : et ils exagèrent dans le sens de la passivité et de la confusion les marques que les vrais mystiques donnent de leur oraison : c'est ainsi qu'ils aboutissent à la motion divine et à l'acte perpétuel, éminent et confus ; c'est de là qu'ils tirent leurs autres erreurs[1]. Ils détruisent dans le christianisme les actes surnaturels produits en nous et avec nous par la grâce efficace, et ils y substituent un état surnaturel qui ne laisse plus rien subsister du juste, ni du Dieu chrétien : une indistinction et une passivité qui ne sont plus chrétiennes. Ils abusent ainsi contre le christianisme d'un état qui, au fond, n'est que toléré par le christianisme, et en étendant et en exagérant cet état, ils décrivent des choses qui ne sont pas, ou du moins ne sont pas de cette vie[2]. Au nom de leur prétendue expérience ils contredisent toute l'expérience chrétienne.

Avant de rechercher si Bossuet, dans son analyse et dans ses critiques, a bien compris les mystiques approuvés et s'il a bien compris Mme Guyon, indiquons d'un mot le système que Fénelon oppose à Bossuet et par lequel il prétend justifier la doctrine de Mme Guyon.

Il y a dans le christianisme un état des parfaits, distinct de celui des justes et des commençants ; il est caractérisé par une forme d'amour dégagée de l'activité propre, de la propre opération, le pur amour ; cet état ne peut être que passif puisqu'il implique le retranchement de l'activité propre. Mais en un autre sens il n'exclut pas toute activité. Pour que cet état soit un état et non un moment, pour qu'il dure il faut qu'il ait

---

[1]. *Bossuet*, 524, 640.
[2]. XVIII, 393.

certains traits de l'état commun. 1° La contemplation passive des mystiques cesse d'être comprise comme impuissance absolue du discours et des actes en général, elle admet quelque liberté. 2° L'état passif, suppression de l'activité propre, admet des actes, pourvu qu'ils ne soient point des actes propres, de ces actes que l'on reconnaît à leur caractère inquiet et empressé. Grâce à cette interprétation il peut y avoir un état passif, c'est-à-dire que l'état des mystiques peut être permanent et commun ; ce qu'il ne saurait être sans absurdité si l'on prenait la passivité au sens que Bossuet lui donne. Cet état se distingue essentiellement de l'état ordinaire des justes par la passivité ainsi entendue du pur amour, qui retranche l'activité propre et élève par conséquent le chrétien au-dessus de la mercenarité. L'activité propre est conciliable avec l'état des justes, n'étant point vicieuse de concupiscence, puisque l'intérêt, la propriété n'est pas la concupiscence. Elle n'est pas conciliable avec l'état des parfaits.

L'analyse de Bossuet a-t-elle dégagé l'essence du mysticisme, telle que l'examen historique nous permet de la saisir ? Est-ce justement qu'il a opposé les mystiques approuvés à ceux qu'il appelle les nouveaux mystiques, ou plus volontiers encore les faux mystiques ?

Bossuet décrit admirablement l'état commun des justes, le christianisme tel que le comprenait en son temps l'Église catholique ; et comme sa description repose sur l'École et que la théologie mystique s'est développée à côté de la théologie scolastique et en la présupposant, il s'ensuit que les mystiques qu'il appelle approuvés reconnaîtraient sans aucun doute l'exactitude de sa théorie sur la voie ordinaire de la perfection chrétienne. Mais ils ont nettement conscience de la valeur extrême de la voie extraordinaire et des états mystiques : tous leurs écrits et toute leur direction l'établissent ; ils appréhendent le divin, ils sont envahis par Dieu même ; leurs états sont divins. Aussi trouveraient-ils peut-être trop étroite la place que Bossuet leur fait dans le christianisme. De plus nous croyons que Bossuet a nettement méconnu leurs aspirations les plus profondes. Il y a pour eux des états mystiques, une succession et une hiérarchie d'états mystiques, et au terme un état passif, c'est-à-dire un état où l'activité humaine fait place à l'activité divine. Bossuet, et nous croyons que la totalité de cette étude le démontre, n'a eu aucune idée de la spiritualité des mystiques, des degrés de perfection, du passage de l'union extatique à l'union transformante, du problème de transformation de la personnalité qu'ils se posent. Dans les écrits des mystiques, il n'a vu, comme d'ailleurs la plupart des commentateurs et même des psychologues, que les fragments du mysticisme et non point le mysticisme. Il les a lus en théologien plus versé dans la scolastique que dans la mystique, et en théologien un peu défiant; il n'a pas vu ou il a craint de voir tout l'aspect de la vie mystique qui dépasse le christianisme commun; il a retranché comme de pieuses extravagances, comme des exagérations auxquelles les mystiques se laissent aller depuis plusieurs siècles, ce qu'il y a de spécifique dans le mysticisme[1]. Il a supposé constant que les vrais mystiques dans le fond n'entendent pas autre chose que la théologie scolastique, encore que leur expression porte plus loin. Il a tempéré « par de saintes interprétations les excessives exagérations de ces auteurs sur les états de contemplation ou d'oraison extraordinaire[2]. » Il ne faut pas s'étonner qu'ainsi prévenu, et préoccupé surtout de montrer que les mystiques approuvés, sauf leurs exagérations, s'accordent avec le christianisme de l'École, il n'ait trouvé dans les mystiques que ce qu'il y cherchait et qu'il ne les ait point vus tels que leurs écrits pourtant les montrent. Or, nous l'avons dit, le mystique, à travers l'union temporaire de la quiétude et

1. *Instructions*, XVIII, 383 et suiv.
2. *Ibid.*, XVIII, 389.

de l'extase, aspire à une union intérieure avec Dieu, à la formation d'un divin intérieur, qui abolisse entièrement le moi que les formes inférieures et temporaires d'union laissent subsister, et qui lui permette de vivre divinement la vie chrétienne, en donnant pour principe aux actes nécessaires Dieu même, et à l'action la contemplation même. Le mysticisme est un processus de déification, plus que de justification et de sanctification. Sans nier le christianisme ordinaire le mystique lui superpose un christianisme extraordinaire; il échappe en fait, par la continuité de l'oraison extraordinaire, à la voie ordinaire et à l'état commun du chrétien. Quant aux difficultés théologiques, les mystiques, qui ne sont que demi-théologiens, ne s'en embarrassent pas toujours. Mais il est juste de reconnaître que cette théologie embarrasse les théologiens.

La spiritualité que Bossuet oppose à celle des mystiques est de direction contraire; elle distingue toujours de Dieu et maintient en regard de lui le moi, conscient de son dénuement, de son besoin et de sa distinction[1].

Il nous semble donc que Bossuet n'a pas bien compris l'idéal mystique et qu'il n'a pas vu comment, par leurs expériences, les mystiques entendent décrire la réalisation de cet idéal. Il a bien compris la passivité de la contemplation mystique; mais il n'a pas compris, ou il a refusé de voir la passivité de l'état mystique. Il a bien compris que l'état passif était incompatible avec l'état ordinaire du chrétien comme il se le représentait; mais il n'a pas vu, ou il a refusé de voir que les mystiques prétendaient découvrir dans leur état passif un équivalent déifié de la vie chrétienne, un christianisme éminent.

Quant à ceux qu'il appelle les faux mystiques, sont-ils, par le fond de leurs prétentions, si différents des mystiques approuvés ?

Il est certain qu'ils tendent à généraliser la voie extraordi-

---

1. *Instructions*, XVIII, 474 ; *ibid.*, 649. Cf. *Assemblée du clergé sur les maximes des Saints*, XX, 482.

naire, qu'ils proposent des moyens, des méthodes pour y parvenir. Mais on trouve déjà cette tendance chez les mystiques approuvés.

Tous les mystiques se défendent d'écrire une technique de la béatitude, une méthode de déification. Tous ils prétendent seulement décrire l'opération de Dieu dans les âmes, et par cette connaissance écarter les obstacles que l'ignorance pourrait élever. Ils enseignent tous l'abandon à la conduite de Dieu. Sur ce point Malaval et Mme Guyon parlent comme saint Jean de la Croix et sainte Thérèse. « Que si je prescris ici une méthode pour une oraison qui est un pur don de Dieu, quand elle est arrivée au surnaturel... cette méthode ne tend qu'à écarter les empêchements[1]. » « C'est ce qui nous porte à donner, avec l'assistance de Dieu, des avis et des moyens, tant à ceux qui commencent qu'à ceux qui sont avancés, pour se connaître eux-mêmes, ou du moins pour se laisser conduire à la majesté divine, lorsqu'elle voudra leur faire faire des démarches plus parfaites[2]. » Il est vrai que leurs écrits donnent parfois l'impression que sous cet abandon, il y a un effort d'abandon; que cette passivité décrite suscite une confuse activité imitatrice; que cette méthode, toute négative en apparence, opère positivement, à la manière d'un enseignement et d'une suggestion dans des âmes prédisposées[3]. Mais il est bien difficile de ne pas penser que le cas est le même, à peu près, pour les mystiques, approuvés ou non. Bossuet s'élève contre la facilité de la nouvelle doctrine; et il est vrai qu'elle se donnait pour facile et qu'elle faisait appel à beaucoup. Mais il faut distinguer. La doctrine enfermait deux choses : des instructions générales pour tous les chrétiens, et des avis singuliers « pour les personnes

---

1. Malaval. *Pratique facile* (avertissement). Cf. *Courte Apologie du Moyen Court*, 113 et suiv.
2. Saint Jean de la Croix. *Montée du Carmel* (préface).
3. Bossuet. *Instructions*, XVIII, 537.

qui, après avoir été touchées de Dieu, ont goûté le bonheur d'une Présence plus infuse qu'acquise¹ ». En d'autres termes, il y avait dans le quiétisme le petit mysticisme aisé, accessible à tous, de l'oraison affective et du simple regard, et le grand mysticisme décrit dans les Torrents ; or Mme Guyon savait à quel point ce dernier est involontaire et rare².

D'autre part, les deux groupes que Bossuet oppose, sont au fond d'accord sur l'état passif. Nous avons montré ailleurs la conformité de l'expérience de Mme Guyon à celle de sainte Thérèse. Nous n'avons pas caché les différences qui sont importantes ; mais l'essentiel, le développement de la vie mystique, la systématisation des états mystiques se font de même chez l'une et chez l'autre ; et c'est le système qui importe, l'enchaînement et la coordination des états ou des symptômes, le plan d'évolution, plutôt que les éléments.

Bossuet, qui représente avec une vigueur incomparable le christianisme raisonnable, le christianisme ordinaire, contre le christianisme extraordinaire des mystiques, à force de voir dans les états mystiques des accidents, n'a pas compris par quelle

---

1. *Courte Apologie du Moyen Court*, 113.
2. Ce point est suffisamment établi par la correspondance avec Fénelon. Dans ses divers écrits Mme Guyon distingue très nettement les âmes qui sont propres à la méditation et incapables d'oraison passive de celles qui sont propres à l'oraison passive. « Et je crois que c'est ce qui fait aujourd'hui les contestations qui arrivent parmi les personnes d'oraison. Celles qui sont dans la passive, connaissant le bien qui leur en revient, y voudraient faire marcher tout le monde ; les autres, au contraire, qui sont dans la méditation, voudraient borner tout le monde à leur voie... Il faut prendre le milieu et voir si les âmes sont propres à une voie ou à l'autre. » *Torrents*, 137 : cf. 136. Il n'y a pas de contradiction entre cette doctrine et celle du *Moyen Court*, l'oraison affective à laquelle — suivant ce dernier écrit — il est souhaitable d'élever toutes les âmes, n'est pas encore l'oraison passive, et dans les *Torrents*, 139, Mme Guyon écrit qu'un directeur expérimenté peut être utile aux âmes de méditation en les dénuant peu à peu du raisonnement « y substituant les bonnes affections en la place ». Il n'en est pas moins vrai que Mme Guyon était loin de s'entendre avec Bossuet sur le nombre de personnes qui avaient « ces manières d'oraison » avec impuissance d'actes et de discours. *Vie*, III, 165.

puissance d'invention vraiment chrétienne, les mystiques savent retrouver dans la confusion et l'unité de leur contemplation continue, la multiplicité des actes distincts. Or c'est justement ce qui fait leur christianisme et leur originalité; ils sont des mystiques chrétiens par l'importance qu'ils attachent à la vie. Quoi que Bossuet ait objecté à Mme Guyon, ils prennent à la lettre l'incarnation du Verbe ; le monde, la vie ont pour eux un sens et une valeur ; et comme ils veulent se perdre en Dieu, être possédés de Dieu et qu'ils ne le peuvent qu'en renonçant à toutes les formes, il faut, pour répondre à cette double exigence, que de la confusion divine où ils s'enfoncent, jaillisse à tout moment l'action sans laquelle il n'est pas de christianisme[1]. Leur énergie la plus profonde construit un mysticisme de la vie et de l'action par la réunion de deux tendances contradictoires ; ils restent chrétiens dans cette suite d'états confus qui échappent au christianisme et retrouvent le christianisme dans l'indétermination religieuse de la pure mysticité.

Le mysticisme chrétien respecte l'économie générale du christianisme, par la synthèse de tendances, dont chacune isolément transgresse le christianisme, mais qui, par leur rencontre et leur opposition, se limitent et assurent à la fois l'aspiration mystique à l'indéfini, et la règle chrétienne de la précision. La clef du mysticisme chrétien est dans cette combinaison de la motion divine et de la contemplation confuse dont Nicole avait si bien vu l'unité. Le mystique ne peut demeurer chrétien que s'il demeure dans le monde, actif et vivant; et il n'est un mystique, que s'il oublie tout du monde en la béatitude divine. Par conséquent, il ne peut sortir de la contemplation confuse, sans retrouver sa propre action, sans retomber en soi-même, sans déchoir de l'état mystique, que par la motion divine, et il ne peut établir la motion divine, sous peine de retrouver sa pro-

---

[1]. *Justifications*, II, 340.

pre intelligence, que par la contemplation confuse[1]. Mais la motion divine et la contemplation confuse, prises en elles-mêmes, sont comme vides de tout contenu ; elles expriment l'une, une certaine impuissance d'agir personnellement, une certaine passivité active, une certaine impulsivité ; l'autre, l'anéantissement de l'intelligence discursive, une imprécise intuitivité. Mais ces formes vides d'agir et de penser se sont développées sur le dogme et sur la morale chrétienne. Le mystique a subtilisé, jusqu'à le faire en apparence évanouir, le christianisme, qu'il élabore. En réalité il ne supprime pas ce qu'il a dépassé et sous ses intuitions obscures et ses impulsions irraisonnées demeurent prêtes à fournir une matière explicite et une règle ferme, les idées et les lois du christianisme.

C'est donc en vain que Bossuet objecte aux nouveaux mystiques que la confusion de la contemplation exclut tous les dogmes du christianisme, que la continuité de l'état passif exclut tous les actes chrétiens, que l'inspiration divine continue et toute puissante fait de l'âme un automate divin et impeccable. Les mystiques prétendent justement concilier en fait la confusion et les croyances explicites, la passivité et les actes distincts ; et dans la motion divine ils voient la fin même du mysticisme chrétien, l'action divine substituée à l'action humaine.

Nous aurons à exposer plus longuement comment les mystiques peuvent identifier leur Dieu confus et éminent avec le Dieu précis et explicite du christianisme ; comment ils donnent comme support à leurs états intérieurs la tradition d'une Église. Les faits historiques, que nous venons de passer en revue, nous ont montré le conflit du mysticisme quiétiste avec l'Église, représentée par Bossuet. Le christianisme de Bossuet exclut le mysticisme chrétien de Mme Guyon. On ne peut nier qu'il y ait là deux formes très différentes du christianisme. L'historien a vu varier

---

[1]. Voir la liaison très nette de ces deux états dans saint Jean de la Croix : *Montée du Carmel*, III, ch. 1.

si souvent le sens du mot christianisme qu'il n'est pas embarrassé de ranger sous ce même mot ces deux formes, si différentes soient-elles. Il faut noter du reste que le mysticisme quiétiste, par certaines formules et par certaines expériences, aussi éloigné que possible du christianisme officiel, s'en rapproche extrêmement par les adoucissements de termes, par les correctifs et les interprétations de ses principaux défenseurs. Mais il faudrait tout un livre pour rechercher si en fait il se trouve dans les écrits de Mme Guyon, aussi expressément que le veut Bossuet, l'acte éminent et confus de Molinos, l'acte continu de Falconi ; si les formules dogmatiques par lesquelles Bossuet résume Mme Guyon n'imposent pas un caractère peut-être exagérément net, tranché et par conséquent inexact, à ce qui ne veut être qu'une direction et une méthode ; s'il n'est pas possible, rejetant comme inexacte l'interprétation de Bossuet, d'en proposer une autre qui maintienne l'essentiel de Mme Guyon, tout en l'accommodant à l'essentiel de Bossuet. Fénelon gardera, en les rationalisant, les grandes formules de Mme Guyon, le pur amour, l'état passif, la propriété, les épreuves de l'état passif, l'inspiration divine ; et il s'efforcera d'établir par l'appel à la tradition mystique et à la théologie, que c'est le vrai christianisme. Toutes ces questions sont en dehors de notre travail. Il nous suffit d'avoir montré le conflit du mysticisme de Mme Guyon avec l'Église, et les conditions que Bossuet impose au mysticisme pour l'accepter dans l'Église[1].

---

1. Voir l'analyse très pénétrante que Jurieu fait du Quiétisme dans son *Traité de Théologie mystique*, 1699.

CHAPITRE IX

SUSO

Sainte Thérèse a apporté dans l'analyse de la vie mystique une finesse et une précision qui n'avaient pas encore été atteintes. C'est dans sa description que l'on peut le mieux en reconnaître à la fois les éléments et le cycle évolutif. Mme Guyon est, elle aussi, singulièrement précieuse, pour une telle étude, d'autant qu'elle pousse à l'extrême les traits principaux du mysticisme catholique, et qu'elle permet ainsi de les étudier grossis, et sans les restrictions que leur impose une trop sévère orthodoxie. Enfin, nous avons rassemblé autour de ces observations principales, un nombre suffisant de références, pour qu'elles ne soient pas considérées comme des accidents. Si nous avions voulu nous départir de notre méthode, qui consiste à concentrer l'attention sur des cas privilégiés et particulièrement démonstratifs, à étudier la généralité mystique dans des spécimens bien choisis et aussi significatifs que possible, nous aurions pu, par une revue d'observations nombreuses, arriver à dresser le même tableau. Mais une observation approfondie, que l'on a suivie dans la totalité de ses conditions, et dont on a montré qu'elle est vraiment typique, est singulièrement plus instructive qu'une série d'observations incomplètes, et dont il faudrait d'abord montrer, par une analyse complète, ce qu'elles sont et qu'elles sont strictement comparables. Toutefois, encore que nous ayons montré que l'expérience de

Mᵐᵉ Guyon ne copie pas celle de sainte Thérèse, encore que nous ayons rassemblé autour de ces deux cas principaux quelques exemples, pris dans d'autres périodes et qui s'y rapportent, il reste pourtant que nos deux observations de premier plan appartiennent à deux périodes assez liées de l'histoire du mysticisme. Aussi n'est-il pas inutile de sortir de l'école espagnole du seizième siècle et de l'école française du dix-septième, et d'étudier un représentant qualifié de l'école allemande du quatorzième.

Dans le groupe de mystiques, que domine Maître Eckart, Suso est le seul qui satisfasse aux exigences de notre étude ; à côté de ses écrits théoriques, nous avons de lui une sorte d'autobiographie ; nous pouvons l'étudier non seulement dans sa doctrine, mais aussi dans la suite de sa vie. Mais cette vie est incomplète et de plus exposée sans beaucoup d'ordre, au cours d'entretiens recueillis par sa fille spirituelle, Élisabeth Stagel[1]. Nous n'avons certainement pas ici un document aussi complet que ceux que nous venons d'étudier. Pourtant nous verrons qu'il concorde avec nos analyses antérieures et qu'on en peut dégager une formule comparable à celles que nous avons déjà obtenues.

La vie mystique de Suso s'ouvre par une conversion ; c'est de bonne heure, dans sa dix-huitième année, qu'il se renouvela. Depuis cinq années il avait apparence de religion, mais son cœur n'était pas encore recueilli ; il était assez le jouet de ses désirs pour que les fautes ordinaires lui semblassent peu de

---

[1]. Diepenbrock : *Heinrich Susos Leben und Schriften*, Regensburg, 1828 : *Die Schriften des seligen Heinrich Seuse*, herausgegeben von *Denifle*, München, 1876, I, p 13 et 14 ; voir aussi l'étude de Denifle, III, p. xv et xvi. — *Œuvres mystiques du bienheureux Henri Suso*, trad. Thiriot, Paris, 1899, préface, p. xxx et premier livre, p. 11. Denifle a publié tout l'exemplaire : il avait en préparation un second volume qui devait comprendre le reste des œuvres de Suso, et une étude générale. Sa mort a interrompu ce précieux travail et beaucoup d'autres. Voir aussi Ferdinand Vetter, *Das Leben der Schwestern zu Töss*, Berlin, 1906.

chose; mais dans l'objet de ses désirs il ne trouvait point le bonheur, ni la tranquillité; lorsqu'il se tournait vers ce qui lui paraissait désirable, il était inquiet; il lui semblait qu'une chose encore inconnue devait donner la paix à son cœur; il cherchait quelque chose sans savoir ce qu'il cherchait. Chaque créature le repoussait en lui disant : Je ne suis pas ce que tu cherches. L'objet de ce désir si mystérieux qui était en lui ne devait lui apparaître qu'après que l'éclat des choses aurait disparu[1]. Il fut délivré de ce trouble par une action cachée et illuminatrice de Dieu, qui l'inclina à une vie nouvelle.

Cette conversion ne donna pas d'un coup tous ses effets; elle fut suivie d'une période d'hésitation; la grâce était venue mais la nature la combattait encore. La grâce le sollicitait de se détacher entièrement du monde; mais la nature faisait valoir la difficulté de l'œuvre et de la persévérance, la nécessité de la modération dans l'œuvre du salut; en réponse, la grâce l'assurait de l'aide de Dieu, de la facilité plus grande et de la nécessité absolue d'une conversion entière. Après que ce combat eut duré quelque temps, il prit courage et se détourna avec force des choses.

Peu de temps après, il eut un ravissement; il était seul au chœur, le jour de sainte Agnès, après le repas de midi; il avait alors un fort sentiment de lourde souffrance; tout à coup il vit et entendit ce qu'aucune langue ne peut exprimer; cela était sans forme et sans manière d'être et avait pourtant en soi la joie de toutes les formes et de toutes les manières d'être; c'était à la fois la totalité du désir et de l'accomplissement dans l'oubli de tout et de soi-même et dans un éclat bienheureux; c'était la douceur de la vie éternelle dans le repos et le silence. Cet état dura une heure ou une demi-heure; quand il reprit

---

1. I, 13; II, 12 et suiv. Sauf avis contraire, nous citerons d'après l'édition Denifle, et pour les passages traduits complètement dans le texte, d'après la traduction Thiriot.

ses sens, il lui sembla qu'il revenait d'un autre monde ; son corps souffrit beaucoup et il gémit de se retrouver ; il s'en alla d'une démarche machinale, encore plein de la merveille divine et léger comme s'il planait dans les airs.

L'objet que cherchait son adolescence se révéla, semble-t-il, après la conversion ; toute son inquiétude aspirait à la réalisation d'un objet d'amour. Il avait de jeunesse un cœur aimant ; or la sagesse éternelle s'offre dans l'Écriture comme une profonde amante ; il aspirait obscurément à sa tendresse, car son cœur jeune et inconstant ne pouvait rester sans un amour particulier. En vain il pensait parfois : dois-je aimer ce que je ne vis jamais, ce que je ne connais pas ; une amante qui prescrit d'ailleurs de dures choses à ses serviteurs ; car il la percevait dans les aspirations qui l'élevaient à elle et une pensée divine le faisait souvenir que la souffrance par droit ancien est jointe à l'amour ; il n'y a point d'amant qui ne soit un martyr. Aussi il persévérait et cherchait ardemment sa présence et l'union intime avec elle ; au delà des textes de l'Écriture où elle parle, il souhaitait la voir et lui parler ; un jour qu'il l'y cherchait des yeux de l'âme, elle se montra à lui : elle s'offrit et lui demanda son cœur dans une présentation intime, si intime que jamais elle ne se renouvela. Suso enveloppe cet état de vagues images, sans que ces images constituent, croyons-nous, une vision corporelle ou imaginaire comme disent les mystiques ; c'est d'une vision intellectuelle qu'il s'agit ici[1]. Il prit l'habitude de ramener sa pensée à son amour intime et à propos de toutes choses de penser à l'objet aimé.

Mais l'amour devint la source de la souffrance, par les travaux intérieurs qu'il imposa ; et comme il arrive aux mystiques, les joies du début se tournèrent en peines. Au début de sa vie spirituelle, dix années environ, tous les jours deux fois et

---

1. Cf. *Livre de la Sagesse éternelle*, prologue et ch. 1 (II, 305 et suiv.).

chaque fois aussi longtemps que deux vigiles il était abîmé en Dieu, dans la divine sagesse, tellement qu'il ne pouvait parler. Mais la vie mystique est un progrès et non un état ; l'union essentielle avec Dieu suppose, par de rudes combats, la conquête et l'habitude de la vertu ; au terme la joie de cette union s'installe dans l'âme de façon continue ; il y a entre le début et la fin toute une période intermédiaire pleine de souffrances.

C'est d'abord la mortification du corps. Pour devenir maître de sa nature ardente, Suso inventa des tortures et se tourmenta seize ans, jusqu'au moment où sa nature s'étant refroidie et sa santé étant délabrée, une vision lui interdit de continuer. Peu d'hommes ont poussé plus loin le raffinement à se martyriser soi-même : nous renvoyons aux chapitres où il décrit ses souffrances volontaires : clous de fer, aiguilles enfoncées dans la chair, flagellation extraordinaire, dureté de la couche, soif et froid, tels sont les moyens par lesquels il tâche de dompter sa nature, de soumettre le corps à l'esprit et de compatir aux douleurs du Christ crucifié. Il puisait dans son amour la cruauté qu'il tournait contre lui-même ; pour un homme animé de cette ferveur les choses impossibles deviennent possibles[1] ; et de cette torture jaillissait encore de l'amour. Il était « sanglant et en même temps aimable[2] » ; d'abondantes visions compensaient sa souffrance, l'encourageaient et le consolaient.

Il avait tracé autour de lui en pensée trois enceintes ; la première comprenait sa cellule, son oratoire et le chœur ; il s'y trouvait en repos. La deuxième comprenait tout le couvent, sauf la porterie ; la troisième la porterie et déjà il avait besoin

1. I, 158.
2. « Seigneur, je pense maintenant, quand je vous regarde avec amour, vous les délices de mon cœur, que toutes ces grandes et terribles souffrances par lesquelles vous m'avez éprouvé, et qui ont effrayé vos pieux amis qui m'en voyaient accablé, n'ont été qu'une rosée de mai », trad. Thiriot, II, 97.

d'une grande prudence ; au delà de ces enceintes il n'était plus qu'un animal traqué[1].

Il avait réglé sévèrement sa vie, de façon à éviter tout imprévu, tout ce qui est nouveau, ce qui peut troubler ; il avait convenu d'avance ce qu'il lui était permis de manger et de boire, de quelle manière et quelle quantité, les cas où il pouvait rompre le silence qu'il s'était imposé. Il purifiait tous ses actes par l'association constante d'une pensée religieuse, sans que pourtant le monde disparût sous la pensée qui le purifiait. C'est un trait de la nature de Suso qu'en sacrifiant les choses il garde intact le charme des choses ; il appliquait à l'amour céleste les usages de l'amour humain ; il enveloppait sa méditation de fraîches images. Il aspirait au delà des formes et du monde ; pourtant il a eu le sens du monde et il a regardé et imaginé les formes comme un poète.

C'est ainsi que s'est écoulée sa première vie entre des souffrances volontaires et des visions joyeuses. Mais ses mortifications, dont la source était en lui, n'avaient pas détruit en lui l'esprit propre et ne l'avaient pas accoutumé à la contrariété étrangère ; en un sens la souffrance l'avait défendu de la souffrance ; les douleurs du dehors, dont il s'était abrité, l'effrayaient. Il lui restait à apprendre la vie véritable[2] ; ses mortifications, tout effroyables qu'elles fussent, n'avaient été qu'un commen-

---

1. I, 152.
2. Une vie nouvelle lui devient nécessaire ; il perçoit que quelque chose lui manque : V. début du *Livre de la Vérité*. « Il y avait un homme dans le Christ qui, pendant ses jeunes années, s'était livré extérieurement à tous les exercices... ; mais intérieurement, dans son âme il n'était pas encore rompu au renoncement. Il sentait bien que quelque chose lui faisait défaut, mais il ne savait pas ce qui lui manquait. Après être demeuré pendant de longues années dans cet état, il rentra un jour en lui-même, et s'étant mis à réfléchir, entendit intérieurement une voix lui dire ces paroles : Sache que c'est le renoncement intérieur qui conduit l'homme à la suprême vérité », trad. Thiriot, II, 215.

cement. Il existe une école supérieure, l'école de la vraie résignation ; c'est ce que lui enseigne une vision ; et une autre lui annonça des combats plus durs que les précédents. Jusque-là il se frappait lui-même, cessait quand il voulait, avait pitié de lui et retirait de la gloire de ces exercices ; le contraire devait venir. Sa nature aimante, dont le fond était épargné par ses précédentes souffrances, devait être meurtrie par l'infidélité. Il avait nagé dans la douceur divine ; il devait être abandonné du monde et de Dieu. C'est l'abandon absolu à Dieu, le plein renoncement à soi-même, qu'une vie nouvelle, réelle celle-là, allait lui enseigner. Après seize années d'ascétisme il n'était encore qu'un commençant ; il n'avait point vécu, il s'était seulement préparé à vivre. Il lui fallait maintenant s'engager dans le monde, travailler au salut du prochain, éprouver par l'action les dispositions qui s'étaient formées en lui [1].

De cette époque datent les nombreuses épreuves qu'il décrit dans sa vie ; on l'accuse, on le poursuit, on le persécute ; il est éprouvé dans sa vie, dans son honneur, dans ses attachements, dans son esprit : des maladies terribles fondent sur lui ; mais il travaille au salut du prochain et il sent le prix de la souffrance ; dans l'énergie qui l'accepte il découvre une puissance d'expansion qui va jusqu'à Dieu ; jusqu'ici il avait loué le Seigneur avec la joie ou avec l'amour des créatures ; maintenant il faisait de toute la souffrance humaine une louange éternelle et il souhaitait être chargé de toute cette souffrance ; dans la souffrance imposée et acceptée il retrouvait l'amour qui l'avait mené jadis à la souffrance volontaire ; l'amour par l'identification à Jésus-Christ : « denn Liebe gleichet sich » ; l'amour, par l'accaparement de la souffrance des autres, dans les œuvres de conversion [2].

[1]. « Wem Innerkeit wird in Ausserkeit, dem wird Innerkeit innerlicher, als dem Innerkeit wird in Innerkeit. » D., 246.
[2]. I, 198 et suiv.

« Plus tard, lorsque Dieu jugea qu'il en était temps, le pauvre martyr fut récompensé pour toutes ses souffrances, il jouit de la paix du cœur, et reçut, dans un tranquille repos, de bien précieuses grâces. Il louait le Seigneur du plus profond de son âme, et le remerciait de ces souffrances, qu'il n'aurait pas voulu, pour tout au monde, ne pas avoir souffertes. Et Dieu lui laissa entendre que, par cet abaissement, il avait plus gagné, plus mérité d'être élevé vers Dieu, que par toutes les peines qu'il avait souffertes, depuis sa jeunesse jusqu'à maintenant[1]. »
Il semble qu'alors il se soit trouvé en état de joie habituelle. « A la fin, lorsqu'elles eurent cessé [les peines], et qu'il sembla à Dieu que le temps en était venu, cette joie revint aussi, et elle devint en quelque sorte habituelle. Que le serviteur restât à la maison ou qu'il sortît, qu'il fût en compagnie ou bien seul, au bain comme à table, il ressentait cette grâce ; mais cela était intérieur et n'apparaissait pas extérieurement[2]. » Tout le travail préparatoire avait anéanti ses sens extérieurs et son esprit privé de ses fonctions les plus hautes, selon leur opération naturelle, était arrivé à une sensibilité surnaturelle. « Ici l'esprit pénètre plus profondément, par un dépouillement de sa nature, dans le cercle qui représente la divinité éternelle, et arrive ainsi à la perfection spirituelle. Ceci peut s'appeler le ravissement de l'esprit, car alors l'esprit est élevé au-dessus du temps et de l'espace, il est ravi en Dieu dans une aimable et intime contemplation[3]. »

Mais au-dessus de cet état il y en a un autre encore : ce premier ravissement ne supprime pas le travail de l'esprit, la réflexion : « Il réfléchit cependant encore, car il voit les choses en les considérant dans leur propre nature... il peut considérer secrètement les choses, et les ordonne prudemment selon leurs

1. Trad. Thiriot, I, 206.
2. *Ibid.*, 274.
3. *Ibid.*, I, 299.

différences ; il se trouve affranchi par le Fils et dans le Fils. »
Le ravissement suprême « lui enlève toute notion d'images, de
formes et de différences, il s'ignore lui-même et toutes choses,
et il est précipité avec les trois personnes dans l'abîme de la
divinité, et là il jouit de la félicité selon la plus haute vérité. Là
plus de luttes à soutenir, et plus d'efforts à faire, car le commencement et la fin... sont devenus uns, et l'esprit, dans son
ravissement, est devenu un avec Dieu[1]. »

Cet état définitif auquel Suso s'élève après des oscillations et
des alternatives, il le nomme abandon (Gelassenheit) ; c'est
une destruction du moi propre, comme sujet de la connaissance
et de l'action, et une absorption en Dieu, qui laisse subsister
pourtant la pensée et l'action désappropriées, directement
issues d'un fond que le mystique éprouve divin. Il y a un
anéantissement « qui demande son temps et son heure[2] » et
qui ne dure pas. « Lorsque saint Paul revint à lui, il se trouva
être le même saint Paul, un homme comme auparavant[3]. » Il
y a aussi un anéantissement, et c'est celui-là qui constitue la
Gelassenheit, où l'homme, « faisant abnégation de sa libre
volonté, s'abandonne à Dieu à tous les instants, comme s'il ne
voulait aucunement s'occuper de soi-même et comme si Dieu
était son seul maître[4]. » « ... De telle sorte qu'il défaille puissamment dans une ignorance complète, qu'il s'abandonne lui-
même sans se reprendre, qu'il devienne un dans l'unité avec le
Christ... qu'il reçoive en lui toutes choses, qu'il voie toutes
choses dans cette simplicité. Et le moi devient un moi semblable à celui du Christ ainsi que le dit l'épître de saint Paul : Je
vis, ce n'est plus moi, c'est le Christ qui vit en moi[5]. »

---

1. *Ibid.*, I, 300.
2. II, 234.
3. *Ibid.*
4. *Ibid.*
5. *Livre de la Vérité*, ch. iv (trad. II, 229).

Un homme qui arrive à cet état « s'oublie lui-même, et n'a plus conscience de lui-même, il disparaît, se perd en Dieu, et devient un esprit avec lui[1]. » Il est en pleine possession de la béatitude. Tous les désirs humains lui sont enlevés d'une façon inexprimable, et il est plongé dans la volonté divine. Il agit, sans être le sujet de son action. « L'action d'un homme qui s'est vraiment renoncé est son renoncement même, et son opération est une quiétude ; car par son action il demeure tranquille, et par son opération, il reste inactif[2]. » « Dans ses forces supérieures, une lumière lui est montrée, qui lui fait voir qu'en lui, Dieu est l'essence, la vie et l'opération, et qu'il en est seulement un instrument[3]. »

La condition nécessaire pour parvenir à cet état c'est la suppression du moi, comme faisceau de désirs, comme sujet de l'action et de la connaissance. « Dans un effondrement de sa personnalité, il s'abandonne entièrement à la force divine et éternelle[4]. » « Qu'est-ce donc maintenant qui fait errer l'homme et qui lui ravit la béatitude ? C'est uniquement le moi, quand l'homme se détourne de Dieu pour se retourner vers lui-même... et qu'il se crée un moi propre[5]. »

Nous retrouvons ici les traits essentiels de l'état théopatique, l'abolition du sentiment du moi, la béatitude continue, le sentiment de la motion divine, l'absorption du moi dans le divin. Nous y retrouvons encore la réserve de la division de conscience. Ce que les mystiques ne peuvent absolument pas rapporter au

1. *Livre de la Vérité*, ch. IV (trad.. II, 230).
2. *Ibid.*, ch. VII (*ibid.*, 264).
3. *Ibid.*
4. *Vie*, ch. LIV (*ibid*, 284).
5. *Livre de la Vérité*, ch. IV (228). Cf. Tauler. « Die Hauptsache ist also, dass man keine eigene Aufsätze habe, d. h. dass man nicht auf seiner eigenen sich selbst vorgesetzten Weise und Beschäftigung verharre, sondern dass man alsogleich dem Zuge Gottes folge, sobald man desselben gewahr wird. » In Denifle, *Das Buch von geistlicher Armuth* (München, 1877), p. XXVIII.

divin, disions-nous, ils le rejettent dans la nature, dans une nature inférieure qui n'émeut pas la supérieure et n'a plus de communication avec elle. Ce trait est fortement marqué chez Suso ; strictement orthodoxe, d'une orthodoxie qu'a mise et que maintient en éveil l'hétérodoxie condamnée de son maître Eckart, il n'admet à aucun moment la totale identification de l'homme avec Dieu[1]. Le corps est comme la marque du caractère indestructible du moi. « Le corps fait partie de la nature humaine, et ses nécessités multiples s'opposent à l'obtention de la totale béatitude[2]. » Mais aussi, le vouloir propre étant anéanti, le corps n'est plus qu'une machine, au fonctionnement de laquelle la nature pourvoit. « L'homme, je ne sais comment, n'a plus rien à faire d'une manière active, comme avant la résurrection, et il fait ces opérations d'une manière habituelle[3]. » « Extérieurement et selon les sens il mange, mais dans la partie intérieure il ne mange pas, car autrement il userait de la nourriture ou du repos d'une manière animale. Et il en est ainsi des autres actions humaines[4]. »

L'automatisme prend la direction de cette catégorie d'actes et les dérobe à la conscience personnelle. L'esprit est tout entier occupé par la conscience de la présence divine[5] et par la conscience de l'opération divine qui s'accomplit jusqu'au dehors[6], par cette synthèse de la contemplation et de l'ac-

1. *Livre de la Vérité*, ch. iv (228).
2. *Ibid.*, ch. iv (232).
3. *Ibid.*, 248.
4. *Ibid.*, ch. vii (265).
5. Le *Livre de la Vérité* décrit en ces termes le début de cet état. « Vers le même temps, il se fit un grand changement dans le disciple. Il arriva quelquefois, et parfois cela durait à peu près pendant une dizaine de semaines, qu'il fut fortement ravi hors de lui-même et que, soit en présence d'autres personnes, soit en leur absence, ses sens furent tellement dépouillés de leur opération, que partout et dans toutes choses il n'en voyait qu'une et qu'il ne voyait toutes choses qu'en une seule sans aucune diversité. » Trad. Thiriot, II, 238.
6. *Ibid.*, II, 247 et 248.

tion, caractéristique, nous l'avons dit, de l'état théopathique[1].

Cette transformation de la personnalité qui aboutit à cet état définitif, à la conscience de la déification, est retenue dans les limites sévères d'une théologie strictement orthodoxe. La pensée que le moi n'est jamais détruit complètement et que jamais il ne s'identifie absolument avec l'essence divine, modère cette conscience continue d'être un Absolu vivant. Est-ce là une réserve doctrinale, la position logique d'un signe restrictif devant un état de conscience, ou dans l'état de conscience lui-même y a-t-il quelque chose qui s'exprime en limitation? Il serait fort difficile de le dire. En tous cas il est bien certain que la restriction théologique est fort importante, et explicitement formulée.

En effet Suso a eu pour maître Eckart, et Eckart a été condamné par l'Église pour sa hardiesse à identifier l'homme avec Dieu[2]. Suso travaille à faire entendre que mainte des propositions condamnées se peut prendre dans un bon sens, mais par là même il est conduit à marquer fortement le point où, à travers la conscience même du divin, reparaît la limitation humaine[3]. De plus, autour du grand mysticisme spéculatif de l'école d'Eckart, fleurit abondamment, au quatorzième siècle, le mysticisme populaire du Libre Esprit[4]. Contre cette liberté pure, cette sauvagerie sans nom, qui n'a égard à aucun ordre et qui divinise tout ce qu'elle produit, contre ces aveugles impulsions, Suso élève la doctrine d'une liberté ordonnée et d'une vie pleine de circonspection qui, au plus fort de son abandon au mouvement divin, subit encore une secrète et pro-

---

1. Tout le chapitre v du *Livre de la Vérité* est consacré à l'exposé de cet état.
2. Voir notre ouvrage sur le *Mysticisme spéculatif en Allemagne au XIVe siècle*; en particulier p. 219 et suiv.
3. *Livre de la Vérité*, ch. vi (Denifle, III, 557 et suiv.).
4. Voir notre ouvrage cité, ch. iii et suiv.; en particulier, p. 123 et suiv.

fonde sagesse. Le divin n'est point une fécondité précipitée et présomptueuse ; sous son expansion il y a une loi [1].

Suso arrive à cet état définitif par un processus long et compliqué. Peu de temps après sa conversion, après une période que caractérisent surtout des joies spirituelles et des ravissements de brève durée, Suso se rend compte qu'il lui faut aller plus avant ; c'est à ce moment que se place une longue période que domine la méditation de la Passion et le Livre de la Sagesse. Jésus est pris dans sa totalité ; on ne peut aller à Dieu que par l'humanité et par conséquent par les souffrances de Jésus-Christ. En même temps intervient un autre motif : dompter par l'ascétisme une nature rebelle. Cette phase ascétique qui dure une vingtaine d'années comprend des souffrances volontaires et des peines intérieures, des états démoniaques et des états divins, ravissements et visions de caractère souvent compensateur.

Puis vient une phase de vie pratique et d'action au dehors. La première forme de vie cesse, par épuisement et parce que Suso se rend compte qu'elle n'est pas conforme à la vie véritable et au vrai esprit de la mortification. L'ascétisme a son principe dans le moi qui s'impose la souffrance. La vie divine est celle qui subit passivement tout ce qui vient de Dieu. Le parfait abandon de soi-même c'est « de se renoncer tellement que, dans toutes les circonstances où Dieu se manifeste, soit par lui-même, soit par ses créatures, l'homme ne s'applique qu'à rester toujours calme et égal, en se renonçant dans la mesure possible à la faiblesse humaine [2]. » Mais ce renoncement ne peut se former dans la solitude et dans l'action. La vie selon Dieu est dans le monde. « La vie de l'homme sur cette

---

1. *Vie*, ch. XLIX et L ; *Livre de la Vérité*, ch. VI. Voir un important passage de Tauler que nous citons (*Mysticisme spéculatif*, p. 123, n. 1). Cf. Ruysbrock. *De vera contemplatione*, Coloniae, 1609. 4° C. XVIII et suiv., p. 607.
2. *Vie*, ch. XXI (trad. I, 83).

terre est semblable à celle d'un chevalier[1]. » C'est seulement par la vie réelle que l'homme peut être éprouvé jusqu'au fond dans toute chose, et qu'il peut travailler au salut du prochain. Ces deux motifs sont étroitement mêlés dans le courant qui porte Suso hors de l'ascétisme vers le monde extérieur; peut-être le premier est-il prédominant. Suso n'a point l'étoffe des grands actifs que nous avons décrits : les difficultés de l'action, les peines qu'elle apporte, les misères qu'il y subit, viennent en première ligne dans son récit; l'action est moins chez lui une expansion nécessaire et involontaire, une conquête du monde par une formule directrice, qu'une mortification d'origine étrangère[2]; et c'est après cette longue passion qui l'assouplit, qu'apparaît chez lui l'état définitif.

Dans ces phases préparatoires règne une alternative qui ne fait place qu'à la fin à une continuité homogène. « Seigneur, vraiment je trouve en moi une grande inégalité... [il décrit un état de présence de Dieu et un état d'abandon]... souvent c'est instantanément que tout a disparu, et que de nouveau je suis dépouillé et complètement délaissé. Quelquefois je poursuis cet état d'âme, je cherche à le joindre comme si jamais je ne l'avais goûté, jusqu'à ce qu'enfin, après avoir versé bien des pleurs, il soit revenu. Seigneur, qu'est-ce donc que cela, est-ce vous, est-ce moi, ou bien qu'est-ce donc enfin?... C'est moi que tu cherches et ces alternatives ne sont que le jeu de mon amour[3]. » N'échappent à ces vicissitudes que ceux qui ont écarté tout obstacle entre Dieu et eux.

A travers ces oscillations, on peut démêler, au début, une période surtout positive, suivie peu après d'une période surtout négative, caractérisée par une tristesse désordonnée, et une tentation de désespoir. « Il lui semblait que jamais son âme ne

---

1. *Ibid.*, ch. XXII (*ibid.*, 85).
2. *Vie*, ch. XXII.
3. *Livre de la Sagesse*, ch. IX (trad., II, 66).

serait sauvée, qu'elle serait damnée éternellement, quelque bien qu'il pût faire et quelque mal qu'il se donnât¹. » Cette souffrance terrible prédomina dix ans.

Pourtant, si l'état final et si la direction sont les mêmes, il faut reconnaître que la division est poussée beaucoup moins loin que chez les mystiques précédemment étudiés. Les « degrés » sont beaucoup moins nettement distingués ; les « demeures » communiquent ; les « états » sont souvent confondus. Suso est plus métaphysicien encore que psychologue, et il s'occupe moins à démêler ses états d'âme qu'à définir l'objet dernier de la connaissance suprarationnelle. De sa Vie nous n'avons du reste qu'un fragment, ce qu'il a laissé subsister des entretiens recueillis par Élisabeth Stagel : d'où le caractère fragmentaire et désordonné. Enfin l'importance extrême qu'il a attribuée à l'ascétisme, et après la période ascétique, aux épreuves de la vie pratique, met au premier plan tout un groupe de faits qui paraissent autrement dans nos précédentes études.

Les grandes intuitions confuses sont ici encore compensées par la précision chrétienne. Le livre de la Vérité, la théorie du Dieu ineffable, est complété par le livre de la Sagesse, que domine la figure du Christ des Écritures. Les visions, si abondantes, expriment l'orthodoxie profonde d'une conscience qui, aspirant au néant divin, à l'unité confuse et éminente, réalise le Dieu de l'Église en images très précises. Elles sont, dans cette âme de poète, un jaillissement spontané de composition poétique à travers des états de rêve. En effet, elles apparaissent surtout dans le sommeil, ou dans l'état hypnagogique, ou à ces moments de détente qui suivent une méditation prolongée² : ce

1. Vie, ch. XXIII (I, 96).
2. État de sommeil ou état intermédiaire entre la veille et le sommeil ; D, I, 29-31, 197 ; II, 313 ; II, 6, 208. Elles apparaissent surtout après matines (D, 28, 29, 82 ; II, 1, 286, à l'aube (31, 32, 161, 187, 207 ; II, 292, 313) ou pendant la nuit (33, 33ª, 50, 77, 78). Suso avait l'habitude de se rendre après matines à son oratoire, et là, assis sur sa chaise, de prendre un

sont, en général, de vastes tableaux où chaque ordre sensoriel fournit ses images et qu'une imagination d'artiste ordonne soudainement[1]. Elles ont un caractère de passivité et de puissance organisatrice.

Il convient en effet d'accentuer cette observation qu'une bonne part de la vie de Suso s'écoule en passivité : des ordres intérieurs lui sont donnés, des illuminations apparaissent ; une

moment de repos ; un très grand nombre de visions ont lieu dans cette phase hypnagogique. On peut donc distinguer chez lui trois espèces de visions : 1º des rêves ; 2º des états hypnagogiques ; 3º des hallucinations à l'état de veille, en général au cours d'une profonde méditation : « Und da ihm in der Betrachtung die Sinne irgendwie entsanken, da däuchte ihm in einem Gesichte. » D, I, 203 (cf. 222 ; II, 1, 122). — Ces visions sont très fréquentes. — Il faut néanmoins remarquer que beaucoup, de l'aveu même de Suso, ne sont que des figures : II, 5 ; II, 254 « in der Stille seines Gemüthes begegnete ihm ein vernünftiges Bild. » Un certain nombre de ces descriptions poétiques rapportées comme visions n'ont en réalité qu'un caractère poétique et constituent des allégories : II, 217. — Ces visions sont, autant qu'on en peut juger, des visions imaginaires « bildreich ». Tout semble se passer « in dem innern Gesichte ». D, I, 77. — Ces visions imaginaires sont très complexes ; elles mettent en jeu des images empruntées à tous les ordres sensoriels ; elles se composent en grands tableaux décoratifs et qui évoluent ; elles ont fréquemment un caractère auditif et musical (D, I, 29, 31, 33, 50, 176, 177, 197). Les visions sont liées à l'état général de la conscience religieuse chez Suso ; elles l'expriment ou l'anticipent ou le dépassent. Elles naissent très souvent d'états affectifs et des modifications consécutives aux macérations (D, I, 201 ; II, 50, 77, 78). Quelques-unes apportent un enseignement et ont un caractère didactique (D, 32, 36, 37, 161) ; d'autres symbolisent un état affectif ou intellectuel (I, 207 ; II, 6, 208, 233, 280) ; d'autres sont consolatrices ou compensatrices ; d'autres ont un caractère de luxe et déroulent de vastes scènes pieuses (I, 29, 31). Les plus importantes sont celles qui donnent des ordres pour la vie (pour la publication de l'exemplaire, I, 8 ; défense de brûler les notes d'Élisabeth Stagel, 10 ; défense de continuer les pratiques ascétiques, 64 ; ordre de travailler au salut du prochain, 94). Les actes les plus importants de Suso sont commandés par des visions. — Parmi les visions intellectuelles, la vision par excellence est la vision immédiate de la nue divinité, de l'unité divine, II, 238 ; au-dessous d'elles il y a des visions spéculatives, sortes d'illuminations portant sur une croyance, 182, 201, etc. Les visions intellectuelles sont fréquemment associées aux ravissements.

1. V. Hintze. *Der Einfluss der Mystiker auf die ältere kölner Malerschule*, Breslau, 1901, p. 5, 15 et suiv. Peltzer. *Deutsche Mystik und deutsche Kunst*, Strassburg, 1899 ; 49-69 et 183-190.

nécessité secrète le conduit. Il n'est pas le maître de sa vie; il subit une loi qu'il n'a point faite[1]. Depuis la conversion brusque et accompagnée d'une illumination soudaine, qui l'a fait passer d'une apparence de religion à la vie mystique, il a éprouvé à tous les moments importants une action surnaturelle.

Suso ne s'est point fié sans réserve à la conduite intérieure qui le guidait vers le renoncement, tel que nous l'avons décrit. Averti que sous de trompeuses apparences était dissimulé le fondement d'une liberté désordonnée qui est un grand danger pour le chrétien il a « cherché et vu ce qu'en avaient dit les docteurs et les hommes les plus expérimentés à qui Dieu avait manifesté sa sagesse cachée... Et c'est là qu'il puisa la lumière nécessaire pour écrire ce qui suit[2]. » Son évolution mystique est soutenue par le contrôle d'une doctrine.

---

1. Presque tous les faits de sa vie sont commandés soit par des visions explicites, soit par des mouvements intérieurs et involontaires; p. ex. *Vie*, ch. XXIV (85, 98).
2. *Livre de la Vérité*, II, 218.

CHAPITRE X

LES PEINES MYSTIQUES

Nous avons signalé chez nos mystiques, comme une phase essentielle de leur mysticisme et comme caractéristique de l'évolution mystique, une période de dépression profonde qui suit la période extatique ou quasi extatique : nous avons vu du reste que les modalités et la durée de cette période varient suivant les sujets ; la peine extatique que décrit sainte Thérèse diffère de la mort mystique que décrit Mme Guyon : mais ces états différents sont pourtant comparables ; ils ont des traits communs et surtout ils ont même fonction.

Sainte Thérèse décrit, après la période de l'extase, une période de peine extatique où l'âme sent douloureusement toute la distance qui la sépare de son Dieu : sorte d'extase où la vie et le moi, oubliés dans l'extase positive, s'affirment à nouveau comme l'obstacle à la totale absorption en Dieu. Cette peine a même durée que les extases ; elle en a le caractère aigu : elle en est comme l'inverse, la contre-partie. La suite de ces peines forme une période assez longue de sa vie mystique qui se termine par l'entrée dans l'union transformante. Toutefois si elles prédominent, elles n'imposent pas leur caractère négatif à toute cette période ; car elles se terminent le plus souvent par des ravissements ; elles viennent donc compliquer l'extase plus que la remplacer ; mais elles y introduisent un élément négatif qui tend à la détruire.

A côté de cette peine aiguë sainte Thérèse décrit également des peines plus durables : état où toutes les grâces précédentes sont oubliées, état de doute, de scrupule et de trouble, avec une sorte de stupidité ; état de dégoût où l'âme sent douloureusement sa bassesse ; état de stupeur et d'indifférence ; état où l'âme impuissante à l'oraison se sent entraînée à toute espèce de divagations. Dans tous ces états elle continuait comme par habitude l'exercice des actes chrétiens et des vertus chrétiennes. Ces peines peuvent durer un mois.

Saint Jean de la Croix signale un état prolongé qu'il appelle la nuit de l'esprit, et qui est un composé de peines spirituelles, qui sépare l'état de contemplation de l'état supérieur : il avait déjà décrit, au seuil de la vie mystique, ce qu'il appelait la nuit des sens. La nuit de l'esprit est comme la mort de l'activité naturelle ; l'âme s'y apparaît à elle-même comme un objet d'horreur[1] ; elle tombe dans une sorte de stupidité douloureuse, et elle y peut rester longtemps.

Mme Guyon décrit avec un grand luxe de détails sa période de mort mystique : les états positifs de possession divine disparaissent : l'activité vertueuse cesse ; l'âme reste en proie au sentiment de son indignité, de sa bassesse et de sa misère : c'est une peine générale et confuse ; tout en elle lui apparaît mauvais ; c'est une expérience qui lui révèle « son fond infini de misères ». Cet état renferme aussi une sorte de stupidité intellectuelle : parfois il s'exacerbe. Il succède à la période primitive de quiétude, graduellement, par une suite d'oscillations : il dure environ sept années et fait place à l'état définitif d'automatisme divin.

Les mystiques que nous avons étudiés s'accordent donc à décrire à la suite de la période extatique une période de peines,

---

1. Molinos parlait de même d'une horreur sacrée. *Guide spirituelle* (trad. 1739), p. 35.

qui varie en nuances et en durée, mais qui leur paraît une phase essentielle de leur développement : en effet ils ne se bornent pas à la subir et à la décrire, ils en font la théorie, ils lui assignent une fonction très précise dans l'évolution de leur vie intérieure.

D'un mot familier à Mme Guyon on pourrait définir ce rôle : c'est une désappropriation. Le moi se perd dans cette horreur de soi-même. Tous les mystiques attribuent à la période de contemplation des imperfections qui les arrêteraient dans la vie spirituelle et qui les contraignent à la dépasser : c'est une possession incomplète de Dieu qui n'anéantit pas pleinement le dualisme de Dieu et du moi ; c'est une possession discontinue ; c'est un état imparfait, d'où les actes sortent bien, mais après qu'il a cessé ; il n'enferme pas la synthèse vivante de l'action et de la contemplation : telles sont les réserves qui se dégagent des écrits de sainte Thérèse.

La contemplation n'est pas assez pure, assez spirituelle : il y a quelque chose de grossier dans l'extase, dans « les agitations du corps » qui l'accompagnent. L'homme abuse de ses joies spirituelles : il s'y attache ; il s'y cherche lui-même. Enfin elle ne détruit pas le fond de la nature humaine, l'impureté foncière qui est en l'homme. Pour s'élever plus haut il faut se purifier de soi-même, se renoncer pleinement, renoncer à tout le sensible et le distinct. Telles sont les réserves que formule explicitement saint Jean de la Croix.

Enfin nous avons amplement montré, et nous ne pouvons que renvoyer ce point aux chapitres précédents, que ce premier état est pour Mme Guyon vicié de propriété, que le moi y est renforcé dans son amour de soi-même et dans son action personnelle, et qu'en s'attachant aux douceurs de la contemplation il s'éprend de quelque chose qui n'est pas Dieu.

Le second état apparaît donc, dans l'économie de la vie mystique, comme une purification. Le moi s'y renonce et s'y perd.

La pleine installation de Dieu dans l'âme, le total envahissement de l'âme par Dieu, suppose que l'âme s'est dégagée de toute forme personnelle, qu'elle n'est plus qu'un milieu vide, une capacité indéterminée. En même temps que le moi, doit disparaître la forme que le moi imposait au divin : le divin fragmenté en état précis, en émotions distinctes — le moi qui se distingue, ayant disparu, — devient une pure puissance indéterminée d'agir, une direction, un gouvernement intérieur. Or le moi ne peut se perdre que dans la négation de soi-même : les états expansifs, lors même qu'ils semblent l'exalter au-dessus de soi, l'attachent encore à soi-même : la peine que décrivent les mystiques est le moyen et le signe de cette destruction, elle est véritablement la mort mystique.

Telle est la théorie que nous trouvons expressément formulée. Mais en présence de certaines descriptions mystiques on est conduit à se demander si ces théories ne sont pas autre chose qu'un ajustement après coup des faits à une doctrine, une exploitation habile de faits qui se succèdent en vertu de causes tout autres que celles qui sont signalées. Devant ces abîmes de douleur, d'horreur, devant ces ténèbres, ces épreuves de toute sorte que l'on voit décrites, on pense immédiatement à une crise de mélancolie consécutive à l'exaltation de tout à l'heure.

Le cas du Père Surin, ce jésuite exorciseur des possédées de Loudun est particulièrement frappant à cet égard. Dans ses dialogues spirituels, il décrit, lui aussi, la mort mystique, extinction de la vie extérieure, de la vie intérieure et de la vie intime que nous avons en nos plus profondes et plus secrètes affections. « Dieu met l'âme dans des sécheresses, dans des peines et des agonies qui opèrent en elle la consommation de la mort mystique. C'est de quoi se rient, non seulement plusieurs personnes grossières, mais encore plusieurs savants, qui, faute d'entendre les secrets de la conduite de Dieu sur les âmes, prennent les peines dont nous parlons pour les effets d'une pure mélancolie. C'est cependant par là que Dieu conduit les âmes au plus sublime degré de la mort mystique[1]. » Lui aussi nous parle de ces épreuves intérieures des mystiques, nécessaires « pour se détacher non seulement des choses extérieures, mais de soi-même et dompter ainsi l'amour-propre qui nous est naturel[2]. » Ces peines sont quelquefois étranges et excessives ; mais l'expérience de bien des saintes âmes qui les ont souffertes prouve qu'il ne s'agit point de mélancolie. Dans ses écrits théoriques il insiste complaisamment sur ces peines : et en effet elles portent un caractère d'intensité qui semble d'abord leur assigner une origine anormale : c'est un état qui semble de condamnation et de réprobation : une censure terrible de toute la vie, et des tourments très grands et très difficiles à supporter (l'âme se trouve comme suspendue entre ciel et terre, sans appui ; étouffements, serrements ; l'âme est réduite à l'étroit). État de dépit, d'angoisse, de rage, de désespoir démoniaques : tempête, abîme, ténèbres et délaissement : l'âme sent s'obscurcir la raison naturelle et peut même se comporter comme une personne qui a perdu le sens[3].

Mais ces descriptions abstraites ne sont rien : et lorsqu'on puise dans l'autobiographie de cet excessif mystique on comprend qu'il ait eu besoin de défendre ses états contre le diagnostic d'aliénation mentale. Il est très probable que la possession de Loudun a exercé sur lui une action très puissante et très funeste. Lorsque sur l'ordre de ses supérieurs, il vint entamer contre le démon cette lutte où il devait être victime à peu près autant que triomphateur, il se présentait au combat dans les conditions les plus défavorables. Il s'était extrêmement mortifié : il avait contraint et rétréci son esprit. « Depuis quelques années il était accablé de grandes peines de corps et d'esprit qui le

---

1. *Dialogues spirituels*, 191.
2. *Les fondements de la Vie spirituelle*, 1720, p. 83.
3. *Guide spirituelle*, Paris, 1836.

rendaient incapable de toutes sortes de travaux... son esprit était plongé dans des peines et blessures si extrêmes qu'il ne savait que devenir, le tout par un ordre qui lui était inconnu et par des causes où il ne pouvait mettre du remède. Ces angoisses le tenaient particulièrement depuis deux ans que son âme était tellement obscurcie, affligée et serrée, et son corps si gêné et angoissé en toutes matières qu'il ne pensait pas être capable de vivre longtemps en cet état[1]. »

A peine eut-il commencé les exorcismes qu'il fut attaqué par les démons. Ces états démoniaques nous sont bien connus ; nous les avons vus chez sainte Thérèse ; ils n'entrent pas dans la composition de ces peines mystiques que nous étudions maintenant ; ce sont des phénomènes nerveux, rapportés au démon mais qui laissent intact l'esprit de nos mystiques : le démon agite leur corps et les tourmente, mais il ne trouble pas profondément leur âme[2] : ces états démoniaques sont la contre-partie des états divins : ce sont des attaques de nerfs rapportées au démon, comme les phénomènes moteurs qui accompagnaient l'extase étaient rapportés à Dieu ; mais nous allons voir que cette hystérie démoniaque a été suivie d'un état bien autrement grave.

A son exorcisme, le Père Surin gagna non seulement des souffrances internes qu'il attribuait au démon, mais encore de véritables attaques. « Il sentit de grands maux de cœur qui enfin aboutirent à un grand tourment de ses membres et puissances, en sorte qu'il commença à se débattre et tordre le corps comme une personne possédée avec certains transports et frémissements de violence[3]. »

---

1. Ms. du P. Surin cité par Légué. *Sœur Jeanne des Anges*, 31.

2. « Son agitation n'était qu'extérieure, et il gardait toujours la paix de l'âme. » La seconde partie de la science expérimentale en laquelle le Père parle des maux qui lui sont arrivés, en suite de la possession des démons chassés par son ministère. Bibliothèque Nationale. Manuscrits F. fr. 25253, p. 275 et suiv.

3. Légué, o. c., 32.

En même temps, fait intéressant, les émotions divines, les états divins produisaient une agitation analogue. Quand il avait des impressions de Jésus-Christ « il se faisait comme un accès qui, à l'extérieur, semblait être de fièvre avec des tremblements par tout le corps et des frémissements qui secouaient tout à fait les membres et cela donnait de grandes impressions en l'âme du domaine de Jésus-Christ[1]. » Un jour en particulier « je sentis quelque personne qui me fit étendre et roidir les bras d'une telle manière que je fus ôté hors de mon siège et puis descendu peu à peu jusques en terre, puis étant sur la terre je fus avec la même roideur qui bandait les muscles et les nerfs mis comme en croix et dans l'esprit me fut représenté le délaissement de Jésus-Christ[2]. » Ces opérations de la grâce qui se produisaient en même temps que les opérations du démon cessèrent avec elle[3].

Après qu'il eut délivré la mère des démons, le Père Surin fut délivré lui aussi de leur obsession : c'est-à-dire qu'il sortit de l'état d'hystérie démonopathique que les exorcismes avaient provoqué et entretenu chez lui. Mais il allait passer à un état beaucoup plus grave. Il sortit « de la manifeste obsession qui lui rendait la présence de l'Esprit malin sensible en sa personne et passa dans un travail intérieur du tout extrême[4] ». Pendant vingt-cinq ans environ, il vécut dans une sorte de lypémanie hystérique traversée de rares périodes de rémission.

Le P. Surin expose dans un désordre quasi inextricable les différents symptômes de son état. Il semble avoir débuté par des phénomènes nettement apparentés aux crises précédentes et avoir pris peu à peu un caractère mélancolique plus accusé : « Il vint à perdre la faculté de tous ses mouvements et la

1. La seconde partie de la *Science expérimentale*, p. 354.
2. *Ibid.*, 356.
3. *Ibid.*, 359.
4. *Ibid.*, 275.

parole même et vers la fin de l'automne de cette année, il sortit de Loudun. Il devint si accablé qu'il perdit toute faculté de prêcher et d'agir en la conversation¹. » — « Sa peine monta à un tel excès qu'il perdit même la parole et fut muet sept mois, sans pouvoir dire la messe, ni lire, ni écrire, ne pouvant même s'habiller ni se déshabiller, ni faire enfin aucun mouvement. Il tomba dans une maladie inconnue à tous les médecins dont les remèdes restaient sans effet. Tout l'hiver se passa ainsi². »

Voici les principaux traits de sa description. Environ le temps qu'il avait délivré du démon la sœur Jeanne des Anges, il fut délivré lui aussi de l'obsession démoniaque. Mais alors qu'il y pensait le moins, il tomba dans un état de « resserrement ». Un matin il se trouva troublé dans son sens naturel, avec des emportements qui le rendaient tout à fait méprisable. On fut obligé de l'exorciser, non plus comme auparavant où son agitation n'était qu'extérieure et où il gardait toujours la paix de l'âme. Outre cela il tomba dans un état où il ne pouvait produire « aucun remuement de son corps ». Il lutta, prêchant en Guyenne deux ou trois ans. Il advint même qu'il perdit la parole, presque huit mois; il fut plus de vingt ans sans écrire un mot. Il alla, toujours privé de la parole, à Annecy au tombeau de saint François de Sales; il recouvra la parole à Lyon où il rencontra Jeanne des Anges. Il prêcha de nouveau en 1637, puis tomba dans des impuissances plus grandes que jamais. Il se sentait damné; il était en proie à une extrême désolation. Il soutient du reste « que ce ne sont point folies, mais peines extrêmes d'esprit ». Il eut des tentations de suicide et même fit une grave tentative; il avait « une extrême impétuosité de se tuer ». Lors même qu'il avait conscience de faire quelque bien il croyait désobéir à Dieu en sortant de l'ordre des damnés où il était mis. Il avait aussi des haines contre Jésus-

1. *Ibid.*
2. *Triomphe de l'Amour divin*, 141.

Christ qu'il jalousait. Il croyait donner le diable à diverses personnes; il avait des idées hérétiques notamment l'idée de Calvin sur l'Eucharistie, et de très violentes tentations contre la chasteté.

Il en vint à ne pouvoir ni marcher, ni se soutenir, ni agir pour s'habiller ni pour se dévêtir. Il avait des visions imaginaires de Jésus-Christ, qui semblaient le maudire et le rejeter[1]; des réveils en sursaut qu'il attribuait à des coups que lui donnaient les saints. Il était poussé à des choses déréglées et contre le sens des hommes. Il gardait la raison et l'advertance. Mais « cette loi horrible qui me dominait me faisait faire ce que je ne voulais pas et je l'accomplissais à la lettre ». Il note encore sa respiration « étroite ». « Je demeurai plus de dix ans sans avoir jamais aucun respir par le diaphragme, mais seulement du poumon[2]. »

Malgré tout cela son âme ne perdait pas l'attention à Dieu. « Souvent au milieu de ces peines infernales il venait des instincts de s'unir à Jésus-Christ avec des unions avec lui très délicieuses et dont le souvenir me touche fort maintenant, mais qui se perdaient et s'oubliaient du tout, quand le désespoir retournait[3]. » « C'est encore une autre merveille que pendant tout ce temps de mes plus grandes peines et désespoir, je composai tous les cantiques de l'amour divin, qui étant tous ramassés ont fait un livre entier... et me donnaient à moi-même une grande force en les composant[4]. » Dans son épreuve il

---

1. Peut-être aussi des hallucinations psychosensorielles ; il nous parle de nombreuses visions dont « on ne saurait dire si elles sont dans la vue de l'âme ou du corps... La plus terrible est celle de J.-C. N. S. qui diverses fois a paru à l'âme si manifestement, que jamais je n'ai rien vu plus clairement, entre autres une fois qu'étant contraint de marcher pour aller à la messe... et lors en une extrême défaillance me parut manifestement en l'air Jésus-Christ et je vis sa taille, son visage, son habit, etc... » *La Seconde Partie*, etc., p. 305 ; cf. 365.
2. *Ibid.*, 321.
3. *Ibid.*, 303.
4. *Ibid.*, 323.

sentait à la fois le désespoir et le désir d'agir conformément à la volonté de Dieu. Son état s'améliora pendant un séjour de deux ans qu'il fit à Saintes, où il fut encouragé et réconforté par un Père qui le confessa. Il entendit dans son cœur de ces paroles vitales, de ces paroles substantielles qui ressuscitèrent son âme. Le rétablissement de ses forces se fit peu à peu. Il composa dans sa tête — à cause de l'impuissance d'écrire — le Catéchisme spirituel ; il le dictait à un prêtre « avec des horreurs comme d'un homme qui eût été en enfer, et avec une vigueur des sens et une mémoire la plus grande que j'aie jamais eu en aucune action[1]. » Ses expériences l'aidaient dans cette composition ; et pourtant il ne s'imaginait pas que c'étaient ses expériences qu'il décrivait. Il composa ensuite ses Dialogues spirituels ; un jour il écrivit lui-même (il y avait dix-huit ans qu'il n'avait écrit) ; il se remit à marcher et à dire la messe.

Après cette longue période de dépression il a connu lui aussi l'exaltation finale, l'identification avec Dieu. « Si bien que ces paroles lui venaient souvent en pensée : ce n'est plus moi qui vis, c'est Jésus-Christ. Il semblait que Notre-Seigneur Jésus-Christ s'était rendu si manifestement sensible à l'âme qu'il paraissait comme s'il se fût saisi du corps et de l'âme comme de chose en laquelle et par laquelle il agissait ce qui lui plaisait ; vraiment je sentais lors une chose qui changeait et possédait ma vie ; surtout en prêchant, tout ainsi que si une personne fût entrée en moi qu'il possédait avec empire. Et en effet j'entendais quelqu'un qui disait en moi : je suis chez moi... je sentais manifestement qu'on me mettait en l'esprit les choses que je devais dire ;... quand je suivais son attrait ou son instinct, cela allait d'une ardeur ou d'une ferveur, comme si elle était venue d'un autre en moi[2]. » Il est du reste un de ceux qui ont poussé le plus loin la croyance à la possession par Dieu dans

---

1. La seconde partie, 344.
2. Ibid., 382.

cet état. L'union habituelle se fait « par une certaine impression, qui reste en l'âme, par laquelle elle sent ordinairement Jésus-Christ en soi, comme lui fournissant force pour aller, venir, parler, désirer, se réjouir... sans qu'elle puisse connaître autre chose en soi que lui vivant et agissant ; voire même elle ne reconnaît en ses membres que ceux de son maître, et se voyant toute en lui, elle sent une élévation vers lui, qui la remplit de dévotion[1]. »

Voilà donc un religieux que pendant plus de vingt ans son ordre a cru fou et traité comme fou[2], qui nous décrit avec un grand luxe de détails un état que les aliénistes modernes connaissent bien, et qui ne veut point entendre parler de folie. « Ce ne sont point folies, mais peines extrêmes d'esprit. » Ce n'est que faute d'entendre les secrets de la conduite de Dieu sur les âmes que plusieurs savants « prennent les peines dont nous parlons pour des effets d'une pure mélancolie[3]. » Elles sont nécessaires pour « se détacher non seulement des choses extérieures, mais de soi-même, et dompter ainsi l'amour propre qui nous est naturel. » Et pourtant tout esprit non prévenu,

1. *Catéchisme spirituel*, 555 ; *ibid.*, p. 72. « Le principe n'est autre que le Saint-Esprit, qui agit en elles par ses sept dons, leur imprimant ses mouvements, et ses dons leur servant au lieu des instincts naturels, qui sont comme anéantis par la grâce. Le sujet sent les facultés intérieures, qui sont vivifiées par ce même Esprit : elles sont en tout comme hors d'elles-mêmes et comme possédées par l'esprit divin, qui les meut et les anime, se servant d'elles comme d'instruments non pas morts, mais vivants. » *Ibid.*, 340. « Ils ont toutes leurs passions converties par le Saint-Esprit en transports divins, et sont comme autant de tuyaux d'orgue dans lesquels le vent de la grâce et le souffle de ce même divin Esprit venant à s'introduire, fait des jeux admirables dans l'âme. » Cf. *Lettres Spirituelles*, 1825. « Il assure qu'une âme bien disposée par la pureté est tellement possédée de Dieu, qu'il tient en sa puissance, non seulement tous les mouvements de cette âme, mais encore ceux de son corps, hormis certains petits égarements où l'âme pèche ; ce sont ses propres termes. » I, 4.
2. De nos jours encore, de sérieux écrivains catholiques inclinent à trouver cet état « singulier » et à y voir un fond pathologique. Poulain, o. c. 428, n. 1.
3. *Dialogues spirituels*, 191.

devant une telle description, pense immédiatement à l'hystérie et à la lypémanie dont l'association explique suffisamment les divers symptômes que nous avons exposés à la suite du P. Surin. L'existence de l'hystérie ne saurait être mise en doute; elle est suffisamment établie par la période démoniaque; l'existence d'une mélancolie surajoutée, qu'elle soit ou non d'origine hystérique, répond très bien à ces états de désespoir et d'agitation inquiète, avec tendance au suicide, à ces hallucinations terrifiantes, à cette diminution de toute la vie mentale, sensorielle motrice, que Surin signale lui-même et décrit avec tant d'abondance et de redites.

Mais s'il en est ainsi, si nous avons ici devant nous une longue période de lypémanie, ne suit-il pas de là que tout ce second état que nous décrivent les mystiques est fortement entaché de lypémanie. N'avons-nous pas dans la description de Surin le grossissement d'une foule de traits que nous pouvons noter chez Mme Guyon, chez Jean de la Croix, chez sainte Thérèse, chez Suso, chez bien d'autres[1]. Il n'y a, semble-t-il, qu'une différence de degré entre toutes ces descriptions. De plus la phase lypémaniaque que nous venons de décrire s'encadre exactement comme le second état des précédents mystiques entre une phase d'exaltation contemplative et la phase définitive de transformation de la personnalité; outre la similitude de structure, il y a similitude de position, de fonction. Surin lui attribue exactement le rôle que Mme Guyon par exemple attribue à la « mort mystique ». La mort mystique, l'anéantissement du moi ne seraient-ils qu'une crise de mélancolie ?

Nos mystiques ont vu l'objection et ont tâché d'y répondre. Surin signale avec soin que pendant ces peines infernales, son âme ne perdit jamais l'attention à Dieu; il sentait à la fois le désespoir et un désir d'agir conformément à la volonté de

---

[1]. Voir Poulain, o. c., ch. xxiv les différents états groupés sous le nom d'Épreuves.

Dieu. Il invoque l'expérience des saintes âmes qui les ont souffertes. Enfin il traite explicitement la question dans la Guide spirituelle et il indique quatre différences entre la mélancolie naturelle et les peines mystiques.

1° Ces peines arrivent à des âmes qui ont toujours travaillé et reçu des grâces.

2° Ces âmes cherchent Dieu de tout leur cœur et ne se relâchent pour cela en aucune manière[1].

3° Elles demeurent portées à l'obéissance et à la soumission.

4° Quand les peines naturelles ont passé, il n'arrive rien d'extraordinaire à ceux qui les ont subies.

De même saint Jean de la Croix rapportait à la nuit, c'est-à-dire à la passive purification divine le dégoût des choses naturelles et surnaturelles qui se manifeste chez les commençants, et il les distinguait de la tiédeur qui vient de la mélancolie : quand les peines sont d'origine spirituelle, elles élèvent l'esprit à Dieu et le remettent souvent en mémoire avec chagrin néanmoins et douleur, parce que l'âme croit qu'elle ne sert pas bien Dieu et qu'au lieu d'avancer elle recule. Au contraire la tiédeur, d'origine mélancolique, n'a ni soin des choses divines, ni empressement pour la perfection. De plus ces peines sont commandées, dans leur nature et leur durée, par la purification dont elles sont le moyen; elles ont un sens et ne suivent ni les caprices ni le temps d'une humeur déréglée[2].

La théorie de Surin revient à dire : 1° que les peines mystiques ont un caractère religieux, que celui qui les éprouve, du milieu de ces peines, ne cesse pas de chercher Dieu et de demeurer fidèle à la vie chrétienne en général; 2° que ces peines surviennent chez des mystiques, c'est-à-dire chez des gens qui après une période préalable d'ascétisme, ont été élevés

---

1. Maine de Biran avait bien remarqué ce caractère des peines mystiques. *Pensées*, 344.
2. *Obscure nuit*, I, ch. IX.

à des états extatiques, et qui après ces peines, entreront dans une nouvelle période mystique d'expansion. Elles seraient donc différentes de la mélancolie ordinaire et par un caractère intrinsèque, et par la manière dont elles se rattachent à la suite de la vie, c'est-à-dire par le contenu et par la forme ; elles constituent une période d'un vaste développement en trois périodes, qui paraît tout entier gouverné par une finalité interne, et elles jouent au cours de ce développement un rôle nécessaire.

La première objection est assez faible : il y a justement des lypémanies religieuses, c'est-à-dire des lypémanies où le sujet justifie sa tristesse et sa dépression par des motifs religieux et reste gouverné par des pensées religieuses et des habitudes religieuses. Les mystiques, que nous avons étudiés, auraient ainsi fait une forme religieuse de lypémanie, au lieu de faire une lypémanie quelconque ; il faudrait tenir compte du caractère religieux de cette lypémanie ; mais ce n'est certes pas un caractère qui permette d'éliminer l'hypothèse de la lypémanie.

La deuxième objection est plus intéressante : la période de dépression des mystiques est un anneau d'un cycle évolutif dont l'allure générale est expansive, et qui ne s'arrête quelque temps à la dépression que pour s'élever à une forme supérieure d'expansion.

Mais contre les mystiques qui admettent que cette évolution est un progrès, que cette succession de contraires est régie par une finalité interne, par une raison immanente, se dresse une théorie toute contraire.

Cette évolution, pourrait-on dire, est un processus pathologique, comme sont aussi pathologiques les différentes phases qui la constituent. Pour toute une école médicale et psychologique, l'extase mystique est un accident hystérique ; l'immobilité cataleptique, l'oblitération sensorielle, l'obnubilation mentale, les visions qui surviennent au début ou au terme, la fréquente amnésie consécutive semblent assurer ce diagnostic. Si on le conteste, c'est pour rattacher ce phénomène à une autre névrose, à la psychasténie[1]. Le psychasténique, le scrupuleux, incapable d'unifier ses états de conscience, de contracter dans la conscience du présent et de soi-même la masse de ses représentations, restreint et simplifie sa vie ; l'extatique va plus loin ; il supprime la perception du monde extérieur et se renferme dans l'unité de la contemplation ; il échappe ainsi aux oscillations du niveau mental, et cette concentration de l'esprit sur un point « donne au sujet le sentiment d'une activité mentale complète et lui fait éprouver ce bonheur. L'extatique est donc un scrupuleux qui tend vers l'hystérie, qui s'en approche momentanément sans y atteindre jamais tout à fait[2]. » « L'état d'esprit des extatiques me semble être un intermédiaire entre l'état d'esprit scrupuleux et l'état mental hystérique. La difficulté même qu'éprouve l'extatique à réaliser dans l'extase l'isolement, l'unité de l'esprit qu'il cherche, les efforts qu'il doit faire pour se rapprocher de la catalepsie si facile aux hystériques, montre bien l'opposition réelle qui existe entre ces deux grandes névroses[3]. »

S'il en est ainsi de l'extase, les états semi extatiques ne peuvent-ils être considérés comme une forme fruste de l'extase, et relever des mêmes névroses ? Toute la première période d'exaltation extatique serait donc, au fond, pathologique. La seconde période, qui comprend tous ces états de tristesse aiguë, de désespoir, de dégoût de soi-même, d'impuissance à l'action,

---

1. Pierre Janet. Une extatique, in *Bulletin de l'Institut psychologique*, Paris, 1901 ; *Obsessions et Psychasthénies*, I, 382, 600. On pourrait encore faire d'autres hypothèses analogues ; cf. Bernard Leroy, in Hébert, *Le Divin*, p. 35.
2. *Ibid.*, 240. L'école médicale n'a pas manqué de faire remarquer justement les accidents nerveux de toute espèce qui se produisent chez les mystiques en dehors de l'extase.
3. *Obsessions*, I, 676.

d'obnubilation sensorielle et mentale, etc., se rattache à la lypémanie, ou encore à ces états de dépression, si fréquents chez les mêmes psychasténiques. Enfin la troisième période, par l'automatisme qui prédomine et qui dirige toute la vie du sujet, évoque encore l'idée du somnambulisme hystérique, en même temps que la conviction permanente de vivre dans le divin, de subir directement et immédiatement l'opération de Dieu, d'être devenu l'instrument de Dieu, semble relever d'un délire de grandeur.

D'autre part cette succession d'états, cette oscillation de la joie à la tristesse, de l'excitation à la dépression, est bien connue de l'aliéniste ; il y a toute une catégorie de malades que cette alternance, cette double forme caractérise. Et si l'on objecte que la période de dépression aboutit à une période nouvelle d'expansion, définitive cette fois et caractérisée par les deux symptômes que nous venons de citer, il suffit de jeter un regard sur certaines formes de paranoïa, sur le délire chronique à évolution systématique, pour trouver une terminaison analogue à ces oscillations.

Sans poursuivre cette assimilation, sans serrer davantage cette esquisse, nous voyons se dresser contre l'interprétation mystique, une doctrine qui se base sur les descriptions que les mystiques donnent eux-mêmes de leurs états, et qui les assimile à des états pathologiques aujourd'hui bien connus. Il y aurait donc, sous la théorie mystique du mysticisme, une expérience pathologique — états d'excitation, et de dépression religieuse, ordre de succession de ces états — et une interprétation, une justification de cette expérience ; le mystique élabore son expérience, y applique des notions religieuses, explique les états et le développement, compose un système ; il fait la théologie d'une psychonévrose.

L'objet du prochain chapitre sera justement d'examiner le rapport de la théorie à l'expérience. L'expérience mystique, telle que la décrivent les mystiques, est-elle une construction après coup, un système, œuvre de la réflexion, et projeté par une illusion rétrospective dans les faits qui lui ont donné naissance? Est-elle au contraire la réalisation progressive par les faits d'un système qui leur préexiste? Est-elle enfin la réalité vivante, que ne règle point une loi intellectuelle et abstraite et qui n'obéit qu'à une exigence interne de développement? Et cette loi interne est-ce, comme le veut le théologien, une logique transcendante à la pensée, un plan d'évolution extérieur à la vie et qui gouverne la vie ; ou bien une finalité profonde, une aspiration inconsciente, qui s'éclaire à tout moment de ce qu'elle produit pour chercher plus avant ce qu'elle ignore, guidée seulement par l'insatisfaction, désenchantée de ce qui l'enchantait, jusqu'à ce qu'elle s'apparaisse sous la figure d'un Dieu réalisé ; ou bien un jeu mécanique d'états contraires, rythme qui s'impose à toute énergie vivante, oscillation que subit toute sentimentalité, dialectique qui est la loi de toute intelligence?

Mais tous ces problèmes viendront à leur place ; le seul qui se pose maintenant est celui-ci : l'hypothèse pathologique explique-t-elle la totalité ou du moins l'essentiel des états mystiques, explique-t-elle la loi de leur succession ?

Il nous paraît incontestable que l'hypothèse pathologique explique beaucoup de choses. D'abord, parmi les mystiques d'ordre inférieur, dont une hagiographie intrépide et une littérature d'édification prodigieusement ignorante ont recueilli les prouesses, beaucoup ne sont guère que des malades, qui groupent leurs symptômes autour d'une idée religieuse, et que leur entourage voit au faux jour d'un merveilleux théologique : bonnes âmes peut-être, mais dont les convulsions sont banales, comme est banal leur esprit. Il y a, très loin d'eux, les héros du mysticisme, les grands mystiques, grands par l'intelligence et par la puissance de vie ; c'est de ceux-là seulement que nous nous occupons ici. Or, il est à peu près indéniable que leur autobiographie nous les montre comme des nerveux, souvent même de grands nerveux, que certaines modalités de leur mysticisme se rapportent à la névrose dont ils sont atteints. La théorie pathologique a si bien mis ce point en lumière qu'il est inutile d'insister. C'est un résultat que l'on peut considérer comme acquis et nous l'acceptons pleinement ; si nous n'y revenons pas, c'est que nous ne ferions que répéter, avec moins d'autorité et de précision, les conclusions de l'école médicopsychologique. Mais nous avons montré que les descriptions des mystiques permettent d'apercevoir sous l'immobilité cataleptique et l'obnubilation de l'extase, sous l'agitation inquiète et la dépression de la seconde période, sous le somnambulisme extatique de la troisième, de grandes intuitions, de caractère intellectuel et affectif, qui vont s'approfondissant et se répandant, et une grande impulsion continue, cohérente avec elle-même et tenace, qui dispose la vie comme un inflexible et clair vouloir. En d'autres termes nous avons travaillé à dégager sous les phénomènes nerveux et les névroses qui les commandent, un état mental qui en est indépendant, à peu près comme le génie est indépendant des états névropathiques qui le compliquent parfois. L'hypothèse d'une névrose et d'une dégénérescence peut bien expliquer, dans ces deux cas, certains accidents et certaines modalités de la production géniale et de l'invention mystique ; elle n'est pas exhaustive. Car s'il n'y avait pas sous la névrose un état mental particulier, il n'y aurait pas de génie artistique pas plus que de génie religieux. L'hystérie à elle seule et en elle-même, n'explique pas sainte Thérèse, pas plus que l'aliénation mentale, ou une névrose déterminée n'expliquent cette longue série de génies et de talents chez qui l'on en a montré les symptômes[1].

---

[1]. Nous ne citons pas la littérature de cette question qui est énorme : voir une spirituelle mise au point par Grasset, La Supériorité intellectuelle et la Névrose, in *Leçons de Clinique médicale*, 1903.

Mais la névrose peut expliquer les phénomènes somatiques des états d'oraison, dans la mesure où ces phénomènes ne sont pas la suite nécessaire, l'expression mécanique d'un état de conscience particulièrement intense et profond : elle peut expliquer que l'intuition mystique, sous ses diverses formes, agisse de manière à troubler si gravement l'économie ; qu'elle s'accompagne de tels phénomènes convulsifs ou au contraire d'une immobilité cataleptique ; qu'elle pénètre toutes les fonctions organiques et les affecte toutes, par la dépression dont elle les frappe, de son caractère négatif ; qu'elle mette le sujet dans un état d'automatisme général, tel que les représentations de la subconscience ne traversent la conscience que sous forme d'impulsions motrices, à qui rien ne fait contrepoids, ou dans un état d'automatisme partiel, tel qu'un groupe de tendances, un certain courant de sa propre personnalité, lui revienne comme étranger, extériorisé en images verbales ou visuelles.

Tout ce qu'il importe de remarquer, c'est que ces grandes intuitions mystiques, dont nous essaierons de déterminer la nature, ne doivent pas être assimilées, sans preuve, aux états qui les compliquent : la coexistence d'une névrose et de hautes aptitudes à voir et à gouverner la vie, n'a rien qui doive étonner ; aux intuitions et aux actes peuvent s'ajouter en pareil cas des phénomènes anormaux : le tout est de démêler sans prévention, ni précipitation, par une analyse patiente, ce qui est le fait de la maladie, et ce qui se rattache à certaines tendances de la nature humaine, à une certaine variété de l'intuition et de la conduite humaines.

Or, les mystiques que nous avons étudiés sont les premiers à remarquer que dans leurs états sont compris deux faits de très inégale valeur : l'intuition par laquelle ils croient appréhender le divin, et tous les troubles organiques et psychologiques qui accompagnent cette intuition ; ceux-ci pourraient bien n'être d'après eux-mêmes que l'effet de leur faiblesse ; en tous cas ils sont inutiles et même gênants : et nous avons vu que tout leur effort est de s'en débarrasser. Ils cherchent une extase continue et vraiment spirituelle, dans la pleine liberté d'esprit « sans les ravissements ni les agitations du corps, sans l'obscurité ni l'abstraction des sens[1]. » De même quand l'intuition désespérée et mortelle du moi haïssable sur un fond d'absence divine s'enveloppe de mélancolie, leur énergie plus ou moins vite les emporte au delà. Ces grands conquérants d'âmes se conquièrent d'abord eux-mêmes ; ils disciplinent ce que Maine de Biran appelait le machinal et l'organique ; ils domptent les égarements ou les excès de leur constitution névropathique ; ils éliminent ou exploitent la surabondance et l'irrationalité de l'agitation émotionnelle, ils imposent un plan rationnel à l'automatisme, ils adaptent névroses et psychoses à une fin qu'ils poursuivent de tout leur zèle. L'âme du mystique est une richesse d'intuition et d'action, qui va parfois jusqu'au délire, mais la puissance d'adaptation à la vie, et l'intelligence qui soutient l'intuition, distinguent la construction mystique de la vie, des systématisations délirantes.

Il faudrait donc distinguer des cas où l'apparent mysticisme se résout totalement en phénomènes pathologiques, des cas où l'aliénation mentale et la névrose composent tous les traits du tableau, et d'autres où le génie religieux, associé à une constitution névropathique, mêle à ses inventions les défauts que nous avons vus ; il subit cette tare originelle et il la dompte ; « l'obstacle à sa route lui devient une route. » De ses écarts pathologiques qui le perdraient, s'il n'était point génie, il revient toujours. Mais il nous faut préciser la nature de ces intuitions mystiques, étudier leur développement et la loi d'évolution mécanique ou de progrès qui les gouverne.

1. *Nuit obscure*, II, ch. II.

CHAPITRE XI

EXPÉRIENCE, SYSTÈME ET TRADITION

Nous avons rencontré chez nos mystiques une expérience et une doctrine. Ils décrivent des états qui durent un certain temps et se succèdent ; ils exposent un système qui donne à ces états une signification et une valeur, à leur succession un ordre rigoureux et pénétré de sagesse, à l'ensemble une portée ontologique et un rapport précis à une certaine métaphysique.

Dans toute expérience, si immédiate qu'elle paraisse, l'intelligence est engagée ; c'est une loi générale que la suite de ce travail vérifiera à plusieurs reprises. Non pas que l'intelligence constitue le tout de l'expérience ; au contraire il y a toujours quelque chose qui la dépasse, et cela d'autant plus que l'expérience est plus profonde ; mais l'intelligence fournit certains éléments qui la préparent et la constituent, certaines conditions de possibilité, et aussi certaines notions qui permettent de l'assimiler et de l'interpréter, certaines conditions d'intelligibilité. Aussi l'expérience pure est-elle, nous le verrons, une limite idéale plutôt qu'une réalité ; au moment où l'on croit la saisir elle a déjà échappé ; ce que l'on prend pour elle, c'est l'élan vers elle qu'on s'est donné. Mais, outre ce travail de l'intelligence accolé à toute expérience, et qui intervient dans sa constitution et dans son intégration à l'ensemble psychologique, il en est un autre, qui est une déformation de l'expérience, une « intellectualisation » après coup, une lecture de l'expérience suivant une idée, la substitution d'une formule logique à la réalité vécue. De la première forme d'intervention de l'intellect, nous ne nous occuperons pas dans ce chapitre : nous chercherons plus tard les éléments de l'expérience mystique et si les intuitions où elle se condense sont foncièrement des expériences, ou supposent déjà qu'une certaine notion, un certain système, ou à tout le moins une certaine direction logique, se joigne à de certains états de conscience confus et indéfinis. Nous ne parlerons ici que de la systématisation qui dispose après coup des données, ou au contraire s'impose à elles d'avance comme un plan. Nous ne chercherons qu'à distinguer ces données, sans entrer dans leur examen, de la doctrine surajoutée.

L'expérience mystique peut se ramener, semble-t-il, à un assez petit nombre d'états essentiels.

1° Une période d'inquiétude, d'oscillation, de malaise où le sujet cherche sans savoir nettement ce qu'il cherche, se sent vaguement dirigé, sans savoir où on le mène, fait effort pour renoncer à l'effort, et s'abandonner à la passivité qui s'ébauche.

2° Une période qui, en général, commence brusquement, et qui inaugure la passivité désormais directrice ; elle comprend la béatitude divine, la vision heureuse de la pleine réalité, avec toutes les nuances, les modalités que nous trouvons chez les différents mystiques, avec tous les phénomènes intellectuels, sensoriels, somatiques, dont elle s'enveloppe, avec tous ses apports et toutes les inhibitions qu'elle entraîne.

3° Une période de dépression et de peine, plus ou moins vive et plus ou moins continue ; le sujet, privé de ce qui faisait sa joie dans l'état précédent, s'éprouve douloureusement dans son imperfection et dans sa misère.

4° Une période d'expansion où le sujet se sent élargi dans une quiétude infinie, en même temps qu'opère en lui une activité souveraine qui s'épanche au dehors.

A ces états se joint l'idée que cette succession n'est pas arbitraire, qu'il y a quelque rapport entre les états qui se succèdent et une raison de leur succession.

Ce qui frappe tout d'abord lorsqu'on examine cette expérience mystique, c'est cet ordre si rigoureux et cette progression si régulière, ces états si bien définis dans leur indéfinité apparente et si tranchés, même en faisant la part de la simplification et de l'ordonnance que toute description impose, même en tenant compte de cette réserve des mystiques que leurs états sont beaucoup plus riches en nuances, beaucoup plus continus qu'ils ne les exposent[1]. On ne peut s'empêcher de penser à un travail de construction logique, à une systématisation de l'expérience. Une expérience systématisée est celle où la logique s'introduit et avec elle la symétrie et l'artifice, caractères de l'intelligence logique, pour faire de l'ensemble une suite d'événements raisonnablement organisés ; où des additions, des suppressions, des substitutions rectifient les insaisissables sinuosités ; où le présent éclaire le passé, l'ensemble les détails ; où les différents états sont jugés et appréciés à la lumière de ce qui les entoure et de ce qui les suit.

Ce fait apparaît mieux encore quand on rapproche des écrits systématiques l'expérience décrite dans les autobiographies. En effet, il y a assez peu de différence entre les écrits théoriques et les écrits historiques ; ce qu'ils exposent et ce qu'ils décrivent, c'est le progressif envahissement de l'âme par Dieu, la déification qui se fait peu à peu, à mesure que le moi s'anéantit, par une alternance nécessaire, et par l'attraction de l'état définitif, selon un plan divin. L'expérience apparaît comme le système vécu ; et le système est une expérience abstraite, généralisée, expliquée. Le système dépouille l'expérience de tous les doutes, de toutes les hésitations, de toutes les ignorances qui pouvaient la troubler, et l'expose en pleine certitude ; il la généra-

---

[1]. Mme Guyon. *Torrents*, 220.

lise, au-dessus des particularités et des contingences individuelles. Il est maître de toute la succession de l'expérience à la fois, de la suite des états ; de sorte qu'il peut les juger et les apprécier et en eux-mêmes et dans leur rapport avec la série ; il en connaît la signification et la valeur et en dresse la hiérarchie ; puisqu'il sait où tend ce devenir, puisqu'il en connaît le terme, il dégage le plan sous-jacent aux vicissitudes de l'expérience, et il en construit les moments comme des degrés de réalisation commandés à la fois par ce qui précède et ce qui suit. Il donne valeur ontologique, garantie de réalité à tous ces faits et à toutes ces interprétations, en les plaçant dans une grande doctrine, en les rapportant à des principes qui sont les principes mêmes de l'être et de la connaissance.

Ce sont les mêmes états, de même signification, c'est la même succession, le même enchaînement, en somme le même contenu et le même fond que nous trouvons dans l'une et l'autre catégorie d'écrits. Le mystique prétend expérimenter la matière même de son système. Or l'examen historique de cette question montre, croyons-nous, que l'expérience mystique, telle que se la représentent les mystiques, est bien moins une expérience brute, un pur fait, qu'une expérience déjà systématique, interprétée, pénétrée de doctrine. C'est ce point que nous voulons d'abord établir. Nous chercherons ensuite quelle est la part exacte de la doctrine, du travail intellectuel dans la formation de l'expérience.

Quelques remarques précises établissent le rôle de la réflexion dans la description de l'expérience :

1° Une rapide revue historique montre que les mystiques n'écrivent leur vie qu'à une époque où ils sont déjà avancés dans les voies intérieures, où ils ont déjà l'expérience de leur expérience ; les documents qu'ils nous donnent ont le caractère de souvenirs et de mémoires, beaucoup plus que celui de journal ou de notes.

Sainte Thérèse écrit sa vie en 1562 et en 1566 ; ses premières relations à ses confesseurs sont de 1560 à 1562 ; or la période mystique de sa vie s'ouvre en 1555. Il y a donc cinq années d'expérience, mais aussi d'habitude de l'expérience ; cinq années où le sujet ne se contente pas d'éprouver, mais cherche à s'expliquer ce qu'il éprouve, à rapprocher son expérience d'autres expériences ou de notions qui lui permettent de la comprendre ; cinq années d'observation, mais aussi de doute, de réflexion, d'analyse intérieure, de lecture et de consultation. Au moment de la rédaction de la vie, sainte Thérèse est déjà arrivée à l'état de peine extatique, et l'on voit poindre l'envahissement total du divin.

Mme Guyon écrit sa vie mystique alors qu'elle a déjà atteint son terme, c'est-à-dire alors qu'elle est déjà parvenue à son troisième état. Suso écrit fort tard sa vie[1] ; il est inutile de multiplier les exemples.

Ce fait est tout simple. Si disposés que soient les mystiques à l'observation intérieure et à l'analyse, l'idée d'un journal intime, du document personnel, scientifique leur est tout à fait étrangère. Ils écrivent soit sur un ordre intérieur, qui leur est donné assez tard, soit sur l'ordre d'un directeur : ils écrivent pour expliquer et justifier leurs états, pour édifier et enseigner beaucoup plus que pour décrire. De plus, au moment où ils écrivent, ils ont déjà assisté à une succession d'états ; ils ont déjà l'idée du caractère relatif de ces états, l'idée d'une suite, d'un progrès.

Il n'y a donc pas transcription pure et simple de faits, notation immédiate sans préoccupation d'un ensemble et d'une signification. L'expérience brute, soumise aux corrections de la mémoire et à la construction logique est comme raffinée ; l'idée précise d'une signification, l'idée d'un développement et d'un

---

1. *Œuvres mystiques de Suso*, trad. Thiriot, Paris, 1899, p. xxx.

ensemble se mêlent aux faits et les compliquent ; une certaine doctrine, que la réflexion a dégagée de l'expérience, vient s'y juxtaposer, parfois même s'y substituer.

2° Les écrits doctrinaux, de théorie et d'enseignement, apparaissent souvent au cours des écrits historiques, précisant la doctrine au sein de l'expérience, et la doctrine est parfois formulée avant achèvement de l'expérience : de sorte que les dates nous montrent une pénétration mutuelle, une action réciproque de la doctrine et de l'expérience.

Il semble que sainte Thérèse décrive en 1577 l'état définitif, la septième demeure avant d'y être complètement parvenue : ou si elle y est déjà parvenue, la description du château intérieur est assez différente de la réalité moins précise et moins simple que nous présentent les Lettres. Le Père Surin écrit le catéchisme spirituel à la fin de la période de dépression que nous avons décrite. M⁰ᵉ Guyon écrit les Torrents en 1683, alors que la deuxième période a pris fin en 1680 ; elle est encore tout au début de l'état théopathique ; il est vrai qu'elle fait quelques réserves[1], mais elle n'en décrit pas moins dans toutes ses modalités un état qui est encore bien neuf. La doctrine ne s'interdit pas d'anticiper sur l'expérience, puisque, dans certains cas, nos mystiques décrivent tout au long des états à peine ébauchés dans l'expérience, et qu'ils déclarent certains états derniers et définitifs, estimant, par une vue théorique qui clôt l'expérience, que le processus expérimental a trouvé son terme.

3° Nous trouvons chez nos mystiques d'autres marques de cette tendance intellectualiste. Nous les voyons souvent préoccupés de mettre une interprétation, une théorie dans ce qu'ils observent[2]. Ils veulent comprendre et expliquer leur expé-

---

1. *Torrents*, 240.
2. Voir p. ex. la théorie du vol de l'esprit chez M⁰ᵉ Guyon. *Vie*, II, 33 ; voir aussi II, 13.

rience. « Recevoir de Dieu une faveur est une première grâce. Connaître la nature du don reçu en est une seconde. Enfin c'en est une troisième de pouvoir l'expliquer et en donner l'intelligence. Il semblerait d'abord que la première devrait suffire; et cependant si l'âme veut marcher sans trouble, sans crainte, avec courage dans le chemin du ciel, foulant aux pieds toutes les choses de la terre, il lui sera d'un très grand avantage de comprendre la nature des dons célestes[1]. » Il est important de remarquer ce besoin de comprendre, ce rationalisme continu; car on a souvent exagéré chez les mystiques le désordre, l'arbitraire, l'abandon à des illuminations momentanées. Nous avons montré plusieurs fois chez eux, sous l'appel à la spontanéité et à l'irrationnel, le contrôle subconscient de l'intelligence et des fonctions critiques. Ici l'intelligence s'exerce manifestement sur les données de l'expérience; ce n'est pas une curiosité vaine, un pur besoin théorique qui la déploie. Le mystique n'est assuré dans ses états que s'il sait ce qu'ils signifient et ce qu'ils valent. Il faut avoir « l'intelligence de ces faveurs[2] ». Au début on ne les comprend pas et on ne sait comment se conduire. « L'âme aura cruellement à souffrir à moins de trouver un maître qui comprenne son état. C'est un grand bonheur pour elle de voir la peinture de ce qu'elle éprouve; elle reconnaît clairement la voie où Dieu la met[3]. » Pour faire des progrès dans les états d'oraison, il faut savoir la conduite à tenir dans chacun; seule l'intelligence de l'oraison peut r...ler la conduite à tenir. Cette intelligence s'acquiert du reste par l'expérience même[4]. L'intelligence ne se désintéresse

---

1. Sainte Thérèse. *Vie*, 162.
2. *Vie*, 134.
3. *Ibid.*, 135.
4. *Ibid.* Ainsi l'expérience ne se suffit pas ; il ne suffit pas d'éprouver des états, quelque divins qu'on les éprouve. Il faut encore pouvoir les comprendre, c'est-à-dire leur superposer des concepts, les intégrer à un système. On étudiera utilement sur ce point Fénelon à Mme Guyon (*Lettres de Mme Guyon,*

pas des états mystiques, ni de leur succession. Elle les contrôle ; elle les rattache à un vaste système religieux qui accompagne l'expérience mystique et la garantit ; la logique scande la vie.

Cette notion de valeur influe du reste peut être et sur l'expérience et sur la description de l'expérience ; sur l'expérience, en lui imposant de réaliser certaines idées théoriques ou de maintenir certains états privilégiés ; sur la description, en lui imposant, comme nous l'avons montré, d'accentuer ou au contraire d'affaiblir certains traits.

Le caractère logique de l'expérience s'accentue à mesure qu'elle se développe ; les états qui se succèdent s'éclairent réciproquement ; il vient un moment où leur succession apparaît comme la réalisation d'un programme, où le plan de l'ensemble se dégage des éléments ; à ce moment la doctrine est constituée et l'expérience définitivement assurée. Le mystique a trouvé la formule de sa vie ; il l'a comprise ; en ajoutant à ses états l'idée d'une loi qui les unit, d'un progrès qui les pose l'un après l'autre pour atteindre un absolu, il obtient enfin une expérience pleinement cohérente, qui se déroule à la manière d'un système, du réel qui est devenu du rationnel ; la vie s'est systématisée progressivement devant l'esprit.

Voilà donc un arrangement logique qui se poursuit en même temps que l'expérience ; est-il continu, ou bien s'opère-t-il à certaines époques d'hésitation, de doute, de méditation sur la vie? profite-t-il de certaines suggestions, de certaines lectures ? Le détail varie avec chaque mystique. Ce qui apparaît clairement c'est que l'expérience s'intellectualise davantage à mesure qu'elle est plus riche, plus complexe, plus familière. Le mysticisme

---

V, p. 308, 442, 439) et Mme Guyon à Fénelon, III, 357. Il faut savoir que la voie mystique est divine pour s'y abandonner sans égarement. « Vous savez donc que c'est Dieu qui vous mène. » « L'état de pure foi ne demande pas qu'on marche sans savoir si c'est Dieu qui nous fait marcher ; autrement ce ne serait plus foi en Dieu, mais foi en son propre égarement... » V, 442 (Masson, 213).

n'échappe pas à cette loi générale que toute vie psychologique, qui a vraiment les caractères de la vie, c'est-à-dire à la fois une certaine variété d'expansion et une certaine unité de développement, une certaine extension et une certaine intention, recherche sa formule et que l'ayant trouvée, elle s'interprète elle-même à sa lumière. C'est affaire au critique de dégager ce qui est le mouvement de la vie, de l'interprétation qui l'enserre, de rechercher ce qui est vécu et éprouvé et ce qui est addition intellectuelle. Il faut ici un effort intellectuel de sens inverse : au lieu que la vie s'expliquait par la formule progressivement dégagée, il faut expliquer comment la formule peu à peu se dégage : il faut mettre au jour le travail d'élaboration qui est presque toujours inconscient : c'est pourquoi la vie qui veut se comprendre, ne peut se comprendre qu'en partant d'idées claires, c'est-à-dire d'intuitions qui se sont éclaircies ; c'est pourquoi elle s'explique elle-même par l'achevé et projette le résultat sur l'ébauche. Au contraire l'observateur dont l'esprit n'est pas aveuglé par les clartés finales se dirige plus aisément dans le demi-jour de la route.

Il résulte de tout ceci que dans leurs écrits historiques les mystiques exposent une expérience raisonnée et systématisée déjà et que leur système qui veut n'être qu'une copie de leur expérience est déjà engagé dans l'expérience même. Mais il ne faudrait pas pousser à l'extrême les conséquences de ce fait. Nous croyons qu'on se tromperait gravement si l'on supposait ou bien que toute cette prétendue expérience n'est que l'arrangement de données confuses, qu'elle est tout entière le produit d'un ajustement après coup, ou bien qu'elle obéit à une systématisation intellectuelle préformée, qu'elle est dirigée par un système préalable et explicite.

Contre la première hypothèse on doit invoquer le caractère historique de l'évolution mystique[1] ; l'examen sévère des écrits

1. Par exemple, en ce qui concerne sainte Thérèse, M. Boutroux semble supposer (*Bulletin de la Société française de philosophie*, janvier 1906, p. 13

échelonnés à des dates différentes montre une succession réelle, chronologique d'états. L'étude de sainte Thérèse, nous l'avons montré, est particulièrement propre à établir ce point. La vie mystique se déroule en périodes, s'étale en états qui s'imposent au mystique et qu'il subit ; il y a des données et une succession qui est donnée elle aussi. Il suffit de se reporter aux chapitres historiques de cet ouvrage pour lire à presque toutes les lignes la preuve de cette assertion. L'idée explicative de l'en

et suiv.) que la suite de son expérience, telle que ses écrits l'exposent, ne constitue pas une succession chronologique gouvernée par une loi psychologique d'évolution, mais bien plutôt une progression essentiellement logique, qui se serait formée dans son esprit. L'autorité de M. Boutroux est si considérable que, sans nous contenter de renvoyer à notre étude historique sur sainte Thérèse, il nous faut reprendre en détail ses objections : 1° Il se sert des deux premières pages de la 1ʳᵉ Relation (1560) pour essayer d'établir que les trois états y sont décrits comme sa manière actuelle d'oraison, de sorte qu'ils auraient été donnés simultanément à la même époque et qu'il y aurait « alternances se produisant à la même époque » et non pas évolution. Mais le texte cité (p. 14, ligne 12) ne s'applique sûrement pas au mariage spirituel ou union transformante ; il décrit seulement le transport actif, le besoin pratique (servir Dieu... peines et travaux, etc.) d'où sortira cet état ; 2° Vers 1562, époque, où selon nous, domine la peine extatique, un texte (569, *Vie*, éd. Peyré) nous montre sainte Thérèse s'élevant du premier au troisième état sans l'intermédiaire de la peine extatique. Rien ne prouve dans ce texte très vague, et qui peut s'appliquer à tous les modes d'oraison, qu'il s'agisse du 3ᵉ état. Nous avons du reste montré ailleurs que le deuxième état n'a jamais un caractère chronique, qu'il n'a jamais occupé entièrement une période, mais qu'il a été prédominant à une époque, et nous avons cité sur ce point des textes formels ; 3° Vers 1573 d. textes déprécient la contemplation au profit de l'action. Mais c'est que justement la période de la peine extatique a déjà fait place à la période active des fondations, et à l'organisation de l'automatisme divin qui s'élabore depuis 1566 ; 4° Vers 1580-82, en plein 3ᵉ état, un texte fait l'éloge de la solitude, qu'on s'attendait à voir condamner définitivement comme ennemie de l'action. Mais ce texte des « Fondations », écrit pour des religieuses, est un passage apologétique de la réclusion claustrale « saint élément » des filles du Carmel, toujours en danger parmi les personnes séculières (*Fondations*. XXXI) ; 5° Enfin dans la citation, de la page 15 du *Bulletin*, et qui renfermerait en une seule expérience religieuse les 3 états que nous distinguons, je ne vois ni le 2ᵉ ni le 3ᵉ, mais seulement le choc du retour au monde au sortir du ravissement et le surcroît d'énergie qui le suit. Notre thèse sur l'historicité et le caractère chronologique de la succession des états mystiques chez sainte Thérèse est d'accord avec celle de Poulain. *Les Grâces d'Oraison*, p. 56.

semble, le système se forme peu à peu de l'expérience, et n'apparaît qu'à la fin : or nous avons, dans de nombreux cas, des documents antérieurs à cette période terminale.

Du reste, si le système n'était pas formé des faits et de la réflexion sur les faits, c'est qu'il serait donné du dehors ou préexisterait dans l'esprit du mystique. D'avance il déterminerait et dirigerait l'expérience ; et c'est la seconde hypothèse.

Or il est à peine besoin de démontrer que l'hypothèse de l'imitation consciente et volontaire d'une tradition, ou celle de la réalisation progressive d'un système théorique, ne résistent pas à l'examen.

Les mystiques reviennent constamment sur le caractère passif de leurs états et sur l'ignorance où ils marchent ; cette passivité est un élément essentiel du mysticisme ; ils appellent mystiques justement ces opérations dont ils ne sont pas les maîtres et qui les contraignent ; de sorte qu'il ne peut être question d'imitation ou de réalisation volontaire. De plus s'il s'exerce sur eux l'action d'une tradition ou d'idées directrices, ils n'en ont pas conscience. Ils vont comme à l'aveugle ; ils ont la surprise de ce qui se passe en eux ; ils ne prévoient pas leur expérience ; bien plus, ils ne la voient pas d'abord ; c'est-à-dire que dans un état nouveau, ils ne sentent pas toujours que c'est un état, une nouvelle phase mystique[1]. Qu'on se rappelle le témoignage si précis de Mme Guyon ou celui du Père Surin ; toute la doctrine de saint Jean de la Croix se résume dans cette obscure nuit et Fénelon a exalté après Mme Guyon et lui cette façon de « cheminer à Dieu par le non voir et le non savoir[2] ». Enfin les mystiques ont le vif sentiment de la spontanéité et de l'originalité de leur expérience ; la tradition

---

1. C'est-à-dire qu'à la fois ils ignorent où ils sont et n'ont pas conscience de la valeur de leurs états.
2. *Montée du Carmel*, II, ch. xxvi ; *Obscure nuit*, II, ch. xvi ; Masson, o. c., p. 122 n. 4.

est reléguée au second plan, jusqu'au jour où ils se voient contraints de justifier leur expérience, devant eux-mêmes ou devant l'Église ; il leur faut alors chercher à l'accorder avec les Écritures ou la doctrine de l'École ou l'appuyer tout au moins sur la tradition des mystiques. Jusque-là, ils s'occupent fort peu de cette tradition[1], parfois même ils l'ignorent tout à fait[2]. Leur grand effort est de vivre originalement, personnellement, parce qu'ils sentent que le principe de leur vie n'est pas en eux-mêmes, mais vient de plus profond et de plus loin qu'eux. Nous avons montré leur mépris des livres, leur défiance des directeurs ; ils sont dirigeants plus que dirigés et n'admettent l'influence étrangère qu'autant qu'elle s'accorde avec leurs dispositions naturelles[3].

Du même coup tombe toute hypothèse qui rattacherait l'expérience à l'action consciente et volontaire d'un plan quel qu'il soit. La plupart des symptômes qui constituent les états mystiques se produisent sans que le sujet y pense ; ces états se composent d'une longue suite de sensations et de pensées qui n'ont pas été prévues par lui : de plus il semble bien qu'ils soient

---

1. Sainte Thérèse. *Vie*, 302.
2. Sainte Thérèse. *Vie*, 19 ; *Château*, VI, ch. VIII. Lors même que les mystiques sont comme préparés à leurs états extraordinaires par la connaissance d'une tradition, ils ne s'y sentent pas encore assurés pour cela. Sainte Thérèse a lu Osuna : elle doute, quand elle les éprouve, d'états qui sont décrits dans Osuna. De même Mme Guyon et saint François de Sales. Cf. Fénelon, in Masson, 143.
3. Schopenhauer met fort bien en lumière ce fait, que, la plupart du temps, les mystiques s'ignorent les uns les autres. « Ce fait ajouté à leur accord parfait et intime, à la fermeté et à l'assurance de leurs déclarations, n'en est qu'une preuve plus forte qu'ils parlent en vertu d'une expérience intérieure réelle. » *Monde comme volonté*, III, 426. Cet accord lui paraît manifeste, malgré la différence des temps, des pays et des religions. « Ils ne forment pas comme une secte qui a une fois embrassé un dogme favori, qui le maintient, le défend et le propage : bien plus, presque toujours ils s'ignorent les uns les autres ; les mystiques indous, chrétiens, mahométans, les quiétistes et les ascètes sont de tout point hétérogènes entre eux, sauf pour le sens intime et l'esprit de leurs préceptes. » *Ibid.*, 425.

amenés parfois par des causes extérieures, en dehors de toute prévision possible.

Ainsi la tradition ne suffit pas à expliquer le mysticisme ; à chaque mystique, il y a commencement, invention. Si l'on est d'abord séduit par l'hypothèse d'une tradition mystique qui suffirait à expliquer tout le mysticisme, qui ferait du mysticisme une perpétuelle répétition, les faits contraignent d'en revenir. Elle peut bien suffire pour certains mystiques de second ordre qui ne sont que des imitateurs, qui sont gouvernés consciemment ou inconsciemment par une expérience déjà formulée, par un programme explicite : il y a de tels sujets dans l'histoire du mysticisme, et ils sont nombreux ; ils forment autour de nos grands mystiques, constructeurs de vie, comme une pléiade de disciples inférieurs : des mystici minores[1]. Mais, sans même recourir à ce fait, que le mysticisme apparaît dans des conditions très différentes de civilisation et de tradition théologique ou philosophique, le seul examen d'un groupe de mystiques chrétiens nous a montré la personnalité sous la tradition. Toutefois ici comme ailleurs la création utilise des éléments déjà conquis, l'invention bénéficie d'acquisitions antérieures et de directions déjà esquissées. La vie mystique n'est ni une expérience purement individuelle, ni une reproduction. Elle se rattache à la fois à une tradition historique et à une disposition humaine. L'aptitude extatique, qui sommeille en beaucoup d'esprits, et qu'une éducation spéciale éveille et maintient, puise dans un mysticisme doctrinal une partie de ses inspirations.

Nous laissons de côté dans ce chapitre l'influence de l'ascétisme dans la production des états mystiques : nous supposons

---

[1]. Sans parler bien entendu de ces très humbles mystiques, « mystici minimi » qui ne sont guère que des hystériques ou des aliénés, gouvernés par un vague mélange de névrose et de christianisme, et que l'ignorance de leur entourage seul peut confondre avec les grands types du mysticisme.

que cette influence ne fait que mettre en jeu une prédisposition mentale et qu'elle est surtout de nature psychologique : les privations de toute nature que l'on groupe sous le nom d'ascétisme ont ce caractère d'être volontaires et associées à l'idée d'une fin spirituelle ; c'est par là surtout qu'elles agissent sur l'état mental : la tension qu'elles impliquent est plus puissante encore que leur effet physiologique. Cette tension renforce une aptitude naturelle à une certaine forme d'intuition contemplative et créatrice, une certaine spontanéité intuitive et constructive, et la puissance directrice d'une tradition vaguement consultée. Il y a dans l'esprit des mystiques une idée confuse, une direction, une sorte de plan implicite, qui rencontrant l'aptitude intuitive dont nous avons parlé, la fait épanouir, l'explicite et s'explicite à la fois en expériences, guide subconsciemment et involontairement le cours de ces expériences, et après avoir ainsi traversé et discipliné la vie, après s'être enrichie et multipliée à son contact, se retrouve en système éprouvé et vécu.

Nos mystiques sont des chrétiens qui aspirent à dépasser le christianisme ordinaire, sans l'abandonner ; le christianisme est leur point de départ et le milieu où ils évoluent : leur vie mystique est enveloppée dans la vie chrétienne.

Dans l'état commun du chrétien, ils éprouvent de l'insatisfaction et du malaise : l'oraison ordinaire qui met l'âme en contact avec Dieu, et qui par l'idée de Dieu éveille toute espèce de sentiments rapportés à Dieu même, ne leur suffit pas ; ils cherchent à s'affranchir de la conscience de soi et de la volonté personnelle, et à se perdre dans un état qui soit la réalisation de Dieu même en eux.

Or, il y a dans le christianisme un courant qui est venu de plus loin, et qui s'est solidifié dans la doctrine d'un Dieu intérieur et ineffable, au-dessus de toutes les manières d'être, en qui se perdent, pour se retrouver divines, toute conscience et toute volonté ; ce courant, qu'on peut suivre à travers les siècles chrétiens, a inspiré toute une technique de l'oraison, toute une doctrine de la vie intérieure ; cette technique et cette doctrine se sont du reste enrichies et compliquées, au cours du temps. Chaque mystique à son tour, guidé par son insatisfaction qui le met en quête, et par ses besoins intérieurs rencontre, cette tradition. Mais elle lui fournit l'énoncé clair du problème, bien plus que la solution. Elle donne à sa recherche une direction plus précise ; elle l'assure qu'elle n'est point vaine : elle l'excite et lui fournit comme un fil conducteur un certain nombre de notions, de catégories mystiques, présence de Dieu, contemplation, etc., qui l'aideront à relier et à comprendre ce qu'il éprouvera. Sainte Thérèse lit Osuna et d'autres « bons livres ». Mme Guyon lit saint François de Sales : Suso a eu pour maître Eckart. Le maître, le moment, le mode d'influence sont des circonstances variables.

La tradition mystique éclaire la recherche mais ne suffirait pas à la transformer en expérience si la recherche même n'était l'indice d'une aptitude particulière; il ne s'agit pas de comprendre une doctrine, mais bien d'éprouver certains états : or quelle que soit la puissance de suggestion d'une doctrine elle ne va pas jusqu'à créer de toutes pièces la nature psychologique qui la transforme en état d'âme. Cette nature psychologique, cet état d'esprit, les déclarations des mystiques nous permettent de l'analyser. Ils distinguent deux manières de penser, l'une par discours, c'est-à-dire en somme par enchaînement d'idées, soutenu d'images, l'autre par intuition. Dans les choses religieuses, le discours, c'est la méditation ; l'entendement, aidé de l'imagination, développe un thème, découpe ou au contraire compose un ensemble. Le discours c'est la pensée réfléchie et logique, qui se fragmente en opérations et se réalise en actes distincts. Il s'applique à tout le christianisme explicite, qui par la multiplicité de ses dogmes et la complexité de sa morale, par la richesse de son histoire et de son culte, lui est un merveilleux objet, toujours divers et toujours un. L'intuition, au contraire, appréhende d'un coup, sans idées et sans distinction, dans l'indétermination et l'indifférenciation, une réalité qui, exclusive de toute relation à un objet ou à un sujet, est donnée comme l'absolu. Dans l'intuition, nous le verrons bientôt, il y a des degrés et des formes bien différentes : mais toute intuition a ce caractère d'apparaître comme une vision d'ensemble, plus riche que toutes les idées qui ont mené jusqu'à elle, ou qui sortiront d'elle, une confusion, une obscurité créatrice qui contient des pensées sans formule et une illumination sans explication.

Le mysticisme commence lorsque cesse le discours, la pensée logique et réfléchie, l'action raisonnée, lorsqu'apparaît l'intuition. Quoiqu'une certaine méthode d'abstraction mentale, de simplification affective, d'ascétisme intellectuel et physique la puisse favoriser, il semble bien, au témoignage des mystiques, qu'au moins dans ses formes élevées, elle échappe à toute règle et se donne comme elle veut et quand elle veut. L'esprit du mystique s'étale spontanément en ces grandes intuitions, vides de tout objet intellectuel, et qui lui paraissent contenir, au-dessus de toutes les manières d'être, plus qu'un monde et plus qu'un Dieu. Ces intuitions sont au fond des états extatiques, au fond de la négation douloureuse qui leur succède, au fond de l'activité pratique de la période théopathique. Elles sont si l'on veut entendre l'extase dans son sens le plus humain, sans les accidents nerveux qui la compliquent, de grandes extases de signe changeant, parfois béatifiantes et parfois désolées et qui s'achèvent en une vaste expansion créatrice ; une sorte d'état fondamental, le plus profond de tous, où toute l'énergie, toute la spontanéité, tout le génie qui sont au principe de la pensée et de l'action humaine, où toute la conscience contractée, par négation de l'existence individuelle, se posent absolument, en plénitude d'être, comme un infini de joie, ou d'horreur, ou d'activité sereine. Telles sont les aspirations passionnées où l'art le plus pur de tous, la musique, enferme sous forme inexprimable, la quintessence de l'humanité.

Cet intuitionnisme passif, cette aptitude à subir cette infusion ineffable, cet esprit intuitif, extatique, par opposition au type discursif, est caractéristique du mysticisme. Il y a un esprit mystique, générateur de tous les états mystiques précédemment décrits. Cet esprit se cherche dans l'insatisfaction du christianisme ordinaire, sous le discours et sous l'action; après une période plus ou moins longue d'effort et de tension, dans une période de détente et de passivité, il s'apparaît par moments et par jaillissement, et peu à peu s'installe comme habitude. La recherche du sujet et l'indépendance de cet état qui n'obéit pas à la volonté constitue le drame mystique de la vie intérieure, le conflit de l'activité et de la passivité. L'apparition d'intuitions spontanées qui occupent et dominent la conscience et qui peuvent en se répétant former presque une habitude, et en s'enchaînant former presque une intuition continue, caractérise bien nettement nos mystiques, et rien d'une tradition étrangère ne passerait en eux, s'il n'y avait pas en eux cette façon de sentir, qui est aussi à la base de la tradition mystique.

Cet intuitionnisme installe donc à l'intérieur du mystique le Dieu ineffable né sur un fond d'intuitionnisme. Mais il se développe au sein du christianisme. L'intuition pure comme le prouve le mysticisme indou peut se perdre dans l'inconscience et la totale inaction. Le mysticisme chrétien est gardé de l'une et de l'autre. Nous avons montré par quelle construction compliquée il concilie la nécessité d'agir et la nécessité de se perdre en Dieu: le somnambulisme extatique, l'état théopathique nous ont assez longuement retenu pour que nous n'y revenions pas. Il nous faut noter seulement qu'au-dessous de la conception chrétienne de la vie qui prescrit l'activité dans le monde, il semble bien que l'intuitivité, chez les mystiques chrétiens, soit de nature expansive. De même qu'il y a des sensitifs apathiques et d'autres chez qui la sensibilité s'exprime en actes[1]. L'intuition, chez nos mystiques, paraît contenir une puissance d'action : action passive sans doute et qui n'a pas son origine dans l'intelligence et dans la volonté, qui surgit d'un fond inconscient, mais qui trahit l'énergie de ce fond. Nous avons vu que sur cette contemplation confuse apparaissait toute espèce d'automatismes, de caractère impératif et téléologique ; sous l'apparent vide intellectuel de l'intuition, il y a donc une organisation subconsciente, qui prépare l'action. La motion divine exprime cette activité naturelle d'âmes qui substituent à la vision méthodique des choses la contemplation confuse, et à l'action personnelle, une impulsion continue. L'automatisme actif des mystiques ne se borne pas à assurer les actes qui sont de règle, le service de la vie chrétienne ; c'est une activité apostolique, un essai de conquête du monde ; ce caractère d'excès et d'exubérance garantit qu'il n'est pas le produit d'une suggestion extérieure, mais le développement d'une exigence interne : de même le sentiment de plénitude qui l'accompagne. Comment en serait-il autrement puisque, de ces grandes intuitions, sitôt qu'elles ont apparu, nous voyons naître une direction pour la vie pratique, puisque nous les voyons se prolonger immédiatement en action ? Tout le travail du sujet consiste justement à abolir la volonté et la conscience personnelle qui s'interposent encore et à remettre pleinement la conduite aux inspirations et aux impulsions surgies de la subconscience.

Ici encore nous trouvons un double courant qui se mêle et se renforce : la doctrine chrétienne qui commande l'action et la vie, et la tradition mystique, qui met dans l'unité primordiale une puissance d'expansion : d'autre part l'expansivité naturelle à nos mystiques, issue du caractère actif de leur subconscience. De même que le mystique prolongeait en intuitions les thèses

---

1. Ribot. *Psychologie des Sentiments*, 385, 391.

d'une doctrine, il semble obéir par l'action à une religion pratique, et à une métaphysique qui s'achève en immanence. Mais ce qu'il puise au dehors, c'est la forme de l'action, et non l'énergie d'agir. Tout se passe comme s'il obéissait, dans le rythme de sa vie, dans le passage de l'intuition à l'action, aux grandes lois du néoplatonisme; parce que la procession plotinienne, qui fait sortir l'un de lui-même, a son équivalent dans la théorie chrétienne de l'incarnation, de la création et de la providence, et que ces doctrines ont l'une et l'autre, si l'on peut dire, leur équivalent psychologique dans le caractère actif et spontanément orienté vers le dehors que nous venons de signaler. Les exigences rationnelles et traditionnelles concordent ici avec une exigence interne et une disposition psychologique. Il y a coopération d'une nature mentale prédéterminée et d'idées directrices qui la soutiennent et l'encouragent à se développer.

Ainsi nous ne pensons pas qu'on puisse ramener l'expérience mystique à la suggestion d'un système personnel, d'une construction purement abstraite formée antérieurement, ni à une tradition nous en avons donné de sérieuses raisons; nous en verrons d'autres encore à mesure que nous étudierons la nature psychologique de l'expérience mystique, et les lois qui gouvernent son alternance. D'autre part, nous reconnaissons, dans la formation et le développement de la vie mystique, l'influence d'idées directrices. Cet intuitionnisme expansif de nos mystiques irait vite à la dérive et se perdrait dans les aventures religieuses et les caprices de l'inspiration privée, s'il n'était soutenu à tout moment d'une doctrine ferme où se reposer de sa confusion vertigineuse, et d'une morale précise, qui règle ses poussées incertaines. La tradition, et la réflexion qui l'assimile, forment ainsi la charpente logique et fixent la fluidité. L'orthodoxie plus ou moins hétérodoxe des mystiques vient de cette pénétration de leurs tendances par le christianisme et de l'affinité naturelle qui les rend pénétrables.

Ainsi la vie mystique n'est pas donnée en pleine indépendance, au hasard ; elle doit satisfaire à certaines conditions ; elle est assujettie d'avance à certaines déterminations ; c'est ce qui lui permettra d'être acceptée comme valable par le sujet lui-même, par un groupe, peut-être même par une société religieuse. Sa conformité à une tradition est pour elle une condition d'authenticité ; ses innovations mêmes ne sont communicables que si elles réussissent à l'absorber et à la conquérir. Les intuitions du mystique, en un sens originales, en un autre sens sont engagées dans un système. Qu'on prenne le mysticisme sous la forme raffinée du mysticisme chrétien ou sous la forme grossière de l'exaltation et de l'extase sauvage, c'est toujours la même loi. Mais les idées directrices ne font que seconder une aptitude naturelle.

CHAPITRE XII

L'EXPÉRIENCE MYSTIQUE

Les mystiques prétendent expérimenter Dieu. La caractéristique de leur expérience, c'est le divin. Il nous faut analyser cette expérience.

Ils éprouvent le divin dans les états d'oraison, confus et ineffables ; ils l'éprouvent aussi dans les visions et les paroles, les inspirations, la motion divine, les automatismes de toute espèce, c'est-à-dire dans des états distincts et formulés.

Nous avons vu plus haut que les mystiques reconnaissent le caractère divin de leurs automatismes à trois caractères : 1° le caractère d'extériorité par rapport au moi, de non-moi, pourrait-on dire, qui est dû en réalité à l'action de l'automatisme sous la conscience personnelle. Ce caractère de division d'avec la conscience ordinaire, de division de conscience, caractère tout formel, indique, pour les mystiques, l'origine extérieure, étrangère des automatismes. A lui seul ce caractère ne suffit pas à constituer le divin [1] : la passivité, l'impuissance à se donner ou à rejeter un état, la nécessité de le subir, est un signe du surnaturel ; mais la surnature n'est point toute divine ; il peut y avoir et il y a une forme démoniaque de l'automatisme.

2° Le contenu de ces états ; leur caractère affectif et leur transcendance à la conscience ordinaire ; l'impuissance de la conscience ordinaire à constituer des états de contenu semblable.

---

[1]. Cf. Nicole. *Réfutation*, 6C.

3° Le caractère actif, constructeur. Ces automatismes sont impératifs et s'emparent de la conscience ; ils s'y réalisent, et y réalisent une unification supérieure. Ils sont comme l'intervention d'une sagesse et d'une puissance supérieures, qui apportent dans la vie un ordre éminent.

Le divin, tel que nous le révèle l'étude de ces phénomènes, est donc un pouvoir passif d'unification et d'organisation, qui d'abord apparaît comme étranger au moi, par la division de conscience où il se révèle, et qui progressivement l'envahit et se substitue aux formes d'action et de pensée qui constituaient la conscience personnelle ; cette force supérieure, cette énergie substantielle, cette loi interne efficace, après s'être opposée au moi, le pénètre en se l'assimilant, et crée une vie nouvelle : c'est une puissance d'édification[1].

Mais les visions, les paroles, les inspirations, ne sont encore pour les mystiques, qu'une manifestation secondaire de Dieu ; les états d'oraison, au contraire, réalisent l'essentiel du divin.

Nous y trouvons les mêmes caractères : d'abord la passivité. Quiétude, union, extase, ravissement sont donnés de cette manière ; de même aussi la peine extatique ; de même aussi l'union transformante ; de même les états de M*me* Guyon. Cha-

---

1. Noter encore que le caractère divin se fortifie par la progression divine : p. ex. chez sainte Thérèse les paroles intérieures se fortifient de leur association à la vision intellectuelle de présence, puis aux visions imaginaires. De même l'ensemble de ces phénomènes se fortifie de leurs associations aux états d'oraison. La conscience du divin est donnée sans doute immédiatement et sur le moment dans chacun des états divins ; mais ils sont suivis en général de doute et d'hésitation ; ce n'est que par leur assemblage qu'ils en viennent à prendre un caractère de certitude qui dure et qui résiste au temps ; voir lettre de sainte Thérèse à l'évêque d'Osuna ; *Lettres*, III, 329. Il y a des exemples que la croyance à la possession divine se croit changée à un moment en croyance à la possession démoniaque par une sorte d'inversion de valeurs, v. Calmeil. *De la folie*, I, 253 ; et tout. l'histoire de Madeleine de Cordoue. Llorente, *Histoire critique de l'inquisition d'Espagne*, II, 103. Campan, *Mémoires de Francisco de Ensinas*, Bruxelles, 1863, vol. II, p. 464 et suiv. traduit le « Successo de Madalena de la Cruz » d'après un manuscrit du British Museum (Eggerton, collection n° 357).

cun de ces états apparaît comme une puissance ressentie en impuissance. De même aussi leur contenu, béatifiant, infini, vidé de toute espèce intellectuelle, transcende la conscience ordinaire. Enfin ils sont aussi une puissance d'organisation ; ils recèlent une énergie constructive qui impose à la vie sa loi de développement. Il nous faut insister sur ces caractères.

La passivité des états d'oraison ne suffit pas à en assurer le caractère divin. Ce qui est passif est surnaturel, mais pourrait être démoniaque ; ou encore venir d'une excitation naturelle, d'un effort suprême, ou d'une anomalie de la nature. La nature, dans certains cas, réalise des contrefaçons du surnaturel.

De plus ces états passifs d'oraison, s'ils ne font qu'introduire dans la conscience ordinaire des moments de béatitude et d'élévation, l'usage qu'en fait la conscience ordinaire, l'assimilation qui s'en empare les peut transformer. Saint Jean de la Croix, M⁽ᵐᵉ⁾ Guyon, nous ont montré amplement que ce qui est donné passivement peut encore être rendu personnel, « approprié » au moi. L'appropriation vicie, dénature immédiatement le caractère divin de la passivité.

Le contenu des états d'oraison manifeste, sous des formes de plus en plus adéquates, la présence divine ; les grandes intuitions, que nous analyserons, et qui constituent l'essentiel de ces états, sont une appréhension directe du divin, le divin même s'apparaissant à soi. Mais il y a des degrés de cette connaissance et de cette réalisation. Nous avons vu les mystiques critiquer progressivement leurs états d'oraison. Dans l'extase ou dans ses équivalents psychologiques ils trouvent encore trop de sensibilité et trop de précision, trop de rapport à la conscience personnelle. Nous les avons vu s'élever de degré en degré, suivre une hiérarchie au terme de laquelle ils croient atteindre le divin dans son caractère absolu, dans sa pureté. Ainsi le divin est moins dans les états d'oraison que dans le mouvement, dans le progrès qui pose leur suite ; il est avant tout une direction, une aspiration à travers des états qui ne sont que des approximations : sous les états, un devenir ; un jeu continuel de position et de transposition ; une dialectique animée qui dépasse sans cesse ce par quoi elle s'exprime un moment. Ainsi, encore que les mystiques prétendent appréhender par leurs intuitions l'absolu et l'éternel, l'imperfection de cette appréhension et la tendance à la perfection les contraignent à dérouler en périodes successives ce qui leur paraît se donner au-dessus du temps et à vivre ce qui paraît échapper à toutes les déterminations de la vie ; c'est ici l'image mourante de l'éternité, dont parle Platon.

Mais ce mouvement à travers les états d'oraison n'est pas un élan aveugle, une impulsion toujours insatisfaite de son œuvre et éperdument créatrice, qui cherche à s'épuiser en des passivités quelconques ; nous avons vu qu'il tend à réaliser un état où, la conscience du moi comme être distinct et séparé, comme sujet individuel, étant annihilée, le mystique se saisisse de façon continue dans son identité avec le fond de l'être, et laisse s'opérer en lui des actes qui aient leur source dans l'activité divine ; c'est l'état théopathique caractérisé, pour reprendre les termes d'un adversaire du quiétisme, par la liaison de la contemplation confuse et de la motion divine. Cet état réalise une sorte d'intuition intellectuelle continue, de laquelle paraît jaillir une spontanéité créatrice ; le mystique s'apparaît identifié avec un absolu qui s'épanche ; il a détruit toutes les formes de la conscience — pensée et vouloir propres — qui, en le distinguant, le séparaient de l'universelle essence ; et plongé en elle, il se confond avec son indétermination initiale, et se précise avec sa détermination progressive.

Le caractère essentiel du divin, c'est donc, pour le mystique, cette puissance d'organiser en lui Dieu même ; elle détruit ses manifestations d'abord imparfaites, elle décrit un cycle d'évolution jusqu'à ce qu'elle se soit trouvée comme esprit et comme vouloir absolus, jusqu'à ce qu'elle ait uni dans un état défini l'aperception de l'être par soi-même et l'activité créatrice.

Après que nous avons dégagé ces caractères, dans lesquels nos mystiques enferment leur expérience du divin, il nous les faut analyser de plus près, et chercher la nature psychologique de ces intuitions, de cette passivité, de ce rythme constructeur.

L'INTUITION INTELLECTUELLE

I. — *L'Intuition Mystique et le Dieu chrétien.*

L'oraison mystique commence avec la substitution de la contemplation passive et obscure à la méditation et à l'oraison affective, qui mettent en jeu des idées, des images, des émotions précises et qui sont, au moins partiellement, sous la dépendance de la volonté.

Le mystique a commencé par l'oraison ordinaire; il l'a pratiquée de longues années. Ce n'est que peu à peu que l'oraison ordinaire lui devient difficile et même impossible, et qu'une autre attitude mentale de prière se forme en lui spontanément. Il l'a préparée par un entraînement préalable; l'ascétisme qui mortifie le vouloir, purifie les désirs, exalte la conscience religieuse; surtout une certaine forme intellectuelle de l'ascétisme, une abstraction soutenue qui écarte de l'esprit les images du monde, et qui, par artifice ou par disposition naturelle, tend à épurer les objets religieux des représentations qui s'y attachent[1]; l'état indécis et de rêve qui naît souvent de l'épuisement consécutif aux pratiques de mortification; l'usage prédominant de l'oraison affective qui, s'appliquant à certains états affectifs inter-

[1]. Double valeur de l'Ascétisme : 1° Abattre les passions et préparer la nature à recevoir la vie éternelle (Athanase); 2° délivrer l'esprit et le préparer à participer au Logos (Origène), v. Müller, *Kirchengeschichte*, 1892, p. 209 et suiv.

prêtés comme signes de l'action divine et de la communication avec Dieu, fixe l'attention sur ce commencement de Dieu intérieur.

Quand la contemplation apparaît : 1° elle produit un état général d'indifférence, de liberté, de paix, d'élévation au-dessus du monde, de béatitude : le sujet cesse de se percevoir dans la multitude et la division de sa conscience ; il est élevé au-dessus de lui-même. Une âme plus profonde et plus pure se dégage et se substitue au moi habituel ;

2° Dans cet état où disparaissent la conscience du moi et la conscience du monde, le mystique a conscience d'être en relation immédiate avec Dieu même, de participer à la divinité.

La contemplation installe une manière d'être et de connaître : les deux choses, du reste, tendent au fond à se joindre : le mystique a de plus en plus l'impression d'être ce qu'il connaît, et de connaître ce qu'il est.

Mais dans cet état disparaissent les notions et les actes propres au christianisme. La méditation chrétienne a pour objet la totalité distincte du christianisme ; elle se rattache expressément au système chrétien. L'oraison ordinaire élève l'âme vers un Dieu, qui est le Dieu de l'Église, et la maintient devant lui comme devant son Dieu, dans un rapport défini de créature à créateur, de pécheresse à toute puissance juste et miséricordieuse, de nature déchue à grâce qui justifie. La contemplation, en supprimant ce rapport, ne laisse plus dans l'âme que l'état confus que nous avons décrit, et qui, pour le mystique, contient éminemment toute la distinction du christianisme. Il semble qu'il y ait dans les états mystiques une aversion de tout ce qui est formulé, une ambition de l'infini ou de l'indéfini qui dépasse tous les dogmes et tous les actes religieux. Le mysticisme chrétien n'échappe pas à cette règle ; nous avons vu quels conflits en résultent.

Par quel mécanisme psychologique nos mystiques peuvent-ils identifier la confusion de leurs intuitions avec les notions chrétiennes, expérimenter dans les états que nous avons décrits le Dieu même de l'Église[1] ?

1° Nous avons vu que c'est dans le milieu chrétien que se forme leur mysticisme : ils partent de données chrétiennes ; ils se forment à l'oraison chrétienne. Si volontaire que soit l'oraison, elle enferme toujours, si elle est profonde, quelque sentiment de la grâce, c'est-à-dire la conscience d'une force supérieure, qui intervient, d'une activité étrangère, d'une passivité personnelle : d'autre part, si précise qu'on la suppose, elle s'achève pourtant dans le sentiment confus d'une toute puissance, d'une réalité mystérieuse et ineffable, actuellement présente ; elle dépasse, par l'énergie spirituelle qu'elle libère, et le sujet qui prie, et le Dieu qui est prié. L'oraison mystique ne fait que développer cette double tendance. Une intuition riche et profonde se donne spontanément. Mais elle s'est formée si l'on peut dire, quelle que soit la distance qui semble les séparer, en continuation de l'oraison antérieure. L'oraison s'est dépouillée des notions précises auxquelles elle s'attachait, des actes distincts qui l'exprimaient ; elle s'est raffinée, sublimée ; il n'en est demeuré que l'outrance, l'élévation du sujet au-dessus de lui-même, la projection du sujet dans l'absolu, sa position dans l'essence même des choses. Ainsi elle dépasse certainement, et peut-être à certains égards nie-t-elle et contredit-elle ce dont elle s'est formée. Mais, parti du Dieu chrétien, qu'il a dépouillé progressivement de toutes les formes qui le caractérisent, pour ne lui laisser qu'une obscure puissance ineffable, parti de l'oraison commune qui le mettait en relation avec ce Dieu, et qu'il a dépouillée progressivement de tous les états qui le différenciaient de ce Dieu, le mystique a conscience d'être resté dans le même objet, d'avoir élaboré continuellement le même concept et la même vie. C'est la continuité de l'opération

---

[1]. Voir les très intéressantes remarques de M. Belot. *Bulletin de la Société française de Philosophie*, janvier 1906, p. 35 et suiv.

qui fait ici la reconnaissance ; il n'importe pas que les états mystiques soient donnés toujours passivement et parfois brusquement. Ils se dégagent à l'insu du sujet de ses états antérieurs ; mais il ne peut pas ne pas y reconnaître quelque chose d'eux, par l'habitude intime qu'il en a.

Il peut du reste arriver que cette élaboration inconsciente produise en quelques-uns des intuitions vraiment inassimilables à l'expérience antérieure : il y a alors contradiction. Le mystique en ce cas, ou bien rejette ses expériences intérieures comme suspectes, ou bien rejette la religion dont il est parti, au nom de son expérience intérieure. L'expérience mystique déchaîne toujours un fond d'émotivité superbe, une exaltation indisciplinée : c'est tout un art de la plier à une religion positive.

2° Le mystique chrétien se sert d'idées et d'images chrétiennes pour parvenir à son intuition ineffable. Il faudrait rappeler ici tous les chapitres où ils traitent de la contemplation de Jésus-Christ dans l'oraison. L'humanité de Jésus-Christ, selon sainte Thérèse, introduit au premier état d'oraison ; elle accompagne et sert de garante aux degrés supérieurs. Cette idée sert d'appui à la pensée[1]. Plus ou moins précise, elle les accompagne jusqu'au seuil de l'ombre mystique la plus obscure ; elle s'y efface, sans peut-être disparaître absolument. Quand ils sortent de l'extase ou de l'union, c'est l'image du Dieu chrétien qui leur apparaît d'abord et à laquelle ils rattachent leur extase ; dès lors ils peuvent s'enfoncer dans les ténèbres et dans l'abîme, leurs expériences peuvent devenir de plus en plus confuses et indéterminées : l'innommé, l'inconnu, l'ineffable, dès qu'ils reviennent de leur suspension, prend la figure du Dieu chrétien.

Il est vrai qu'ils n'attachent pas tous le même prix à cette présence dans leur pensée, en dehors des états extatiques, des notions

---

1. Sainte Thérèse, *Vie*, ch. XXII.

spécifiques du christianisme ; et c'est justement pour l'Église (une étude antérieure nous l'a montré) un des signes auxquels leur orthodoxie se mesure[1]. Mais on pourrait établir, si une telle démonstration ne demandait pas un détail, que nous ne voulons pas produire, qu'ils en gardent un équivalent plus ou moins confus. Pour l'abbé d'Estival, étant donné que les pensées réfléchies et le discours ruinent certainement la contemplation, toute la question est de savoir « si une pensée momentanée et qui passe dans l'esprit comme un éclair sur l'humanité sainte du Fils de Dieu empêche la contemplation du Dieu seul en foi. » Or, pourvu que l'on ne s'arrête pas sur une pensée momentanée de ce genre, elle n'empêche pas le simple regard. « L'expérience nous enseigne que quelquefois, quand l'homme s'élève de toutes ses forces à Dieu, pour le voir lui seul, en même temps il passe dans l'esprit cette pensée en un instant : ce Dieu s'est fait homme, etc... ; tant s'en faut que ces vues et images empêchent l'union qu'au contraire elles la rendent plus vigoureuse et plus attachante[2]. » On dira qu'il ne s'agit ici que d'une oraison de simple regard, c'est-à-dire beaucoup plus proche de celle que les quiétistes appelaient contemplation acquise, que de la contemplation infuse à proprement parler ; mais cette oraison, au dire même de l'abbé d'Estival, est une « vue suréminente d'un être impénétrable et ineffable[3] » ; elle atteint « le fond abyssal et suréminent[4] » ; c'est-à-dire que sauf la passivité totale, elle a même contenu que la contemplation infuse.

Pour d'autres, comme Malaval ou Mme Guyon, c'est moins une certaine idée ou une certaine image qui intervient, qu'un équivalent émotionnel, si l'on peut dire, des notions chrétien-

---

1. Bossuet. *Instruction*, XVIII, 404 et suiv.
2. Abbé d'Estival. *Conférences mystiques*, 1676, p. 148 et suiv.
3. *Ibid.*, 16.
4. *Ibid.*, 17.

nes. Ils substituent dans l'oraison à l'idée de Jésus-Christ, par exemple, ce qu'ils appellent « un certain goût de Jésus-Christ[1] »; c'est une sorte d'abstrait émotionnel, si l'on peut dire, de thème musical, de « leitmotiv » qui devient le représentant d'idées plus précises à propos desquelles il s'est formé.

C'est un fait que certaines images sont, pour certaines personnes, suggestives d'émotions profondes. Or, sous ces émotions liées encore à leur objet, il y a comme une vibration émotionnelle qui les prolonge et qui ne se termine à rien; sous les émotions spécifiques des différents arts, il y a comme une infinité émotionnelle plus haute que tous les arts, et à laquelle ils mènent tous, comme à leur source commune. Nos mystiques chrétiens accèdent à cette indétermination par des idées et des images chrétiennes; les images chrétiennes ont sur eux un pouvoir particulier d'excitation et de suggestion; elles lais-

1. Réponses de Mme Guyon aux demandes qui lui ont été faites par MM. les évêques de Meaux et de Châlons, le lundi 6 décembre 1894; *Fénelon*, t. XXIX, p. 114; cf. *Moyen Court*, VIII.
V. Bossuet, *Instruction*, 408.
Cf. Malaval, *Pratique facile*, 224. « La pensée de Jésus-Christ n'opère pas simplement le recueillement; elle laisse de plus une présence sensible de Jésus, et un goût délicat de sa compagnie... ce n'est pas une image, c'est un sentiment de Jésus-Christ présent. C'est comme quand vous marchez avec un ami que vous ne regardez pas toujours tandis que vous marchez avec lui; mais pourtant que vous avez une certitude évidente de sa compagnie. Ce sentiment est fort exquis et il est difficile de l'expliquer; de sorte que si Dieu me l'avait ôté, il me serait impossible de le rappeler moi-même de la façon qu'il est. J'ai cette présence néanmoins presque toutes les fois que je veux, non pas en excitant mon imagination ou ma mémoire pour me rien représenter, car en ce cas je vous pourrais dire précisément ce que je me représenterais; mais une parole de Jésus-Christ réveille cette présence sensible, tantôt plus forte, tantôt plus faible, selon qu'il plaît à Dieu de me la donner. Et pour le goût qui l'accompagne, que vous en puis-je dire d'exprès? Ce goût de J.-C. est une douceur continue et subtile au fond de l'âme..., elle est toujours communiquée à proportion de la présence de Jésus-Christ. » — « La présence de Jésus-Christ est toujours la même, bien que j'y sois élevé par les diverses considérations de sa vie et de sa mort; elle est de sa personne et non pas de ses états. » *Ibid.*, 225.

sent un peu de leur nuance émotionnelle dans les états confus qui les dépassent.

3° Ces états profonds du mysticisme s'encadrent dans une vie chrétienne ; l'action jaillit de ces intuitions. Dans l'extase, au dire de sainte Thérèse, germent les vertus ; les mystiques en sortent prêts à la lutte et aux œuvres ; l'action les engageant dans la vie chrétienne, les ramène au Dieu chrétien ; si la contemplation risquait parfois de les en éloigner, la précision de la vie pratique les en rapproche ; et leur activité chrétienne leur est, à leurs propres yeux, une garantie postérieure, mais très sûre, de l'identité du Dieu orthodoxe et du Dieu mystique ; ils jugent de l'état par ses fruits.

Nous avons vu plus haut pour quelles raisons et par quels caractères l'intuition paraît divine à nos mystiques. Nous venons d'expliquer pour quelles raisons ils rattachent ce divin intérieur au Dieu extérieur de la tradition chrétienne. Nous ne voulons pas chercher maintenant si, aux origines, certains éléments mystiques n'ont pas contribué à former la conscience religieuse en général et ses objets, et si les processus psychologiques qui aboutissent à ce sentiment interne du divin, ne sont pas entrés, pour une part, dans la construction du concept qui, après coup, éclaire ces expériences. Aux périodes où nous l'étudions, l'expérience mystique s'organise au sein d'une religion donnée ; elle la dépasse, et pourtant s'y rattache. Le poids de la tradition reste sur l'expérience subjective et la maintient[1]. Le fond de l'esprit des mystiques plus ou moins orthodoxes

---

[1]. En d'autres termes ces mystiques ont dans l'esprit un concept, l'idée du Dieu chrétien ; en même temps ils éprouvent des états qui, pour les raisons que nous avons données, leur paraissent divins ; et pour les raisons que nous venons de dire ils identifient ce concept et cette expérience, le divin au sens strict avec le divin au sens large. A côté de l'esprit, en qui s'opèrent les expériences, il y a un esprit qui les construit et les relie ; cet entendement, porteur de concepts traditionnels, contribue à produire l'expérience et permet de la comprendre.

demeure constitué par des notions et par des tendances chrétiennes ; la foi obscure recouvre la foi explicite. Ainsi sont-ils gardés jusqu'à un certain point des aventures religieuses. Sans ce contrôle interne et ces dispositions naturelles, l'indétermination de l'intuition peut aboutir, comme le prouve l'histoire, à une dogmatique et à une morale hétérodoxes.

II. — *L'Intuition et le Discours.*

L'intuition va au delà du discours ; l'intuition est l'appréhension d'une réalité que le discours n'atteint pas dans son fond ; voilà des thèses que l'intuition mystique porte en soi sous forme d'assurance en soi-même. Mais cette valeur ontologique qu'elle s'attribue, il importe de le remarquer, ne repose pas uniquement sur ce sentiment de valeur. L'expérience mystique ne s'identifie pas, sans préparation, avec la suprême réalité. Le discours même, la pensée logique, par un travail d'analyse, déterminent leurs propres limites et posent au delà d'eux-mêmes, la nécessité de l'intuition ; ils fixent aussi les conditions auxquelles l'intuition est légitime, c'est-à-dire vraiment réalité pour l'esprit, et non pas illusion mentale.

Les mystiques que nous avons étudiés condensent en quelques brèves formules, ou en quelques divisions qui sont comme les catégories du mysticisme, toute une tradition philosophique et religieuse qui affirme l'existence et la valeur de l'intuition intellectuelle ; ces formules et ces divisions, sur qui repose pour eux la légitimité de leur expérience, sont les conclusions ou les postulats d'un mysticisme spéculatif, un travail discursif parallèle à la spontanéité qui pose les intuitions, et qui la soutient.

Est mystique en un certain sens, suivant l'heureuse formule de Schopenhauer, « toute doctrine qui tend à donner le sentiment direct de ce que l'intuition et le concept et toute connaissance en général sont impuissants à atteindre[1] ». Mais la tradition mystique, depuis le néoplatonisme, prépare son intuition intellectuelle par des concepts, qui, se niant eux-mêmes comme explication définitive et satisfaisante, et laissant entrevoir quelque chose au delà d'eux, impliquent dans leur limitation nécessaire, une affirmation ultralogique.

Tout le mysticisme spéculatif s'efforce d'établir : 1° que la réalité, sous sa forme la plus haute, ne peut être comprise par l'intelligence ; 2° que cette réalité peut être appréhendée par un mode de connaissance, autre que l'intelligence, et supérieur à l'intelligence ; 3° qu'il y a pourtant quelque adéquation entre la pleine réalité et l'intelligible, ce qui fait que l'intelligence conduit vers le réel, et que le réel se détend en intelligibilité.

Cette doctrine remonte au néoplatonisme pour qui l'être et la pensée supposent une réalité supérieure parce qu'ils sont l'un et l'autre distinction et multiplicité. C'est ainsi que Plotin admet au-dessus de l'intelligible l'Un qui ne se fragmente pas en conscience de soi. Si l'âme s'y élève c'est par une connaissance indistincte, et son indistinction effraye et ramène à la distinction ; puisque la forme et l'intelligence sont incapables de fixer l'Un et de l'atteindre, la compréhension de l'Un ne peut être qu'une présence ; une union qui est un contact, un contact intellectuel. L'état où il se donne est extase et quiétude ; il échappe à toutes les précisions de la connaissance consciente. L'âme, sous peine de s'en être détachée déjà, ne sait même pas qu'elle est unie à l'un. Elle perd dans cette contemplation toute conscience personnelle, et pourtant, à vrai dire, ne sort pas de soi ; elle ne fait que s'élever par une intuition plus haute au principe dont sa vie dépend.

Le mysticisme chrétien, avec le pseudo Aréopagite, applique

---

1. *Monde comme volonté*, etc., trad. Burdeau, III, 423. Il s'agit bien entendu, dans ce texte, de l'intuition sensible.

au Dieu de la révélation, au Dieu de l'Écriture et du dogme, ce que Plotin disait de l'Esprit et de l'Être ; déjà le gnosticisme avait affirmé au-dessus du Dieu intelligible des ténèbres et des abîmes. Le mysticisme chrétien affirme que le Dieu suprême échappe à toutes les déterminations de l'intelligence, qu'il est en son fond l'inintelligible et l'ineffable ; pourtant il est intérieur et présent à la conscience et il se révèle dans la contemplation ; il fait la vie de l'âme qui s'est délivrée de son impureté et de son imperfection.

Nous avons maintes fois signalé ces formules chez nos mystiques ; elles sont chez eux d'autant plus fréquentes et d'autant plus frappantes qu'ils se préoccupent davantage d'exposer leur expérience en un système de vie intérieure, que la tendance intellectualiste est chez eux plus accusée. La distinction de la méditation et de la contemplation, qui gouverne le mysticisme, les contient et les consacre ; elle suppose justement que par l'intelligence et le cœur, par les moyens humains, il est impossible d'atteindre Dieu dans son fond, parce qu'il est inintelligible et ineffable ; il faut qu'il s'abandonne et qu'il se rende présent. Toute la critique mystique de l'intelligibilité est condensée dans cette distinction[1].

Mais cette possibilité de s'élever au-dessus de l'intelligibilité et de s'identifier par l'intuition avec la spontanéité originaire, l'indétermination primitive, le néant divin — possibilité abstraitement établie ou implicitement admise, les mystiques la réalisent en fait. La contemplation leur apporte cette présence supraconsciente de la suprême réalité. La tradition et le

1. Il est du plus haut intérêt de rechercher historiquement, comment s'est formée et développée au sein du christianisme, cette séparation et cette distinction de l'oraison extraordinaire et de l'oraison ordinaire. Notre présent travail la prend comme un fait, sans la suivre dans son évolution historique. En réalité cette grande division et les divisions secondaires ont beaucoup varié. Voir p. ex. la théorie de l'extase chez saint Augustin. *De Genesi ad litteram*, III, 390 ; D, 486 ; 494 C et D ; cf. V, 106, D ; VI, 184, A, IV, 208, D ; 975, D ; 1811, B et C.

système ne font que lui ouvrir au delà du discours un vaste champ indéfini ; c'est une faculté privilégiée qui la fournit. La distinction du réel et de l'intelligible n'est qu'une condition négative du mysticisme. On peut affirmer cette distinction et en même temps refuser à l'homme une faculté qui lui permette d'atteindre la réalité en soi. C'est ainsi qu'a procédé Kant ; et si Kant, par sa répugnance à la métaphysique, est suspect d'avoir outré la limitation critique, c'est ainsi qu'a procédé un métaphysicien comme Schopenhauer qui prétend donner le nom de l'Être, et s'en refuse pourtant l'intuition. L'aperception interne qui saisit le vouloir dans la conscience du corps nous présente bien une image de la réalité universelle ; elle donne sur la chose en soi une vue autrement profonde que l'intuition sensible et l'intelligence, orientées vers l'apparence ; mais elle n'atteint encore que le phénomène immédiat de la volonté et non pas le vouloir pur, le réel absolu. La philosophie, la vraie connaissance est immanente.

Or c'est précisément le point où le mystique use encore de procédés positifs. Il recherche le sentiment direct de ce que l'intuition et le concept et toute connaissance en général sont impuissants à atteindre ; il transcende la connaissance humaine.

Il prend pour point de départ une expérience intérieure, positive, individuelle, dans laquelle il se trouve identique à l'être éternel et unique, au principe premier de toute existence, « enivrement qu'on a d'être le noyau du monde, la source de toute existence, le centre où tout revient ». « Si pourtant il fallait à tout prix donner une idée positive telle quelle de ce que la philosophie ne peut exprimer que d'une manière négative en l'appelant négation de la volonté, il n'y aurait point d'autre moyen que de se reporter à ce qu'éprouvent ceux qui sont parvenus à une négation complète de la volonté, à ce que l'on appelle extase, ravissement, illumination, etc… mais à proprement parler on ne pourrait donner à cet état le nom de connaissance, car il ne comporte plus la forme d'objet et de sujet et d'ailleurs il n'appartient qu'à l'expérience personnelle ; il est impossible d'en communiquer extérieurement l'idée à autrui[1]. »

Nous insistons sur ce point parce qu'il nous semble que l'identification que font ces intuitifs de leurs états profonds avec la suprême réalité n'est pas aussi immédiate, ni arbitraire qu'on le suppose parfois. Sans doute ils sont portés d'instinct, par sa teneur psychologique même, à attribuer valeur ontologique à leur expérience. Mais ils savent fort bien que sans l'intelligence l'intuition est aveugle ; sans le travail qui la précède et la prépare, sans la réflexion qui la suit, l'appréhende et l'assimile, elle ne sait ce qu'elle est ; d'un mot il lui faut une infrastructure intellectuelle. Ils adhèrent explicitement ou implicitement à l'école qui contraint le discours à témoigner en faveur de l'intuition.

La seule question qui puisse encore se poser pour eux, étant donné que le fond divin ne peut être appréhendé que par une intuition, et qu'il s'élève du fond de leur conscience des intuitions, c'est de reconnaître si ces intuitions ont bien les caractères de l'intuition réelle. On les voit douter parfois de leurs expériences.

C'est la possibilité de les comprendre, de les vivre, de les utiliser en action qui sert ici de pierre de touche ; et c'est le système chrétien qui fournit les conditions d'intelligibilité et d'action. Pour les mystiques chrétiens, le Dieu ineffable est au Dieu de l'église ce que l'intuition est au discours. Il le dépasse, mais il se précise et s'explicite en lui : l'intelligibilité est une expression du réel. L'intuition n'est valable que dans un ensemble avec lequel elle s'accorde ; on ne s'y élève pas d'un coup, mais bien après préparation et par bonds successifs ; il y a comme des degrés qui se supportent et se garantissent. Elle

---

1. *Monde comme Volonté*, I, 429. Cf. Hartmann. *Philosophie de l'Inconscient. L'Inconscient dans le Mysticisme.*

se présente avec les caractères psychologiques que nous avons dégagés au début du chapitre. Enfin elle peut s'intégrer au système chrétien, se comprendre par lui; et il lui confère sa valeur; comment s'opère cette identification, nous l'avons vu. Si elle est impossible, l'intuition est rejetée comme illusoire; elle n'est point l'activité vivante, créatrice de l'univers, saisie dans son indétermination primordiale, mais la « sauvagerie sans nom[1] ». Encore que l'intuition transcende les concepts, il semble que certaines intuitions aient de l'affinité avec certaines images et certains concepts et répugnent à d'autres. L'intuition n'est pas indifféremment traduisible en tel ou tel système. L'indéfinissable de ce mode de connaître nous cache ce qu'il a de divers. L'art nous montre bien, sous la transcendance apparente, l'étroite liaison qu'il y a entre certaines dispositions créatrices et leur expression. Ces intuitions intellectuelles, formées sur la méditation des concepts et soutenues par des systèmes implicites, gardent quelque attache à des concepts précis, qu'elles admettent, à l'exclusion d'autres, pour leur expression.

III. — *Nature de l'Intuition mystique.*

Les psychologues qui, ces dernières années, ont appliqué l'analyse aux faits religieux ou aux états mystiques en général, ont vu dans cette intuition surtout des états affectifs plus ou moins justifiés, et rattachés plus ou moins arbitrairement aux dogmes religieux. La théorie de Leuba nous paraît la plus pénétrante et la plus large[2].

L'intuition mystique comprendrait, au dire des mystiques

---

[1]. Suso. *Le livre de la Vérité*, ch. vi.
[2]. Leuba. Les tendances fondamentales des mystiques chrétiens. *Revue philosophique*, juillet et novembre 1902.

mêmes, deux éléments : 1° une connaissance ; 2° une union avec Dieu. Or cette connaissance, en fait, n'a rien d'intellectuel ; c'est 1° « un sentiment d'intimité provenant surtout du lien d'amour et de la disparition des désirs opposés à la volonté divine » (l'idée de Dieu et le sentiment d'amour régnant seuls dans la transe extatique) ; 2° « une illumination illusoire, assez fréquente dans le sommeil, née de l'exclusion des oppositions mentales et d'un sentiment d'aisance et de puissance [1] ».

D'autre part cette union avec Dieu, cette identification avec l'essence divine, ne peut être qu'une interprétation, qui consiste à assimiler une succession particulière de sensations et d'images, de désirs et de volitions avec l'essence divine. Or, dans les états extatiques, en réalité la pensée est d'abord limitée, puis affaiblie et enfin disparaît dans l'inconscience : voilà l'expérience. Mais il y a d'autre part une doctrine, obtenue par voie discursive, celle du Dieu mystérieux et infini. L'état de l'individu dans la transe mystique correspond à cette notion ; ces états imprécis se trouvent être ce qui se rapproche le plus de cette notion confuse. L'inconscience même est identifiée après coup avec elle. Ce vide de conscience, ce rien, devenu objet de pensée pour la conscience revenue, prend existence et devient « le rien qui est ». Cette confusion permet de diviniser l'inconscience de l'extase, d'assimiler une pseudo-expérience à une doctrine.

Cette théorie, qui est d'une grande finesse psychologique,

[1]. *Revue philosophique*, novembre 1902, p. 480. C'est une interprétation analogue que donne des visions intellectuelles Bernard Leroy dans sa récente étude : Interprétation psychologique des Visions intellectuelles, in *Revue de l'Histoire des Religions*. 1907. Il explique les visions intellectuelles, qui semblent au sujet une connaissance, comme la manifestation anormale d'un sentiment intellectuel, le sentiment de comprendre. Elles se classent dans les phénomènes de pseudo-compréhension, fréquents dans les rêves. Le sentiment de comprendre apparaît, sans que le fait de comprendre se soit produit. Ce sentiment est parent des émotions euphoriques d'enthousiasme, de facilité des opérations intellectuelles, etc.

renferme, croyons-nous, des éléments qui s'accordent jusqu'à un certain point avec nos précédentes analyses. L'expérience mystique, nous croyons l'avoir établi, se constitue jusqu'à un certain point par le rapprochement d'un concept et d'une intuition. Le concept sans intuition demeure vide ; l'intuition sans concept demeure aveugle. Seulement, nous essaierons d'expliquer autrement que ne fait Leuba, en quel sens il convient d'entendre l'inconscience des intuitions mystiques. D'autre part, puisque les mystiques eux-mêmes déclarent que leurs connaissances n'ont rien d'intellectuel, de discursif, qu'elles n'ont pas la forme de l'entendement, il ne reste plus pour les interpréter en langage psychologique que des états analogues au sentiment, en tous cas, plus voisins du sentiment que de l'intelligence. Il reste sans doute à se demander ce qu'il faut entendre par sentiment, et s'il n'y faut admettre que la conscience d'états organiques, une synthèse de sensations internes, ou s'il faut y comprendre au contraire la conscience d'une attitude mentale à propos de représentations et de sensations. Enfin il convient encore de faire des réserves sur ces états d'illumination illusoire, de pseudo-compréhension par lesquels on interprète la connaissance mystique. Peut-être y a-t-il ici, nous le verrons, plus de logique que de psychologie. L'intelligibilité varie, et il se peut aussi que certaines choses soient comprises, au sens psychologique, sans être logiquement soutenables. Toute l'évolution de la connaissance et de la science humaine, toute la psychologie l'établissent.

Mais est-il exact que le mysticisme se perde dans l'inconscience, que l'inconscience soit la fin de l'intuition mystique ? Nous croyons la question beaucoup plus délicate qu'il ne paraît d'abord. Il faut remarquer en premier lieu que ce mot d'intuition sous lequel nous avons réuni toutes les modalités de la connaissance suprarationnelle que les mystiques s'attribuent, s'applique en réalité à plusieurs états de teneur assez différente à côté de l'intuition béatifique de l'extase, aperception directe du divin, il y a l'intuition désolée de la peine extatique ou de la mort mystique, aperception du mal radical qu'il y a dans le moi, de ce néant positif qu'il enferme, sur fond d'absence divine; et enfin cette intuition continue de l'identité avec Dieu, qui, à la troisième période, accompagne toute la vie des mystiques, sans les distraire du monde, et leur paraît renfermer la source même de leur activité pratique. Cette variété de sens, et surtout cette évolution qui les conduit à un état, où toute inconscience, si elle a jamais eu lieu, est définitivement abrogée, comme aussi toute inactivité, nous avertit dès l'abord que l'inconscience n'est pas la fin du devenir mystique, l'idéal que le mystique chrétien poursuit, volontairement ou instinctivement. Il nous semble qu'à toutes les périodes de leur évolution ils recherchent l'abrogation de la conscience du moi, et qu'en outre dans certains de leurs états, comme l'extase, par conséquent au début surtout de leur vie mystique, ils recherchent l'abrogation de la conscience du monde. Mais cela ne veut pas dire que la conscience en général, que toute conscience soit supprimée. Il faut se mettre en garde contre une illusion que leur langage peut aider; les termes qui impliquent la suppression de la connaissance discursive, de la conscience réfléchie, de la conscience de soi où le moi se reconnaît comme le sujet de ses états n'excluent pas nécessairement une forme de conscience plus amorphe et plus anonyme. La vieille formule de Plotin que l'âme, dans l'extase, ne sait même pas qu'elle est unie à l'un, — formule dont on voudrait extraire l'inconscience, signifie seulement que l'âme ne sait pas d'une connaissance intellectuelle c'est-à-dire distincte et explicite qu'elle est unie à l'un; qu'elle n'a point de concept à quoi identifier ce qu'elle éprouve et qu'elle ne le pense point. Le concept et la pensée ne viennent qu'avec le retour à l'état discursif. « L'âme est alors ce qu'elle affirme ou plutôt elle n'affirme rien que plus tard et elle n'affirme alors qu'en gardant le silence[1]. » « En cet état l'âme ne pense pas même Dieu, parce que dans cet état elle ne pense pas du tout[2]. » Tout cela peut être entendu de la conscience intelligente. L'intuition ne peut devenir pour la conscience un objet déterminé qu'en revêtant les formes de l'intellect et de la sensibilité.

Sur la question de fait, il nous semble que le témoignage des mystiques est en faveur de la persistance d'une certaine forme de conscience. Nous avons déjà, au cours de cet ouvrage, cité des textes caractéristiques[3]. Dans l'extase, écrit sainte Thérèse, l'âme n'est pas dénuée de sentiment intérieur « car ceci n'est pas comme un évanouissement dans lequel on est privé de toute connaissance tant intérieure qu'extérieure[4]. » C'est à propos de cette forme d'oraison qu'elle appelle union et du plus haut degré du ravissement que le problème est le plus délicat. Mais il faut se souvenir, 1° que les termes employés, comme perdre le sentiment, s'appliquent, en somme à la suppression de la conscience des choses et du moi, à l'anesthésie sensorielle plus ou moins profonde et à l'état de rêve, et qu'il n'en suit pas nécessairement l'abolition de toute espèce de conscience ; 2° que sainte Thérèse, avec tous les mystiques, proteste d'une manière générale qu'il ne faut pas confondre cette obnubilation de la conscience du monde, avec la perte de conscience qui survient par « faiblesse de complexion » ou excès d'austérité[5] ; 3° qu'elle déclare fortement et à plusieurs reprises

---

1. *Demeures*, VI, III, 34.
2. *Ibid.*, VI, VII, 35. Cf. Suso. *Le Livre de la Vérité*, ch. V, « Elle ne sait rien si ce n'est l'Être qui est Dieu et le néant. Quand elle sait, quand elle connaît qu'elle sait le néant, qu'elle le contemple, qu'elle le connaît, elle sort en quelque sorte de ce néant pour y rentrer selon un ordre naturel. »
3. Voir page 21.
4. *Château*, VI, ch. IV, 498.
5. *Ibid.*, VI, ch. IV, 502.

Le maintien de la conscience dans une sorte de sommeil spirituel ne suffit du reste pas à lui conférer un caractère divin ; en d'autres termes ce qui imque la conscience de la présence divine est d'autant plus marquée que les états extatiques sont plus élevés et que l'obnubilation qui l'entoure, est plus profonde ; à ce degré elle est fréquemment accompagnée de connaissances plus particulières, de visions intellectuelles[1].

De même l'obscur, le confus, le général que saint Jean de la Croix et Mme Guyon opposent au distinct et au précis ne sont pas l'inconscient ; et ces mystiques prennent grand soin d'affirmer que si la connaissance intellectuelle disparaît, si les opérations qui la soutiennent, les « puissances de l'âme » cessent leur jeu, il demeure une autre façon de connaître.

Il est vrai que l'on peut toujours objecter à ces déclarations, que les mystiques peuvent se perdre dans la totale inconscience, sans s'en apercevoir ensuite. On reconnaît un moment ou une période d'absence, à une rupture de la chaîne des souvenirs ; les perceptions actuelles ne sont pas la suite des perceptions dont on se souvient ; il y a comme un vide ; et l'on conclut qu'on a perdu conscience. Mais les mystiques, dans les états extatiques, s'ils gardent conscience de certains sentiments intérieurs, perdent la plupart du temps conscience de la suite des représen-

porte ce n'est point tant la persistance ou la disparition de la conscience du monde que la présence de la conscience du divin. Château, IV, ch. III, p. 431.

1. Château, VI, ch. IV, 498. Comparer la très intéressante observation de Pierre Janet : Une extatique, in Bulletin de l'Institut psychologique, 1907. Il note chez son sujet un sentiment de béatitude qui demeure pendant toute l'extase ; aux degrés les plus élevés le sujet décrit « comme une vue panoramique, comme une beauté supérieure qui domine tout l'ensemble, me saisit et m'empêche de m'arrêter aux détails... il me serait impossible de dire les pensées que j'ai eues en contemplant Dieu dans son essence ; l'âme se délecte, se noie dans ce spectacle. » — « A un degré encore supérieur, elle ne sait plus rien sinon qu'elle a eu de l'adoration et du bonheur, la conscience semble se perdre par excès d'unité, par absence de variété et de multiplicité. » — Janet suggère très justement que ces sentiments ne sont du reste pas uniquement la conscience des modifications musculaires, respiratoires et vasomotrices, mais qu'il faut peut-être faire place « à des modifications purement cérébrales, à des variations de l'activité mentale, des oscillations du niveau mental ».

tations qui est pour nous le cours du monde et de la conscience ; de sorte que si cette conscience des sentiments intérieurs venait à s'affaiblir ou à disparaître, ils n'auraient rien pour les avertir ensuite que toute conscience a cessé. Sans doute ; et il y a ici une difficulté particulière. Les grands états profonds, ceux du mystique ou ceux du poète, les grands moments d'intuition où toute distinction disparaît, n'étant plus retenus par le réseau de rapports qui fixe la conscience ordinaire, tendent, peut-on dire, vers l'inconscience ; et parfois le sujet peut se perdre tellement dans sa contemplation, s'avancer si loin, qu'il revient à lui-même avec une sorte de stupeur de se retrouver et d'exister et l'impression d'être allé jusqu'à l'inconscience. C'est pourquoi il faut se contenter d'indiquer la tendance ordinaire, sans affirmer qu'il n'y a point d'exceptions. Or la tendance ordinaire me paraît être vers le maintien d'une certaine forme de conscience [1].

Mais ce sentiment, ou ce complexus de sentiments qui enferment une connaissance, cet état supérieur au discours, cette intuition de l'Absolu, à laquelle prétendent les mystiques, on ne peut l'analyser en pleine connaissance de cause, que si on ne le considère pas comme un fait isolé, que si on le rapproche de faits analogues. Il se place dans une longue série qui part d'états frustes d'excitation, parfois produits ou favorisés par toute espèce d'artifices et qui s'élève jusqu'à la vision d'ensemble de l'univers que se donnent les sages et les poètes. Le sauvage cherche la communion avec ses dieux dans un culte enthousiaste et orgiastique ; les formes élémentaires de la religion ont pour noyau ce culte de l'excitation basé sur l'orgie ou sur l'ascétisme, l'extase provoquée par les danses, les chants, l'intoxication, la macération [2]. Il y a sous cette agitation grossière

---

1. Ajouter ce que nous avons dit plus haut du rôle de l'habitude et de l'influence de l'observation.
2. Mauss. *Année sociologique*, V, 199 ; Achelis. *Die Ekstase*, 1902 ; Frazer, *Golden Bough*, c. iv.

le besoin de déification que nous avons trouvé chez les mystiques. Sortir de soi-même, briser la pesante individualité, s'épanouir en réalité plus vaste, Dieu, univers, totalité ou principe, telle a toujours été l'aspiration fondamentale, qui, dans toute religion, met sous les actes sanctifiants et les croyances un élan de mysticisme. Et de même si prosaïque et quotidienne que soit la vie de la plupart des hommes, il est rare qu'elle ne soit pas traversée de quelques essais d'ivresse ou de rêve, parfois plus largement épanouis : dussent-ils recourir à des artifices pour suppléer au manque d'inspiration intérieure [1]. Le livre de William James renferme une intéressante gradation de ces états où apparaît comme un germe de conscience cosmique.

Or, pour ne prendre que des formes élevées de cette conscience, vraiment comparables aux intuitions subtiles, compliquées et profondes, que nous avons décrites chez nos mystiques, beaucoup de sages et beaucoup d'artistes et l'on pourrait dire presque tous ceux qui se sont efforcés vers une vue d'ensemble de l'univers, quelles que soient les images, les idées et les systèmes dont ils se sont servis, ont décrit de ces moments où, comme s'exprime Schopenhauer, ils se sentent le support du monde et de toute existence objective « Hae omnes creaturae, totum ego sum, et praeter me aliud ens non est », non point certes selon leur individualité mais par élévation au-dessus d'eux-mêmes ; ils affirment cette intuition de l'être du monde, cette identification avec le principe des choses, liée à un sentiment d'indépendance des choses et de souveraineté. Schopenhauer fait d'une intuition de ce genre la forme même de la conscience esthétique : se perdre dans l'objet contemplé, comme dans un absolu, se confondre avec lui en une seule conscience que do-

---

[1] « C'est un des troublants mystères de la vie que pour beaucoup d'entre nous les seuls moments où nous aspirons quelques bouffées d'infini soient les premières phases de l'abrutissement. » W. James. *L'Expérience religieuse* (trad. Abauzit), p. 329.

mine une vision unique; et si l'intuition esthétique a encore un objet clair, si la vision qu'elle offre est une image déterminée, il flotte autour d'elle comme l'indistinction de la conscience en général et plus l'art s'élève, plus l'intuition y condense d'aspiration confuse. De même en qui contemple la vie et perce les apparences, il se forme bientôt l'aperception irrationnelle d'un vouloir essentiel, épars dans toute la nature et que la nature répète en d'innombrables variations, comme la musique scande les mouvements d'une âme.

Il est vrai que le philosophe qui par le sens de la vie, l'art et le sentiment de sympathie universelle ouvre à l'homme une triple voie d'accès vers une connaissance suprême, s'empresse de limiter cet infini et de faire descendre dans l'ordre des relations cet Absolu qu'il indique. Mais c'est peut-être affaire de définition. L'artiste ou le contemplateur de la vie, à la manière que décrit Schopenhauer, n'est peut-être empêché d'expérimenter l'absolu que par des réserves théoriques, et un contrôle logique qui fonctionne encore, et qu'une exaltation supérieure, ou une foi plus aveugle abolirait : peut-être voit-il encore, jusque dans les oublis les plus audacieux, que l'Absolu n'est point objet d'expérience. Si cette restriction mentale s'efface, s'il se laisse aller sans retenue à l'état qui l'envahit, il y goûte comme le mystique le sentiment d'être élevé au-dessus de soi-même et d'être affranchi du monde, de s'apercevoir plus riche qu'un monde et capable de tous les mondes dans un moment éternel.

Il nous faudrait étudier bien des systèmes, grouper bien des observations, analyser des états artistiques comme certaines formes d'inspiration ou de contemplation extatique pour établir la parenté de l'intuition mystique et des états que nous venons d'indiquer si rapidement. Tous les systèmes qui ont cherché à se donner, au sommet de l'implication logique, l'intuition d'une liberté irrationnelle, tous ceux qui ont affirmé la possibilité de s'identifier par l'intuition avec l'activité primordiale, ont vu dans l'art créateur et dans le sentiment mystique des formes par excellence de cette intuition[1].

Bornons-nous à citer l'un de ceux chez qui cet état suprarationnel est le mieux décrit, Maine de Biran, qui dans son journal intime et l'Anthropologie, nous en décrit sur lui-même l'apparition et l'évolution. Ce qu'il appelle la présence de Dieu c'est un état interne de calme et d'élévation, reçu passivement; des illuminations subites, spontanées où la vérité sort des nuages, un état où la lucidité des idées, la force de conviction s'attachent à des intuitions vives, pures, spontanées: suggestion intérieure du sens profond de certaines conceptions ou paroles sans rien de sensible ou d'imaginaire; sentiment vague de vérités qui se rapportent à un être invisible, des sensations sublimes que l'âme concourt à se donner ou reçoit par grâce, des intuitions intellectuelles, inspirations, mouvements surnaturels de l'âme désappropriée[2]; en somme des intuitions passives: « Je demanderai à tous les hommes capables de se rendre compte de ce qui se passe en eux mêmes, s'ils ne distinguent pas bien deux modes de leur être sentant et pensant. Dans l'un l'âme voit comme une lumière intérieure qui l'éclaire et lui montre ce qui est en elle ou hors d'elle, dans le temps ou hors du temps, sans aucun effort de sa part, sans aucune opération active, mais comme par une vue et une sorte de sentiment passif, sentiment très élevé, très doux à éprouver, où l'âme ne désire rien que de rester comme elle est. Dans l'autre mode bien différent du premier, il y a contention, suite d'actes laborieusement combinés[3] ». Le problème de la passivité se posera plus tard: par le contenu les intuitions ici décrites paraissent très semblables à celles que nous avons précédemment étudiées.

---

1. Voir la belle étude de René Berthelot : sur la Nécessité, la Finalité et la Liberté chez Hegel, in *Bulletin de la Société française de philosophie*, avril 1907, p. 121.
2. *Pensées*, 291, 186, 300, 285, 549.
3. *Ibid.*, 357.

L'intuition mystique n'est pas nécessairement liée à l'anesthésie sensitive et sensorielle et à l'inhibition intellectuelle ; parfois, dans les formes extrêmes de l'extase, elle s'accompagne de ces symptômes ; ils y sont du reste plus ou moins accusés. Mais nous avons vu qu'elle peut coexister avec la vie mentale ordinaire ; il y a même tout un état, et c'est l'état définitif, où le mystique combine cette intuition avec une vue claire du monde. L'annihilation de la pensée, comme la suppression de l'action, les phénomènes nerveux et les visions, caractérise une forme de mysticisme, mais n'en constitue pas l'essence[1].

Elle consiste en un certain état d'exaltation, qui abroge le sentiment du moi ordinaire, et qui pose comme une conscience plus ou moins précise d'être au fond même de l'être. L'oubli du moi comme sujet individuel, pourvu d'une histoire, enchaîné au temps et à l'espace, vicié par l'adoration de soi-même, l'entraînement de ses désirs et la poursuite de ses fins individuelles, est senti positivement, si l'on peut dire, dans la béatitude et la liberté, qui accompagnent le jeu d'une conscience dégagée de ses limites, et du même coup, la détermination individuelle ayant cessé, ce qui persiste dans la conscience apparaît, par son indistinction même d'avec autre chose, comme un Absolu. Les relations qui limitent et précisent la vie individuelle ont dégagé en s'abrogeant comme une conscience de la vie en général. De là ces descriptions où le mysticisme rejoint l'art et la métaphysique, ces moments où la vie, se rassemblant des particularités où elle se disperse, et des états définis où elle s'intellectualise, semble s'éprouver elle-même dans son fond et se retrouver dans sa spontanéité. De là cette affirmation qu'il ne s'agit plus ici de connaissance et que dans l'intuition l'âme est ce qu'elle connaît

---

1. Cf. Hartmann. *Philosophie de l'Inconscient*, I. L'inconscient dans le mysticisme, 389. Nous avons montré du reste à plusieurs reprises l'effort que font les mystiques pour se dégager des accidents nerveux qui compliquent leur contemplation et d'une manière générale des « sensibilités ». Voir pages 256 et suiv.

et connaît ce qu'elle est. D'où la doctrine de Plotin que l'intelligence de l'un est une présence.

De là vient la difficulté de ramener cette intuition à une forme précise, au sentiment et à la connaissance ; elle n'est point connaissance, si l'on entend par ce mot une implication logique de représentations ; elle n'est point sentiment, si l'on entend par ce mot la conscience d'états organiques, ou la conscience du rapport des représentations entre elles. Nous ne voulons pas dire que la cœnesthésie nouvelle, formée par l'askèse, et que la conscience vague des modifications organiques qui accompagnent les états extatiques n'y jouent pas un rôle[1]. Au contraire, les mystiques signalent des éléments qui tiennent manifestement à des modifications de cette nature : le sentiment de lévitation par exemple dans le ravissement. D'autre part les grands sentiments que l'oraison affective cultivait, subsistent dans la contemplation passive, dégagés de la représentation de leur objet. Mais il faut bien voir aussi qu'il y a dans cette intuition avant tout la conscience d'une attitude nouvelle, d'une position absolue, si l'on peut dire, une sorte de décret intérieur : un acte en somme et l'aperception d'une spontanéité. Les représentations et les sentiments ne le traduisent qu'autant qu'ils laissent paraître que l'essentiel leur échappe.

La revue rapide, que nous avons faite, nous a montré que l'intuition mystique est, dans sa tendance essentielle, conforme à l'expérience de ceux qui ont le plus approfondi l'art, la sagesse, peut-être même à celle des grands actifs ; tous ceux qui ont fait sur la vie un effort personnel ont, à certains moments, senti en eux et dans l'oubli d'eux-mêmes, comme béatitude ou comme amertume, la vie universelle. Cette expérience centrale est parfois énergie souveraine et satisfaite, par-

---

1. Voir sur les réserves à faire à la théorie « périphérique » de l'émotion, les très intéressantes remarques de Janet, *Bulletin de l'Institut psychologique*, 231, et *Obsessions et psychasthénie*, I, 462.

fois insatisfaction et misère du vouloir ; nous avons vu, chez les mystiques, ces deux formes opposées. De quelque système ou de quelque méthode qu'on se serve pour y arriver, quelles que soient les représentations et les images qu'on y relie ensuite, elle implique chez tous ceux qui la décrivent, quelque chose d'analogue, et elle achève en mysticisme bien des constructions rationnelles [1].

Il va sans dire qu'on ne légitime pas cette expérience en montrant qu'elle est fréquente. La rapprocher d'autres états n'aboutit pas à montrer qu'elle a valeur objective, mais seulement qu'elle repose sur une forme d'esprit, qui n'est pas une anomalie. Ainsi comme expérience humaine elle n'est point méprisable ; elle est un de ces grands états qui traduisent l'attitude d'ensemble de l'homme, sa réaction la plus personnelle

[1]. On le voit, en ce qui concerne leur valeur psychologique, nous plaçons les états de nos mystiques parmi les états élevés de ce qu'on pourrait appeler la série confuse : nous sommes loin de les reléguer au rang des misérables appauvrissements de conscience, parmi lesquels on les range souvent. Il est vrai qu'il est fort difficile de juger la teneur psychologique d'états confus, et de décider si dans certaines formes d'imprécision il n'y a que stupidité et abrutissement, ou s'il y a au contraire exaltation et plénitude. De nombreux faits pathologiques nous montrent de ces exaltations illusoires qui ne sont que la suite psychique de l'excitation ou la traduction psychique d'une intoxication passagère. De sorte qu'il est parfaitement légitime d'hésiter en présence de ces cas. Parmi les théories contraires, la plus originale est peut-être celle de Pierre Janet, qui, nous l'avons vu, explique la béatitude et l'exaltation mystiques, par l'intensité du sentiment du réel, par le sentiment d'une activité mentale complète, qui se développe chez des psychasténiques, incapables de complexité mentale et pratique, quand la simplification de l'extase les unifie pleinement. Nous retrouverons plus loin cette question. Nous voulons seulement faire observer ici que cette explication vraie pour beaucoup de mystiques inférieurs, à développement mental incomplet, v. James, *Expérience religieuse*, 296 et suiv., ne nous paraît pas juste pour nos grands mystiques à large développement intellectuel, actif et sentimental. Leur puissance systématique et leur finesse psychologique nous garantissent leur intelligence, leur actif prosélytisme, et le vaste épanouissement de leur vie religieuse sont témoins de leur activité et de leur richesse sentimentale. Peut-être — dans ces conditions — est-il légitime de considérer les grandes intuitions où se contracte toute leur personnalité comme analogues à celles que nous avons citées, et comme capables de fécondité intérieure.

à l'univers. Mais est-elle autre chose qu'une attitude et qu'une réaction personnelle ? Sa direction rencontre-t-elle celle d'une activité primordiale ? Y a-t-il au fond des choses un principe de ce genre ? Est-il possible d'en prendre conscience ? Ce sont des problèmes que l'expérience peut bien poser, mais ne peut résoudre. Alors même qu'il y aurait au-dessus de l'intelligence un autre mode de connaître, une intuition intellectuelle, l'intelligence seule pourrait lui conférer sa valeur. Il faudrait d'abord que l'entendement se fixât ses limites et qu'il posât une réalité et un mode de connaissance hors de lui. Une connaissance isolée, intuition ou discours n'a pas de valeur ; seule la relation peut faire la valeur même de ce qui se donne comme absolu ; le rapport à l'intelligence, la légitimité de ce qui se donne comme supra-intellectuel. C'est à l'entendement même, si l'on veut le dépasser, qu'il faut demander de préciser sa nature, de marquer ses limites, et d'indiquer tout au moins une intuition au delà des concepts.

Mais nous avons trouvé, chez nos mystiques, plus ou moins explicite, une théorie de ce genre ; ils renouvellent ou reprennent un ancien raisonnement qui date du néoplatonisme et qui tend à établir que la suprême réalité est ineffable. Ainsi par le discours même ils justifient l'intuition ; et en fait, ils la produisent. Il ne leur reste plus qu'à prouver qu'elle n'est pas une construction arbitraire et illusoire, une œuvre subjective, une composition mentale qui viendrait combler ce vide laissé par la limitation du discours, mais bien donnée immédiate, nécessité interne et objective, état qui s'impose et qui n'a rien d'artificiel. De là leur effort pour montrer que ces états échappent à leur puissance de création, qu'ils sont l'effet d'une force irrésistible. L'objectivité que leur confère leur caractère de passivité est une nouvelle marque de réalité et, associée aux caractères précédemment signalés, une pleine garantie contre l'illusion.

Il nous reste encore une difficulté à résoudre. Sous le nom de visions intellectuelles les mystiques décrivent, à côté de cette intuition ineffable qui transcende le christianisme, la connaissance incompréhensible de mystères spécifiquement chrétiens : par exemple ils aperçoivent en Dieu les trois personnes de la Trinité et leur rapport. Il semble qu'ici s'applique aisément la théorie de Leuba et de Bernard Leroy ; il y a sentiment de comprendre sans que le fait de comprendre se soit produit parce qu'il n'y a rien à comprendre ; il n'y aurait donc, en tous ces cas, qu'une illusion de connaissance. Pourtant une observation s'impose ; la philosophie moderne, si éloignée ou si proche qu'elle soit du christianisme, tantôt par obligation de montrer son accord avec lui, tantôt par un jeu d'esprit, tantôt par ce principe que les dogmes religieux sont une approximation et une transposition mythique de la vérité philosophique, a souvent emprunté le langage chrétien et les grandes catégories chrétiennes pour en revêtir des rapports fondamentaux et des divisions essentielles ; le mythe chrétien lui apparaît souvent comme une langue toute faite d'images que l'on peut prendre au sens allégorique (à peu près comme le mythe hellénique chez les néoplatoniciens) ; ses thèmes, moins rationnels, seraient pourtant, en substance, identiques à ceux de toute métaphysique et de toute morale[1]. Ce fait nous aide à com-

---

[1]. Le moins théologien de tous les philosophes, Schopenhauer, écrit : « Si maintenant je voulais encore, pour éclairer par un exemple ce que je viens de dire en dernier lieu et suivre en même temps une mode philosophique contemporaine, si je voulais, dis-je, essayer de résoudre le mystère le plus profond du christianisme, celui de la Trinité, dans les concepts fondamentaux de ma philosophie, sous réserve de licences permises en de pareilles interprétations, la tentative pourrait s'accomplir ainsi : le saint Esprit c'est la négation résolue du vouloir ; l'homme en qui elle se manifeste *in concreto* est le Fils. Il est identique à la volonté qui affirme la vie et par là produit le phénomène du monde visible, c'est-à-dire au Père, puisque négation et affirmation sont deux actes opposés de la même volonté, dont la capacité à faire les deux est la seule véritable liberté. Cependant il ne faut voir dans tout cela qu'un pur *lusus ingenii*. » *Monde comme volonté*, III, 441.

prendre que les mystiques parfois mettent un sens dans l'incompréhensible et que dans des moments d'illumination intellectuelle qui éclairent d'un jour nouveau de vieilles croyances familières, ils entrevoient des rapports logiques sous les mystères d'une religion.

Inversement on pourrait montrer, par l'histoire, que la plupart des croyances chrétiennes se sont constituées en partie par nécessité logique, par addition, fusion et combinaison d'éléments intellectuels. Le dogme de la Trinité par exemple ajoute au Dieu inaccessible et transcendant à toutes choses, le Logos grec, le monde des idées, la substance et la raison du monde, et un principe, l'esprit, qui met le mouvement et l'expansion dans cet ordre logique. Les mystiques spéculatifs, dans leurs systèmes qui partent du divin sous sa forme la plus obscure, du néant indéterminé, retracent le mouvement nécessaire par lequel l'indétermination se réalise dans les diverses formes de l'être et ils croient expliquer et réaliser par cette construction dialectique la dogmatique chrétienne[1]. Ces deux faits peuvent nous aider à comprendre qu'il puisse y avoir une opération intellectuelle dans les visions intellectuelles des mystiques. Nous pourrions ajouter encore que portés à tout représenter sur le type de leur expérience intérieure, les mystiques mettent sous les mystères chrétiens des états d'âme et des rapports d'états d'âme et que tous les faits qu'ils interprètent comme la présence et la réalisation progressive de Dieu dans leur âme leur servent à comprendre la nature, la multiplicité et le développement du Dieu théologique.

Ainsi de ces visions intellectuelles les unes sont spécifiquement chrétiennes et le sentiment de compréhension qu'elles recèlent, s'expliquent comme nous venons de dire. Les autres

---

1. Voir p. ex. le système de Maître Eckart, in *Mysticisme spéculatif en Allemagne*; Suso, *Vie*, ch. LIV.

sont plus vastes et plus indéterminées et constituent ces intuitions générales dont nous avons parlé[1].

IV. — *La Passivité.*

Nous avons vu que la passivité est le caractère de l'action surnaturelle. « J'appelle surnaturel ce que nous ne pouvons acquérir par nous-mêmes, quelque soin et quelque diligence que nous y apportions[2]. » D'autre part elle ne suffit pas à définir l'action divine; il faut encore une certaine qualité des états qu'elle produit, et enfin un certain ordre, une certaine loi de leur production. La passivité, en laquelle les mystiques reconnaissent l'action divine, est une passivité systématique qui ne procède pas par intrusion incoordonnée, par élans subits, mais par prise de possession progressive et sage, par envahissement continu, à la manière d'une force organisatrice.

Dans un chapitre antérieur, nous avons montré quels éléments contient et condense ce sentiment de passivité : spontanéité, incoercibilité, caractère obligatoire, la plupart du temps soudain et bref, vivacité, richesse du détail, efficacité, voilà sous quelle forme se présentent les états précis, visions et paroles. Ils s'opposent aux représentations mentales ordinaires, préparées par des représentations antérieures, soutenues par tout l'état mental, et que la conscience est plus ou moins libre d'appeler ou de repousser, dont elle se sent jusqu'à un certain point maîtresse. Ils s'opposent aussi aux productions de l'effort et de la volonté, puisqu'ils ne s'accompagnent pas d'un sentiment d'effort, et que leur qualité dépasse de beaucoup les ima-

---

[1]. V. p. ex. Suso (*Denifle*, 536); cf. Augustin, *Confessions*, ch. x : « Si cuit sileat tumultus carnis... sileant omnia... ut talis sit vita æterna, quale fuit hoc momentum intelligentiæ. »

[2]. Sainte Thérèse, *Vie*, 591 ; cf. *Château*, VI, ch. viii. Cf. saint Jean de la Croix, *Montée du Carmel*, II, xxvi.

ges faibles et incertaines que l'esprit forme par artifice. Ils s'opposent enfin par cette même qualité à ces images que le rêve ou certains états morbides suscitent parfois. Ils sont au-dessus de la nature puisque la nature ne peut aboutir à de tels résultats, ni par son jeu spontané, ni par le travail de la volonté.

Il en est de même des états d'oraison qui surgissent en dehors de toute attente et de toute préparation mentale, sans travail ni effort, supprimant toute conscience distincte, irrésistibles. On pourrait répéter presque trait pour trait — à condition de tenir compte de la différence de contenu — les caractères distinctifs que nous venons de citer. On les trouverait explicitement chez tous les mystiques dont nous avons fait l'étude. Le principe que l'on dégage, c'est toujours l'impuissance de la nature à produire de tels états; les contrefaçons naturelles sont misérables au prix des oraisons divines.

Ainsi le mystique a conscience d'expérimenter une puissance supérieure et intérieure[1]; et il contrôle cette expérience par celle de son impuissance à recevoir naturellement ce que lui fournit cette puissance. La nature d'une part et d'autre part une surnature qui franchit les habitudes, les lois de la nature, et que la nature, par aucun procédé, ne parvient à imiter. Cette surnature se manifeste par des interventions intelligentes et efficaces et par la création d'états supérieurs à l'intelligence discursive; ces deux ordres de phénomènes se soutiennent et se garantissent; chacun d'eux se développe et se poursuit de façon cohérente. Peu à peu le moi s'efface et la passivité de la contemplation et de l'action prend la place de l'intelligence ordinaire et de l'action naturelle ou volontaire.

---

1. Cette puissance extraordinaire a comme contre-partie une impuissance du même ordre. Le mystique subit des empêchements contre lesquels il ne peut rien. Nous avons cité de nombreux exemples. Voir aussi Antoinette Bourignon, Sa Vie, p. 93.

Cette passivité est, selon les mystiques chrétiens, extraordinaire, totale ; c'est à ce prix seulement qu'elle est un phénomène spécifiquement mystique. Dans certains états religieux le chrétien admet intellectuellement et quelquefois sent empiriquement une certaine passivité. Si passif signifie ce qui s'oppose au mouvement propre et à l'action qu'on peut se donner à soi-même, il est de la foi, dit Bossuet, qu'en dehors de certains états où Dieu fait des hommes tout ce qu'il lui plaît, extases, ravissements, inspirations prophétiques, dans les actes ordinaires de piété, il y a beaucoup d'états passifs : illustrations de l'entendement, pieuses affections de la volonté ; en un mot une passivité inséparable de la grâce : et il y a plus de passif que d'actif, plus de grâces du côté de Dieu que d'efforts du nôtre. En effet si l'on admet l'intervention de la grâce dans les actes ordinaires de piété, il faut bien y supposer une certaine passivité : il se peut du reste que cette passivité ne soit pas sentie, mais seulement connue théoriquement. Il se peut aussi qu'elle soit sentie. « Tout cela appartient à l'attrait de Dieu, qui est ou perceptible ou imperceptible, plus ou moins[1]. »

Il y a deux manières extrêmes (et ici la théologie part de faits psychologiques) pour la grâce d'agir dans l'âme :

1° Les mouvements qu'elle inspire sont si semblables à ceux qui naissent de la nature, que ceux qui les ressentent ne discernent point par une connaissance et une pénétration vive et sensible s'ils sont surnaturels et divins. Dieu ne leur rend pas sensibles les effets de sa grâce ; mais comme ils agissent bien et que la foi leur enseigne que d'eux-mêmes ils sont incapables d'avoir une seule bonne pensée, ils concluent de là que c'est Dieu qui leur inspire ces sentiments. « Mais ils le concluent par une réflexion tirée de la foi et non par une vue qui leur fasse clairement connaître que leur état est surnaturel[2]. »

1. Bossuet, *Instruction sur les États d'Oraison*, 520.
2. Nicole, *Visionnaires*, 38.

2° Une autre manière qui n'est pas seulement surnaturelle en soi, « mais qui paraît aussi telle à ceux à qui il donne ces grâces, parce qu'ils sentent et qu'ils connaissent qu'ils sont dans un état surnaturel, auquel ils voient clairement qu'on ne saurait arriver par les forces de la nature[1]. »

« L'extraordinaire [opération] est, quand la grâce met l'âme dans une certaine disposition, qu'elle voit clairement qu'elle ne peut pas se procurer quand elle le veut[2]. »

De ce rapide exposé nous pouvons tirer trois formes de passivité :

1° Une passivité non sentie, simplement conclue. Tout se passe comme si le moi agissait seul. Mais du caractère religieux et moral de l'action, le sujet conclut en vertu d'une doctrine acceptée sur Dieu, la grâce et la nature, que sa nature n'agit pas seule et qu'il y a une part de passivité dans son action. Il n'y a pas là sentiment de passivité, mais jugement théorique sur la nature de l'action[3].

2° Une passivité sentie dans l'activité même ; tels sont par exemple bon nombre d'actes religieux où le sujet se sent aidé, secouru, ou à ses efforts ou bien au jeu spontané de sa nature s'ajoute l'expérience d'une intervention étrangère (par exemple les conversions, les prières, etc.).

---

1. Nicole, *Visionnaires*.
2. Nicole, *Réfutation des erreurs des quiétistes*, 66.
3. C'est ainsi que Kant comprend la grâce. Il y a en nous de temps en temps des mouvements vers la moralité que nous ne pouvons nous expliquer et dont notre ignorance est forcée d'avouer : le vent souffle où il veut. « Croire qu'il peut y avoir des effets de la grâce et peut-être qu'il doit y en avoir pour compléter l'imperfection de nos efforts vers la vertu est tout ce qu'on peut dire : du moins sommes-nous impuissants à déterminer quelque chose en ce qui concerne leurs caractères, encore plus à faire quelque chose pour les produire. » Nous ne pouvons reconnaître un objet suprasensible dans l'expérience. « Ce sentiment de la présence immédiate de l'être suprême et la distinction de ce sentiment d'avec tout autre, serait la capacité d'une intuition à laquelle, dans la nature humaine, il n'y a pas de sens correspondant. » *Religion*, éd. Hartenstein, VI, 273.

3° Une passivité sentie sans mélange d'activité : une passivité totale, radicale. Le sujet ne sent plus agir sa nature ou sa volonté ; en revanche il sent, dans l'abolition de sa nature, une action toute puissante et toute intérieure. C'est avec la passivité de ce genre que commence le mysticisme. Elle exclut toute intervention de la volonté consciente et réfléchie.

Mais avant d'aller plus loin dans l'analyse, il se présente un ordre de faits qui semble infirmer ce sentiment et cette notion de la passivité. Au dire d'un assez grand nombre de mystiques l'effort, secondé de la grâce (mais ceci est une hypothèse théologique et ne change rien à la teneur psychologique du fait[1]) et aidé d'une bonne méthode peut aller jusqu'à produire des états analogues à ceux qui sont absolument passifs. C'est le problème mystique de la contemplation acquise et de la contemplation infuse. Sans le traiter à fond, il est aisé de montrer que la contemplation acquise, c'est-à-dire celle à laquelle on parvient par un effort conscient, qui est tout le contraire de la passivité sentie, est par son contenu très semblable à la contemplation infuse.

Pour Molinos, par exemple, la contemplation active, c'est-à-dire celle qu'on peut acquérir par ses soins, secondés par la grâce, en recueillant ses sens et en se disposant au vouloir de Dieu, a pour contenu la foi pure (sans images ni idées), simple (sans raisonnements), universelle (sans distinction), c'est-à-dire en somme le même objet que la contemplation infuse : Dieu pur, ineffable, abstrait de toutes les pensées particulières, au milieu du silence intérieur[2].

Malaval ne met entre les deux espèces de contemplation

---

1. Puisqu'il ne s'agit pas de la grâce extraordinaire, mais seulement d'une grâce ordinaire qui peut n'être pas sentie, mais seulement conclue. La contemplation acquise suppose une grâce, mais ne demande qu'une grâce commune et ordinaire. R. P. Épiphane, abbé d'Estival. *Conférences mystiques*, 1676, p. 7 et 10. Cf. Mme Guyon. *Lettres*, III, p. 33.
2. Molinos. *Guide spirituelle* (trad. de 1739), p. 52.

qu'une différence de degré. Il est presque impossible de savoir de la contemplation, si elle est acquise ou surnaturelle. Sans doute « une présence de Dieu douce, forte et continuelle ; une paix profonde au milieu des affaires : une influence ordinaire d'amour et de lumière... un dégagement des choses de la terre qui fortifie cette présence et enfin un puissant attrait qui nous porte au recueillement, sont des signes assez sensibles de cette contemplation [surnaturelle] ; mais chacun la doit plutôt juger dans les autres que dans soi-même¹. » Le contenu est le même : Dieu aperçu dans le silence intérieur, sans notion expresse ou distincte ².

La méthode pour acquérir la contemplation consiste à quitter la méditation et à faire taire toutes ses pensées, toutes les affections de la volonté et tous les discours, dans le véritable désir d'écouter Dieu³.

Mme Guyon semble admettre aussi une contemplation active, mais qui ne va pas bien haut ; le premier degré des Torrents est nettement passif. Au contraire de Malaval, la contemplation active est très effacée dans son système⁴.

1. *Pratique facile*, 192.
2. « Dieu expérimenté, Dieu goûté, Dieu attrayant, et Dieu élevant d'une manière très pure et très spirituelle : et cette connaissance ne déborde sur les sens et ne s'attache à d'autres objets que par accident. La foi simple et nue fait le fond et la base de cet état. » *Ibid.*, 219. Appréhender Dieu par la notion universelle de l'Être des êtres « laquelle en peu de temps n'est plus une notion mais un goût ; ni une pensée, mais une expérience ; ni un terme significatif mais un sentiment assouvissant, une lumière vivifiante et une connaissance toute effective et toute affective. » 203 « Cette notion venant à se perdre se transforme dans le contemplatif en quelque chose de réel et de permanent qui remplit l'âme de l'être de Dieu d'une manière très excellente et qui embrasse toutes ses perfections dans l'idée universelle dont il l'enrichit. » 209 ; cf. 365.
3. Cf. Falconi, *Lettre* (1657), in *Opuscules spirituels de Mme Guyon*, t. I, p. 82 et suiv. ; abbé d'Estival, *Conférences Mystiques*, 1676, p. 12, 16 et 17 ; La Combe, *Analysis*, p. 83 et suiv. L'autre école attend que survienne l'impuissance de méditer, sans s'efforcer directement de la provoquer.
4. V. *Moyen Court*, ch. XII. « Autre degré plus haut d'oraison, qui est l'oraison de simple présence de Dieu, ou de contemplation active, dont on

Cette doctrine et l'expérience sur laquelle elle repose dérangent, semble-t-il, la distinction si nette de l'état mystique, qui repose tout entier sur l'action divine, et de l'état ordinaire du chrétien. Aussi sont-elles mal accueillies des théologiens orthodoxes qui ont étudié le mysticisme. Ils se sont efforcés ou bien de confondre la contemplation acquise des mystiques avec un mode d'oraison ordinaire tel que l'oraison de simplicité[1], l'exercice de la présence de Dieu, acte louable, mais qui n'est pas de la contemplation, ou bien de montrer qu'elle n'est que suppression de toute activité et vide mental ; ou bien encore de montrer qu'elle est la vraie contemplation et qu'alors elle ne dépend pas de l'industrie humaine[2].

Cette rapide étude de la contemplation acquise nous montre que certains mystiques sont conscients jusqu'à un certain

ne dit ici que bien peu, réservant le reste à un autre Traité. » Mme Guyon ne traite guère de la contemplation acquise que pour montrer comment elle devient infuse. La contemplation active est un degré qui prépare et mène comme nécessairement à la passive.

1. Poulain, *Grâces d'Oraison*, p. 63.
2. Voir Scaramelli, *Directoire mystique*, *Deuxième traité*, ch. v ; Poulain, *Grâces d'Oraison*, ch. iv et xxvii. Scaramelli prétend enfermer les quiétistes dans le raisonnement suivant : ou leur regard fixe est la véritable contemplation et alors il n'est pas en notre industrie ; ou il n'est qu'une vaine oisiveté et suspension de la pensée ; ou il n'est que l'exercice de la présence de Dieu, acte louable, mais qui n'est pas de la contemplation. Scaramelli, du reste, admet bien une contemplation acquise, mais qui en réalité ne peut paraître acquise que par une illusion psychologique. Cette contemplation est identique à l'infuse, dans sa substance générique, puisqu'elles consistent l'une et l'autre « en un regard simple, plein d'admiration, et suavement amoureux des choses divines. » L'acquise est le fruit des méditations et le produit des fatigues. Mais en réalité, elle est extraordinaire et n'est due à aucune diligence, à aucun effort, ni aux soins d'une méditation prolongée ; mais comme Dieu la confère en proportion des progrès que l'âme fait dans la méditation, elle semble naître de celle-ci comme son produit propre. La contemplation infuse, au contraire, est inattendue, elle vient souvent en dehors de l'oraison, celui qui l'éprouve n'y sent point son industrie, etc. Ainsi du point de vue théologique, Scaramelli tend à effacer la contemplation acquise ; du point de vue psychologique il distingue deux contemplations, l'une que nous rattachons à notre industrie, l'autre qui est sans rapport avec nous. Cf. Schram, *Théologie mystique*, CCXX.

point de leur puissance de produire les états mystiques ; mais comme ils admettent eux-mêmes des états absolument passifs, et la supériorité de ces derniers, tout ce que l'on peut conclure, c'est que les mystiques en général rattachent plus ou moins étroitement la contemplation aux dispositions, au travail préalable et à la méthode ; les uns n'y voient que des conditions favorables, nullement efficaces par elles-mêmes ; les autres y voient, dans certains cas et jusqu'à une certaine limite des conditions suffisantes. Ils savent que l'exercice de l'activité consciente et volontaire produit parfois des résultats analogues à la passivité. Mais cette méthode lorsqu'on lui attribue une efficace est surtout négative. Pour ceux mêmes des mystiques, qui insistent le plus sur le rôle de l'activité, ce rôle est surtout d'écarter les obstacles, de vider l'esprit des empêchements ; l'état final surgit sur ce fond préparé[1].

Le sentiment de passivité, qu'expriment si fortement les mystiques, et d'où ils concluent la transcendance de leurs états, et leur rapport à une activité supérieure, à l'action divine, est l'ignorance d'un travail intérieur, de l'activité subconsciente. Ils sentent que leur volonté n'est pas cause de ces états puisqu'ils apparaissent spontanément ; ils sentent aussi qu'ils ne rentrent pas dans le plan de leur nature, telle qu'ils la connaissent et par l'habitude qu'ils en ont, et par l'analyse qu'ils en font. Puisqu'ils ne sont pas les maîtres de ces états, ni de leur commencement, ni de leur progrès, ni de leur fin ; puisque ces états apparaissent en dehors de toute attente, soudainement, sans cause ; puisqu'ils n'ont point de raison ni de règle qui soit connue ; puisqu'ils dépassent la nature par la valeur de leur contenu et par leur puissance d'action, il faut les rappor-

---

[1] « La méthode n'est pas pour le don, elle est pour celui qui l'attend et qui veut la cultiver. La méthode ne produit pas le miracle, mais elle prépare le cœur pour le recevoir sans contradiction, sans empêchement et sans scrupule. Il n'y a point de proportion du surnaturel au naturel, mais il y a quelque ordre de l'un à l'autre. » Malaval. *Pratique facile*, 314.

ter à une cause étrangère. La nature ne peut se dépasser elle-même[1].

Or l'hypothèse d'une activité subconsciente, soutenue par certaines dispositions naturelles et réglée par un mécanisme directeur, remplit exactement le rôle de cette cause étrangère, et explique entièrement ce sentiment de passivité et d'extériorité. Après tous les travaux psychologiques de ces dernières années, il n'y a plus à démontrer l'existence et la portée du subconscient; nous avons vu, dans un chapitre antérieur, qu'il rend compte de tous les caractères que les mystiques attribuent à leurs visions et paroles intérieures. Il n'est pas plus difficile d'y rattacher ces grandes intuitions confuses, magnifiques et inattendues qui émergent soudain, couvrant d'ombre la conscience ordinaire du moi et des choses. L'intuitivité, latente sous les actes distincts de la méditation et de la vie chrétienne, l'intuitivité qui est le fond de l'esprit mystique et qui apparaît obscurément sous les efforts qu'il fait pour se dégager de la pensée logique et de l'action volontaire, cette aptitude innée à réagir au monde, à l'action d'ensemble du monde sur l'âme, non point par des réactions locales, multiples, précises, mais par une vaste attitude d'ensemble, se dégagent, lorsque le travail de préparation le leur permet, sans qu'il y ait proportion entre la richesse naturelle ainsi libérée et l'effort qui le met au jour. Les idées directrices, esprit d'une tradition, esquisse d'un système personnel, qui, nous l'avons montré, sont présentes dans l'esprit du mystique, assurent à ce travail et à cette expansion naturelle des points de repère et des points d'appui. Du choc de ce déterminisme méthodique, soutenu par la tension men-

---

[1]. Cf. Cardinal Bona. *De discret. spirit.*, p. 56 (trad. de 1675, Paris). — « Puisque ces puissances sont contraires à tes volontés, ne les appelle point les puissances. Elles ne sont point en ton pouvoir, si elles agissent en toi, malgré toi. Ce n'est point toi qui agis par elles, puisqu'elles résistent à ton action, puisqu'elles agissent contre tes efforts, ou puisqu'elles agissent sans que tu y penses. » Malebranche. *Méditations chrétiennes*, I, 16.

tale de l'ascétisme, et de cette liberté intérieure, jaillissent ces grands états, qui semblent surnaturels. La subconscience consiste ici en ce que des germes préparés par la conscience réfléchie et tombant sur une nature apte à les recevoir, mûrissent et s'épanouissent, sans que le sujet aperçoive rien du travail de maturation; il ne voit que le commencement et la fin; faute d'apercevoir les termes intermédiaires, il ne comprend pas sa propre fécondité. Mais il n'y a pas besoin d'analyser très avant la nature humaine, pour y trouver chez les grandes âmes une générosité, pourrait-on dire, qui, sollicitée par le travail, donne infiniment plus que le travail ne pouvait produire, en mouvements subits et inattendus, et qui, bouleversant de ses apports et de ses ravages la conscience ordinaire, apparaît à l'homme comme une surnature et prend le nom qu'il donne à ses dieux.

Cette hypothèse si simple et qui met à profit un moyen d'explication qui a déjà fait ses preuves n'est difficile à admettre que pour ceux qui ne connaissent pas suffisamment les richesses de la nature et qui sont comme obsédés par la prénotion du surnaturel. Sans vouloir entrer dans la discussion théorique de cette idée, il faut faire remarquer que dans la formation du surnaturel religieux, les phénomènes de subconscience, sous forme physiologique ou psychologique, ont joué un rôle important; et il y a quelque arbitraire à faire intervenir pour l'explication de ces faits une notion qui en est, pour une bonne part, le résultat. D'un autre côté, comme il est très difficile de méconnaître l'identité psychologique des phénomènes de subconscience, qu'ils se présentent dans le christianisme ou dans d'autres religions, ou bien sous d'autres formes que la forme religieuse, beaucoup d'esprits désireux de concilier le fait et la doctrine tendent à faire droit aux exigences de la psychologie, en expliquant psychologiquement la passivité religieuse, et à celles de la théologie, en maintenant que ce jeu de lois psychologiques représente le plan de l'action divine sur les âmes ; de sorte que le subconscient serait le véhicule de la grâce divine. On superpose ainsi l'ordre de la grâce à celui de la nature, sans bouleverser l'ordre de la nature par l'intrusion de la grâce. D'autres enfin tirent argument de quelques particularités que peut présenter l'expérience religieuse ou l'expérience proprement mystique, et aussi d'une interprétation inexacte et trop étroite de l'automatisme, pour maintenir leur spécificité et leur objectivité.

En effet les mystiques ont bien vu (nous en avons donné des exemples) que les lois naturelles de l'esprit dans le rêve ou dans la maladie produisent soit des visions, soit des états d'obnubilation mentale qui peuvent paraître présenter quelque analogie avec les états d'oraison ou avec les visions divines ; et ils n'ont pas de peine à montrer l'infériorité de cette première classe de phénomènes. C'est de cette méthode qu'usent encore les défenseurs de leur prétention au surnaturel.

Elle repose en somme sur ce postulat, que l'automatisme n'est qu'une activité psychologique inférieure, un déchet d'activité, pourrait-on dire, et qui n'aboutit qu'à des produits de rebut ; qu'il exprime dans ses manifestations la tare pathologique dont il est l'indice [1]. Il est vrai que la subconscience a

---

[1]. Voir in *Bulletin de la Société française de philosophie*, janvier 1906, p. 19 et suiv., les intéressantes remarques de MM. Blondel et Lalande et mes réponses. On voudrait prouver, sans sortir de la psychologie, sans recourir à des arguments théologiques ou métaphysiques, que la passivité mystique n'est point l'œuvre d'un automatisme psychologique. Chez les mystiques chrétiens, l'extension de la conscience personnelle, la meilleure adaptation à l'action, la dilatation consentie de l'âme, très différente de l'abolition de la personnalité dans l'automatisme des sens et de l'imagination, semblent apparenter la passivité de leurs états mystiques à une passivité réelle et objective. En effet, ou bien ils font l'expérience d'une réalité inhabituelle, et la transforment en énergie pratique ; ou bien ce sont des hallucinés et ils ne perçoivent que leur propre invention. Or cette deuxième catégorie est pathologique et ne contient que des faibles et des déprimés, incapables d'action efficace. Tels ne sont point les traits que l'on relève chez les grands mystiques ; il faut donc conclure à la première hypothèse. Ce que l'on appelle hallucination et autosuggestion chez eux devrait, pour prendre vraiment ce nom,

été d'abord étudiée dans des cas purement pathologiques. Mais on n'a pas le droit de la restreindre aussi arbitrairement ; elle intervient aussi bien aux degrés élevés de la hiérarchie psychologique, dans les inventions du génie que dans les constructions du rêve ou du délire : elle est au principe des grandes œuvres de l'humanité, comme de ses aberrations. Il y a un génie religieux, qui explique les faits mystiques, et qui participe aux splendeurs comme aux tares du génie.

D'autre part nous n'avons pas à nous étonner que la passivité des états mystiques qui succède à une phase de préparation active, d'effort et de désir n'apparaisse pas aux mystiques comme sa suite et son effet. Cette passivité dépasse en effet ce que le travail antérieur de direction et de construction est conscient d'avoir préparé, et elle ne lui est pas immédiatement consécutive. Il y a entre cette activité préparatoire et cette passivité toute la spontanéité d'une nature élaboratrice et féconde, et tout l'intervalle d'une période d'incubation. Ainsi le mysticisme invoque à tort cette interruption, comme il invoque à tort cette disproportion ; dans les deux cas il ignore une loi de la nature psychologique ; mais cette interruption jointe à cette disproportion explique suffisamment que ses états passifs lui

---

reposer sur un état mental pathologique : or leur vie pratique et efficace et la connaissance que nous avons de leur état général en décident autrement. Il faut donc que leurs états anormaux ne soient pas ceux de malades, de délirants, mais des perceptions extraordinaires, des moyens de communication avec une réalité. — Sans reprendre les arguments que nous avons produits ailleurs, disons d'un mot que tout ce travail est un effort pour établir qu'une profonde activité intérieure et subconsciente, soutenue par la solidité d'une tradition, la puissance d'une intelligence constructive et critique et une haute énergie morale, produit à la fois les richesses de l'intuition et de l'action; et sur un fond de névrose, les états hallucinatoires et tous les phénomènes pathologiques, si abondants chez les mystiques. Cette subjectivité créatrice qui s'autosuggestionne par l'idée des fins qu'elle poursuit et les représentations qu'elle organise, n'est du reste pas une fantaisie arbitraire. Elle obéit à un ordre rigoureux.

paraissent ne rien devoir, ou fort peu aux périodes précédentes d'activité. Il montre fort bien que la suite immédiate de l'effort volontaire est médiocre, qu'il s'agisse d'oraisons ou d'images hallucinatoires ; c'est justement que l'effort n'est vraiment productif que s'il éveille une spontanéité naturelle qui n'entre en jeu qu'après que l'effort a cessé[1]. La période d'effort, de tension mentale, avec les troubles de toute nature que produisent les macérations, amène à sa suite un état de rêve et d'inspiration, favorable à l'épanouissement de la passivité.

1. Maury avait fort bien remarqué, *Annales médico-psychologiques*, 1855, p. 535 et suiv., que l'extase et les visions ne se produisent pas à la suite d'une méditation prolongée, mais qu'elles arrivent spontanément lorsque le mystique y pense le moins « ou lorsque fatigué il ne porte plus sa réflexion avec force vers un objet » Ces phénomènes impliquent « une préoccupation antérieure et un jeu automatique de l'esprit. En effet l'esprit devient si bien passif qu'il ne reconnaît plus comme siennes ses propres conceptions, et par ce côté il se rapproche beaucoup du rêve. » *Ibid.*, 1856, p. 423. Ce à quoi l'on avait pensé longtemps et souvent se présente de soi-même à l'esprit devenu passif. D'une manière plus générale, Baillarger cherche à établir que l'hallucination ne survient pas comme un effet direct et immédiat de la concentration de l'esprit ; elle n'apparaît que plus tard quand cette réaction a cessé et doit alors être attribuée aux modifications que celle-ci a causées. Il y a en somme un état d'automatisme qui succède à l'état volontaire : tension, puis détente ; et c'est dans cette période de détente, que se produisent les phénomènes passifs, montés, si l'on peut dire, dans la période de tension. Il arrive pour les hallucinations, dit Baillarger (et l'on peut généraliser cette observation), ce qui arrive quand nous cherchons une expression qui nous fuit. L'effort que nous faisons, loin de nous aider, est plutôt un obstacle. A peine, en effet, cet effort a-t-il cessé, que le mot se présente de lui-même. Et l'auteur remarque très bien qu'à ce degré l'attention, loin de favoriser ce processus le contrarie : observation qui est d'accord avec celle des mystiques. Ainsi l'automatisme réalise souvent les produits de la conscience réfléchie. Voir Baillarger, *Mémoire sur les Hallucinations et Physiologie des Hallucinations* (*Recherches sur les maladies mentales*, I, 1890) et *Application de la physiologie des hallucinations à la physiologie du délire considérée d'une manière générale*, 1845 (*Recherches sur les maladies mentales*, I, 1890), cf. Séglas. *L'Hallucination de l'Ouïe*, in *Congrès de médecine mentale*, 1896. Sur « l'état de rêve » que produit la période de concentration, v. Moreau de Tours. *De l'identité de l'état de rêve et de la folie*, et *Du Haschich et de l'Aliénation mentale*, 1845, p. 36 et suiv. Cf. Bernard Leroy. *Rev. phil.*, juin 1907.

V. — La Systématisation.

Les états mystiques se suivent, s'enchaînent et semblent conspirer vers un état définitif qui serait la raison de leur succession. Nous avons été frappés bien des fois du caractère téléologique[1] — et non point incoordonné, épars — de la succession mystique ; nous avons remarqué bien des fois cette tendance à transformer la contemplation en action, l'intuition en vie, qui apparaît si manifestement au terme. Même les phénomènes qui semblent, au premier abord, surérogatoires et de pur luxe, les visions et les paroles par exemple, sont une objectivation utile de secrètes tendances. En face de cette grande construction unificatrice de la vie, de cette systématisation progressive, il y a du reste, mal assemblés, des états passifs inférieurs, des états de déchet, tous ces phénomènes nerveux, hallucinatoires, affectifs que les mystiques expliquent par l'hypothèse de la division de conscience ou rapportent à l'intervention démoniaque.

Cette organisation passive, qui vient des profondeurs de la conscience et qui ne dépend pas d'un plan volontaire, nous reste à expliquer. Les mystiques se disent menés par une conduite supérieure qui les fait passer successivement par des états de qualité très différente ; ils l'appellent grâce divine. Mais cette grâce n'est pas un pur caprice ; elle suit un plan qu'ils aperçoivent et dont ils rendent compte. Ils admettent que ce plan est comme une raison immanente et s'exécute sans concours de leur intelligence, de leur volonté ou de leurs dispositions

---

1. Disons ici, pour avoir le plaisir de citer au moins une fois cet ingénieux psychologue, que nous empruntons à Flournoy l'expression souvent répétée d'automatisme téléologique. V. Des Indes à la planète Mars, 20, 22, 55, etc. et Automatisme téléologique antisuicide in *Archives de Psychologie*, 1907 (t. VII).

naturelles. C'est l'attraction de l'état définitif qui règle leur évolution ; l'imperfection de chacun de leurs états, leur insuffisance est la raison de leur instabilité et de leur devenir : cela seul demeure immuable qui est pleinement réalisé ; une succession n'est pas autre chose qu'une réalisation progressive[1]. Telle est la conception finaliste qu'ils se font d'eux-mêmes, lorsqu'ils regardent d'ensemble leur vie. Et l'on doit se demander si ce n'est pas là une vue subjective, et seulement l'explication du passé par le présent. Est-ce vraiment cette imperfection et son aspiration vers une perfection, qui est la raison d'être du devenir mystique, en pleine passivité, c'est-à-dire par une sorte de nécessité interne ? Ou bien n'y a-t-il pas lieu d'expliquer chaque terme de cette succession, chaque état, par ce qui précède et par certaines lois générales de la vie affective et intellectuelle ? Et comment faut-il comprendre ce mécanisme ? Consiste-t-il seulement en un rythme affectif et organique, qui fait succéder la dépression à l'exaltation et l'expansion à la dépression ? Un examen sérieux de la question montre que si l'hypothèse mystique est trop étroite, cette hypothèse purement mécaniste l'est aussi.

C'est à une hypothèse de ce genre que Maine de Biran, si utile à étudier en pareille matière, s'arrêtait d'abord. Les variations brusques par lesquelles passent successivement les facultés sont spontanées « tout ce qui est spontané est organique ou machinal quand ce seraient les élans du génie[2] ». Ainsi la mysticité a peut-être ses illusions et la béatitude de l'extase tient peut-être à un état de la sensibilité affective.

A cette hypothèse il joignait bientôt deux autres éléments, l'un de nature théologique, la grâce dont il devait peu à peu

---

1. Voir les profondes remarques de M. Boutroux. La Psychologie du Mysticisme in *Bulletin de l'Institut psychologique* (1902), p. 18.
2. *Pensées*, 236, 383 ; *Anthropologie*, 531. « Malgré tout le stoïcisme possible, etc. »

accroître le rôle, l'autre psychologique, la disposition et l'effort. « Mais est-ce parce que Dieu se rend présent par sa grâce que nous sommes dans cet état élevé ? ou bien la présence de Dieu n'est-elle qu'un résultat de telles dispositions intellectuelles spontanées et des efforts que nous faisons, ou des moyens indirects que nous prenons pour nous donner ces dispositions ? Voilà un grand problème[1]. »

Il y aurait donc deux forces indépendantes de notre volonté, une condition organique d'une part, la grâce de l'autre, et entre elles le vouloir qui s'efforce. Il ne tardait pas à réunir toutes ces explications. Tous les bons mouvements, toutes les bonnes pensées que nous avons viennent de certaines dispositions internes étrangères à notre activité propre. « C'est ici que les systèmes physiologique et théologique, tout éloignés et opposés qu'ils paraissent, peuvent se rejoindre dans une même idée, savoir celle d'une force indépendante de notre volonté, qui nous modifie malgré nous... dans l'influence la plus élevée de la grâce on peut croire qu'il y a toujours une condition organique, sans laquelle l'homme qui se sent élevé au-dessus de lui-même n'aurait pas ce sentiment... La question est de savoir si nous sommes constitués en dépendance de lois inconnues de l'organisme ou de l'action propre et immédiate d'une force divine, ou de l'une et de l'autre à la fois : et dans ce dernier cas, comment nous pouvons distinguer l'une et l'autre action[2]. » Ainsi on peut attribuer à la grâce tout ce qui se produit quelquefois subitement en nous, mais sans nous, de grand, de beau, d'élevé ; mais il faut reconnaître aussi « combien la spontanéité de l'organisation ou du principe de vie qui s'excite et se calme de lui-même tour à tour peut contribuer à cet état pur et élevé de l'âme[3] ».

1. *Pensées*, 300, 317.
2. *Ibid.*, 325.
3. *Ibid.*, 341.

Il voyait dans cette distinction et cette coopération de la nature — comme vie organique — et de la grâce comme force supérieure, mais qui agit avec le même caractère de non-moi, le plus grand et le plus difficile problème de la science de l'homme[1].

Peu à peu, à mesure qu'il avançait dans l'expérience et l'analyse de ces états, il les rapprochait davantage de la grâce. Dans la vie de l'esprit l'âme n'est plus sujette à l'influence de l'organisme ; « elle demeure fixée à son centre et tend invariablement vers sa fin unique, quelles que soient les variations organiques et les dispositions de sa sensibilité... c'est même souvent quand le corps est abattu que la lumière de l'esprit jette le plus d'éclat... Tout est inverse dans les deux vies ; là où l'animal se réjouit et se sent plein de courage et d'activité, d'orgueil de la vie, l'esprit s'afflige, s'humilie et se sent abattu... réciproquement, où l'homme animal s'inquiète, s'attriste l'esprit s'élève et se livre à la plus douce joie[2] ».

Ainsi la grâce semble échapper au moins parfois aux mouvements spontanés de la vie organique. Il semble que la troisième vie domine la première et se l'approprie ; la coopération de la vie organique à la vie de la grâce serait plutôt une subordination. Maine de Biran, de plus en plus, marque l'indépendance de la grâce. Après avoir posé d'abord comme caractères des variations spontanées de nos facultés l'organique et le machinal, après avoir ajouté à l'organique et au machinal la grâce qui s'en sert et qui par elles donne à l'homme le sentiment d'être élevé au-dessus de lui-même, il oppose vers la fin les deux vies, sans vouloir pourtant tout absorber dans la vie supérieure. « C'est par rapport à cet ordre supérieur de sentiments et d'idées que Dieu est à l'âme ce que l'âme est au corps ; mais il

---

1. *Pensées*, 370.
2. *Ibid.*, 375.

ne faut pas vouloir ramener tout à cet ordre supérieur, comme l'ont fait les mystiques[1]. »

Enfin entre la grâce et l'organique il met un travail actif préalable qui coopère et prépare l'activité du moi. « Les quiétistes pèchent en ce qu'ils font abstraction des actes du libre arbitre ou des opérations de l'esprit sur les idées, comme condition de l'influence sensible de la grâce sur les états de calme et de bonheur de l'âme[2]. » L'esprit de sagesse n'arrive qu'autant que la voie lui est préparée. « C'est au moment où le moi triomphe, où la passion est vaincue, où le devoir est accompli contre toutes les résistances affectives, enfin où le sacrifice est consommé, que, tout effort cessant, l'âme est remplie d'un sentiment ineffable, où le moi se trouve absorbé... un calme pur succède aux tempêtes... la vie de l'esprit a commencé[3]. » Ce sentiment n'est qu'après et non avant l'effort : la foi ne vient que par les œuvres.

Si nous avons cité cette progression de textes, c'est qu'elle nous paraît montrer chez un psychologue de race, qui est devenu presque un mystique, l'intelligence progressive de la complication du problème. Maine de Biran fait appel d'abord uniquement à l'instabilité organique, au rythme de la vie affective, à l'alternative de l'excitation et de la dépression ; il fait intervenir ensuite, sans préciser du reste, le travail intellectuel et volontaire, et une certaine force interne qui semble bien avoir ses lois propres, d'ailleurs inconnues.

---

1. *Pensées*, 549.
2. *Anthropologie*, 550.
3. *Ibid.*, 625. Cf. *Pensées*, 291. « La présence de Dieu s'annonce par un état interne de calme et d'élévation qu'il ne dépend pas de moi de me donner ni de conserver, mais qui pourrait devenir plus habituel par un certain régime intellectuel et moral auquel il serait temps de me soumettre par l'oraison de silence et de méditation. » *Ibid.*, 292. « Les mystiques et les magnétiseurs connaissent certains moyens de ramener ces états involontaires. » 357. M. Tisserand prépare un important travail, enrichi de documents inédits, sur la formation de l'« Anthropologie ».

L'alternative d'excitation et de dépression ne suffit pas. A la rigueur elle pourrait expliquer, et elle explique en partie ces états d'affaissement, de tristesse, d'horreur de soi-même, qui succèdent généralement chez les mystiques à la période extatique ; elle explique aussi ces sécheresses passagères, qui troublent les périodes de caractère expansif, sécheresses que les mystiques signalent, mais qui sont comme perdues dans l'expansion qu'elles interrompent un moment. Mais il ne faut pas oublier que, dans le groupe que nous avons étudié, la dernière période toute expansive, d'exaltation et d'activité, semble bien définitive. La systématisation mystique est plus compliquée que ce rythme élémentaire. Les variations de la cœnesthésie et de l'affectivité, la succession de l'excitation et de la dépression ne suffisent pas ici ; il y a des modifications plus profondes, plus complexes et plus intellectuelles de la personnalité.

Le mystique est un intuitif qui rassemble en sentiment confus et en exaltation tout ce que l'homme ordinaire disperse en sentiments précis, en connaissance discursive, en action positive : après une période de préparation, il reçoit par moments, et sans qu'il soit maître de leur apparition ni de leur cours, ces grands états qui par leur plénitude, et par l'exclusion de tout ce qu'il sait relatif, sont pour lui l'Absolu. Mais l'intuition absorbe sa personnalité et la ravit au monde ; il s'y perd vraiment. Cette disparition de la conscience de soi, et de l'orientation par rapport au monde pourrait le satisfaire, comme elle satisfait d'autres mystiques ; par delà ces états d'exaltation il pourrait même pousser vers la franche inconscience, comme le mystique indou. Il en est retenu par une doctrine directrice et par une disposition naturelle. Toute sa vie nous le montre actif, en même temps qu'intuitif. Le christianisme lui prescrit la vie et l'action dans la vie. Une pression sociale inscrite dans des doctrines et dans une église influe sur son développement.

Il a autre chose à faire qu'à se laisser emporter à des vertiges et à l'outrance affective, où disparaît la conscience de la vie. Et d'autre part il ne lui suffit pas de retrouver après l'extase, la vie pratique, même intensifiée par l'extase. Cette alternative de moi et de non-moi, de perte en Dieu comme il s'exprime et de retour au monde, cette double vie tantôt humaine et tantôt divine, qui suffit à certains mystiques, ne suffit pas aux grands mystiques.

Pour combiner l'exigence mystique qui veut l'absorption en Dieu et l'exigence religieuse qui prescrit l'action dans le monde, pour satisfaire la double exigence de cette nature à la fois intuitive et active[1], il faut réaliser un état où, la conscience du moi s'étant atténuée ou effacée, et le sentiment de vivre en Dieu étant devenu habituel, tout ce qui auparavant était rapporté au moi est rapporté à Dieu même, où le sujet, divinisé en quelque sorte dans tout son être, n'est plus dans tous ses actes qu'un instrument divin.

Une idée directrice, celle du Dieu à la fois transcendant et immanent, repos et action, indétermination et détermination, qui est le Dieu de la tradition mystique, et une exigence interne, celle d'une nature intuitive qui veut pourtant épanouir en action ses intuitions, commandent cet état définitif; l'intelligence pénètre une aspiration confuse; l'aspiration se précise devant l'intelligence et l'utilise pour se comprendre et pour se diriger. Ainsi tout ce développement s'accomplit dans une demi-conscience, qui peut se voiler parfois, et qui ne s'éclaire qu'à la fin. L'aspiration déborde l'intelligence; ses élans ont quelque chose de spontané et d'obscur qui ne s'explique qu'après coup.

Ce devenir est une marche incertaine et tâtonnante, à laquelle le mystique superpose et substitue plus tard la certitude du but

---

[1]. Il s'agit d'une activité dont le sujet ne se reconnaît pas l'auteur, d'une action passive, d'une passivité qui se développe naturellement et forme ses actes dans la subconscience.

atteint et la fixité du chemin parcouru. Toute la lumière finale se projette sur les commencements. Rien ne restant à réaliser, un certain moment de la réalisation se reconnaît comme l'idéal, et s'en attribue l'efficace. En réalité, il y avait une nature psychologique, de confuses idées directrices, et une action réciproque de ces deux éléments. La finalité que décrètent les mystiques est schématique et forcée; c'est une finalité plus souple, où la vague conscience du but et le vague déploiement des besoins conspirent, où l'attrait se combine à l'impulsion, qui est la loi.

L'extase ne satisfaisant point aux conditions que le mysticisme s'impose, il cherche au delà. C'est une transformation totale de la personnalité à quoi il aspire. La conscience du moi comme sujet de pensée et d'action disparaît progressivement dans l'abandon à la spontanéité et à la subconscience; les désirs et l'individualité de la vie affective se sont éteints dans l'indifférence, la pensée discursive s'éteint dans l'intuition, l'action volontaire dans l'impulsion; les opérations formatrices de pensée et d'action reléguées dans la subconscience, et n'apparaissant qu'à travers ce vague qui couvre le moi, prennent un air d'impersonnalité. La remise à la subconscience, l'automatisme, sont souvent favorisés, nous l'avons vu, par certains événements, par l'influence de certains directeurs. Les suggestions étrangères s'ajoutent à l'autosuggestion.

Dépouillé de la conscience de soi, plongé dans une sorte de béatitude essentielle et d'extase continue, fourni, quand il le faut, d'idées précises et d'actes qui surgissent à point nommé, le mystique a vraiment satisfait à l'exigence de la déification. Il s'est élevé au-dessus de l'opposition et de l'alternative du divin et du moi; il éprouve un état où il n'y a plus que le divin, où ce que l'ascétisme a laissé subsister de sa nature est transformé en Dieu.

Ainsi il a rejeté cette forme de contemplation divine, l'extase, qui était inconciliable avec la vie, parce qu'elle était impossible d'une manière permanente, et qu'elle eût détruit la vie ; il a franchi la contemplation pour atteindre l'action, ne gardant de la contemplation qu'une certaine attitude mentale d'indifférence et d'impersonnalisation ; il a exclu, pourrait-on dire, les éléments transcendants et inapplicables pour retenir les éléments applicables et immanents. Le fond de l'intuition mystique est activité ; elle est moins la puissance de représenter Dieu que la puissance d'actualiser Dieu ; au lieu de représenter Dieu, l'accomplir : être soi-même la spontanéité obscure, origine des choses.

Mais la subconscience qui le fournit de pensées distinctes, d'ordres hallucinatoires, de tendances et d'actes est disciplinée par l'ascétisme préalable et par un contrôle logique qui continue de s'exercer ; ce n'est point une agitation mystique qui entraîne à « d'éternelles fluctuations ou à des divagations indéfinies[1] ». Le mystique ne s'en remet à la subconscience qu'après l'avoir formée, qu'après avoir mortifié la nature. Dans la toute liberté qu'il semble lui laisser, il la surveille encore ; car son esprit, empli d'une tradition et d'une discipline, sait quelles démarches lui sont permises. La motion divine, chez les grands mystiques, est une suite d'impulsions raisonnables[2]. Elle ne s'établit du reste que par une victoire sur la systématisation adverse : la possession divine a triomphé d'un essai de possession démoniaque. Presque toujours il demeure en dehors d'elle des états inférieurs, un automatisme de déchet, que le mystique regarde du haut de sa grandeur divine.

Ainsi une large vie subconsciente, l'aptitude à l'intuition et à l'automatisme sont les conditions psychologiques. Laissées à elle-même, elles pourraient aboutir à toute espèce de divagations et d'impulsions. Mais elles subissent le contrôle logique d'une

---

1. Comte. *Politique positive*, I, IV.
2. « Vouloir percevoir en soi des influences célestes est une sorte de délire, dans lequel il peut bien y avoir une méthode (puisque ces prétendues révélations internes doivent se relier toujours à des idées morales, par conséquent à des idées de la raison). » Kant. *Religion*, 273.

intelligence délicate et la direction d'une sorte de plan implicite. Elles sont en outre disciplinées par l'ascétisme à la fois moral et intellectuel. Cette combinaison de conditions aboutit à un développement méthodique.

Mais si l'on comprend le passage du premier au troisième état, pourquoi l'état intermédiaire, cette peine extatique, cette mort mystique, cette intuition douloureuse, enchâssée dans une période de dépression, parfois aiguë, parfois prolongée? Les mystiques parlent de purification, de désappropriation : il faut que le moi sente son néant dans l'absence divine, pour passer à une vie supérieure. Cette raison n'est-elle pas bien dialectique et arbitraire? Point de doute que les mystiques ne tirent en effet parti de cet état et n'y puisent un sentiment vif du néant de l'existence individuelle. Mais le profit moral qu'ils y puisent est-il la raison de cet état?

1° Cette phase négative varie dans ses modalités ; mais on la trouve, autant qu'on peut être renseigné sérieusement sur ce point, à peu près chez tous les mystiques chrétiens ; il y a toujours une période d'épreuves, de peines qui succède en général aux joies du début et qui prépare aux joies de la fin. Les théoriciens du mysticisme ont presque fait une règle de cette alternance. Il est vrai que beaucoup des épreuves ainsi décrites, à part un degré exceptionnel d'acuité, ne sont pas toujours spéciales à ceux qui sont dans la voie mystique. Mais les peines mystiques que nous avons décrites ne sont pas, elles non plus, quant à leur contenu absolument spécifiques. Elles sont données d'une manière particulière, avec une intensité particulière, dans un ordre particulier ; mais cette horreur de soi-même, ce sentiment douloureux de distinction d'avec Dieu, de propriété, qu'il y a dans la conscience du moi, cette indignité du moi, ce néant et cette misère sont des thèmes émotionnels vraiment chrétiens. Ce grand mode de l'émotivité chrétienne s'exalte chez les mystiques, il se dépouille des particularités et se donne comme un état général et confus, comme l'absolu négatif du sentiment.

Il semble qu'ici l'on puisse invoquer jusqu'à un certain point une dépression consécutive à l'exaltation de tout à l'heure. L'alternative de l'excitation et de la dépression domine la vie affective; et plus haut l'on s'élève dans l'excitation, plus bas l'on retombe dans la dépression. Beaucoup de gens échappent aux grandes oscillations et réussissent à s'établir dans la moyenne. Il en est d'autres chez qui l'instabilité est la règle; il en est d'autres encore chez qui l'alternance se fixe en périodes d'une certaine durée. C'est un fait que les grandes âmes religieuses sont souvent à l'état d'instabilité et que leur sensibilité exaltée est pleine de contradictions [1]. Cette sensibilité exagérée, aberrante et contradictoire est fréquente chez les hommes extraordinaires; dans les grandes vies d'action ou d'art, chez les hommes de génie, chez les grands émotifs, on trouve souvent cette alternative d'excitation et de dépression, ces crises extrêmes et prolongées d'abattement. C'est peut-être une tare pathologique qui accompagne un développement mental ou sentimental extraordinaire. Quoi qu'il en soit, il est vraisemblable que l'étendue de cette gamme affective, et la puissance d'en atteindre rapidement les extrémités ont permis à certaines âmes d'élite d'enrichir singulièrement le patrimoine affectif de l'humanité.

Les mystiques vont aux solutions par des crises: nous avons noté cette phase d'inquiétude et de trouble qui précédait le début de la vie mystique et se terminait par une conversion supérieure. De plus, ils poussent leurs sentiments à l'absolu; quand ils déchoient de la période extatique, ils tombent à un état d'inquiétude, d'abandon, de dégoût d'eux-mêmes. Intuitifs, passifs et expansifs, ils sont comme prédisposés à ces grandes sautes de la sensibilité.

1. Voir les profondes remarques de James sur le type « twice-born ». *Expérience religieuse*, p. 106 et suiv. Mme Guyon. *Torrents*, p. 171, 175, 184.

Il faut noter encore qu'une foule d'éléments affectifs de trouble, de remords, de division d'avec soi-même, comprimés et couverts dans la période extatique, se détendent alors.

On pourrait se demander aussi jusqu'à quel point la fatigue ou l'épuisement, produits par une mortification souvent trop violente, concourent à cette dépression. Ils donneraient d'abord les rêves heureux de l'extase, puis les rêves douloureux et terribles de la seconde période.

Enfin, dans bien des cas, l'exagération même de cette dépression nous montre qu'elle est en grande partie l'effet de troubles nerveux ou psychiques. Mais il faut remarquer l'habileté du mystique à exploiter ces tristesses quasi pathologiques et ces désespoirs dans le sens de son mysticisme, à conquérir sa lypémanie. Sur ce malaise et cette inquiétude liées aux dispositions organiques, il édifie une tristesse morale, affection de l'âme, désirable et utile[1], un saint désespoir sur le mauvais désespoir[2].

2° Cet état de dépression condense la vision totale des choses en une intuition négative, comme l'extase la condensait en une intuition positive.

Laissant de côté l'influence certaine que cet état de dépression peut avoir sur la formation d'une intuition de ce genre, il convient de remarquer que pour l'intuitif, qui rassemble l'être en une aperception unique, il y a deux attitudes possibles. Schopenhauer remarquait fort bien que l'intuition mystique oscille entre l'enivrement joyeux et panthéistique de se sentir le centre des choses, l'âme même du monde, et l'attitude ascétique de la négation du vouloir vivre. Il y a l'intuition de l'essence des choses comme grâce, don gratuit, force libérale, l'absolu de la plénitude, qui par la générosité et la richesse

---

1. Maine de Biran. *Pensées*. 128.
2. Mme Guyon. *Justifications*. II, 338. Cf. Poiret. *Théologie réelle* : cette tristesse procède proprement de la connaissance qu'on a de soi-même ; on y voit que nous sommes directement opposés à Dieu et que notre fond est entièrement corrompu, 228.

de sa nature, s'épanche et se communique ; et en regard celle de l'effort douloureux et de la misère essentielle, l'absolu du néant et du vide. Les catégories suprêmes de la pensée et de l'action, l'affirmation et la négation, comme aussi celles du sentir, la béatitude et l'horreur, en s'élevant à l'absolu de l'intuition, aboutissent indifféremment à l'un ou à l'autre de ces modes. Certains intuitifs sont portés de préférence vers l'un d'eux. Les mystiques les traversent successivement, et après la plénitude de l'être, éprouvent la misère et le néant du moi.

Au cours de cette analyse qui nous a montré les ressorts du développement mystique, nous avons vu s'ébaucher des formes de mysticisme que l'histoire nous présente réalisées. Nous n'avons voulu étudier dans ce livre que la forme la plus compliquée, celle qui contient en quelque sorte à chacun de ses moments la puissance des autres, et qui est comme la synthèse de toutes les aspirations mystiques, si contradictoires, soient-elles.

C'est ainsi que la période extatique pourrait se développer, et en fait, dans certaines formes historiques du mysticisme, se développe en pure exaltation, et en inaction; si l'on pousse cette exaltation à l'extrême, on obtient l'absorption totale dans un état de conscience, qui lui-même s'évanouit progressivement vers l'inconscience : la négation absolue du moi et du monde, la suppression de toute conscience à la manière des mystiques indous.

Les mystiques chrétiens se gardent de cette négation radicale. Leur mysticisme est dans la vie.

L'extase ne supprime pas toute conscience. Au sortir de l'extase ils se trouvent prêts à agir, fortifiés par l'exaltation de l'extase. Beaucoup d'entre eux partagent ainsi leur existence entre des états extatiques, où ils s'oublient eux-mêmes, et la vie ordinaire, où ils se retrouvent prêts à accomplir volontairement et consciemment leurs devoirs chrétiens[1]. Il y a ainsi

---

1. Saint Grégoire le Grand. In I, *Reg.*, ch. II, n° 10.

une sorte d'alternance entre la vie personnelle et l'extase impersonnelle. C'est de cette manière que Bossuet, nous l'avons vu, comprenait l'état passif des mystiques approuvés.

Mais nous avons montré chez les grands mystiques un état à la fois plus compliqué et plus simple.

Le développement de la passivité, l'abolition du sentiment du moi, suppriment cette distinction et cette alternance. Dans une sorte d'automatisme total, ils ont conscience de vivre une vie impersonnelle et uniquement divine.

D'autre part, le groupe que nous avons étudié est si bien discipliné par l'ascétisme, si bien réglé par un sévère contrôle rationnel, tellement dominé par la dogmatique et la morale chrétienne que son automatisme, à la période théopathique, ne lui fournit que des éléments acceptables à une conscience chrétienne. Il y en a d'autres chez qui la vie subconsciente a gardé son indépendance, soit hétérodoxie naturelle, soit que la discipline ascétique ait été moins sévère, soit qu'elle ait moins pénétré; et ceux-là sont régulièrement hétérodoxes, par leurs capricieuses inspirations, et les impulsions immorales qu'ils traitent en mouvements divins. Alors que le premier groupe ne divinisait la spontanéité qu'à condition qu'elle s'accordât avec le christianisme, celui-ci l'affranchit de cette restriction. Enfin les idées théoriques du mystique pèsent sur la conscience qu'il a de son identification avec Dieu. Les mystiques chrétiens, qui se défient par la vie intérieure, ne se sentent point Dieu dans leurs actes, mais agissent par Dieu : ils sont devenus un instrument divin.

Le mysticisme que nous avons étudié est donc un problème et une méthode de transformation de la personnalité; mais ce problème ne peut se poser qu'à des natures spéciales, à la fois aptes à se perdre dans l'intuition et ardentes à s'épancher dans une action qu'elles subissent; prédisposées à la passivité et douées d'une riche vie subconsciente; et il n'est résolu de façon satisfaisante que par le soutien que cet intuitionnisme expansif trouve dans des idées directrices que l'intelligence du mystique a empruntées à une tradition et continué d'élaborer. Il faut donc admettre que la suite des états mystiques n'est pas fortuite et ne consiste pas en oscillations mécaniques, mais qu'elle obéit à la systématisation que nous avons essayé de dégager.

Il y a donc à la base du mysticisme un effort « pour s'approprier l'être et la puissance divine [1] », pour retrouver et revivre dans sa liberté une spontanéité primordiale, captive et mutilée dans la nature humaine. Ces ascètes, ces émaciés, ces simplificateurs ont été de grands artistes de la vie. Comment vivre sans être retenu par les multiples liens des choses où l'on vit? par l'indéfectible lien du moi par qui l'on vit? Comment vivre dans le temps et dans l'espace l'éternité et l'infinité de la vie [2]? Comment vivre sans s'asservir, s'oublier, se perdre à ce qui n'est déjà plus la vie, sans mourir? A la manière de l'art qui par un perpétuel remuement et renouvellement de formes, par une ģénialité dissolvante et créatrice, imite ce qu'il y a dans la vie de moins fixé et de plus inventif, le mysticisme, par le renoncement et l'indifférence, rejette tout ce qui n'est pas digne d'être et dégageant les thèmes fondamentaux de tout sentir et de tout agir, l'aspiration créatrice, la plénitude d'être ou l'irrémédiable misère, il les étale en larges intuitions pour sa divine symphonie.

Ainsi les restrictions de l'askèse aboutissent à une immense largeur de vivre. Elles suppriment, elles mettent en non-activité tout ce qui pourrait diminuer ou retenir le plein don du mystique à sa tâche; levant des inhibitions, elles libèrent des

---

1. Boutroux. *Bulletin de la Société de philosophie*, janvier 1903, p. 16.
2. Faire de l'âme un autre ciel. « Car le ciel n'est pas son seul séjour; il (Dieu) en a aussi un dans l'âme que l'on peut nommer un autre ciel » (*Château*, VII, ch. 1).

forces ; et elles les convertissent et les dirigent vers une fin que
l'instinct et la réflexion dégagent. Ainsi l'expansion mystique
ne va pas sans une mutilation de la nature. « Comment peut-
on arriver à comprendre parfaitement la vie spirituelle, si on
conserve intactes ses forces et sa vigueur naturelles? Ce serait
vraiment un miracle. Je n'ai jamais vu personne à qui cela soit
arrivé, et si par hasard quelqu'un est dans ce cas, qu'il se fasse
voir¹ ». « Il arrive aussi parfois que plus la nature est opprimée,
plus richement aussi la vérité nous apparaît². »

Et certes il y a dans cette simplification de la vie, dans ce
rétrécissement volontaire de la conscience le procédé ordinaire à
tous ceux qui spontanément ou par un effort de volonté se consa-
crent à une œuvre³. Mais les moyens que l'ascétisme emploie pour
discipliner la nature sont aussi une violence faite aux conditions
physiologiques de l'existence humaine, et produisent directement certains troubles psychologiques, qui jouent sans doute un
rôle dans la formation des états mystiques⁴ ; ils rejoignent,
sans que le mystique s'en doute, les méthodes artificielles d'intoxication ; le renoncement et l'orgie ont des effets analogues.
Il faudrait chercher la part de la fatigue et de l'épuisement
dans les phénomènes mystiques. La prédisposition nerveuse,
le jeûne, la mortification, la privation du sommeil, la continence, la vie claustrale interviennent, comme la concentration
intense de la pensée sur un petit nombre de représentations⁵.

1. Suso. *Sermons* (trad. Thiriot, II, 338).
2. *Livre de la Vérité*, ch. v. Denifle, 555. Cf. ibid., 566. « On voit peu
d'hommes parvenir avec des forces intactes à cet état dont tu parles, car le
travail qu'on dépense pour y parvenir provoque une fatigue qui pénètre jusqu'au plus profond des moelles de ceux qui y arrivent en vérité. »
3. Brenier de Montmorand. Ascétisme et Mysticisme, in *Revue philosophique*, mars 1904.
4. Un soufiste disait : « Nous n'avons pas appris le soufisme de tel ou
tel, mais de la faim, du renoncement au monde et à ses habitudes. » Dugat.
Philosophes et Théologiens musulmans, Paris, 1878, p. 131.
5. Sainte Thérèse. *Livre des Fondations*, ch. vi. « Dans un monastère de
Bernardines vivait une religieuse qui égalait en vertu les deux précédentes ;

On connaît l'importance de l'inanition dans la rêverie à l'état de veille et dans la production des hallucinations[1]. L'épuisement aboutit souvent à des états crépusculaires qui ne sont pas sans analogie avec certains états extatiques. On ne peut s'empêcher de se demander, devant certains cas d'insomnie prolongée, si l'extase n'est pas parfois un équivalent du sommeil[2]. La continence extrême agit sans doute sur les formes mystiques de l'amour[3]. L'obéissance absolue au directeur n'est certainement pas sans influence sur le développement de la suggestibilité et de l'automatisme. D'une manière générale, il serait intéressant de rechercher, par une étude précise, jusqu'à quel point les procédés ascétiques interviennent dans la formation et l'évolution des états mystiques. Nous ne prétendons certes pas réduire le mysticisme à n'être qu'une traduction mentale des effets physiologiques d'un certain régime. Mais il serait inexact d'oublier que ses constructions somptueuses sont fondées en partie sur ces bases fragiles.

les fréquentes disciplines et les jeûnes l'avaient réduite à un tel excès de faiblesse que toutes les fois qu'elle communiait ou que sa dévotion s'enflammait, elle s'évanouissait et demeurait huit à neuf heures dans cet état. Elle croyait ainsi que ses sœurs que c'était un ravissement. » Sainte Thérèse fait supprimer les jeûnes et les disciplines et la force à faire diversion. Les forces reviennent peu à peu et les ravissements disparaissent, p. 100 et 101. Au même chapitre, mention est faite des évanouissements, du sommeil spirituel, des transports auxquels sont sujettes « les personnes consumées de pénitences » ; elles sont sujettes aussi à s'absorber dans une idée qui les frappe et leur plaît ; elles sont captivées par des visions ou des idées, sujettes aux obsessions.

1. Krafft Ebing. *Psychiatrie*, 128 ; Dr Becquet. *Délire d'inanition dans les maladies*, Arch. générales de médecine. 1860 ; Savigny. *Observations sur les effets de la faim et de la soif*, 1818.

2. Voir le cas de saint Pierre d'Alcantara, in sainte Thérèse, *Vie*, 304 ; Poulain. *Les Grâces d'Oraison*, 227 ; Nicole. *Réfutation*, 215.

3. Leuba, art. cité, p. 159 ; Dumas. *L'Amour mystique*, in *Revue des Deux Mondes*, 1906.

APPENDICE I

HALLUCINATIONS PSYCHIQUES. — SENTIMENT DE PRÉSENCE

Les mystiques dont nous avons présenté l'étude sont tous d'accord sur plusieurs points : ils n'ont pas de visions corporelles, ni de paroles extérieures, c'est-à-dire pas d'hallucinations psychosensorielles : ou du moins ils n'en ont que très rarement. La présence de ces hallucinations, quand elles ont lieu, a cet effet utile qu'elles peuvent mieux nous renseigner sur le caractère purement mental de leurs paroles intérieures ou visions imaginaires.

2° Ils distinguent tous les paroles intérieures et les visions imaginaires d'une part d'avec les paroles intellectuelles et les visions intellectuelles. Il nous faut donc étudier chez eux ces deux groupes :

I. — Paroles intérieures et visions imaginaires.

Il semble bien qu'on puisse distinguer deux groupes différents et que ce qui se passe chez Suso par exemple ne soit pas tout à fait la même chose que ce qui se passe chez sainte Thérèse. Les automatismes de Suso présentent les caractères suivants : ils se rapprochent davantage du rêve et des états oniriques (souvent même ils sont donnés en rêve). Les visions ont été données d'emblée dans leur complexité, et n'ont pas été progressives à la manière de celles de sainte Thérèse. Ces visions semblent plus polymorphes encore et plus compliquées. Les paroles, de même, diffèrent des paroles imaginaires de sainte Thérèse en ce que la plupart du temps elles constituent de vrais dialogues et que Suso y parle souvent lui-même ; Suso du reste n'assiste pas seulement à ses visions ; il y joue presque toujours un rôle assez compliqué. Certes on y trouve encore le caractère forcé, passif (les sens se retirent et un spectacle se présente par conséquent dans une sorte d'obnubilation), mais moins accusé. On n'y trouve pas le caractère soudain et si bref signalé par sainte Thérèse. Les automatismes de Suso ressemblent beaucoup plus que ceux de sainte Thérèse à d'amples jeux d'inspiration artistique, avec une nuance de passivité en plus : ce sont des constructions de l'état de rêve. Il y a du reste parfois chez sainte Thérèse des visions de ce genre ; on en trouverait un exemple très caractéristique dans le premier volume des Lettres (page 308).

Ce n'est pas à dire qu'il y ait là exactement des hallucinations oniriques au sens où Régis prend ce mot : les hallucinations de Régis[1] ont bien ce caractère onirique que nous signalons chez Suso, mais elles sont psychosensorielles et de caractère beaucoup plus stéréotypé. Certes beaucoup de mystiques en ont présenté de semblables[2]. Mais l'hallucination psychosensorielle trahit sans doute un trouble des fonctions mentales plus profond que l'hallucination psychique ; et c'est peut-être la raison pour laquelle le groupe des mystiques que nous étudions semble y avoir échappé.

Tous ces états ont donc un caractère commun, celui d'être comparés par le sujet qui les éprouve à des représentations mentales, et non pas à des sensations, mais à des représentations mentales qui n'ont pas leur origine dans l'esprit du sujet, et qui sont rapportées par lui à une cause étrangère. Nous avons suffisamment établi ceci pour n'y plus revenir.

Ces représentations ont un caractère forcé, un caractère de contrainte : le sujet ne peut s'y soustraire, leur résister ; il les subit. Il ne peut les provoquer à son gré : l'effort même qu'il fait pour les maintenir, loin d'y aider, les contrarie. Elles sont soudaines et en dehors de toute relation avec l'idéation antérieure ; elles ont lieu souvent dans des états de vide mental, d'émotion intense et de trouble où la pensée est ordinairement incapable de former ce qu'elles présentent.

Quant à leur contenu, il est tel que la conscience ordinaire serait

1. Régis. Des Hallucinations oniriques des dégénérés mystiques ; Congrès de médecine mentale, 1894.
2. Vie de Catherine de Sienne, Lyon, 1615, p. 82. « Elle ajoute encore, poursuivant son propos, que dès le commencement c'étaient des visions imaginaires le plus souvent, mais qu'après celles-là elle jouit des visions sensibles aux organes externes du corps, de manière qu'elle oyait le son de la voix de ses propres oreilles. »

incapable de le former, à cause de sa clarté, de sa beauté, de sa valeur, de sa richesse prophétique. Ce contenu transcende en quelque sorte la conscience ordinaire. Enfin il faut citer encore l'action profonde, efficace sur la vie, la richesse affective et active de ces états.

La réunion de ces caractères donne au sujet l'impression d'une action étrangère, surnaturelle et divine. Il éprouve, par l'insuffisance de ses efforts, l'impuissance de sa nature à produire de tels effets. L'effort est conscient ; il est accompagné d'un sentiment d'arrangement, d'ordonnance, d'activité et de fatigue ; ses œuvres imparfaites n'ont point l'aspect de l'objectivité. Tous les mystiques que nous avons étudiés s'accordent sur cette description[1].

Ainsi, des représentations mentales, qui apparaissent immédiatement au sujet comme d'origine étrangère ; et si l'on résume les caractères que nous venons de rappeler, on y trouve : spontanéité, incoercibilité, caractère obligatoire — vivacité, richesse du détail, valeur du contenu — puissance affective, caractère efficace.

Or ces caractères nous semblent coïncider avec ceux que Séglas attribue à ses hallucinations psychiques, « représentations mentales vives, animées, précises, stables, spontanées, incoercibles, mais manquant d'extériorité[2] ».

Il n'y a qu'une réserve à faire, nous l'avons dit : c'est que certains des automatismes de Suso se rapprochent d'une sorte de rêverie prolongée, d'ailleurs passive et contrainte ; mais dont la matière est elle aussi tissée d'hallucinations psychiques.

Voilà les faits tels que les exposent les mystiques : nous voyons qu'ils coïncident avec une catégorie de faits analysée par les psychologues et les psychiâtres. Il semblerait qu'ici nous n'ayons plus qu'à nous arrêter après avoir constaté cet accord. Mais il se trouve que c'est justement à propos des visions des mystiques que la psychiâtrie a créé cette catégorie des hallucinations psychiques, dont on a depuis contesté l'existence, en assimilant par suite les états que nous venons de décrire à des hallucinations semblables aux hallucinations ordinaires, à des hallucinations psychosensorielles, que nos mystiques distingueraient par des caractères superficiels des

---

1. Cf. Antoinette Bourignon. *Œuvres*, X (*Contre la secte des Trembleurs*), p. 295 et suiv., XIV (*La Pierre de Touche*), p. 300.
2. Séglas. L'Hallucination de l'Ouïe, in *Congrès de médecine mentale*, 1896. Comparer *Traité de Pathologie mentale* (Gilbert Ballet), p. 216.

hallucinations psychosensorielles. Il nous faut donc revenir brièvement sur cette question.

C'est Baillarger[1] qui le premier a réparti les hallucinations en deux classes : hallucinations psychosensorielles, absolument semblables à des perceptions complètes (hallucinations qui résultent de la double action de l'imagination et des organes des sens); hallucinations psychiques (qui manquent de l'élément sensoriel et sont dues à l'exercice involontaire de la mémoire et de l'imagination). Baillarger, pour établir cette seconde classe, s'appuie surtout sur le témoignage des auteurs mystiques, en particulier sur les Lettres sur l'Oraison; mais il signale aussi ces hallucinations psychiques dans les rêves, où les conversations que nous entendons sont, dit-il, le plus souvent purement mentales; et il cite ces aliénés qui entendent des voix secrètes, intérieures, voix qui ne font pas de bruit, ces malades qui tiennent des conversations mentales avec les personnes qui les entourent, ces malades qui s'entretiennent d'âme à âme et par intuition, avec des interlocuteurs invisibles, ces malades auxquels on parle en idée; dans beaucoup de cas ces malades entendent ces voix à l'épigastre. « L'hallucination consiste évidemment à entendre des paroles que les malades prononcent très bas, à leur insu et la bouche fermée, et qui semblent, en effet, sortir de la poitrine et de l'épigastre[2]. » La localisation peut, du reste, être différente : « il semble que le malade ait alors la plus grande tendance à assigner à la voix le point qui est devenu le siège d'une sensibilité plus ou moins vive[3]. »

Les hallucinations psychiques, d'après lui, supposent un trouble beaucoup moins grand que les fausses perceptions psychosensorielles. Aussi se produisent-elles plus souvent et plus facilement. On aurait une idée de ce qui se passe chez ces malades, en se faisant à soi-même mentalement une question, à laquelle on a l'habitude de répondre très souvent; la réponse formulée en paroles intérieures, se fait immédiatement, et pour ainsi dire, involontairement dans l'esprit. Toute la différence est dans la conviction de l'halluciné qui attribue cette réponse à un autre[4].

1. Baillarger. *Des Hallucinations*, 1845.
2. P. 407.
3. Ibid.
4. Voir aussi Baillarger. *Physiologie des Hallucinations*, in *Recherches sur*

Séglas[1] a montré que les hallucinations psychiques que Baillarger signalait chez les aliénés sont en réalité des hallucinations psychomotrices, c'est-à-dire des hallucinations qui relèvent non point du centre auditif, mais bien du centre moteur de la fonction langage; il a établi l'intervention des sensations ou des images motrices d'articulation dans ces troubles, qui, par ce caractère, se distinguent nettement de toute hallucination verbale auditive. Mais il n'entend pas que toutes les hallucinations psychiques de Baillarger soient en réalité des hallucinations psychomotrices. Il y a en somme trois classes d'hallucinations psychiques : 1° des faits qui n'ont de l'hallucination que l'apparence : par exemple la rêverie à l'état de veille de certains paranoïaques. 2° Les représentations mentales vives, animées, précises, stables, spontanées, incoercibles, mais manquant d'extériorité; les pseudo-hallucinations de Kandinsky. 3° Les hallucinations verbales psychomotrices[2].

Les hallucinations de la seconde catégorie sont celles qui ont été si bien décrites par les mystiques lorsqu'ils parlent « de ces visions que l'on n'a pas par les yeux corporels, mais seulement par les yeux de l'âme. » Elles peuvent être visuelles ou verbales. A côté des hallucinations auditives verbales et des hallucinations psychomotrices verbales, il y a des hallucinations verbales qui restent « à l'état de simples représentations mentales, auditives ou motrices, associées ou non, sans aller jusqu'à l'hallucination vraie. Ces « pseudo-hallucinations verbales » ont les mêmes caractères que les pseudo-hallucinations visuelles : spontanéité, incoercibilité, précision, etc. Elles peuvent enfermer du reste des images motrices aussi bien que des images auditives[3].

Ainsi Séglas, analysant plus profondément le groupe hallucinatoire classé par Baillarger sous la rubrique Hallucinations psychiques, y distingue : 1° son grand groupe devenu classique : les Hallucinations psychomotrices verbales; 2° des Hallucinations psy-

---

les maladies mentales, 1, 1890, p. 693 ; Application de la physiologie des hallucinations à la physiologie du délire considérée d'une manière générale, *ibid.*, p. 494.

1. *Des troubles du langage chez les aliénés*, 1892.
2. Séglas, L'Hallucination de l'Ouïe, in *Congrès de médecine mentale*, 1896 ; cf. *Traité de Pathologie mentale*, de G. Ballet, p. 215 et suiv.
3. Séglas, Phénomènes dits Hallucinations psychiques, in *Congrès de Psychologie*, 1901.

chiques proprement dites ou pseudo-hallucinations, qui se distinguent des hallucinations ordinaires (psychosensorielles de Baillarger) par l'absence d'extériorité, et des représentations mentales ordinaires par les caractères signalés : spontanéité, incoercibilité, etc.

Mais, pour constituer ce groupe des pseudo-hallucinations, il semble bien que Séglas ne s'appuie que sur le témoignage des mystiques et sur l'ouvrage de Kandinsky : on ne voit pas qu'il ait groupé des observations décisives sous cette rubrique ; ce qui permet à Bernard Leroy de mettre en doute cette conception des hallucinations psychiques, qu'il semble vouloir ramener soit à des hallucinations ordinaires qui n'auraient de particulier que l'interprétation que le malade en fait ; soit à des phénomènes de vision mentale parfaitement normaux en eux-mêmes, mais que le malade interprète dans le sens de son délire[1]. En particulier il divise les paroles imaginaires des mystiques en deux classes : 1° des voix intérieures, localisées à l'intérieur du corps, et qui seraient en général des hallucinations verbales motrices (il est hors de doute, à notre avis, que certains mystiques décrivent des voix intérieures qui rentrent dans cette catégorie) ; 2° des paroles entendues, alors qu'il n'y a personne pour les prononcer. « Dès lors si le sujet a une apparition, dans laquelle il voit un personnage surnaturel, et si, en même temps, il entend des paroles qui lui semblent être prononcées par le personnage, ces paroles seront considérées comme auriculaires, quels que soient leurs caractères intrinsèques ; mais quels que soient également leurs caractères intrinsèques, elles seront considérées comme imaginaires s'il n'y a eu au moment où elles sont entendues aucune apparition à laquelle elles puissent être attribuées. En somme les paroles imaginaires sont des hallucinations verbales isolées ou simples, les paroles auriculaires sont des hallucinations verbales associées à des hallucinations visuelles[2]. »

Ces hallucinations, du reste, ne seraient pas mélangées avec les perceptions, parce qu'elles surviennent « toujours dans une sorte d'état de rêve ou d'extase pendant lequel ils perdent, pour ainsi dire, tout contact avec la réalité extérieure[3] ».

1. *Le Langage*, 1905.
2. *Ibid.*, 203-204 ; cf. 237.
3. *Ibid.*, 251.

HALLUCINATIONS PSYCHIQUES. — SENTIMENT DE PRÉSENCE.

Il nous est impossible, sur ces différents points, d'être d'accord avec Bernard Leroy.

1° Sainte Thérèse a entendu parler deux fois par les oreilles du corps (hallucinations auditives verbales) sans que ces paroles entendues lui aient semblé prononcées par un personnage vu ; du moins dans l'un des deux cas, le seul qu'elle décrive avec détails, elle ne parle pas de vision corrélative à l'audition (Vie, Ed. Peyré, p. 503) ; et cependant ces paroles ne lui semblent pas imaginaires.

2° Sainte Thérèse a vu — par vision imaginaire — Jésus-Christ qui lui parlait — par paroles imaginaires (Vie, 313). Le fait de voir qui lui parle ne transforme pas ses paroles imaginaires en paroles entendues des oreilles du corps ; il est vrai que ses visions ne sont qu'imaginaires ; mais elle n'en a point d'autres ; ou du moins ce sont celles qu'elle a le plus ordinairement. On pourrait emprunter de nombreux faits analogues à la vie de Suso.

3° Sainte Thérèse, qui est encore sur ce point le meilleur témoin, a eu des hallucinations auditives verbales, et des hallucinations psychiques verbales ; elle les distingue par des caractères intrinsèques, et nulle part dans ses écrits on ne voit rien qui puisse confirmer la théorie de Bernard Leroy. Les caractères différentiels qu'elle établit entre ces deux classes de phénomènes sont, nous l'avons vu, tout autres.

4° Ces phénomènes ne se produisent pas toujours dans un état de rêve ou d'extase (exemples : vision du Christ irrité ; cf. Château, VI, ch. 9 ; la plupart des paroles imaginaires). S'ils ne sont point mêlés aux perceptions, c'est d'abord qu'ils ne sont pas des perceptions.

5° Les mystiques distinguent trop nettement leurs visions imaginaires des visions corporelles pour que nous ayons le droit d'en faire des hallucinations banales, qui n'auraient de particulier que l'interprétation qu'ils donnent : ils les distinguent aussi trop nettement des représentations mentales ordinaires pour que nous ayons le droit d'y voir des phénomènes de vision ou d'audition mentale, parfaitement normaux en eux-mêmes, mais interprétés dans un sens spécial ; c'est précisément leur caractère inhabituel qui les frappe d'abord. En d'autres termes nous croyons que les descriptions de nos mystiques ont la valeur de bonnes observations, et qu'il faut accepter jusqu'à preuve du contraire leurs paroles et leurs visions imaginaires. La difficulté la plus grave est celle que signale Bernard Leroy : jusqu'à présent ces hallucinations psychiques ont été peu étudiées — sauf par les mystiques eux-mêmes — et en dehors des mystiques on ne les rencontre guère : or est-il vraisemblable que ce phénomène se rencontre uniquement chez les mystiques ? Baillarger, en effet, rangeait dans ses hallucinations psychiques les visions et les paroles des mystiques d'une part et d'autre part les hallucinations kinesthésiques verbales que Séglas a retirées de ce groupe ; il n'y reste donc plus que les visions et les paroles des mystiques. Il est vrai que Kandinsky[1] décrit des pseudo-hallucinations intermédiaires entre l'hallucination sensorielle et la représentation mentale ; il leur attribue les caractères que résume la formule, citée plus haut, de Séglas ; il les trouve chez l'aliéné et chez l'homme normal (par exemple dans la période présomnique). Mais son étude demeure malheureusement assez vague, dépourvue d'observations méthodiques et d'analyses précises ; et il est fort possible en effet qu'il prenne parfois des hallucinations complètes, interprétées d'une manière un peu particulière, pour des pseudo-hallucinations[2]. Il faut bien avouer que le problème des hallucinations est encore fort peu avancé et du côté psychologique et du côté physiologique et clinique. La théorie n'en est pas faite d'une manière définitive et les observations sont le plus souvent superficielles et incomplètes. Néanmoins nous croyons utile de maintenir les hallucinations psychiques de Baillarger, telles que les définit Séglas. Nous croyons bien les avoir observées, à titre de phénomène durable et important, notamment dans un très beau cas de délire de transmission de pensée, au cours d'un accès maniaque[3]. Enfin les descriptions de nos mystiques nous paraissent les imposer, et nous avons vu que l'essai de réduction de ces phénomènes à des hallucinations banales ne semble pas correspondre au fait[4].

Un dernier scrupule pourrait naître de ce fait que la division des paroles et des visions en corporelles, imaginaires et intellectuelles, semble, de par l'histoire, avoir une origine plus doctrinale qu'expé-

---

1. *Kritische und klinische Betrachtungen im Gebiete der Sinnestäuschungen.* Berlin, 1885.
2. V. p. ex., p. 69.
3. Observation inédite, que nous publierons ailleurs et dont nous donnons plus loin un fragment.
4. Sur les hallucinations psychiques, voir encore Störring. *Vorlesungen über Psychopathologie*, 1900.

rimentale. Nous la trouvons, depuis saint Augustin, chez presque tous les théologiens qui ont traité des visions : Saint Isidore (*Etymologies*, VII), Richard de Saint-Victor (*Libr. I, in Apocal.*, c. 15), saint Bonaventure (*Procur. relig.*, c. XVIII), saint Thomas (2. 2. *Quæst.*, 175, art. 3)... Ainsi cette division semble devenue classique à partir de saint Augustin, qui traite explicitement la question (*De Genesi ad litteram*, l. XII, VI, A ; XVIII, 494, B ; XXV, B ; *Dialogus Quæstionum*, Q., LXIII ; *Liber de Spiritu et Anima*, XXIV ; *contra Adimantum*, XXVIII, 2. — *De Genesi ad litteram*, l. VIII, XXV ; l. XII, XIX ; *Enarratio in psalmum*, XXX). Or il semble bien que cette théorie chez saint Augustin ait deux sources : 1° une division psychologique des fonctions intellectuelles : sens, imagination, intelligence, et une théorie du rapport et de la subordination de ces fonctions ; 2° l'Écriture, où l'on trouve plusieurs espèces de visions « Unum, secundum oculos corporis; sicut vidit Abraham tres viros sub ilice Mambre... ; alterum secundum quod imaginamur ea quae per corpus sentimus... non per oculos corporis, aut aures... sed tamen his similia, sicut vidit Petrus discum illum submitti e cœlo... ; tertium autem genus visionis est secundum mentis intuitum, quo intellecta conspiciuntur veritas atque sapientia ; ex hoc tertio genere est visio illa quam commemoravi, dicente apostolo, invisibilia enim Dei, a constitutione mundi, per ea quae facta sunt, intellecta conspiciuntur. » *Contra Adimantum*, XXVII, 2. Sainte Thérèse trouve donc cette classification toute préformée ; et elle fait rentrer sous les deux dernières espèces ses expériences personnelles : mais si cette classification préétablie l'aide à comprendre et à exposer son expérience, nous ne croyons pas qu'elle l'ait influencée dans sa description de visions et paroles imaginaires. Sainte Thérèse ne connaît guère ces distinctions avant de les avoir éprouvées (Vie, 267 ; *ibid.*, 60 ; Château, ch. VIII, p. 541 ; Vie, 284).

II. — VISIONS INTELLECTUELLES.

Parmi les visions intellectuelles il convient de distinguer avec les mystiques celles qui apportent une connaissance et celles qui apportent le sentiment d'une présence.

Le caractère frappant et paradoxal des visions du deuxième groupe, c'est la certitude de la présence d'une personne qui n'est perçue par aucun des sens. « La personne... sent à côté d'elle une mystérieuse présence, située en un point précis, tournée d'un certain côté, réelle de la réalité la plus intense, qui vient tout à coup et part aussi soudainement ; qui pourtant n'est ni vue, ni entendue, ni touchée, ni perçue par aucun autre sens [1]. » Une personne extérieurement présente, parfois distinctement reconnue et échappant à tous les sens. « Sans rien voir et sans le secours d'aucune parole intérieure ni extérieure, l'âme conçoit quel est l'objet, de quel côté il est, et quelquefois ce qu'il veut dire. » C'est ainsi que sainte Thérèse définit elle-même cet état. Et encore « l'âme voit clairement quelqu'un présent, bien qu'elle ne l'aperçoive sous aucune forme » (Vie, 346).

D'assez nombreux faits du même ordre ont été groupés par James dans un chapitre de son livre : « Les variétés de l'expérience religieuse ». On en trouve un assez grand nombre dans le livre de Gurney, Myers et Podmore « Phantasms of the Living » et dans le livre de Myers « Human Personality ». M. Bernard Leroy dans une intéressante étude sur ce phénomène donne deux observations personnelles [2]. J'en ai moi-même recueilli quelques-unes, et j'en ai aussi relevé de très nettes dans la littérature mystique [3].

Ce phénomène, dont l'étiologie est assez indéterminée, est aussi très difficile à analyser psychologiquement. Sans vouloir apporter de solution définitive à ce petit problème, nous allons nous efforcer de mettre un peu d'ordre dans les observations recueillies.

Nous devons d'abord remarquer que plusieurs de ces hallucinations de présence ont lieu au réveil. Dans une des observations de Gurney (p. 76) le sujet indique un réveil anxieux et brusque, avec

---

1. James. *Variétés de l'Expérience religieuse* (trad. Abauzit), p. 50.
2. James. *Les Variétés de l'Expérience religieuse*, trad. Abauzit. *La réalité de l'invisible*, p. 45. Voir surtout, p. 50-53. Gurney. *Les Hallucinations télépathiques*, 1905 (4e édit.), p. 76, 91 et 95 ; p. 110, 147, 183, 185, 194, 231, 315. Myers. *Human Personality*, 665 A et 817 A ; Kandinsky. *Kritische und klinische Betrachtungen*, p. 74. Poulain. *Les Grâces d'Oraison*, 1906, 314. Bernard Leroy. *Les Visions Intellectuelles*, in *Revue de l'Histoire des Religions*, 1907. Flournoy. *Archives de psychologie*, t. VII, p. 119, 131 et suiv.
3. En particulier Louis du Pont. *Vie du Père Balthasar Alvares*, 600-603 ; ibid., 164.

un mouvement d'horreur et conscience d'une présence horrible tout près de lui (cette présence ne se précise pas par la suite en une forme définie); (p. 47) le sujet se réveille d'un profond sommeil avec le sentiment pénible qu'il y a quelqu'un dans la chambre (le sentiment de présence est suivi d'une hallucination visuelle assez nette). De même chez James (p. 52) le sujet se réveille avec l'impression d'avoir été réveillé exprès et croit d'abord que quelqu'un faisait irruption dans la maison... puis il a le sentiment d'une présence spirituelle avec une forte appréhension superstitieuse « comme s'il allait arriver quelque chose d'étrange et de terrifiant ». J'ai observé le même fait chez une maniaque avec quelques idées de persécution : « Je m'éveillais dans la nuit, comme si quelqu'un m'éveillait, je n'avais pas peur, mais quelqu'un passait dans ma chambre, je pense que c'était un esprit... Lorsque je m'éveillais, je le repoussais. »

Ainsi nous trouvons le sentiment de présence associé au réveil anxieux : en pareil cas ce sentiment est lui-même lié à un sentiment d'angoisse et d'attente anxieuse : la présence est éprouvée comme toute proche et comme dangereuse ou horrible, ou tout au moins avec une nuance de crainte. Le sujet se réveille avec l'impression qu'on l'a réveillé.

2° Nous trouvons le même phénomène, avec une nuance émotionnelle toute différente, associé à des réveils paisibles.

Gurney (94), Louis du Pont (p. 600).

3° Dans d'autres cas l'hallucination de présence a lieu la nuit, au lit, ou bien au coucher ou au lever, dans des états voisins du sommeil et du rêve, et tout imprégnés de cette émotion spéciale que la solitude et la nuit développent chez certains sujets.

Gurney (95; 110; 231; 315); voir aussi l'observation de Kandinsky;

Louis du Pont, p. 602 : James, p. 59.

Dans la plupart de ces cas le rôle d'une émotion intense et brusque est très net. On comprend que le réveil brusque, avec sentiment de peur, laisse le sujet sous l'impression d'une présence dangereuse. Dans beaucoup de réveils en sursaut, les sujets s'imaginent que quelqu'un est dans leur chambre, qu'on vient les attaquer : ces réveils avec sentiment de présence sont une forme atténuée des seconds : le sentiment d'une présence horrible et pénible est comme un équivalent confus de cette impression que quelqu'un entre, que quelqu'un vient. Il se peut aussi que ces réveils brusques soient sous la dépendance non seulement d'un état anxieux, mais aussi d'un rêve antérieur, et que cette présence qui se manifeste soit comme l'ombre et la trace persistante d'une hallucination plus précise et déjà oubliée de rêve ou de cauchemar. Il n'y a donc ici qu'une émotion intense qui se donne un objet, vague, comme elle est elle-même, ou qui retient l'image confuse et en voie de dissolution d'un objet à qui elle était liée dans le sommeil.

L'explication est la même lorsqu'il s'agit de ces grands réveils paisibles, illuminés par une présence radieuse : la qualité seule de l'émotion varie.

4° Dans certains cas l'hallucination de présence est précédée par une autre hallucination.

C'est ce qui se passe pour l'un des plus beaux cas signalés par James. « Une nuit après m'être mis au lit, j'eus une hallucination tactile des plus vives : on me saisissait le bras ; je me levai et cherchai s'il y avait un intrus dans ma chambre. Mais le sentiment d'une présence, au sens précis, ne vint que la nuit d'après ; je m'étais mis au lit... j'étais en train de réfléchir à mon hallucination de la veille, quand soudain je sentis quelque chose entrer dans ma chambre (50). » Nous avons observé le même fait chez une lypémaniaque avec idées religieuses. « Un jour en allant se coucher elle a été prise d'un serrement à la taille et cela avec une sensation plus forte que la dernière fois (elle avait eu un certain temps auparavant des sensations de serrement, d'étouffement et aussi de brûlure : il lui semblait être dans le feu, que quelqu'un la piquait partout). Sa langue était comme paralysée et elle ne pouvait parler et elle éprouvait un violent sentiment de peur ; quelqu'un la poursuivait dans la chambre ; elle ne voyait, n'entendait personne, mais avait en dedans d'elle un sentiment qui lui faisait croire que quelqu'un était là. Elle sentait très bien qu'il y avait quelqu'un qui la suivait, mais qu'elle ne voyait pas, qu'elle n'entendait pas [1]. »

---

1. Cette observation, comme plusieurs de celles qui suivront, a été prise à Montpellier, à l'asile d'aliénés, sous la bienveillante direction de M. Mairet, professeur de maladies mentales et nerveuses et doyen de la Faculté de médecine. Je saisis cette occasion de lui témoigner ma reconnaissance. J'ai eu aussi souvent recours à l'obligeante collaboration de M. le Dr Jacquemet, chef de clinique.

Il semble que l'hallucination précise, tactile ou autre, s'épanouisse dans les cas de ce genre en hallucination de présence ; soit que l'hallucination de présence soit comme l'équivalent confus, indistinct, incomplet, d'une sorte d'hallucination globale qui ne pourrait se réaliser, se manifester à tous les sens : une sorte de poussée hallucinatoire qui s'arrêterait à mi-chemin. Soit que l'hallucination précise éveillant dans l'esprit l'idée d'une personne cause de la sensation hallucinatoire, la combinaison aisée de cette idée avec les émotions qui résultent à la fois de l'hallucination précise, de l'idée et de l'état hallucinatoire, réalise — à la faveur de l'état de désorientation et de trouble qu'est l'état hallucinatoire — une hallucination de présence confuse.

5° Dans d'autres cas l'hallucination de présence précède d'autres hallucinations.

Gurney, 147 ; 183 ; 185 ; 194 ; 315. Kandinsky, 74. Myers, 665 A ; 817 A. Flournoy, art. cité.

Tout se passe en ce cas comme si le sentiment de présence était l'aura émotionnelle de l'état hallucinatoire ; il y a comme un sentiment de tension intérieure, d'attente anxieuse, inquiète ou simplement étonnée, un état d'obnubilation et d'attente émotive que le sujet objective en une personne confuse : cette sorte d'automatisme dont il sent en lui l'éveil lui apparaît comme un être étranger, mais qu'il ne peut objectiver encore pour aucun de ses sens : l'objectivation se fait ensuite, au fur et à mesure que l'hallucination se développe. La conscience de l'état hallucinatoire, sous la forme vague et fruste où il se présente d'abord, donnerait au sujet l'impression d'un vague quelqu'un ou d'un vague quelque chose, comme ses hallucinations précises lui donneront une personne précise ou un objet précis.

Éprouver la présence d'une personne ou d'un objet, c'est réagir à certaines sensations actuellement données et qui signifient une personne ou un objet, par une croyance, c'est-à-dire par un état intellectuel d'affirmation plus ou moins complexe et plus ou moins précise, par des sentiments, c'est-à-dire par une attitude intérieure, et s'il y a lieu par des actes. Les sentiments et les actes varient suivant la nature de la chose présente. Lorsqu'il s'agit d'êtres, ils oscillent entre la crainte et la confiance ; les êtres qui nous entourent ou que nous imaginons éveillent notre instinct de défense ou notre instinct d'abandon. Les sentiments qui s'appliquent à des êtres présentis, ont eux-mêmes un caractère de réalité immédiate ; ils sont engagés dans des actes réellement accomplis, ou prêts à être accomplis ; l'action s'adapte à l'être présent et le sentiment, engagé dans cette adaptation, y puise le caractère du présent. C'est peut-être en effet cette adaptation, cet ajustement moteur qui donne au sentiment cette forme spéciale d'application à un être actuellement donné, ce caractère d'émotion de présence, donnée en plus des émotions générales que pourrait aussi bien déclancher la simple image de l'objet ou de la personne. Le sentiment, pourrait-on dire, est affecté d'un coefficient d'action.

Puisque les sujets s'accordent à nier toute sensation précise empruntée à un ordre sensoriel quel qu'il soit, d'où ils pourraient inférer une présence et qui éveillerait en eux le groupe d'émotions et d'actions, liées à cette sensation significatrice d'une présence, il semble que le sentiment de présence ne puisse s'expliquer que par une adaptation motrice, surgie sans cause, et qui provoquerait cette impression hallucinatoire de présence vaguement qualifiée, ou par le développement spontané dans la conscience des émotions ordinairement liées à la présence d'un être ou d'un objet ; une hallucination motrice, ou émotionnelle c'est-à-dire une adaptation motrice ou émotionnelle, telles que la présence d'êtres ou d'objets seule en provoque, et qui, apparaissant sans cause extérieure, donnent l'impression d'une présence.

William James semble indiquer la première hypothèse ; Bernard Leroy développe la seconde ; à vrai dire, elles ne sont pas inconciliables, puisque toute émotion contient des éléments moteurs et principalement les émotions liées à la présence d'un être, qui esquissent une attitude et une réaction motrice plus ou moins définie[1] ; puisque d'autre part il y a certainement un état émotionnel

---

1. Dans certains cas la présence de ces éléments moteurs est particulièrement apparente. Certaines hallucinations visuelles par exemple débutent par des sensations générales et motrices. Voici un exemple précis dans Flournoy, *des Indes*, p. 49. « Avant d'avoir l'apparition visuelle du ballon, elle sentait sa présence dans une certaine direction, et était instinctivement forcée de se tourner de ce côté-là pour le contempler. » D'autre part, j'ai observé, dans un cas de surexcitation maniaque avec idées religieuses, des hallucinations de présence qui étaient liées visiblement à des impulsions et à des hallucinations motrices. « S... a été accompagné par deux esprits dans le trajet G. à M. La maladie a débuté par un accès de délire et de surexcitation, il

dans cette adaptation motrice qui provoquerait l'impression de présence.

Dans le groupe de cas, que nous venons de classer rapidement, notons les caractères suivants : caractère imprécis de l'être senti comme présent ; émotion en général intense[1] ; état de rêve. Nous avons affaire à une émotion intense et brusque, que le sujet objective, à la faveur de l'état de rêve, et d'où il infère immédiatement la présence d'un être mal défini, mais extérieur et tout proche.

En effet, dans l'état mental ordinaire, la présence, dans le champ de la conscience d'une émotion intense et brusque, n'implique pas la croyance à l'existence de son objet. L'attente anxieuse, par exemple, évoque bien dans l'esprit, l'image ou l'idée d'un événement ou d'un être, mais cela ne les donne pas présents. L'émotion, en tant qu'elle tend à s'objectiver en un objet, ne se donne cet objet que comme hypothétique ou imaginaire. C'est un « comme si » et non pas une présence réelle. Mais il faut noter que les émotions de présence dont nous avons parlé sont données le plus souvent dans le sommeil ou dans des états hypnoïdes, c'est-à-dire dans des états où le contrôle mental est suspendu. L'émotion intense et brusque surgissant dans cette conscience endormie n'est point retenue et contrôlée soit par la conscience claire du monde extérieur, soit par des réducteurs logiques. Elle prend expansion hallucinatoire et se donne un objet. Si, en plein état de veille, j'éprouve par exemple une peur sans cause, tout m'avertit qu'elle n'est point liée à un objet : j'ai conscience qu'elle n'a point été précédée par des

---

a vu un fantôme s'approcher de lui au milieu de la nuit et lui dire : « Marche sans peur, tu ne mourras pas de cette maladie-là, mais d'un coup de poignard », puis l'apparition l'a laissé seul au milieu de la route... Les esprits lui ordonnaient de marcher. Quand il était trop fatigué, il s'asseyait sur une pierre, mais au bout d'un moment, alors surtout qu'il était sur le point de s'endormir il sentait comme si une main lui frappait sur la tête et comme une pensée plus forte que la sienne qui lui disait : allons, marche ! Il n'entendait pas ses esprits par les oreilles, il ne les voyait pas « mais il les sentait à côté de lui : et il lui semblait qu'ils lui imposaient de marcher, comme s'ils le tiraient par chaque bras ». Le malade nous dit que « alors même qu'il aurait voulu résister il ne l'aurait pas pu » et même qu'il n'aurait pas pu modifier la rapidité de l'allure qu'on lui imposait. « Il croit que les esprits étaient de bons esprits, inspirés par Dieu. » Observation prise à l'asile de Montpellier.

1. Le caractère émotionnel de la présence est toujours fortement accusé.

sensations, qui la lieraient à un objet présent, et la conscience de cette absence de sensation justificative et objectivante la refoule aussitôt. Dans le sommeil au contraire cette peur s'épanouit en un rêve angoissant ; elle se donne comme réel et présent un objet hallucinatoire et plus ou moins défini. Dans les états hypnoïdes, elle se donne un objet hallucinatoire et indéfini, la conscience trop claire refoulant les images qui pourraient développer l'émotion confuse, trop obscure, laissant passer l'objectivation de l'émotion. Ainsi l'émotion se développe, à la faveur de l'état hypnoïde en présence hallucinatoire, et le contrôle logique, qui fonctionne encore rectifie partiellement et empêche, au moins dans la plupart des cas l'épanouissement en images. De là, l'émotion de présence imprécise. Cette émotion — dans les cas que nous venons de signaler — est, pour ainsi dire, au point d'intersection du rêve et de la veille. Nous avons vu que le réveil est un moment particulièrement favorable à son apparition ; or c'est justement au réveil que se heurtent l'état de rêve et l'état de veille ; de même dans la phase plus ou moins longue qui précède le sommeil complet, et qui est interrompue souvent par des réveils momentanés et partiels. Le sujet se réveille en quelque sorte au moment où l'émotion allait s'objectiver en une présence mieux définie. Dans certains cas du reste l'état de rêve persiste, et le sujet arrive à l'hallucination complète. Dans d'autres cas, l'émotion de présence retient quelque chose d'une objectivation plus complète donnée antérieurement. Nous avons signalé que le réveil anxieux qui la produit parfois semble retenir quelque chose d'un rêve antérieur ; d'autres fois elle est précédée d'hallucinations visuelles.

Si vague que soit la présence, elle a toujours une qualification émotionnelle, où l'angoisse et la peur dominent le plus souvent. L'émotion déverse sa nuance, sa qualité sur cette impression de présence. Ces présences sont vivantes et souvent humaines : ce ne sont point en général des choses inanimées. Il est probable que la nuance même de l'émotion leur donne ce caractère. Pour rester dans l'ordre de la peur, il y a par exemple des peurs humaines, des peurs sociales. L'attente anxieuse peut porter indifféremment sur toute espèce d'événements ou au contraire se spécialiser, devenir la peur d'un certain événement particulier.

Nous ne voulons pas chercher comment se fait ce processus de spécialisation, et si c'est par l'adjonction à l'émotion d'images implicites, ou seulement par sa différenciation émotive, par variation de tonalité. Nous concluons seulement que certaines formes d'émotion, par leur caractère même, se rapportent plus volontiers à telle ou telle catégorie d'êtres, et que les vagues caractères qui précisent un peu la présence confuse, ne sont que la projection sur cette présence ou la traduction symbolique de caractères émotionnels.

Si notre hypothèse est exacte, on comprend que ce curieux symptôme se présente dans des cas si divers et en dehors de toute étiologie précise ; c'est un phénomène de l'état de rêve, et il suffit que se rencontrent les conditions favorables que nous avons dégagées pour qu'il apparaisse. Il a même origine que quantité de petits troubles psychiques momentanés, qui sont liés aussi à un affaiblissement momentané de la conscience personnelle, à un instant de désorientation.

Nous avons recueilli une observation très curieuse, où ce phénomène, assez rare et quelquefois même unique chez les sujets qui le décrivent, apparaît fréquent et périodique[1]. Chez Mlle X, il se présente mensuellement, à l'époque cataméniale, et toujours la nuit. Elle se réveille brusquement et a l'impression que quelqu'un, un être humain est dans sa chambre ; une chose nuageuse, grande : grande présence diffuse, quelque chose comme « un géant nuage » et il lui semble qu'elle va presque pouvoir le voir ; pourtant aucune sensation, quelle qu'elle soit, n'est donnée. Cette présence est localisée dans la chambre, à une distance plus ou moins grande du lit ; quelquefois cet être est bas et accroupi, quelquefois il est debout et au-dessus d'elle. L'impression est horrible ; elle regarde dans la direction de cet être invisible avec la terreur qu'il devienne visible et tangible. En regardant, elle l'empêche d'approcher. Si elle ferme les yeux, l'être approche ; quand elle a la figure contre le mur, c'est alors que la terreur est la plus grande ; seul le regard l'oblige à s'éloigner un peu : il lui est arrivé de fermer les yeux, et alors l'être s'approchait et elle avait une peur épouvantable, que cela devînt tangible et qu'elle pût le voir.

Dans tous les cas où elle a cette impression elle se réveille brusquement et tout à fait (elle a en général le réveil assez long) et elle a pleine possession de la chose en se réveillant. En se réveillant tout d'un coup, elle se rend très bien compte par exemple si la

---

1. Observation personnelle.

chose est accroupie ou en haut. Elle a l'impression que le réveil a juste empêché un contact. Elle croit pouvoir dire que si elle se réveille tout de suite, la chose est encore loin ; si elle attend pour prendre conscience, la chose approche. Le réveil empêche cette approche.

Cette impression est horrible ; aucune chose de la vie réelle ne pourrait lui faire plus peur. Elle dure un certain temps ; il lui arrive de crier, éveillée, pour la dissiper ; enfant elle cherchait à y échapper en se répétant rapidement un mot. Elle se lève, allume la lumière, se passe de l'eau sur le visage, mais souvent, lorsqu'elle revient dans son lit, elle retrouve la chose là où elle l'a laissée. Dans le jour elle n'a jamais rien eu de ce genre : elle n'a jamais éprouvé d'états anxieux ; elle n'est pas peureuse d'une manière générale, et n'a jamais eu peur de l'obscurité. Au début l'impression était plus vague encore ; une photographie qu'elle a vue, un esclave avec des chaînes de Klinger, a précisé l'impression sans lui donner pourtant figure sensible ; les deux choses se sont un peu fondues. Cette impression ne se présente pas à la suite de cauchemars ; quand elle a cela, elle ne rêve pas ; elle a souvent des cauchemars très désagréables. Quand elle l'éprouve dans ses brusques réveils, elle n'a pas l'esprit tout entier occupé par cette obsession ; elle est consciente de ce qui l'entoure, l'impression est dominante ; mais elle peut penser à autre chose.

Sur cette observation si intéressante nous pouvons faire quelques remarques, qui confirment notre précédente interprétation : d'abord le rôle si précis et si régulier du réveil. Un état anxieux sur le point de se développer est brusquement appréhendé et en même temps retenu par la conscience qui sort de sa torpeur, et qui, réorientée, rectifie l'hallucination commençante. Nous voyons ici que dans les cas où cette impression est donnée, le réveil est brusque et entier, alors qu'il est lent d'ordinaire (notons aussi la fréquence des cauchemars, donnés probablement dans ces réveils lents, puisque les cauchemars sont en général suivis du réveil) ; il trouve l'impression toute formée. Si le réveil tend à se prolonger, l'impression tend à se développer ; l'être s'approche ; de même si notre sujet ferme les yeux : c'est en fixant la place où elle localise l'hallucination, c'est-à-dire en somme en prenant conscience du monde extérieur par des impressions visuelles, en s'orientant, qu'elle combat le développement de l'hallucination.

HALLUCINATIONS PSYCHIQUES. — SENTIMENT DE PRÉSENCE

Notons aussi un détail qui a son importance ; il semble à Mlle X, au milieu d'une terreur indicible, qu'elle va presque pouvoir toucher et voir cet être invisible. Cette présence si vague est enveloppée dans une attente anxieuse ; il suffit probablement que cette impression de présence ait lieu au début, pour qu'ensuite se continuant en attente anxieuse, toute son être orienté vers ce qui va se passer, elle ait pourtant l'air de durer comme une présence.

Et ceci nous aide à résoudre une difficulté que cette observation pose très bien ; comment se fait-il que le réveil ne dissipe pas promptement cette vague hallucination? C'est qu'un trouble émotionnel dure plus longtemps que l'image ou l'état qui lui donne naissance ; l'émotion prolonge la représentation, et lui assure une sorte de continuation. Ainsi s'explique que Mlle X revenant dans sa chambre, retrouve parfois son hallucination : le trouble émotif renaît par le souvenir, et il se développe un moment un état analogue au premier, mais moins caractérisé ; c'est une sorte d'obsession émotive, qui à la faveur du point de repère, prolonge l'impression originale de présence.

Il nous faut maintenant signaler une seconde catégorie de cas où le sujet éprouve non plus la présence d'un être inconnu et indéfinissable, mais la présence d'un être connu et plus ou moins familier. Ici les émotions attachées à une certaine personne, le leitmotiv émotionnel d'un individu précis, se développent, si l'on peut dire, et toujours dans un état de rêve, qui ne rectifiant pas l'émotion, la laisse prendre expansion hallucinatoire et s'objectiver.

Nous avons observé un cas de ce genre chez Mme C... au cours d'une période d'excitation maniaque, avec délire de transmission de pensée. Mme C. croyait communiquer avec des interlocuteurs invisibles ; mais il y avait chez elle deux formes de communications. Les unes lui étaient données en messages verbaux, très probablement constitués par des hallucinations psychiques, spontanés et qui la surprenaient brusquement ; elle ne savait qu'après coup qui lui parlait. Les autres qui ressemblent davantage à une sorte de rumination mentale, de dialogue intérieur, dont le sujet est maître jusqu'à un certain point, débutaient par une impression de présence. Nous transcrivons une partie de notre observation. « C. met la main sur le cœur et se sent communiquer avec des personnes ; c'est une sorte de conversation mentale (sans hallucination de l'ouïe). Cela débute par une impression, un sentiment. » Il y a, nous dit notre malade, un sentiment distinct pour chaque personne, le sentiment du frère, du père, etc. « Elle a l'impression d'une personne donnée, la sensation d'être près de la personne ; en même temps des paroles : une conversation qui semble ne pas venir d'elle, car ce sont souvent des choses auxquelles elle ne pense pas. Puis elle se représente visuellement la personne. Elle est toute prise par la communication, ne voit pas, n'entend pas ce qui l'entoure. Elle ne reconnaît pas le timbre de la voix. A de certains moments, l'impression change ; alors c'est une autre personne et une autre conversation. La communication ne la rend ni agitée ni anxieuse ; elle rit souvent quand elle communique. Une seule fois la communication lui a donné mal à la tête. Il faut donc mettre en lumière 1° le geste initial ; 2° le phénomène émotionnel, une sorte d'hallucination émotionnelle ; 3° la réalisation progressive et de plus en plus complexe de la scène : images auditives et visuelles s'ajoutant au fond émotionnel ; 4° les modifications du phénomène sous l'influence des modifications de l'émotion, de l'impression[1]. »

On pourrait ranger dans cette catégorie le cas My... (817 A) : émotion de présence assez vague, puis sentiment plus précis de la personne, puis vision de la personne. Nous avons affaire ici à une émotion plus nettement qualifiée et à une action plus faible des fonctions mentales de contrôle.

En ce qui concerne les mystiques, sainte Thérèse, par exemple, chez qui nous avons décrit longuement cette impression de présence, leur cas, qui est un peu plus complexe, ne pose en réalité qu'une difficulté nouvelle. L'impression de présence, chez eux, n'est pas l'émotion d'une présence vague et quasi inconnaissable ; c'est Jésus-Christ, fils de la Vierge, qui est là ; dans d'autres cas, ils ont affaire au démon ou à des saints. Ils reconnaissent présente une personne qu'ils n'ont pas expérimentée encore. Mais comme le dit fort bien Bernard Leroy, dans ce cas « un groupe spécifique d'émotions accompagnant normalement la présence d'une personne auprès du sujet, ou conçu comme devant l'accompagner, si jamais elle venait à se trouver présente, se reproduit seul, sans raison logique,

---

1. Extrait d'une leçon faite par nous à la Clinique des maladies mentales et nerveuses de Montpellier en avril 1903. « Étude sur la formation et l'évolution d'un délire de transmission de pensée au cours d'une période d'excitation maniaque. »

sans que la personne apparaisse ». Un groupe d'émotions conçu comme devant accompagner la présence de Jésus-Christ, si jamais Jésus-Christ devait se trouver présent, se produit hallucinatoirement.

En d'autres termes cette impression de présence contient les émotions que sainte Thérèse rapporte à Jésus-Christ : ce contenu émotionnel vivait depuis longtemps déjà dans son esprit : l'impression de présence l'objective, en vertu d'un mécanisme analogue à celui que nous avons déjà décrit. Mais la reconnaissance de cette présence, sa qualification est aisée à comprendre, puisqu'elle contient des émotions déjà rattachées à la personne de Jésus-Christ. Il en est de même des autres êtres appréhendés dans ces « visions intellectuelles ». C'est un fait d'habitude qui fait la reconnaissance immédiate. C'est donc ici, non plus une émotion de présence obtenue dans une présence antérieure, ou une émotion vague, à laquelle se joint une impression de présence ; c'est un ensemble d'émotions précises — quoique non obtenues dans une présence antérieure — à laquelle se joint l'impression de présence.

Cette impression de présence apparaît dans le recueillement de l'oraison. Nous savons que l'oraison a pour fond une sorte d'état de rêve qui, retranchant les impressions qui viennent du dehors et la conscience habituelle du moi, laisse s'épanouir un groupe de sentiments privilégiés ; c'est si bien un état de rêve que nous avons vu que les paroles et plus tard les visions apparaissent souvent au début ou à la fin de l'extase. L'oraison surtout, lorsqu'elle est profonde, enferme donc une certaine aptitude à l'automatisme et l'automatisme est le principe de tous les dédoublements.

Par conséquent, si l'oraison a pour fond la présence interne de Dieu, si elle réalise un Dieu confus et intérieur par les processus que nous avons décrits, par l'espèce d'abstraction qui efface tout l'extérieur et le précis, elle enferme aussi, par l'automatisme qu'elle libère, la possibilité d'une extériorisation de certaines idées, de certaines images, ou de certains sentiments.

Or nous avons vu que l'esprit de la plupart des mystiques est partagé entre deux tendances subconscientes, l'une qui les porte à s'enfoncer dans les états profonds ; l'autre qui les porte à réaliser en dehors d'eux les images précises, attributs du Dieu de l'Église. C'est le cas en particulier pour sainte Thérèse. Et de plus, à une certaine époque de sa vie, la seconde tendance s'accuse nettement, et est cultivée par elle et c'est justement à cette époque qu'apparaît l'impression de présence. C'est ce qui explique que l'état de rêve de l'oraison, à un certain moment, ait laissé échapper cette objectivation émotionnelle, et non point avant. Ici, de même que dans les cas précédemment cités, il faut une circonstance favorable pour que l'état de rêve objective en une présence une émotion particulière ; et l'addition de cette circonstance favorable explique que le phénomène ne se produise pas ailleurs.

Voici en effet comment se sont produites les choses : Sainte Thérèse, tourmentée de doutes, d'inquiétudes sur ses paroles intérieures, sur la valeur de son oraison, aspire à une manifestation supérieure de la vérité : ou renoncer à ses faveurs, à la voie extraordinaire, à tout ce qui est la grâce de Dieu en elle ; ou voir le Seigneur se manifester plus clairement ; « Au bout de deux ans, pendant lesquels je n'avais cessé, de concert avec d'autres personnes, de demander au Seigneur ou qu'il me conduisît par un autre chemin, ou qu'il daignât, puisqu'il me parlait si souvent, faire connaître la vérité, voici ce qui m'arriva. »

C'est donc la période où, s'enfonçant dans son oraison confuse, elle la compense par la clarté des paroles ; mais en même temps ce Dieu explicite comme le Dieu implicite, lui sont une cause d'inquiétude : est-ce vraiment l'opération de Dieu ? Les paroles, comme les visions, comme le progrès de l'oraison, expriment à la fois ce trouble et une énergie réparatrice ; elles sont une garantie, une justification à l'oraison ; mais elles ont besoin de se garantir elles-mêmes, par leur complication et leur progrès.

Aussi l'impression du non-moi, de la réalité étrangère qui opère en elle, est déjà donnée à sainte Thérèse par ses hallucinations psychiques verbales ; et nous avons vu qu'elle esquisse déjà intérieurement la personnalité de l'invisible orateur. Qu'elle projette des éléments émotionnels purs de toute image dans cette impression préexistante d'extériorité, et qu'elle transforme cette extériorité psychologique en extériorité spatiale, et la « vision intellectuelle », l'impression de présence apparaîtra.

Or c'est le moment où toute sa pensée, consciente et subconsciente, se tourne vers cette extériorité, obsédée en quelque sorte par le besoin de mettre Dieu dans l'espace. C'est le moment où, sous la direction des Jésuites, elle revient à la méditation de l'humanité de Jésus-Christ ; où sous leur direction elle fait les exercices avec l'application des sens; c'est le moment où s'élaborent intérieurement les visions imaginaires, qui vont bientôt paraître au jour. Et c'est à ce moment, sous l'effet de toutes ces causes, qu'apparaît l'impression de la présence de Jésus-Christ, qui marche invisible à côté d'elle, qui est témoin de tous ses actes, à qui elle peut parler et qui lui parle, et qui va bientôt se développer en images. Cette impression curieuse est donc sur la voie qui la conduit de l'oraison confuse au plein épanouissement de l'hallucination divine à l'extérieur.

Ainsi le besoin d'un Dieu extérieur et d'une compagnie divine a fait sortir de l'état de rêve qui est au fond de l'oraison cette impression de présence et a transformé en présence extérieure le groupe d'états qui étaient interprétés comme présence interne de Dieu. L'habitude de Jésus-Christ est devenue le sentiment de sa compagnie[1]; d'autres personnages utiles seront réalisés de la même manière[2].

Mais il faut se rappeler aussi que les phénomènes divins ont une contre-partie démoniaque et que les instincts de confiance, de protection, etc., qui aboutissent à cette impression ont pour pendant un instinct de défense et de crainte, qui réalise d'une manière analogue le démon; il y a une vision intellectuelle du démon comme de Dieu.

D'autre part il ne faut pas s'étonner de la longue durée de ce phénomène qui se prolonge souvent plusieurs jours : tout notre exa-

---

1. Nous avons cité plus haut, p. 374, un important passage de Malaval qui montre combien cette familiarité avec l'idée de Jésus-Christ devient progressivement extérieure et inspire le sentiment de sa présence et de sa compagnie. Comparer *Château*, VI, ch. VIII. « Elle [cette faveur] donne à l'âme une connaissance particulière de Dieu : le bonheur d'être continuellement dans la compagnie du divin maître ajoute une extrême tendresse à l'amour qu'elle a pour lui ; le désir de s'employer tout entière à son service surpasse celui qui est excité par les autres faveurs; enfin le privilège de le sentir si près d'elle la rend si attentive à lui plaire, qu'elle vit dans une plus grande pureté de conscience. »

2. « Je me recommandais aussi à saint Pierre et à saint Paul, car le divin maître, m'étant apparu pour la première fois le jour de leur fête, m'avait dit qu'ils me préserveraient de toute illusion. Aussi je les voyais souvent à mon côté gauche, d'une manière très distincte, non par une vision imaginaire, mais par une vision intellectuelle. Je regardais ces glorieux saints comme mes bien-aimés protecteurs. » *Vie*, 316 ; cf. 282.

men antérieur nous a montré que l'oraison et l'état de rêve qui en est le fond, sont très prolongés chez sainte Thérèse[1]; du reste l'impression, quand elle se prolonge, est moins vive par la suite qu'au début.

Quant à la localisation de cette impression, nous nous garderons d'hypothèses trop audacieuses; elle est du reste assez variable. Dépend-elle des variations de la sensibilité périphérique; est-elle liée à des anesthésies ou à des hyperesthésies momentanées, à des altérations de la sensibilité musculaire, à des hallucinations motrices? Est-elle au contraire plus mentale? et dépend-elle du rôle que le sujet fait jouer à son hallucination? Des observations plus précises seraient indispensables pour conclure[2].

1. « Cette vision fut presque continuelle durant quelques jours... Je ne sortais pas d'oraison. » *Vie*, 298.
2. Voir Bernard Leroy, article cité; Pitres, *Hystérie*, II, 36; Charcot, Des troubles de la vision chez les hystériques (*Progrès médical*, 19 janvier 1878); Dupouy, Hystérie avec hémianesthésie sensitivo-sensorielle gauche, *Archives de Neurologie*, vol. XXX, 1905.

APPENDICE II

NOTES SUR LE QUIÉTISME FRANÇAIS AU DÉBUT DU DIX-SEPTIÈME SIÈCLE

Les sectes sont un phénomène normal de la vie religieuse ; la diversité des types intellectuels et affectifs, l'autorité et l'imitation, la variété et la variation des conditions sociologiques et historiques en rendent suffisamment compte, sans qu'il soit nécessaire ici de fixer l'ordre d'importance de ces causes. De tout temps sur le fond commun du christianisme ont pullulé des sectes innombrables. D'autre part, nous avons vu que la tendance mystique à l'union immédiate avec le principe divin, l'aspiration du sujet à se laisser pénétrer et posséder aussi complètement que possible par le divin, ont coexisté de façon continue avec la religion dogmatique et cultuelle. Les grands mystiques que nous avons étudiés ne sont pas, nous l'avons montré, des individus isolés ; d'une part ils se rattachent à une tradition mystique, d'autre part ils groupent autour d'eux des disciples et une école ; et cette école elle-même est entourée de sectes parentes, qui s'en distinguent plus ou moins nettement par la théorie ou par la pratique, mais qui, du point de vue psychologique, présentent à l'observateur des aspirations et des procédés analogues. On ne saurait certes soutenir que les Illuminés espagnols, les Béghards hérétiques, les Illuminés français du début du dix-septième siècle, soient identiques à sainte Thérèse ou à saint Jean de la Croix, à Eckart, à Mme Guyon ou à Fénelon ; le grand mysticisme de ces derniers contient une puissance de construction intellectuelle, une richesse de vie sentimentale, une sévérité et une ampleur morales, un souci d'orthodoxie, une vigueur réformatrice que l'on ne rencontre pas chez les premiers ; mais on trouve chez les uns et chez les autres une même aspiration à la déification, une même culture de la vie subconsciente, une poussée mystique analogue.

Autour de Suso, qui les combat et prend à tâche de s'en distinguer, nous avons montré dans un précédent ouvrage les Frères du Libre Esprit[1]. Le seizième siècle espagnol est plein d'Illuminés. Nous avons vu à plusieurs reprises sainte Thérèse s'occuper de ces gens « victimes d'une oraison illusoire » que l'Inquisition poursuivait, et avec qui sainte Thérèse et saint Jean de la Croix risquèrent plus d'une fois d'être confondus. Wading nous parle de l'invasion de l'Illuminisme dans les cloîtres dès le début du seizième siècle[2]. En 1630, à Séville, l'Inquisition brûle encore huit personnes, « comme coupables d'avoir embrassé l'hérésie des Illuminés[3] ». Balthazar Alvarez écrit en 1575 son Traité contre les Illuminés et Jérôme Gratien les réfute encore en 1606. Le conseil de l'Inquisition rédige le 28 janvier 1558 des articles contre les « Alumbrados » ou « Dejados ». Elle leur reproche de soutenir que par l'oraison mentale on accomplit tous les devoirs de la vie chrétienne, « que l'agitation, les tremblements et les défaillances qu'on observe chez les membres de cette doctrine et sur les meilleurs disciples sont des marques de l'amour divin; que ces signes annoncent qu'ils sont en faveur auprès de Dieu, et qu'ils possèdent le Saint-Esprit; que les parfaits n'ont pas besoin de faire des œuvres méritoires ; que lorsqu'on arrive à l'état des parfaits, on voit l'essence de la Sainte Trinité dans le monde; que les hommes qui y sont parvenus sont gouvernés par l'Esprit-Saint immédiatement; que pour faire ou omettre une chose, ils n'ont d'autre règle à consulter que les inspirations de l'Esprit-Saint, qui leur parviennent directement[4]. »

---

1. *Essai sur le mysticisme spéculatif en Allemagne*, ch. IV et suiv. (F. Alcan).
2. Wading. *Annales Minorum* (Romae, 1736) ad annum 1524, t. XVI, p. 189. « Irrepserat hoc tempore per illam regionem blanda quaedam, sed perniciosa pestis haereseos, nuncupatae Illuminatorum, seu Viae illuminativae, aut dimittentium se divinae dispositioni, nihil volentium facere, nisi quod ultro per divinas inspirationes aut revelationes sibi suggeri facile et erroneo credebant. Ne in religionem irreperet (infecerat enim haec stulta superbia, et aemulatoria fatuitas quosdam ex clero et religiosis) summa cura invigilari praecepit Quinonius... » — Voir un cas fort curieux, in *Pierre Martyr d'Anghiera, Epistolae* (Amstelodami, Parisiis, 1670) ad a. 1509, p. 223 (l. 418); v. aussi F. Caballero. *Vida del Fr. M. Cano*, Madrid, 1871, p. 539.
3. Llorente. *Histoire critique de l'Inquisition d'Espagne* (éd. de 1818. Paris), III, 2.
4. *Ibid.*, II, 4. Balthazar Alvarez leur reproche de même de mépriser

Il se peut que certaines sectes françaises du début du dix-septième siècle se rattachent à l'Illuminisme espagnol [1]; mais ce n'est là qu'une hypothèse et les premiers essais de ce qui sera plus tard le quiétisme peuvent être apparus en France spontanément. Nous connaissons ces sectes par les informations ouvertes par le P. Joseph contre Antoine Bucquet, religieux de Saint-Augustin, Pierre Guérin, Georges de Roye, etc. Leurs doctrines étaient répandues dans les évêchés d'Amiens, de Noyon et de Beauvais. L'extrait « des informations faites contre eux et de leurs missives et papiers, reconnues par devant le sieur de Saussy, curé de Saint-Leu et de Saint-Gilles » [2] relève les principaux points suivants : Dieu a révélé une pratique de foi et de vie suréminente à Antoine Bucquet, par laquelle on parvient à telle union, que par icelle toutes nos actions sont déifiées.

Qu'étant parvenus à cette union, il faut laisser agir Dieu seul en nous sans production d'aucun acte.

Que les cloîtres sont remplis de désastres, pour n'avoir l'esprit de dévotion, qui s'acquiert aisément par cette pratique, et est bon génie particulier...

Que pour parvenir à cet esprit..., il faut être trois mois sans penser à rien.

---

l'oraison vocale et de dire que ceux qui la pratiquent sont dénués de l'esprit chrétien ; que seule l'oraison mentale peut rendre l'homme parfait ; qu'elle exclut les œuvres, les images, les livres et les sermons ; qu'elle peut se continuer indéfiniment ; que certaines consolations sensibles sont un signe certain de la grâce et que le gouvernement de l'âme doit se régler sur les mouvements spirituels. V. Louis du Pont. *Vie du P. Balthazar Alvarez*, p. 375 et suiv.

1. « Gl. Illuminati, inquisiti in Spagna, fuggiti da quel regno, vanno prendendo piede in questo, ma non saranno sofferti. » Pesaro au doge, 1622. Bibl. Nat. Filze. *Mém. de Richelieu*, I, 286. Voir Fagniez. *Le Père Joseph*, II, 60 et suiv.

2. Ranke. *Analecten zur Französischen Geschichte*, Stuttgart 1861, vol. V (extraits de mémoires du temps, extraits de papiers du P. Joseph); cf. Siri. *Memorie recondite*, 1869, vol. VIII, p. 191. Cf. Abbé Corblot. in *Revue de l'Art chrétien*, 1868, p. 351 (*Origines royennes de l'Institut des Filles de la Croix*). L'auteur soutient la parfaite orthodoxie de Guérin ; entre autres documents il se sert de 57 lettres de Guérin, provenant du couvent de Roye et que possèdent aujourd'hui les sœurs de Saint-Quentin. Il estime suspect le témoignage de Siri, et s'appuye sur ce fait que Guérin et Buquet, dénoncés au Parlement en 1627 et emprisonnés à Paris, ont été, après interrogatoire de Vincent de Paul, mis en liberté et remis dans leurs fonctions. Il ignore la procédure de Saussay de 1634. Voir Fagniez, o. c.

Qu'il faut vider le nôtre et se rendre purement passifs, sans aucune coopération, afin de recevoir le Saint-Esprit.

Qu'il faut vivre en Dieu par la foi nue et que quand l'on veut servir Dieu, il faut cesser d'opérer et laisser agir Dieu en nous.

Que par icelle on est toujours en la présence de Dieu.

Que cette présence de Dieu suffit pour se libérer des mauvaises habitudes, sans parler des vertus en gros ni en détail.

Que la contrition, l'humilité, les pénitences et les vertus ne sont point nécessaires.

Que Dieu donne ses grâces sans cela.

Que la crainte de la justice de Dieu et de l'enfer gênent trop l'esprit et empêchent de parvenir à la perfection où conduit cette pratique.

Quand nous péchons, il ne se faut troubler, mais seulement dire : Voilà ce que je puis.

L'esprit de cette pratique rend l'homme libre, indifférent à tout, content de tout, et que par cette conduite on vit en une générale liberté d'esprit.

« Il est facile de l'acquérir pour ce qu'il consiste en un point, nimirum in annihilatione passiva, qua homo in deum fertur, sola fidei lumine et simplici recordatione. Cet article était dans un des écrits qui fut saisi entre les papiers de frère Anthoine Bucquet que plusieurs des saints s'oubliant d'aller par cette foi nue se sont écartés du chemin royal. »

On voit aussi par un document annexe qu'ils interprètent et recommandent à leurs affidés particulièrement Ruysbrock, Tauler, sainte Catherine de Sienne, saint Jean de la Croix et d'autres ; qu'ils avaient des principes rédigés par écrit ; « que cette même société est épandue à Gournay, et ces filles dévotes se sont portées à des actions sales et déshonnêtes sous prétexte de parfaite spiritualité... en ayant omis beaucoup, principalement de leurs vilenies qu'ils tenaient permises pourvu que ce fût sans scandale. »

En somme ces propositions nombreuses se ramènent à quelques articles primordiaux ; l'idée d'une révélation nouvelle ; l'idée que par certains procédés (vider l'esprit, ne penser à rien, laisser Dieu opérer, c'est-à-dire en somme abolition de la réflexion et de la volonté, de l'activité personnelle en un mot) on s'élève à la déification, et que l'homme déifié vit en Dieu par la foi nue ; l'idée que Dieu opère en lui sans son concours, et par inspiration directe ; le dédain de l'action directe, de la pratique des vertus, de l'effort, de la multiplicité de la vie chrétienne et de la dogmatique chrétienne ; l'état de liberté et d'indifférence que procure la passivité ; peut-être aussi chez quelques-uns un certain laisser aller à des actions immorales considérées comme indifférentes. On reconnaît dans ces principes une forme juste de ce qui sera le quiétisme, et d'une manière générale une forme fruste de mysticisme.

« Notre siècle, qui a été aussi fécond qu'aucun autre en choses extraordinaires, disait Nicole, l'a été particulièrement en fanatiques[1] » ; et il cite les Hermites de Caen, la Compagnie du Saint-Sacrement, Charpy de Sainte-Croix, Morin, Desmarets Saint-Sorlin.

Ces trois fanatiques, les deux derniers surtout, ont en commun certains caractères prédominants qu'il démêle avec beaucoup de justesse. C'est d'abord le désir orgueilleux de s'élever à une vie intérieure et surnaturelle, éloignée de l'ordre commun ; la faiblesse présomptueuse d'esprit qui leur fait prendre pour lumière et inspiration de Dieu tous les effets d'une imagination surchauffée ; la liberté qu'ils se donnent d'expliquer l'Écriture à leur fantaisie sans consulter la Tradition et la doctrine de l'Église[2]. Il en résulte qu' « ils se regardent eux-mêmes comme les organes vivants du Saint-Esprit, ne s'apercevant pas qu'il n'y a rien qui flatte plus l'orgueil humain que cette pensée d'être éclairé et conduit de Dieu en toutes choses[3]. « Le sentiment qu'ils ont de leur grandeur déborde en projets humains. » Leur spiritualité aboutit d'ordinaire à quelque effet extérieur et sensible et ils ne sont jamais satisfaits qu'ils n'aient poussé leurs imaginations et leurs allégories jusqu'à quelque grand événement exposé aux sens, dont ils se figurent devoir être non seulement les spectateurs, mais aussi les ministres[4]. »

De là leur prophétisme et leurs rêves apocalyptiques. « Ils se sont accordés tous trois dans cette vision commune qu'il se devait faire de leur temps une réformation générale de l'Église et que tous les peuples allaient être convertis à la vraie foi[5]. » De là ces fondations de sociétés secrètes, ce rêve de transformation du monde, et chez

1. Nicole. *Visionnaires.*
2. *Ibid.*, 243.
3. *Ibid.*, 250.
4. *Ibid.*, 279.
5. *Ibid.*, 226.

quelques-uns la réapparition du délire millénaire[1]. « Ces Apocalyptiques ne s'appliquent guère qu'à des visions dont ils espèrent jouir. Et c'est pour cela qu'ils ont tant de complaisance pour ce règne temporel de Jésus-Christ ou des lieutenants de Jésus-Christ sur la terre[2]. » De ce dérèglement d'esprit et de ce penchant à la grandeur procède leur manie de persécuter et d'être persécutés. « En vertu de leur grandeur, il leur faut des ennemis à terrasser : leur imagination leur fournit alors des images affreuses qu'ils combattent[3]. »

Morin, qui est né en 1623 et qui a été brûlé en 1663, répond à merveille à ce portrait de l'illuminé et du fanatique, que trace Nicole. A certains égards, lui aussi représente une forme fruste du mysticisme et une préparation du quiétisme. Il y a quelque exagération à dire avec Alphandéry que « Morin ne possède pas la subtile psychologie des mystiques de son temps : il a plutôt les puériles conceptions théologiques des inspirés des XIIe et XIIIe siècles, leur orgueil démesuré, leur idée fixe d'une mission divine[4]. » L'ouvrage où il expose son système est intitulé : Pensées de Morin, dédiées au Roi, 1647[5] ; on y trouve une doctrine, et qui a son intérêt.

« Tout doit servir d'échelon pour monter à l'amour ou par le parfait dépouillement de toute propriété[6]. » C'est la propriété qui vicie la vie spirituelle même dans l'observation de la vertu qui est le plus souvent « observation propriétaire[7] ». Nous rencontrions tout à l'heure chez Guérin cette expression de « foi nue » qui

---

1. Charpy de Sainte-Croix attend l'arrivée de l'Antéchrist ; la conversion des juifs ; un roi de la race de Judas, lieutenant général de Jésus-Christ, rebâtira Jérusalem, en fera le siège de la religion. Toute la terre sera partagée en 153 souverains ; tous les chrétiens seront saints ; les hommes seront rétablis dans la justice originelle, pour passer sans mourir de la terre au ciel. Cela est proche et doit se passer la quarantième heure après la venue de Jésus-Christ, en prenant vingt-quatre heures pour mille ans. Voir Arnauld. *Remarques sur les principales erreurs d'un livre intitulé l'Ancienne nouveauté de l'Écriture sainte* (par Charpy de Sainte-Croix), 1665. Voir aussi les prophéties de Desmarets, Nicole. *Visionnaires*, 260 et suiv.
2. Nicole. *Remarques sur les principales erreurs.*
3. Nicole. *Visionnaires*, 290.
4. Alphandéry. *Le Procès de Simon Morin*, in *Revue d'histoire moderne et contemporaine*, 1900.
5. Bibliothèque Nationale. Inv. D² 5228.
6. Morin. *Pensées*, 55.
7. *Ibid.*, 59.

reviendra si fréquemment chez les quiétistes : ici nous trouvons l'« amour nu » équivalent indécis du pur amour, et son antagoniste, la propriété.

Dieu dépouille l'âme de la propriété « en nous privant aussi longtemps de la sensibilité de son amour, qu'il nous voit susceptibles de vaine complaisance en icelui[1]. » C'est pourquoi un directeur expérimenté peut interdire à l'âme de faire aucun acte d'amour ou d'élévation d'esprit à Dieu « et lui fait rejeter comme tentations tous les goûts intérieurs de quelque nature qu'ils puissent être[2]. » Dieu même souvent laisse l'homme dans les embarras ou les vices du dehors « jusqu'à ce qu'il se soit résigné aveuglement à sa volonté, et que Dieu le voie entièrement disposé de souffrir tous ces monstres horribles de l'esprit, aussi bien que l'infirmité du dehors, et tous ces abandons sensibles quoique non réels autant et aussi longtemps qu'il lui plaira[3]. » Ainsi si le chrétien peut choir, au début par l'effet des mauvaises habitudes, dans la période où il profite, par un zèle indirect, le parfait peut choir par la volonté de Dieu qui l'empêche de tirer gloire des grâces reçues « afin de le dépouiller même de cette naturelle propriété[4] ». C'est comme un poison qui en chasse un autre, de sorte qu'aucun des deux ne donne la mort. Il y a là comme une purification passive qui détruit l'impureté foncière et secrète en la forçant à se manifester.

L'âme qui, en se détachant de la propriété, est arrivée à un saint dépouillement, ne vit plus qu'en Dieu. C'est alors Dieu qui agit en elle. « L'infirmité de saint Paul, c'est son impuissance de résister à Dieu ni à tout ce qui vient de Dieu, pour ce que vraiment l'âme qui a fait pacte avec son Dieu, sans réserve aucune, comme dit ci-devant elle est entièrement liée d'impuissance quant à ce qui est de son propre, et c'est en cette infirmité ou impuissance qu'il se glorifie, qui est comme s'il se glorifiait en la toute puissance de Dieu en lui[5] ». « Cette impuissance en Dieu est le principe de la liberté qui se retrouve en lui[6]. » Elle contient une « sainte indifférence[7] ».

1. Morin. *Pensées*, 54.
2. *Ibid.*
3. *Ibid.*, 56.
4. *Ibid.*, 61.
5. *Ibid.*, 74.
6. *Ibid.*, note.
7. *Ibid.*, 88.

Cette voie simple et obscure de déification ignore le danger « de la voie de lumière, des goûts et des lumières de l'âme et de la sensualité spirituelle[1] ». Les vrais spirituels ne sont pas sujets aux visions et aux révélations externes. « La connaissance de Dieu leur est toujours présente au moins en puissance, laquelle est réduite en acte aux occasions nécessaires. De sorte qu'ils ne se préparent à rien et on ne les prend pourtant jamais au dépourvu[2]. »

Il va sans dire que pour Morin le vrai prêtre est l'homme spirituel et qu'il fait des réserves sur l'usage des sacrements et sur les pratiques de l'Église. On trouve aussi chez lui ce principe que l'on trouve chez une partie des mystiques que « la partie inférieure peut se délecter dans la chute en l'absence de la supérieure[3]. » Le confesseur doit connaître cette vérité et consoler par elle le pénitent.

C'est donc toujours l'idée d'une révélation nouvelle et toute spirituelle ; l'idée que par certains procédés on s'élève à la déification et que l'homme déifié vit en Dieu par la foi nue (ici, c'est l'expression d'amour nu qui est employée) ; l'idée que Dieu opère en lui sans son concours et par inspiration directe ; le dédain de l'action, de la pratique des vertus, de la multiplicité et de la distinction chrétiennes. Chez Morin, on trouve particulièrement marquées l'idée de la propriété, que nous verrons si fortement reprise par le quiétisme ; l'idée de la chute purificatrice, qui, en un sens, est parente de la doctrine des « épreuves de l'état passif » et de la mort mystique » et en une autre de ces tentations divines que l'on reprochera à Molinos[4].

Morin était sans instruction ; il semble avoir été d'esprit assez débile. Il avait été commis chez un trésorier qui le congédia « à cause des visions qu'il commençait à mettre au jour ». Il se fit, pour vivre, écrivain et copiste. Les doctrines des illuminés régnaient alors

---

1. Morin. *Pensées*, 63.
2. *Ibid.*, 98.
3. *Ibid.*, 106.
4. « Il y enseigne formellement que les plus grands péchés ne font pas perdre la grâce et qu'ils servent au contraire à abattre l'orgueil humain ; que dans toute secte et toute nation Dieu a des élus, vrais membres de l'Église ; qu'un directeur pour dépouiller son pénitent de toute propriété et présomption peut lui interdire l'assistance à la messe. » *Les Vies de Simon Morin et de François Davenne*, s. l. n. d. (Bibl. nat. L n[21] 14861).

à Paris; il fut arrêté avec quelques-uns d'entre eux, puis relâché comme esprit faible qui pourrait se rétablir de lui-même. Il se maria et assembla des gens pour leur faire des sermons, ce qui lui valut d'être conduit à la Bastille en 1644 et d'y demeurer vingt et un mois. Il en sortit, y rentra jusqu'au début de 1649, en sortit encore grâce à une rétractation sur laquelle il revint ensuite. Envoyé aux Petites Maisons il abjura de nouveau en 1656, ce qui lui valut d'être relâché. En 1661, il composa son écrit : Témoignage du second avènement du fils de l'homme. C'est à cette époque que Des Marets « autre visionnaire » jura sa perte et par toute sorte de feintes et de duplicités s'insinua dans son intimité pour amasser des preuves contre lui, et le dénoncer ensuite. Morin périt en 1663. Le procès-verbal de son exécution affirme sa rétractation ; pourtant le fait n'est pas très sûr. Plusieurs personnes de sa secte furent condamnées [1].

Morin semble avoir eu l'immense orgueil des inspirés, accru encore par sa débilité mentale. Entre ses deux séjours à la Bastille, il répondit au curé de Saint-Germain qu'il tenait sa mission de Jésus-Christ même, qui s'était incorporé en lui pour le salut de tous les hommes. Il avait prédit que l'œuvre de Dieu s'accomplirait pendant l'enfance du jeune prince, sous la régence des deux reines. Quand on l'arrêta il écrivait au Roi un discours qui commençait par : le fils de l'homme au Roi de France. Le dernier jour de son procès il affirma « que le troisième règne qui est iceluy de la gloire a commencé en l'année 1650... que toutes les nations doivent obtenir salut en croyant à la parole de ce second avènement du Christ en lui... étant véritable aussi que, considéré Christ en lui, icelles paroles le pape y doit adhérer [2]. »

---

1. *Les Vies de Simon Morin et de François Duvenne*. Alphandéry. *Le Procès de Simon Morin*. Allier. *La Cabale des Dévots*, p. 218. Ravaisson. *Archives de la Bastille*, t. III (ce volume contient les rapports de Desmarets). L'histoire des intrigues de Desmarets est du plus haut intérêt ; c'est un document qui nous montre au vif la vie d'un petit prophète, espionné et persécuté par un confrère aussi extravagant que lui. Pour l'une des incarcérations de Morin, voir *Procès-verbaux de l'Assemblée générale du clergé de France* (A Paris, chez Antoine Vitré, 1650), 5 août, 8 août et 23 août 1650.

2. Alphandéry, o. c., 482. Ce troisième règne rappelle en effet les inspirés du XIIe et du XIIIe siècle. On n'en trouve point trait dans ses Pensées. Il y distingue bien trois états, purgatif, illuminatif, unitif, mais cette division est classique chez les spirituels. Le seul trait particulier c'est que Morin met le

Il voulait aussi que le roi s'emparât des biens du clergé et par ce moyen remît les impôts au point où ils étaient au temps d'Henri IV.

L'interrogatoire d'un de ses disciples, Randon, prêtre, montre chez lui une foi aveugle en Morin ; Thomet et Poictou étaient moins assurés ; les femmes, la Morin et la Malherbe, sont moins fermes encore et se déclarent sceptiques sur la mission de Morin. Randon affirmait que Morin était le Fils de l'Homme qui devait venir aux derniers temps pour ruiner Babylone et faire régner la grâce et la justice[1]. La Malherbe avait déclaré à Desmarets que, suivant Morin, l'Église était l'Antéchrist ; que le juste était au-dessus des Sacrements, des œuvres ; que le temps de Jésus-Christ était passé ; qu'il fallait adhérer au Père en esprit, que Morin admettait la métempsychose.

Desmarets Saint-Sorlin, le dénonciateur et le persécuteur de Morin, est un esprit de même famille. Il s'avisa, assez tard du reste et après une vie presque entièrement littéraire, de devenir un grand maître en spiritualité. Son livre des Délices de l'Esprit traite dans les deux dernières parties de théologie mystique ; c'est un commentaire allégorique de l'Apocalypse et de la Genèse, à peu près illisible à force d'invraisemblables personnifications[2]. Il y préconise l'union avec Dieu et l'abandon à l'opération divine ; il y décrit les états de la vie intérieure. C'est un thème qu'il reprend dans ses Lettres spirituelles, qui nous ont valu le vigoureux ouvrage de Nicole, les Visionnaires.

Desmarets propose un état accompli, qu'il appelle de différents

---

premier sous l'invocation de saint Jean-Baptiste, le second sous celle de Jésus-Christ, et le troisième sous celle du Saint-Esprit. Il est probable qu'il se considérait dès lors comme apportant la révélation du troisième état spirituel, et inaugurant par suite, le troisième règne. L'interrogatoire de Morin est des plus curieux : Extrait des Registres du Greffe criminel du Châtelet de Paris (Bibl. Nat. Manuscrits français 21386). Nous reprendrons ailleurs cette étude si curieuse. Nous n'avons voulu ici que localiser Morin, si l'on peut dire.

1. Récit véritable du procédé fait en l'officialité de Paris contre certains nouveaux dogmatites (B. N. L. n°° 14837).

2. Les Délices de l'Esprit, 1661. Voici par exemple comment Desmarets comprend l'histoire de Joseph et de la femme de Putiphar : « L'État accompli est béni de Dieu, en le servant sous le crédit ou le Pouvoir.

Il est tenté par la Richesse, épouse du Crédit ou du Pouvoir.

Et il est mis dans la prison de la défiance de soi-même. » IV, 173. Tout l'ouvrage est sur ce ton.

noms : « l'état de pur amour... la totale perte en Dieu... le renoncement à toute propre opération... être le rien de Dieu, abîmé dans son néant. » Cette perfection « est un état dans lequel l'âme étant toute liquéfiée en Dieu, et toute plongée dans son éternité, sent incessamment que c'est Dieu seul qui fait tout en elle et qui souffre tout en elle[1]. » On y parvient par la suppression de l'amour-propre, par un sacrifice d'anéantissement.

Dans cet état, c'est Dieu seul qui agit ; il possède l'âme anéantie, se substitue à elle et s'en sert comme d'un instrument[2]. D'où les quatre principes suivants : 1° Tout ce que nous disons et pensons avec recueillement en Dieu est de Dieu ou plutôt c'est Dieu même. 2° Tout ce que nous pensons et faisons avec tranquillité, c'est Dieu qui le pense et le fait en nous. 3° Pourvu qu'on se tienne dans le rien et que l'on ne s'attribue rien de ce qui est bon, on doit croire sans présomption que tout ce qui sortira de nous sortira de Dieu. 4° C'est une marque infaillible à une âme qui a la connaissance et la crainte de Dieu qu'elle n'a point péché lorsqu'elle ne saurait avoir de remords.

Desmarets, qui se croyait prophétisé sous le nom d'Éliacim et de Michael, prophétisait la suppression de tous les hérétiques et la conquête des pays païens par le roi[3]. Il avait fondé l'ordre des Victimes. « Tout laïque, tout ignorant et tout visionnaire qu'il est, il ne laisse pas d'être directeur d'un très grand nombre de femmes et de filles et de se faire rendre compte de leur intérieur et de leurs tentations : il entreprend de fonder un nouvel ordre, et il est chef d'une puissante cabale, qu'il assure lui-même être de plus de douze mille âmes. Par cette troupe de personnes ou fanatiques ou abu-

---

1. *Lettres Spirituelles*, l. XXVII, p. 222.
2. « Étant bien perdus et anéantis en Dieu, nous serons tout en lui et lui tout en nous... Dieu étant tout en nous fera tout et souffrira tout en nous... Ainsi peu à peu étant bien fondus et parfaitement disposés par un abandon total et par une dissolution entière de nous-mêmes, la vertu du Saint-Esprit s'écoulera en nous et nous deviendrons tous Dieu en unité avec lui par une déiformité admirable. » L. XVII, p. 82 et suiv. « Et cela est manifeste, puisque ne consultant plus notre volonté, et n'étant animés que de celle de Dieu, vous n'agissez plus avec réflexion. Ainsi, quand vous mangez, vous le faites sans réfléchir, parce que c'est Dieu qui le veut. » L. XXIV, p. 161.
3. « La pente naturelle de l'imagination fanatique l'a porté à former comme les autres, un dessein vaste pour ce monde icy à l'exécution duquel il a cru qu'il était choisi de Dieu. » Nicole, *Visionnaires*, 91.

sées, il entretient un commerce de visions dans plusieurs villes du royaume[1]. » Les Victimes devaient vivre dans une sainte indifférence, renonçant à tous actes, méditations et pratiques, abandonnées au mouvement de Dieu[2]. Elles devaient suivre toutes les pensées qui viennent sur-le-champ, comme étant de Dieu[3].

Desmarets décrit aussi le désert de la foi. Les âmes sont privées « de tout goût, de toute douceur, de toute connaissance, de toute dévotion et de tout amour sensible, Dieu se retirant sur la cime de l'esprit au-dessus de tout le sensible, l'intelligible et le perceptible, et laissant l'esprit seul et désolé dans un désert qui est entre Dieu et la partie inférieure. Il est là comme suspendu entre le ciel et la terre, n'ayant aucune consolation céleste et n'en voulant aucune de la terre[4]. »

Contre cette spiritualité, dont il trouvera vingt ans plus tard un équivalent dans le quiétisme, Nicole s'élève avec une rare vigueur, et il oppose à ces fictions d'anéantissement et de déification le fond d'amour-propre et d'humanité irréductible qui subsiste toujours en cette vie. « Qui lui a dit qu'il n'y avait point de cupidité cachée qui servît d'obstacle aux grâces de Dieu? » Il l'a pensé et a conclu que cela était. Mais qu'il y a de différence « entre les pensées du néant et l'anéantissement véritable[5] ». Il retrouvera la même vigueur polémique contre Mme Guyon et les quiétistes.

Avec Falconi, l'abbé d'Estival, Bernières Louvigny, Malaval et surtout Mme Guyon, le quiétisme prend une forme plus raffinée.

---

1. Nicole. *Visionnaires*, 273.

2. « Car cet amortissement dans lequel vous vous sentez attirée ne consiste pas seulement à ne plus faire dans le temps de l'oraison ni de méditation ni d'actes; mais il consiste aussi à ne plus agir par réflexion sur soi dans tout le reste du jour, pour se munir contre les péchés et les imperfections. » *Lettres spirituelles* (3e partie, l. III, p. 19). « Prenez la plume sans penser comment vous écrivez votre demande et écrivez-moi sans réflexion aucune ce que Dieu vous donnera, en vous abandonnant à son esprit et en renonçant le vôtre; et soyez assurée que vous ferez la lettre sans y penser et sans sortir de Dieu. C'est ainsi que les âmes anéanties écrivent sans réflexion. » *Ibid.*, p. 178. « Dieu conduit ma plume et me fait écrire ce qu'il lui plaît. » *Ibid.*, 250. Nous avons vu des faits analogues à propos de Mme Guyon.

3. « En répondant aux demandes qui vous seront faites par les paroles qu'il vous donnera, sans penser presque à ce que vous aurez à dire. » *Ibid.*, 171.

4. *Ibid.*, 96.

5. Nicole. *Visionnaires*, 318.

plus riche et plus complexe. Nous ne croyons pas que ces Illuminés
dont nous venons de parler aient agi directement sur les
quiétistes. Ils témoignent seulement de la persistance et
continuité, au dix-septième siècle, de certaines conditions générales,
qui ont fait apparaître pendant tout le cours du siècle, cette forme
d'expérience religieuse et ces systèmes. Il serait juste du reste de
voir là, du point de vue psychologique tout au moins, un mouvement
semblable à celui des Béghards et des Frères du Libre
Esprit [1], à celui des Illuminés espagnols, à celui de bien d'autres
sectes mystiques. Si les Inquisiteurs et les historiens religieux se
trompèrent probablement en affirmant une filiation historique, ils
ont raison de voir une certaine communauté de doctrine et d'inspiration.
C'est que, nous l'avons vu, cette aspiration à l'union
immédiate avec le divin, et à l'abandon à l'opération divine, qui
constitue le fond du mysticisme et qui est à la base de toutes ces
doctrines et de toutes ces expériences, est étroitement mêlée à la
vie religieuse, et la suit dans tout son développement. Peut-être
même est-elle la religion même ; et la piété raisonnable, la religion
dogmatisée et cultualisée n'est-elle qu'un compromis, un composé
provisoire et instable. Aussi le mysticisme religieux renaît continuellement.

1. Calvin écrivait, avec une certaine amertume, des libertins qu'il combattait, et dont il montre la ressemblance avec certains gnostiques : « Il est vrai que ce sont gens ignorants et idiots, qui n'ont pas tant visité les papiers qu'ils aient pu apprendre leurs folies de là. » *Contre les libertins*, 1545. Calvin. *Œuvres*, éd. de Brunswick 1868, t. VII, p. 152.

OUVRAGES CITÉS

Achelis. — *Die Ekstase*. Berlin, 1902.
Acta Sanctorum Bollandistarum, LXXVII.
Aguesseau (D'). — *Œuvres*. Paris, 1819.
Alcantara (Saint-Pierre d'). — *Traité de l'Oraison et Méditation*, 1533 (trad. franç. Paris, 1606).
Allier. — *La Cabale des Dévots*. Paris, 1902.
Alphandéry. — *Le procès de Simon Morin*, in Revue d'Histoire moderne et contemporaine, 1900.
Antonio. — *Bibliotheca hispana nova*. Matriti, 1788.
Arnauld. — *Remarques sur les principales erreurs d'un livre intitulé l'Ancienne nouveauté de l'Écriture sainte*, 1665.
Augustin (Saint). — *Opera omnia*. Gaume, 1836.
Baillarger. — *Recherches sur les maladies mentales*, 1890.
Bausset (De). — *Vie de Fénelon*. Paris, 1808.
Becquet. — *Délire d'inanition dans les maladies*. Archives générales de médecine, 1866.
Berthelot (René). — *Sur la nécessité, la finalité et la liberté chez Hegel*, in Bulletin de la Société française de philosophie, avril 1907.
Böhmer. — *Die Anfänge der Reformation in Spanien*. Leipzig, 1865.
Bois. — *Le Réveil au pays de Galles*, 1906.
Bona. — *De discretione spirituum*. Romæ, 1672 ; Paris, 1675.
Bonaventure (Saint). — *Opera omnia*, Ad claras aquas propo Florentiam, 1881.
Bossuet. — *Œuvres*. Édition Lachat. Paris, 1864.
Bourignon (Antoinette). — *Œuvres* (19 vol.). Amsterdam, 1686.
Boutroux. — *Psychologie du Mysticisme*. Bulletin de l'Institut psychologique, 1902.
Brenier de Montmorand. — *Ascétisme et mysticisme*. Revue philosophique, mars 1904.
Caballero. — *Vida del Fr. M. Cano*. Madrid, 1871.
Calmeil. — *De la Folie*. Paris, 1845.

ÉTUDES SUR LE MYSTICISME

Calvin. — *Œuvres.* Brunswick, 1868.
Campan. — *Mémoires de Francisco de Enzinas.* Bruxelles, 1863.
Catherine de Sienne (Vie de sainte). — Lyon, 1615.
Charcot. — *Des troubles de la vision chez les hystériques.* Progrès médical, 19 janvier 1878.
Chavannes. — *Jean-Philippe Dutoit. Sa vie, son caractère, ses doctrines.* Lausanne, 1865.
Collet. — *Vie de saint Jean de la Croix.* Turin, 1769.
Comte. — *Politique positive.* Paris, 1851.
Corbis. — *Origines royennes de l'Institut des Filles de la Croix.* Revue de l'Art chrétien, 1868.
Courbot. — *Vie de saint Pierre d'Alcantara.* 1670.
Crousle. — *Fénelon et Bossuet.* Paris, 1894.
Delacroix. — *Essai sur le mysticisme spéculatif en Allemagne au XIVe siècle.* Paris, 1899.
— *Une école de psychologie religieuse.* Revue germanique, 1905.
— *Bulletin de la Société française de philosophie,* janvier 1906.
Denifle. — *Die Schriften des seligen H. Seuse.* München, 1879.
— *Das Buch von geistlicher Armuth.* München, 1877.
Desmarets Saint-Sorlin. — *Les délices de l'Esprit.* 1661.
Dialogue sur le Quiétisme, à Cologne, chez Pierre Marteau, 1700.
Diepenbrock. — *Heinrich Susos Leben und Schriften.* Regensburg, 1825.
Dosithée de saint Alexis. — *Vie de saint Jean de la Croix.* Paris, 1727.
Dugat. — *Philosophes et théologiens musulmans.* Paris, 1878.
Dumas. — *L'Amour mystique.* Revue des Deux Mondes, 1906.
Dupouy. — *Hystérie avec hémianesthésie sensitivo-sensorielle gauche.* Archives de neurologie, 1905.
Estival (Abbé d'). — *Conférences mystiques,* 1676.
Fagniez. — *Le Père Joseph.* Paris, 1894.
Falconi. — *Lettre* (1657) in *Opuscules spirituels* de Mme Guyon.
Fénelon. — *Œuvres,* 1820.
— *Lettres et opuscules inédits.* Paris, Leclerc, 1850.
— *Œuvres.* Ed. Gautier, 1892.
Flournoy. — *Des Indes à la Planète Mars,* 1900.
— *Archives de Psychologie,* 1907.
François de Osuna. — *Abecedario Espiritual,* 3 vol., 1528-1541.
Fuente (Dom Vincente de la). — *Escritos de Santa Teresa.* Madrid, 1861-1862.
Garnier de Cisneros. — *Exercices spirituels,* 1500.
Görres. — *Mystique divine,* 1861.
Grasset. — *Leçons de clinique médicale,* 1903.
Grégoire le Grand (Saint). — *Opera.* Venise, 1768; Paris (éd. Migne).
Grégoire de Saint-Joseph. — *La prétendue hystérie de sainte Thérèse.* Lyon, 1895.

OUVRAGES CITÉS

GRÉGOIRE DE SAINT-JOSEPH. — Lettres de sainte Thérèse. 1900.
GRIVEAU. — Étude sur la condamnation du Livre des maximes des Saints, 1878.
GUERRIER. — Madame Guyon. 1881.
GUYON (Madame). — Moyen Court. 1685.
— Explication du Cantique des Cantiques. Lyon, 1687.
— Opuscules spirituels. 1704.
— Recueil de divers traités de théologie mystique. Cologne, 1699.
— Nouveau Testament avec des Explications (Poiret, éd.), 1713 (8 tomes).
— Ancien Testament avec des Explications (Poiret), 1715 (12 tomes).
— Discours chrétiens et spirituels (Poiret), 1717.
— Lettres (Poiret), 1718, 4 vol.
— Vie (Poiret), 1720.
— Lettres (Dutoit Membrini), 1767-1768 (5 vol.).
— Œuvres complètes (Dutoit Membrini). Paris, 1789-1791, 40 vol.
GURNEY. — Les Hallucinations télépathiques. Paris, 1905.
HARTMANN. — Philosophie de l'Inconscient. Paris, 1877.
HÉBERT. — Le Divin. Paris, 1906.
HINTZE. — Der Einfluss der Mystiker auf die alte Kölner Malerschule. Breslau, 1901.
ISIDORE DE SÉVILLE. — Etymologiarum libri XX. Leipzig, 1833.
JAMES. — L'Expérience religieuse (trad. Abauzit). 1906.
JANET. — L'Automatisme psychologique. Paris, 1889.
— Une extatique (Bulletin de l'Institut psychologique). Paris, 1901.
— Obsessions et Psychasthénie. Paris, 1903.
JEAN D'AVILA. — Œuvres. Paris, 1673.
JEAN DE LA CROIX (Saint). — Œuvres. Madrid, 1872.
— Trad. P. Cyprien de la Nativité, 1641.
— Trad. R. P. Maillard, 1694.
— Trad. carmélites de Paris, 1891.
JEAN DE JÉSUS MARIE. — Theologia Mystica. Coloniae, 1611.
JURIEU (De). — Traité de la théologie mystique, 1699.
KANDINSKY. — Kritische und Klinische Betrachtungen im Gebiete der Sinnestäuschungen, 1885.
KANT. — Sämmtliche Werke, éd. Hartenstein, 1867.
KRAFFT EBING. — Psychiâtrie. Paris, 1897.
LA BLETTERIE. — Lettres sur la relation du Quiétisme, in Fénelon, 1820, vol. XXXIII.
LA COMBE. — Orationis mentalis Analysis. Vercellis, 1686.
LE DIEU. — Mémoires et Journal. Paris, 1856.
LEGUÉ. — Sœur Jeanne des Anges. Paris, 1886.
LEROY (Bernard). — Le langage. Paris, 1905.
— Nature des Hallucinations (Revue philosophique), 1907.

LEROY. — *Interprétation psychologique des Visions intellectuelles* (Revue de l'Histoire des Religions), 1907.

LEUBA. — *Les tendances fondamentales des Mystiques chrétiens* (Revue philosophique), 1902.
— *State of Death* (American Journal of Psychology), 1903.

LEVESQUE. — *Bossuet et Fénelon à Issy* (Bulletin trimestriel des Anciens élèves de Saint-Sulpice), 1899.

LLORENTE. — *Histoire critique de l'inquisition*, pa; e, 1818.

LOUIS DE GRENADE. — *Traité de l'Oraison*. 1 ., 58.
— *Œuvres spirituelles*. Lyon, 1677.

LOUIS DU PONT. — *Vie du Père Balthazar Alvarez* (Madrid, 1615) ; 1873.

MAINE DE BIRAN. — *Pensées* (3e éd.), 1877.
— *Œuvres philosophiques*. Paris, 1841.
— *Œuvres inédites*. Paris, 1859.

MAINTENON (Madame de). — *Correspondance générale*. Paris, 1865.

MALAVAL. — *Pratique facile*, 1670.

MALEBRANCHE. — *Méditations chrétiennes* (St. Simon), 1842.

MASSON. — *La Correspondance spirituelle de Fénelon avec Madame de Maintenon* (Revue d'Histoire littéraire de la France), janvier 1906.
— *Fénelon et Madame Guyon*. Paris, 1907.

MAURY. — *Annales médico-psychologiques*, 1855.
— Id.   1856.

MAUSS. — *Année sociologique* T. V., 1902.

MILLET (R.-P.). — *Vie de sainte Catherine de Gênes*, 1739.

MOLINOS. — *Guide spirituelle*. Rome, 1675, trad. française, 1688 ; 1739.

MOREAU DE TOURS. — *De l'identité de l'état de rêve et de la folie*, 1845.

MORIN (Simon). — *Pensées*, dédiées au Roi, 1647.
— *Les Vies de Simon Morin et de François Davenne*, s. l., n. d.
— *Récit véritable du Procédé fait en l'officialité de Paris contre certains nouveaux dogmatistes*.
— *Extrait des Registres du Greffe criminel du Chastelet de Paris* (manuscrit légué à la Maison de Sorbonne, B. N. Fr. 21386).
— *Procès-verbaux de l'Assemblée générale du clergé de France* (A Paris chez Antoine Vitré), 1650.

MÜLLER. — *Kirchengeschichte*, 1892.

MYERS. — *Human Personality*. Londres, 1903.

NICOLE. — *Les Visionnaires*. Liège, 1677.
— *Réfutation des erreurs des Quiétistes*, 1695.

Ordonnance de Monseigneur l'évêque de Châlons, 1695.

Ordonnance de Monseigneur l'évêque de Chartres, 1695.

PELTZER. — *Deutsche Mystik und deutsche Kunst*. Strassburg, 1899.

PHELIPPEAUX. — *Relation du Quiétisme*, 1732.

PIERRE MARTYR D'ANGUIERA. — *Epistolae* (Amstelodami Parisiis), 1670.

OUVRAGES CITÉS

PITRES et RÉGIS. — *Obsessions*. Paris, 1902.
PLOTIN. — *Ennéades*, éd. Teubner, 1883.
POIRET. — *Théologie réelle*. Amsterdam, 1700.
POULAIN. — *Grâces d'Oraison*. Paris, 1906.
RANKE. — *Analecten zur Französischen Geschichte*. Stuttgart, 1861.
RAVAISSON. — *Archives de la Bastille*, t. III et IX.
RÉGIS. — *Des Hallucinations oniriques des dégénérés mystiques* (Congrès de Médecine mentale), 1894.
REINACH (Salomon). — *Une Mystique au XVIIIe siècle* in *Cultes, mythes et religions*. Paris, 1906.
RIBERA. — *Vie de sainte Thérèse*, 1602.
RIBOT. — *Psychologie des Sentiments*, 1896.
RICHARD DE SAINT-VICTOR. — *Opera* (Migne Patrol. v. 194).
ROHDE. — *Psyche*, 3e édit., 1903.
RUYSBROCK. — *De vera Contemplatione*. Coloniae, 1605.
SAINT-SIMON. — *Œuvres*. Paris, 1879 et suiv.
SAVIGNY. — *Observations sur les effets de la faim et de la soif*, 1818.
SCARAMELLI. — *Directoire mystique*. Venise, 1754; Paris, 1865.
SCHOPENHAUER. — *Le Monde comme volonté et représentation*, trad. franç. Paris.
SCHRAM. — *Théologie mystique*. Augsburg, 1777; Paris, 1879.
SÉGLAS. — In *Traité de Pathologie mentale* (Gilbert Ballet), 1903.
— *Des Troubles du Langage chez les Aliénés*, 1892.
— *Phéno... dits hallucinations psychiques* (Congrès de Psychologie), 1901.
— *L'Hallucination de l'Ouïe* (Congrès de médecine mentale), 1896.
SINI. — *Memorie recondite*, 1689.
STÖRRING. — *Vorlesungen über Psychopathologie*, 1900.
SURIN. — *Dialogues spirituels*.
— *Fondements de la vie spirituelle*, 1667, 1720.
— *C... le spirituelle*. Paris, 1836.
— *Triomphe de l'Amour divin*, Avignon, 1829.
— *Catéchisme spirituel*, 1659.
— *Lettres spirituelles*, 1825.
— *La Seconde partie de la Science expérimentale*. Bibl. nat. ms. fr., 25253.
SUSO. — *Œuvres*, trad. Thiriot. Paris, 1895.
TAINE. — *Correspondance IV*, 1907.
SAINTE THÉRÈSE. — *Œuvres*, trad. Bouix, 1864 (10 éd.).
— *Lettres*, 3 vol., 1861.
— *Vie*, trad. Peyré, 1904.
SAINT-THOMAS. — *Opera*. Parme, 1852, 1871.
SAVIGNY. — *Observations sur les effets de la faim et de la soif*, Paris, 1818.

Urbain. — *Fénelon et Bossuet* (Revue d'histoire littéraire de la France), 1895.
Vetter. — *Das Leben der Schwestern zu Töss*. Berlin, 1906.
Wadino. — *Annales Minorum*, t. XVI. Romae, 1736.
Watrigant. — *La Genèse des Exercices spirituels de saint Ignace* (Œuvres religieuses des Pères de la Compagnie de Jésus), 1897.
Wilkens. — *Zur Geschichte der spanischen Mystik* (Hilgenfelds Zeitschrift), 1862.
Yepes. — *Vie de sainte Thérèse*, 1599.

TABLE DES MATIÈRES

	Pages
Préface.	1
Chapitre premier. — Sainte Thérèse. La vie intérieure.	1
Chapitre II. — Le développement des états mystiques chez sainte Thérèse.	61
Chapitre III. — Sainte Thérèse. Les paroles et les visions. . . .	81
Chapitre IV. — Madame Guyon. La vie intérieure.	118
Chapitre V. — La vie intérieure de Madame Guyon (Suite). L'état apostolique.	176
Chapitre VI. — Analyse du mysticisme de Madame Guyon. . .	197
Chapitre VII. — Les maîtres spirituels.	235
I. — Saint François de Sales.	235
II. — La doctrine de saint Jean de la Croix. .	248
Chapitre VIII. — Madame Guyon et l'Église.	263
Chapitre IX. — Suso.	308
Chapitre X. — Les peines mystiques.	325
Chapitre XI. — Expérience, système et tradition.	345
Chapitre XII. — L'expérience mystique.	365
L'intuition intellectuelle.	369
I. — *L'intuition Mystique et le Dieu chrétien.* .	369
II. — *L'Intuition et le Discours.*	376
III. — *Nature de l'Intuition mystique..* . . .	381
IV. — La Passivité.	397
V. — La Systématisation.	410
Appendice I. — Hallucinations psychiques. — Sentiment de présence.	427
I. — Paroles intérieures et visions imaginaires..	427
II. — Visions intellectuelles.	435
Appendice II. — Notes sur le quiétisme français, début du XVIIᵉ siècle.	451

CHARTRES. — IMPRIMERIE DURAND, RUE FULBERT.

Documents manquants (pages, cahiers...)
NF Z 4 120-13

www.ingramcontent.com/pod-product-compliance
Lightning Source LLC
Chambersburg PA
CBHW071718230426
43670CB00008B/1047